LJERKA BARTOLIĆ
TEHNIČKI RJEČNIK
BRODOGRADNJE, STROJARSTVA I NUKLEARNE TEHNIKE

ENGLESKO - HRVATSKI ● HRVATSKO - ENGLESKI

LJERKA BARTOLIĆ

TECHNICAL DICTIONARY

OF

NAVAL ARCHITECTURE, MECHANICAL AND
NUCLEAR ENGINEERING TERMS

ENGLISH - CROATIAN AND CROATIAN - ENGLISH

FOURTH EDITION

IP »ŠKOLSKA KNJIGA«
ZAGREB 1991

LJERKA BARTOLIĆ

TEHNIČKI RJEČNIK

BRODOGRADNJE, STROJARSTVA I
NUKLEARNE TEHNIKE

ENGLESKO - HRVATSKI ● HRVATSKO - ENGLESKI

ČETVRTO IZDANJE

IP »ŠKOLSKA KNJIGA«
ZAGREB 1991

Urednica
VERA ZORIĆ

CIP — Katalogizacija u publikaciji
Nacionalna i sveučilišna biblioteka, Zagreb

UDK 621+629.12](038)=20=862

BARTOLIĆ, Ljerka
  Tehnički rječnik brodogradnje, strojarstva i nuklearne tehnike englesko-hrvatski i hrvatsko-engleski / Ljerka Bartolić. — 4. izd. — Zagreb : Školska knjiga, 1990. — VIII, 274 str. ; 25 cm

Na spor. nasl. str.: Technical dictionary of naval architecture, mechanical and nuclear engineering terms — English-Croatian and Croatian-English.

ISBN 86-03-99995-3

PREDGOVOR

Ovaj rječnik stručnih izraza englesko-hrvatskog jezika i hrvatsko-engleskog jezika obuhvaća područja brodogradnje, strojarstva i nuklearne tehnike. Stručni izrazi mogu se razvrstati na stručne izraze šireg tehničkog područja i stručne izraze užeg tehničkog područja koji se u složenicama kombiniraju ne samo međusobno nego i s izrazima preuzetim iz općeg engleskog jezika. Taj je rječnik ponajprije namijenjen inženjerima radi praćenja stručne literature na engleskom jeziku a zatim prevodiocima koji prevode stručne tekstove iz hrvatskog jezika na engleski.

Pristup i upotreba rječnika. Problem koji se javljao s kriterijem izbora riječi bio je dosta složen ne samo s obzirom na engleske stručne nazive i izraze, već i na njihove ekvivalente u našem jeziku. Budući da jednojezični stručni američki ili engleski rječnici iz tih područja brzo zastarijevaju zbog naglog razvoja brodogradnje i strojarstva ili su iz istog razloga manjkavi, pristup organizaciji sakupljanja izraza postavljen je na kriteriju da valja obuhvatiti osnovna područja koja ulaze u znanstvenu disciplinu brodogradnje, kao i ona područja strojarstva i nuklearne tehnike, koja zasijecaju direktno ili indirektno u šire područje brodogradnje. Posljedica tako postavljenog kriterija bila je da se izbor izraza vršio na temelju čitanja znanstvenih i stručnih radova pojedinih područja koja su danas aktualna. Velika prednost takvog pristupa je u tome što je sva terminologija suvremena i u dnevnoj upotrebi u udžbenicima i časopisima. No, nedostatak je tog pristupa da se sva postojeća terminologija nije mogla obuhvatiti, već je obuhvaćena samo ona koja se javlja u znanstvenim i stručnim tekstovima. Prema tome, ovaj rječnik može poslužiti kao osnova za daljnja istraživanja stručnih izraza koja bi se unijela u korpus sveobuhvatnog enciklopedijskog rječnika.

Ekvivalenti engleskih izraza na našem jeziku predstavljali su poseban problem, jer je to prvi pokušaj cjelovitog prikaza brodograđevne terminologije, u užem i širem smislu riječi kao i terminologije iz područja nuklearne tehnike. Niz engleskih izraza nema ekvivalenta na našem jeziku, pa su se morali stvoriti novi izrazi ili ih interpretirati na deskriptivan način. Da bi se zadovoljila ne samo jezična nego i tehnička kompetentnost, izbor znanstvenog i stručnog materijala obavljen je u suradnji s nastavnicima brodograđevnog odjela koji su, svaki u svom području, sugerirali ili komentirali prevodbene ekvivalente za određene pojmove ili pojmovne sklopove prema kontekstu u kojem su se engleski izrazi pojavili. Nadalje, ovakav pristup rječniku pokušao je riješiti problem generiranja, tj. stvaranja i upotrebe novih složenica koje su karakteristične za registar tehničkog jezika. Dinamika slaganja novih složenica na engleskom jeziku osniva se na temelju onih koje su registrirane u rječniku, a koje se zasnivaju na jezičnoj i tehničkoj kompetentnosti izvornog govornika, tj. inženjera Engleza ili Amerikanca. Ujedno primalac informacije, čitalac rječnika, može uočiti zakonitosti koje postoje u engleskom jeziku s obzirom na poredak riječi u slaganju složenica. Takav pristup omogućava sastavljanje dinamičnog rječnika, za razliku od standardnih tipova tehničkih rječnika koji registriraju samo naziv ili ime stručnog pojma na engleskom jeziku.

Složenice se u engleskom jeziku grade tako da je posljednja imenica u nizu složene jezične strukture osnovna imenica, nosilac širokog osnovnog pojma, a jezične komponente ispred nje, njezini modifikatori značenja, sužavaju, odnosno modificiraju osnovni pojam do te mjere dok se ne dobije specifično usko značenje koje se traži u tehnici. Zavisno od jezičnih komponenata koje se nalaze ispred osnovne imenice, složenice mogu biti dvojake, i to imenske složenice sastavljene samo od imenica, a mogu imati razne sintaktičko-semantičke i pojmovne međusobne relacije, i raznokomponentne složenice koje ispred osnovne imenice mogu imati i ostale vrste riječi kao što su pridjevi, participi, prilozi i brojevi.

U ovom rječniku složenice su registrirane ne samo kao kompletne složenice (kompletno složene natuknice) koje smo našli u tehničkim tekstovima, već i kao njihove djelomične kombinacije (djelomično složene natuknice) koje se mogu upotrijebiti u drugim kontekstima i konačno osnovnih stručnih riječi (osnovne natuknice) na temelju kojih se te kombinacije izgrađuju. Sve te kombinacije navedene su abecednim redom u rječniku.

Primjer imenske složenice šireg tehničkog područja

1. **KOMPLETNO SLOŽENA NATUKNICA**
   cargo hold air circulation fan
      ventilator za zračnu cirkulaciju u teretnim skladištima

2. **DJELOMIČNO SLOŽENA NATUKNICA**
   air circulation fan ventilator za zračnu cirkulaciju;
   cargo hold ~ ventilator za zračnu cirkulaciju u teretnim skladištima

3. **OSNOVNA NATUKNICA**
   fan ventilator
   air circulation ~ ventilator za zračnu cirkulaciju;
   cargo hold air circulation ~ ventilator za zračnu cirkulaciju u teretnim skladištima

Primjer imenske složenice užeg tehničkog područja

1. **KOMPLETNO SLOŽENA NATUKNICA**
   derrick head span block
   kolotur klobučnice na glavi samarice

2. **DJELOMIČNO SLOŽENA NATUKNICA**
   span block kolotur klobučnice;
   derrick head ~ kolotur klobučnice na glavi samarice

3. **OSNOVNA NATUKNICA**
   block kolotur;
   derrick head span ~ kolotur klobučnice na glavi samarice;
   span ~ kolotur klobučnice

Primjeri razno-komponentnih složenica sastavljenih od raznih jezičnih komponenata

1. **KOMPLETNO SLOŽENA NATUKNICA**
   three-roller mooring chock zjevača za vez sa tri valjka

2. **DJELOMIČNO SLOŽENA NATUKNICA**
   mooring chock zjevača za vez;
   three-roller ~ zjevača za vez sa tri valjka

3. **OSNOVNA NATUKNICA**
   chock zjevača;
   mooring ~ zjevača za vez;
   three-roller mooring ~ zjevača za vez sa tri valjka

1. **KOMPLETNO SLOŽENA NATUKNICA**
   single stage centrifugal pump jednostepena centrifugalna pumpa;

2. **DJELOMIČNO SLOŽENA NATUKNICA**
   centrifugal pump centrifugalna pumpa;
      single stage ~ jednostepena centrifugalna pumpa

3. **OSNOVNA NATUKNICA**
   pump pumpa;
      centrifugal ~ centrifugalna pumpa;
      single stage centrifugal ~ jednostepena centrifugalna pumpa

U rječniku se također mogu naći riječi iz općeg engleskog jezika koje se upotrebljavaju u tehničkim tekstovima, na primjer:

coefficient,	flow,	steel,
control,	installation,	surface,
cost,	length,	structure,
energy,	line,	system itd.
equipment,	motion,	

u svim kombinacijama koje smo našli u našim materijalima i sakupili pod istu natuknicu. Svrha toga je da čitalac rječnika uoči mogućnost stavljanja jezičnih komponenti ispred imenice i njihov poredak u engleskom jeziku kako bi sam mogao stvoriti nove jezične kombinacije prema potrebi. Ta je ideja proizašla iz činjenice da inženjer danas vrlo često mora prevesti svoj sažetak stručnog ili znanstvenog rada s našeg jezika na engleski.

Gdje god se u englesko-hrvatskom dijelu rječnika smatralo da hrvatski prevodbeni ekvivalent ne daje dovoljno preciznu informaciju s obzirom na njegovu upotrebu, dan je primjer takve upotrebe u zagradi, i to na hrvatskom i na engleskom jeziku.

I na kraju, u rječniku se mogu naći najčešće korištene kolokacije, tj. kombinacije imenica i glagola koji se upotrebljavaju u tehničkom registru, npr.

   attain the value postići vrijednost
   conduct a test provoditi ispitivanje
   comply with the rules biti u skladu s pravilima
   select a design odabrati projekt.

U hrvatsko-engleskom rječniku registrirani su i tehnički pridjevi koji nemaju pridjevski ekvivalent u engleskom jeziku, a koji se često javljaju u tehničkim materijalima što ih treba prevesti na engleski. Tu su predložene engleske imenice koje imaju atributivnu funkciju uz neku imenicu, a iz kojih se mogu izvesti nove kombinacije, i označene kao u slijedećim primjerima:

   cijevni (cijevna, cijevno) pipe + imenica, tube + imenica
   neutronski (neutronska, neutronsko) neutron + imenica.

Željela bih se posebno zahvaliti svim nastavnicima brodograđevnog i strojarskog odjela koji su svojim stručnim znanjem sudjelovali u izradi ovog rječnika.

Ljerka Bartolić

TEHNIČKI RJEČNIK

BRODOGRANJE, STROJARSTVA I NUKLEARNE TEHNIKE

ENGLESKO - HRVATSKI

A

A — bomb nuklearna bomba (atomska bomba, popularni naziv)
abaft iza (npr. iza prostora strojarnice — abaft the machinery space), otraga, na krmi
abeam s boka (npr. valovi koji dolaze s boka — waves that are directly abeam)
aboard (ship) na brod, na brodu
abreast bok uz bok, jedan (brod) pored drugoga, usporedo
abrupt change nagla promjena (npr. u debljini — in thickness; u brodskoj formi — in ship form)
abscissa apscisa
absolute humidity apsolutna vlažnost
absolute temperature (abs) apsolutna temperatura
absolute zero (-273^0C or 0K) apsolutna nula
absorbed dose apsorpcijska doza
absorber apsorbent
absorbing rod apsorpcijski štap
absorption apsorpcija; **resonance** ~ rezonatna apsorpcija
absorption coefficient apsorpcijski koeficijent
absorption cross-section apsorpcijski udarni presjek (u nuklearnoj fizici)
absorption spectrum apsorpcijski spektar
A. C. (a. c.) (alternating current) oznaka za izmjeničnu struju
a. c. (alternating current) supply napajanje izmjeničnom (električnom) strujom
accelerate akcelerirati, ubrzavati
accelerating motion ubrzano gibanje
accelerating potential akceleracijski potencijal
acceleration akceleracija, ubrzanje; **maximum** ~ maksimalna akceleracija; **maximum tangential** ~ maksimalna tangencijalna akceleracija; **pitching** ~ akceleracija zbog posrtanja; **rolling** ~ akceleracija zbog ljuljanja; **tangential** ~ tangencijalna akceleracija
accelerator akcelerator; **Cockroft and Walton** ~ Cockroftov i Waltonov akcelerator; **electrostatic** ~ elektrostatski akcelerator
accelerator tube akceleratorska cijev

access hole pristupni otvor, otvor za pristup
access opening door vrata za pristup
access to chainfall ulaz u lančanik
accessories pomoćni uređaji
accessory pribor, pomoćni uređaj
accommodation space prostor za smještaj, nastamba
accordance sklad, podudaranje; **to be in** ~ **with the rules** biti u skladu s pravilima
accordingly prema tome
accumulator akumulator; **safety injection** ~ sigurnosni injekcijski akumulator (kod reaktora)
accuracy točnost; **propeller** ~ točnost izvedbe brodskog vijka
accuracy of the calculation točnost računjanja
achievement dostignuće; **the latest achievements** najnovija dostignuća
acid kiselina
across poprijeko, **preko, unakrst**
act djelovati
actinides aktinidi
actinium aktinij (Ac)
action djelovanje; **reciprocating** ~ povratno (stapno) djelovanje
activate uputiti, staviti u pogon, aktivirati
activation aktiviranje, upućivanje; **radio** ~ (radio) aktiviranje
active (radioactive) material (radio) aktivna materija
activity (radioactivity) radio aktivnost
actual draft (draught) stvarni gaz
actual righting arm stvarna poluga momenta stabiliteta
acute angle oštri kut
adapter adaptor
add dodati, zbrajati, zbrojiti
added mass dodatna masa
additional stress dodatno naprezanje; **maximum** ~ maksimalno dodatno naprezanje
additive dodatni
address adresa (u elektroničkom računalu)
adiabatic compression adijabatska kompresija
adiabatic efficiency adijabatski stupanj djelovanja

1 RJEČNIK

adiabatic expansion adijabatska ekspanzija
adjust podesiti, podešavati
adjust the calculations for izvršiti korekcije u proračunu za
adjustable podesiv
adjusted podešen
adjusted values ispravljene vrijednosti
adjusting wedges klinovi za podešavanje visine potklada (na navozu)
adjustment ispravak, podešavanje (npr. izvršen je točan ispravak — a proper adjustment has been made); **to be out of** ~ ne biti podešen (kao što je to slučaj kad strojni dijelovi nisu u ispravnom međusobnom odnosu); **to make adjustments to the calculations** obaviti korekcije u proračunu
admirality anchor admiralsko sidro
admission ulaz (npr. ulaz smjese benzina i zraka — the admission of the petrol (gasoline) air mixture)
adsorption adsorpcija
adsorption potential adsorpcijski potencijal
advance napredovati; **the ship advances obliquely to the waves** brod napreduje koso na valove; **the propeller advances through the water** brodski vijak napreduje kroz more
advance napredovanje; **wave** ~ napredovanje vala
advantageous povoljniji, u prednosti; **this mathematical procedure is** ~ ovaj matematički postupak je povoljniji, ima prednost
adverse list suprotan nagib (broda)
adverse pressure gradient suprotan gradijent tlaka (pritiska)
aerodynamics aerodinamika
aeroplane avion
afloat plutajući, koji pluta; **to keep the ship** ~ držati brod na površini mora
aft stražnji, krmeni, iza, prema krmi
aft peak (after peak) krmeni pik, stražnji kolizijski prostor
aft perpendicular stražnji perpendikular, krmena okomica
aft rake nagib krila (brodskog) vijka prema natrag
aft shoulder (wave) system valni sistem stražnjih ramena, sistem valova zbog ramena na krmenim vodnim linijama
after stražnji, krmeni
afterbody stražnji dio broda
after davit krmena soha
after end krmeni dio broda
after peak krmeni pik, stražnji kolizijski prostor
after peak bulkhead pregrada krmenog pika, krmena kolizijska pregrada, stražnja sudarna pregrada
after peak framing orebrenje krmenog pika

after peak panting arrangements krmeno pojačanje protiv dahtanja
after poppet krmeni dio kolijevke
after shoulders stražnja ramena
after terminus (AT) of the diagram stražnji kraj dijagrama
after trim line linija trima na krmi
age theory starosna teorija (u reaktorskoj tehnici)
agreement podudaranje, slaganje, podudarnost; **to be in** ~ **with** slagati se sa, podudarati se sa
aground biti u dodiru s čvrstom podlogom, biti nasukan; **the ship is** ~ brod je u dodiru s čvrstom podlogom, brod je nasukan
ahead naprijed, ispred
ahead wind vjetar u pramac
air zrak; **compressed** ~ komprimirani zrak; **conditioned** ~ kondicionirani zrak; **dry** ~ suhi zrak; **induced** ~ inducirani zrak; **primary** ~ primarni zrak; **recirculated** ~ optočni zrak; **return** ~ povratni zrak; **wet** ~ vlažan zrak
air brake zračna kočnica
air chamber zračna komora
air circuit zračni krug
air circulation cirkulacija zraka, zračna cirkulacija, protok zraka
air circulation damper zaklopka za cirkulaciju (protok) zraka
air circulation fan ventilator za protok zraka
air circulation valve protočni ventil za zrak; **diverting** ~ ventil za skretanje zraka
air cock pipac za odzračivanje
air compressor zračni kompresor, kompresor zraka
air compressor cylinder oil cilindarsko ulje zračnog kompresora
air compressor house kompresorska stanica (kućica)
air-condition plant uređaj za klimatizaciju
air conditioned space kondicionirani prostor
air conditioner klima-uređaj; **self-contained** ~ klima-ormar, samostalan kondicionator zraka
air conditioning klimatizacija; **marine** ~ brodska klimatizacija
air-conditioning equipment oprema za klimatizaciju
air conditioning plant klima-postrojenje
air conditioning system klimatizacioni sistem, klimatizacija, klima-uređaj; **central** ~ centralni klimatizacioni sistem; **reheat** ~ klimatizacioni sistem s dogrijavanjem
air conditioning unit klima-uređaj
air conduit zračni vod, vod za zrak
air control regulacija zraka, regulator zraka, zračna regulacija

air conveyor zračni transporter
air-cooled petrol engine zrakom hlađen benzinski motor
air cooler zračni hladnjak
air cooling zračno hlađenje, hlađenje zrakom
air course odušnik
air current zračna struja, struja zraka
air damper zaklopka (žaluzija) za regulaciju zraka; **recirculating** ~ zaklopka (žaluzija) za optočni (recirkulacioni) zrak
air diffuser difuzor zraka
air distribution duct kanal za distribuciju (razvod) zraka
air-distribution system sistem za distribuciju (razvod) zraka; **high pressure** ~ visokotlačni sistem za distribuciju (razvod) zraka
air distributor distributor zraka
air dose zračna doza (u nuklearnoj tehnici)
air-driven pump pumpa na zračni pogon
air duct (za ostale složenice vidi **duct**) zračni kanal, kanal za zrak; **recirculated** ~ kanal za optočni zrak, kanal za recirkulaciju zraka; **warm** ~ kanal toplog zraka
air ducting (za ostale složenice vidi **ducting**) zračni kanali, zračni cjevovod
air ejector zračni ejektor
air filter zračni filtar, pročistač zraka
air filtration pročišćavanje zraka, filtriranje zraka; **tripple-stage** ~ trostepeno pročišćavanje zraka
air heating grijanje (zagrijavanje) zrakom
air inlet ulaz za zrak, dovod zraka; **fresh** ~ dovod svježeg zraka
air inlet manifold usisni vod zraka
air intake dovod zraka
air line zračni vod
air main glavni zračni dovod, glavni dovod zraka, glavni kanal za dovod zraka
air monitor zračni monitor (uređaj za mjerenje zračenja u nuklearnoj tehnici)
air pallet pneumatska paleta (dvodimenzionalna platforma za teret)
air pipe cijev za zrak, zračna cijev
air piping zračni cjevovod, cjevovod za zrak; **dry** ~ cjevovod suhog zraka
air preheater predgrijač zraka, zagrijač zraka
air pressure zračni tlak (pritisak), tlak (pritisak) zraka
air pressure machine pneumatska preša
air pump zračna pumpa
air resistance otpor zraka
air stream zračna struja, struja zraka
air supply dovod zraka; **atmosheric** ~ dovod atmosferskog zraka, dovod zraka iz atmosfere; **fresh** ~ dovod svježeg zraka; **main** ~ glavni dovod zraka
air supply pipe cijev za dovod zraka
air supply valve ventil za dovod zraka, dovodni ventil za zrak

air treatment unit uređaj (jedinica) za kondicioniranje zraka
air treatment unit room prostorija s uređajem za kondicioniranje zraka
air valve zračni ventil, ventil za zrak; **diverting** ~ ventil za skretanje zraka
air volume control damper zaklopka za regulaciju volumena zraka
aircraft carrier nosač aviona
aircraft (aero) gas turbine avionska plinska turbina
aircraft industry avionska industrija
airflow protok zraka
airfoil aerodinamički profil
airfoil section aerodinamički profil; **propeller of** ~ aerodinamički profil brodskog vijka (propelera); **tail of the** ~ stražnji brid aerodinamičkog profila, izlazni brid profila
airplane avion
airplane carrier nosač aviona
airport zračna luka, aerodrom, zračnik (zračni otvor)
airtight zračno nepropustan
air tightness zračna nepropusnost
alarm uzbuna; **fire** ~ uzbuna za požar
alarm bell zvono za uzbunu, alarmno zvono
alarm equipment uređaj za uzbunu, alarmni uređaj
alarm indication alarmna najava, najava uzbune; **audible** ~ zvučna alarmna najava; **visual** ~ vizualna alarmna najava
alarm installation uređaj za uzbunu, alarmni uređaj
albedo albedo (u nuklearnoj fizici)
algebra algebra
algebraic algebarski
algebraic sum algebarska suma, algebarski zbroj
algebraically algebarski (prilog)
algorithm algoritam (matematičkim simbolima opisan niz računskih operacija koje vode prema rješenju problema)
aligned centriran, postavljen u liniju, poredan u liniju
alignment postavljanje u liniju, poredanje u liniju, centriranje (osovina, cijevi itd.)
alleway hodnik (na brodu)
alley prolaz, hodnik (na brodu); **shaft** ~ osovinski tunel, tunel osovinskog voda
allowance dozvoljeno odstupanje, priznavanje; **to make** ~ **for** uzimati nešto u obzir
alloy legirati
alloy legura, slitina; **aluminium (aluminium)** ~ aluminijska legura; **copper** ~ bakrena legura; **copper base** ~ legura na bazi bakra; **ferrous** ~ željezna legura; **steel** ~ čelična legura; **work-hardened** ~ hlađenjem očvrsnuta legura
alloy steel legirani čelik
alloyed legiran
alloyed metal legirani metal

alloyed steel legirani čelik
alpha chamber alfa-komora
alpha counter alfa-brojač
alpha decay alfa-raspad
alpha decay energy energija alfa-raspada
alpha disintegration see **alpha decay**
alpha emitter alfa-emitent (u nuklearnoj tehnici)
alpha-particle alfa-čestica
alpha radiation alfa-zračenje
alpha-rays alfa-zrake
alternating current (A. C., ac) izmjenična struja
alternating current (AC, a. c.) generator generator izmjenične struje; **three-phase** ~ trofazni generator izmjenične struje
alternating current (AC, a. c.) motor motor izmjenične struje
alternator (alternating current generator) alternator (generator izmjenične struje); **three-phase** ~ trofazni alternator
aluminium (aluminum) aluminij (Al)
aluminium (aluminum) alloy aluminijska legura (slitina); **heat-treatable** ~ toplinski obradiva aluminijska legura; **non-heat-treatable** ~ toplinski neobradiva aluminijska legura; **structural** ~ konstrukcijska aluminijska legura
aluminium (aluminum) erection aluminijska nadgradnja
aluminium (aluminum) lifeboat aluminijski čamac za spasavanje
aluminium (aluminum) panel stiffener ukrepa aluminijskog panela
aluminium (aluminum) plate aluminijska ploča
aluminium (aluminum) wire aluminijska žica
amass the data sakupiti podatke, sakupljati podatke
americium americij (Am)
amidship lateral bending moment moment savijanja u horizontalnoj ravnini na glavnom rebru
amidships sredina broda, u sredini broda, srednji dio broda
ammunition municija
ampere amper
amplitude amplituda; **non-resonant** ~ amplituda nerezonantnih vibracija; **resonant** ~ amplituda rezonantnih vibracija; **resonant hull** ~ amplituda rezonantnih vibracija trupa; **wave** ~ valna amplituda, amplituda vala
amplitude of pitch amplituda posrtanja (broda)
amplitude of roll amplituda ljuljanja (broda)
analog computer analogno računalo
analog-to-digital converter analogno-digitalni pretvarač
analogy analogija
analysis (pl. analyses) analiza; **dimensional** ~ dimenzionalna analiza

analytical calculation analitički proračun
anchor usidriti (se)
anchor sidro; **admirality** ~ admiralsko sidro; **bower** ~ sidro na pramcu, pramčano sidro; **common** ~ obično sidro, sidro s kladom; **Danforth** ~ Danforthovo sidro; **deep sea** ~ sidro za duboko more, dubinsko sidro; **light (lightweight)** ~ lagano sidro; **mushroom** ~ gljivasto sidro; **patent** ~ patentno sidro; **snug stowing** ~ sidro koje dobro priliježe (prijanja) za oplatu broda; **spare** ~ rezervno sidro; **stern** ~ krmeno sidro, sidro na krmi; **stock (stocked)** ~ sidro s prečkom, sidro s kladom; **stockless** ~ sidro bez prečke; **stream** ~ strujno sidro
anchor bed postolje za sidro
anchor cable sidreni lanac
anchor capstan vertikalno sidreno vitlo, sidreno vertikalno vitlo
anchor chain sidreni lanac
anchor crane sidrena dizalica
anchor crown donji dio glave sidra
anchor davit soha za sidro, sidrena soha
anchor flukes lopatice sidra
anchor gear uređaj za sidrenje
anchor handling arrangement uređaj za sidrenje
anchor head glava sidra
anchor windlass sidreno vitlo; **steam powered** ~ parno sidreno vitlo, sidreno vitlo na parni pogon
anchoring sidrenje
anchoring system sidreni uređaj
anchoring the ship sidrenje broda
anemometer anemometar (vjetromjer), (sprava za mjerenje brzine i smjera vjetra)
angle kut, kutni profil, uglovnica, L profil
acute ~ oštri kut; **blade inlet** ~ ulazni kut lopatice; **blade outlet** ~ izlazni kut lopatice; **bond** ~ vezni kut; **Bragg** ~ Braggov kut; **camber** ~ kut središnjice profila; **gas inlet** ~ ulazni kut plina, kut ulaza plina; **gas outlet** ~ izlazni kut plina, kut izlaza plina; **incident** ~ napadni kut; **leeway** ~ kut zanošenja prema zavjetrini; **obtuse** ~ tupi kut; **phase** ~ fazni kut, fazni pomak, pomak u fazi; **pitch** ~ kut uspona (brodskog vijka); **rake (of the propeller blade)** ~ kut nagiba (propelernog krila)
angle bar uglovnica, L profil
angle bracket kutna konzola
angle of attack napadni kut
angle of heel kut poprečnog nagiba (broda); **static** ~ statički kut poprečnog nagiba
angle of incidence napadni kut
angle of inclination kut nagiba; **infinitesimal** ~ infinitezimalni (beskonačno malen) kut nagiba
angle of pitch kut posrtanja (broda)
angle of repose of bulk goods kut mirovanja sipkih tereta

angle of roll kut nagiba pri ljuljanju
angle of twist kut zakreta
angle valve kutni ventil
angular kutni
angular distribution kutna razdioba
angular frequency kutna frekvencija
angular impulse rotacijski impuls, kutni impuls
angular momentum kinetički moment, moment količine gibanja
angular spacing kutni razmak
angular velocity kutna brzina
anisotropic neizotropan
anneal žariti
annealing žarenje (tehnološki postupak)
annealing effect of welding utjecaj žarenja pri zavarivanju
annealing treatment postupak žarenja
annihilation anihilacija
annihilation radiation anihilacijsko zračenje
anode current anodna struja
anode effect anodni efekt
anode efficiency anodna efikasnost, anodna korisnost
anode feed anodno napajanje
anode rays see **positive rays**
anode saturation anodno zasićenje
annual survey godišnji pregled (broda)
antenna antena
anticorrosive paint antikorozivna boja
anti-cyclotron anticiklotron
antifouling paint antivegetativna boja
antifouling protection zaštita od obraštanja
antifriction bearings antifrikcioni ležajevi (kotrljajući i kuglični)
antimony antimon, stibij (Sb)
anti-neutrino antineutrino
anti-neutron antineutron
anti-particle antičestica
anti-pitch fins peraje protiv posrtanja
anti-proton antiproton
anti-roll fins peraje protiv ljuljanja
antirolling tank stabilizatorski tank, tank protiv ljuljanja; **active** ~ aktivni tank protiv ljuljanja; **passive** ~ pasivni tank protiv ljuljanja
AP (after perpendicular) oznaka za stražnji (krmeni) perpendikular (okomicu)
A. P. (W. L.) (after perpendicular perpendicular to the waterline) oznaka za krmeni perpendikular okomit na vodnu liniju
aperture otvor; **propeller** ~ otvor za brodski vijak
apex vrh
apparatus uređaj(i), naprava; **indicator** ~ pokazivački uređaj; **life-saving** ~ naprava za spasavanje
apparent prividan
apparent slip ratio prividni omjer skliza
appendage privjesak (na trupu broda)

appliance sprava, naprava, sredstvo; **individual life-saving** ~ individualno sredstvo za spasavanje; **life-saving** ~ sredstvo za spasavanje; **lifting** ~ naprava (sredstvo) za dizanje; **telephone** ~ telefonski aparat
applicable primjenljiv (npr. primjenljiva pravila — applicable rules)
application primjena
application is justified primjena je opravdana
apply primijeniti
appreciable značajan (npr. značajna razlika u vrijednostima — appreciable difference in values; znatna udaljenost — appreciable distance)
approach približiti se, približavati se; **the angle of inclination approaches zero** kut nagiba približava se nuli
approach pristup
appropriated to pogodan za, predviđen za (npr. prostori predviđeni za teret, ugljen, naftu, nastambe, strojarnicu itd. — spaces appropriated to cargo, coal, oil, accomodation, machinery room etc.)
approve the design odobriti projekt
approximate približan
approximate value približna vrijednost
approximate aproksimirati, približiti se; odrediti približnu vrijednost
approximation aproksimacija, približenje, približna vrijednost; **rough** ~ gruba aproksimacija
aquarium reactor see **swimming-pool reactor**
arc luk; **circular** ~ kružni luk; **electric** ~ električni luk
area površina; **incremental** ~ prirast površine, povećanje površine; **migration** ~ migracijska površina; **rudder** ~ površina kormila; **sectional** ~ površina presjeka; **slowing-down** ~ usporavajuća površina; **windage** ~ površina izložena vjetru
area of waterplane površina vodne linije
argon argon (Ar)
arise (arose, arisen) nastati, proizlaziti; **the diffilculty arises** poteškoća nastaje; **the problem arises** problem nastaje; **the stress arises from a fixed strain** naprezanje proizlazi (nastaje) zbog stalne deformacije
arithmetic aritmetika
arithmetic (arithmetical) aritmetički
arithmetic mean aritmetička sredina
arithmetic unit aritmetička jedinica (u elektroničkom računalu)
arithmetically aritmetički (prilog)
arm poluga (pri računanju momenata), krak; **breaker** ~ poluga prekidača (u sistemu paljenja); **distributor** ~ poluga razvodnika (u sistemu paljenja); **lever** ~ poluga, krak; **upsetting** ~ poluga prekretnog momenta

armament naoružanje
armature armatura, kotva, okov; **piping** ~ armatura cjevovoda; **rig** ~ čelični dijelovi snasti jarbola, armatura snasti jarbola
armor oklop
arrange razmjestiti, rasporediti, izvesti (npr. konstrukciju)
arrangement uređaj, razmještaj, smještaj, izvedba (konstrukcije itd.); **deep sea mooring** ~ uređaj za sidrenje na otvorenom moru; **end-launching arrangements** uređaji za uzdužno porinuće; **mooring** ~ uređaj za vez; **propeller** ~ izvedba brodskog vijka; **releasing arrangements** uređaji za oslobađanje broda pri porinuću; **slewing** ~ uređaj za zaustavljanje i zakretanje broda kod otplova; **steering** ~ kormilarski uređaj; **sun protection** ~ oprema za zaštitu od sunca
arrive at the conclusion doći do zaključka
artificial radioactivity umjetna radioaktivnost
artificial ventilation umjetna ventilacija
ash pepeo; **fly** ~ leteći pepeo
ash pit jama za pepeo
aspect ratio omjer širine i duljine presjeka, omjer širine profila i duljine krila brodskog vijka; omjer vitkosti krila brodskog vijka, vitkost krila, omjer između visine i duljine kormila, omjer duljine lista lopatice prema širini
assemble sklopiti, sastaviti, montirati
assembly montaža, sastavljanje, sklop; **sub-** ~ polumontaža, predmontaža
assess the value of (something) odrediti, utvrditi vrijednost (nečega)
assign a class dodijeliti klasu
assignment (of the class) dodjeljivanje (klase)
associated equipment pripadajuća oprema
astatine astatin (At)
asterisk zvjezdica
astern thrust poriv prema natrag
asymmetric (asymmetrical) nesimetričan, asimetričan
asymmetric temperature nesimetričan (asimetričan) raspored temperature
asymmetry nesimetričnost, asimetričnost
asymptote asimptota
asymptotic asimptotski
asymptotic value asimptotska vrijednost
asymptotically asimptotski (prilog)
at the rate of brzinom od
athwartship inclination poprečni nagib (broda)
athwartship plane poprečna ravnina (broda)
athwartship stability poprečni stabilitet
athwartships poprijeko broda
atmosphere atmosfera
atmosphere valve atmosferski ventil
atmospheric air supply dovod atmosferskog zraka, dovod zraka iz atmosfere

atmospheric pressure atmosferski tlak (pritisak)
atmospheric radioactivity atmosferska radioaktivnost
atom atom; **Bohr** ~ Bohrov atom; **Bohr-Sommerfeld** ~ Bohr-Sommerfeldov atom; **excited** ~ uzbuđeni atom; **radioactive** ~ radioaktivni atom
atomic atomski
atomic absorption coefficient atomski apsorpcijski koeficijent
atomic bond atomska veza
atomic clock atomski sat
atomic desintegration atomski raspad
atomic energy atomska energija (za razliku od nuklearne energije)
atomic frequency atomska frekvencija
atomic heat atomska toplina
atomic mass atomska masa
atomic mass unit jedinica atomske mase
atomic number atomski broj; **effective** ~ efektivni atomski broj
atomic scattering atomsko raspršenje
atomic spectrum atomski spektar
atomic structure atomska struktura
atomic transmutation atomska pretvorba
atomic weight atomska težina
atomization raspršivanje
atomize raspršiti se, raspršivati
attach pričvrstiti
attached pričvršćen
attachment priključak; **boiler attachments** kotlovski priključci, priključci na kotlu
attack napad; **angle of** ~ napadni kut
attain the value postići vrijednost (npr. ova se vrijednost lako postiže — this value is easily attained)
attenuate opadati, smanjiti, slabiti
attenuation opadanje, smanjenje, slabljenje; **pressure** ~ opadanje tlaka (pritiska); **sound** ~ prigušenje zvuka
attenuation coefficient koeficijent slabljenja
attenuation constant konstanta slabljenja
audible alarm indication zvučna alarmna najava
augment povećati
augmentation povećanje
austenite austenit
austenitic austenitski
austenitize (austenize) austenitizirati, postići austenitnu strukturu
automated automatiziran
automatic automatski
automatic boiler feedwater regulator automatski regulator kotlovskog napajanja
automatic control automatsko upravljanje, automatska regulacija
automatic flame cutting machine automatski rezni stroj s plamenicima
automatic injector (unit) automatski ubrizgač, uređaj za automatsko ubrizgavanje
automatic ship control automatsko upravljanje brodom

automatic-tensioned mooring winch automatsko pritezno vitlo
automatic vent slide (valve) automatski odušni zasun
automatic welding machine automatski stroj za zavarivanje
automatically inflatable liferaft splav za spasavanje s automatskim napuhavanjem
automobile container automobilski kontejner
autopilot automatski pilot, uređaj za automatsko kormilarenje; **electronic** ~ elektronički automatski pilot
auxiliary pomoćni brod, pomoćni uređaj, pomoćni stroj
auxiliary pomoćni
auxiliary condenser pomoćni kondenzator
auxiliary engine pomoćni stroj
auxiliary equipment pomoćna oprema
auxiliary exhaust pomoćni ispuh
auxiliary exhaust line pomoćni ispušni vod
auxiliary feed pomoćni napojni cjevovod
auxiliary machinery pomoćni strojevi
auxiliary steam stop valve pomoćni parni zaporni ventil
auxiliary steering gear pomoćni kormilarski uređaj
auxiliary stop valve pomoćni zaporni ventil
auxiliary synchronous motor pomoćni sinhroni motor
auxiliary units pomoćni uređaji
average uzeti srednju vrijednost (npr. Ove derivacije pokazuju da je energija vala pola kinetička a pola potencijalna kad se uzme srednja vrijednost po dužini vala — These derivations show that wave energy is half kinetic and half potential when averaged over a wave length)
average srednji
average life prosječni vijek (trajanja)
average pressure srednji (prosječni) tlak (pritisak)
average stress srednje naprezanje
Avogadro number Avogadrov broj
awash oplakan morem, prelit morem, zahvaćen morem (npr. rub palube je oplakan, prelit morem — the deck edge is awash)
awning platneni krov, zaslon od sunca, tenda
axial aksijalni
axial compressor aksijalni kompresor
axial flow pump aksijalna pumpa
axially aksijalno
axis (pl. axes) os; **centroidal** ~ težišnica, os koja prolazi kroz težište; **major** ~ veća (duža) os; **minor** ~ manja (kraća) os; **neutral** ~ neutralna os; **x-** ~ os x; **y-** ~ os y
axis of revolution os okretanja
axis of roll os ljuljanja
axis of rotation os rotacije, os vrtnje, os okretanja
axis of twist os uvijanja
axle osovina; **rudder** ~ osovina kormila
azimuthal quantum number azimutni kvantni broj

B

B (beam) oznaka za širinu broda
back cavitation kavitacija naličja
back of a propeller blade naličje krila brodskog vijka, naličje propelernog krila
back of blade konveksna strana lopatice
back scatter povratno raspršenje
backstay pripona
backward tip see **tipping**
baffle (steam baffle plate) skretna ploča (pare u kotlu)
baffle wall (baffle plate, baffle) skretna pregrada (u kotlu), udarna pregrada, **steam** ~ parna skretna pregrada
bag vreća
balance biti u ravnoteži
balance ravnoteža, uravnoteženje, balansiranje; bilanca; **diesel-engine** ~ balansiranje (uravnoteženje) dizel-motora; **dynamic** ~ dinamička ravnoteža; **neutron** ~ neutronska bilanca; **propeller weight** ~ balansiranje (uravnoteženje) brodskog vijka; **running** ~ dinamička ravnoteža (stroja); **standing** ~ statička ravnoteža (stroja); **static** ~ statička ravnoteža
balanced uravnotežen
balanced rudder balansno kormilo
balancing chamber komora za izjednačenje aksijalnog pritiska (u pumpi)
bale out water izbaciti vodu iz broda
ball bearings kuglični ležajevi
ballast balast; **water** ~ vodeni balast
ballast piping cjevovod balasta
ballast piping (system) cjevovod balasta, balastni cjevovodni sistem
ballast pump balastna pumpa
ballast (pumping) system balastni pumpni sistem
ballast tank balastni tank; **end** ~ krajnji balastni tank; **side** ~ bočni balastni tank, **water** ~ tank za vodeni balast
ballasted balastiran (ispunjen balastom)
ballasting balastiranje
ballcheck valve ventil s kuglicom
Balmer series Balmerova serija
banana carrier bananijer, brod za prijevoz banana
band traka, traka za učvršćivanje kolijevke (broda)

band pojas; **energy** ~ energetski pojas; **frequency** ~ frekvencijski pojas, pojas frekvencija; **wave frequency** ~ pojas valnih frekvencija
band of frequencies frekvencijski pojas, pojas frekvencija; **incremental** ~ prirast pojasa frekvencije
band of wave frequencies pojas valnih frekvencija
bank red cijevi, snop cijevi, niz, sklop elemenata u svrhu zajedničke funkcije, obala (riječna); **boiler tube banks** snopovi kotlovskih (isparnih) cijevi; **river** ~ riječna obala; **single** ~ **heat exchanger** izmjenjivač topline s jednim redom cijevi
banks of boiler generating tubes snopovi kotlovskih isparnih cijevi
bar šipka, profil; **angle (L)** ~ L-profil, uglovnica; **bulb** ~ bulb-profil; **channel** ~ U-profil; **continuous flat** ~ neprekinuti plosnati profil; **deck stringer angle** ~ uglovnica palubne proveze; **flat** ~ plosnati profil; **frame** ~ rebro; **I** ~ I-profil; **reverse frame** ~ proturebro; **round** ~ okrugli profil; **rubbing** ~ zaštitni profil, odbojnik; **Tee (T)** ~ T-profil; **Tee (T) bulb** ~ T-bulb-profil; **transverse** ~ poprečni profil, poprečna prečka
bar keel gredna kobilica
bare-hull resistance otpor golog trupa (bez privjesaka)
barge teglenica; **inland** ~ riječna teglenica; **jack up** ~ teglenica s uređajem za podizanje; **sea** ~ brod za prijevoz teglenica na principu doka sa sinhroliftom; **submersible** ~ uronjiva teglenica
barge launching carrier brod za teglenice na principu doka sa sinhroliftom
barium barij (Ba)
barn barn (10^{-28} m^2)
barrier barijera; **potential** ~ potencijalna barijera
base temeljiti se, zasnivati se; **the calculations are based upon (on)**... proračun se temelji na...
base, baza, osnovica, osnovka, postolje
base coat temeljni premaz
baseline osnovica, osnovka; **molded** ~ teoretska osnovica

basic osnovni
basic modes of hull vibration osnovni oblici vibriranja trupa
basic theory osnovna teorija
basically osnovno, u osnovi, u biti
basin unutrašnja luka; **fitting-out** ~ bazen za opremu; **towing** ~ bazen za teglenje modela; **wet** ~ bazen za opremu
basis (pl. **bases**) osnova, baza; **on a** ~ **of** na osnovi (nečega)
batten obiti letvicama
batten letva, letvica; **cargo** ~ bočna letva skladišta
battery room akumulatorska prostorija
battle cruiser bojni krstaš
battleship bojni brod
Bayhurst curve Bayhurstova krivulja
be at rest biti u stanju mirovanja
be at right angles biti pod pravim kutom
be in agreement with podudarati se sa (npr. to se podudara s teoretskim radom — this is in agreement with theoretical work)
be in close agreement with blisko se podudarati sa
be in like phase biti u istoj fazi
be in opposite phase biti u protufazi
be in order biti u redu
be in perfect order biti u savršenom redu, potpuno funkcionirati
be in phase with biti u fazi sa
be in quadrature biti u kvadraturi, biti pomaknut u fazi za 90⁰
be in the upright position biti u uspravnom položaju
be opposite in sign biti suprotnog predznaka, imati suprotni predznak
be out of adjustment ne biti podešen (kad strojni dijelovi nisu u ispravnom međusobnom odnosu)
be out of order biti izvan pogona (ne funkcionirati)
be out of phase imati pomak u fazi
be out of trim ne biti trimovan; **the ship is out of trim** brod nije trimovan
be phased biti u fazi
be piped into biti spojen (priključen) sa cijevima
be recessed biti udubljen, imati reces (npr. pregrada je udubljena, pregrada ima reces — the bulkhead is recessed)
be spaced biti na razmaku od, biti razmaknut, imati razmak
be stepped biti stepenasto oblikovan
be stressed biti napregnut
beam sponja, greda, maksimalna širina broda; **boat** ~ maksimalna širina čamca; **cantilever** ~ konzolna sponja, polusponja; **deck** ~ palubna sponja; **half-** ~ polusponja, konzolna sponja; **hatch** ~ sponja grotla; **hatch end** ~ okvirna sponja grotla; **hatchway** ~ sponja grotla; **hold** ~ sponja u skladištu; **I** ~ I-profil, sponja; **molded (moulded)** ~ teoretska širina, širina broda na glavnom rebru do vanjskog brida rebra; **panting** ~ sponja za sprečavanje dahtanja; **portable** ~ pokretna sponja, skidljiva sponja; **portable hatch** ~ pokretna sponja grotla, skidljiva sponja grotla; **simply supported** ~ jednostavno poduprta sponja; **strength deck** ~ sponja palube čvrstoće; **transverse deck** ~ poprečna palubna sponja; **web** ~ okvirna sponja
beam snop; **electron** ~ elektronski snop
beam arm koljeno sponje
beam-draft ratio (beam-to-draft ratio) (B/T) omjer širine i gaza
beam hole otvor za snop (npr. u štitu reaktora)
beam knee koljeno na sponji, koljeno sponje; **horizontal** ~ horizontalno koljeno sponje; **vertical** ~ vertikalno koljeno sponje
beam seas more u bok, valovi u bok; **irregular** ~ nepravilni valovi u bok
beam theory teorija grede; **simple** ~ jednostavna teorija grede
beam wind bočni vjetar
bear (bore, borne) biti smješten (npr. kobilica je smještena uzdužno na kobiličnim potkladama — the keel bears fore and aft on the keel blocks)
bear (bore, borne) in mind imati na umu, imati na pameti
bear (bore, borne) the weight nositi težinu
bear out (bore out, borne out) potvrditi (npr. To je potvrđeno pokusima (eksperimentima) — This is borne out by experiments)
bearing ležaj; **anti-friction bearings** antifrikcioni ležajevi (npr. kuglični i kotrljajući ležajevi); **ball** ~ kuglični ležaj; **camshaft bearings** ležajevi bregaste osovine; **crank** ~ ležaj ojnice na koljenu, donji ležaj ojnice; **front** ~ prednji ležaj; **journal** ~ **with removable cap** dvodijelni osovinski ležaj; **pin bearings** ležajevi osovinice klipa; **radial** ~ radijalni ležaj; **roller** ~ kotrljajući ležaj; **rudder** ~ ležaj kormila; **rudderhead (rudder head)** ~ ležaj glave kormila; **shaft** ~ osovinski ležaj; **shaft tunnel bearings** osovinski ležajevi u tunelu; **sliding** ~ klizni ležaj; **solid journal** ~ jednodijelni osovinski ležaj; **sterntube** ~ ležaj statvene cijevi; **thrust** ~ odrivni ležaj
bearing clearance zračnost ležaja
bearing power nosivost (za težinu)
bearing shell šalica (čaša) ležaja, ležajna šalica (čaša); **mutually interchangeable bearing shells** međusobno izmjenljive čaše ležajeva
bearing support potpora ležaja
beat effect efekt, pojava treptanja (kombinacija harmonijskih vibracija čije se frekvencije malo razlikuju)
Becquerel rays Becquerelove zrake
bed postolje

bedplate temeljna ploča
before ispred (npr. ispred prostora strojarnice — before machinery space)
belligerent ratni
belt pojas, remen; **life** ~ pojas za spasavanje
bench mark ishodišna (početna) oznaka pri mjerenju
bend (bent, bent) savijati se
bend luk; **duct** ~ luk kanala (npr. za zrak); **expansion** ~ ekspanzioni luk, kompenzacioni luk
bending savijanje; **cold** ~ savijanje u hladnom stanju; **frame** ~ savijanje rebara; **hot** ~ savijanje u toplom stanju; **longitudinal** ~ savijanje u uzdužnom pravcu; **plate** ~ savijanje limova
bending deflection progib zbog savijanja
bending loads opterećenja pri savijanju
bending moment moment savijanja; **amidship lateral** ~ moment savijanja u horizontalnoj ravnini na glavnom rebru; **built-in** ~ zaostali moment savijanja (zbog zaostalih naprezanja u materijalu za vrijeme gradnje); **dynamic** ~ dinamički moment savijanja (zbog djelovanja valova); **hogging** ~ moment savijanja koji uzrokuje pregib (negativni progib); **hogging wave** ~ moment savijanja na valu koji uzrokuje pregib (negativni progib); **lateral** ~ moment savijanja u horizontalnoj ravnini; **longitudinal** ~ uzdužni moment savijanja; **sagging** ~ moment savijanja koji uzrokuje progib; **sagging wave** ~ moment savijanja na valu koji uzrokuje progib
bending moment curve krivulja momenta savijanja
bending rolls valjci za savijanje
bending slab ploča za krivljenje rebara
bending stiffness krutost pri savijanju
bending stress naprezanje zbog savijanja, **longitudinal** ~ naprezanje zbog uzdužnog savijanja; **still-water bending stresses** naprezanja zbog savijanja u mirnoj vodi; **transverse** ~ naprezanje zbog poprečnog savijanja; **wave bending stresses** naprezanja zbog savijanja na valu
berkelium berk(e)lij (Bk)
Bernoulli's law Bernoullijeva jednadžba (zakon)
Bernoulli's theorem Bernoullijev teorem, Bernoullijeva jednadžba
berth pristati na vezu u luci, ležati usidren, usidriti brod
berth navoz, krevet u kabini, vez u luci; **loading** ~ vez za ukrcaj
berthing sidrenje
beryllium berilij (Be)
Bessemer converter Bessemerov konvertor
beta decay beta-raspad
beta decay energy energija beta-raspada
beta detector beta-detektor

beta-particle beta-čestica
beta-ray spectrometer spektrometar beta-zraka
beta-rays beta-zrake
beta thickness gauge mjerač debljine beta zračenjem
betatopic betatopik
betatron betatron
between deck međupalublje
bevel kosina (površine ili linije)
bevel gears konični zupčanici, stožnici, stožni zupčanici; **spiral** ~ konični zupčanici sa zakrivljenim zubima; **straight** ~ konični zupčanici s ravnim zubima
bhp (BHP) (Brake horsepower (P_B)) oznaka za kočenu konjsku snagu, oznaka za snagu na kočnici
biaxial dvoosni
big end (of connecting rod) velika hvataljka, pesnica (na ojnici)
bilge uzvoj
bilge (bilge water) kaljuža, kaljužna voda; **engine room** ~ kaljuža strojarnice; **fire room** ~ taložnica ložišta; **shaft alley** ~ kaljuža tunela osovinskog voda, kaljuža osovinskog tunela
bilge blocks potklade ispod uzvoja
bilge compartment odjeljenje na uzvoju
bilge diagonal širnica približno okomita na uzvoj broda (u nacrtu rebara), širnica uzvoja
bilge grab rail rukohvat bočnog nogostupa
bilge keel ljuljna kobilica
bilge knee uzvojno koljeno
bilge longitudinal uzdužnjak uzvoja
bilge piping (system) kaljužni cjevovod, kaljužni cjevovodni sistem
bilge pump kaljužna pumpa
bilge pumping arrangement kaljužni pumpni uređaj
bilge (pumping) system kaljužni pumpni sistem
bilge radius radijus uzvoja
bilge strake uzvojni voj (limova)
bilge tank uzvojni tank
bilge well kaljužni zdenac
billboard postolje za sidro
binary system binarni sistem
binding energy vezna energija
binode binoda
binomial distribution binomna razdioba
biological dose biološka doza (zračenja)
biological half-life biološko poluvrijeme
biological hole biološki otvor (u reaktoru)
biological shield biološki štit
biological shielding biološka zaštita
biophysics biofizika
bipod mast dvonožni jarbol, bipod jarbol, A-jarbol
bisect raspoloviti
bismuth bizmut (Bi)
bit svrdlo, šiljak, trun, oštrica blanje
bitt bitva; **mooring** ~ bitva za vez; **towing** ~ bitva za tegljenje

bituminous plastics smolasta masa, bitumenska smjesa
BL oznaka za teoretsku osnovicu
blade lopatica, krilo, list; **back of** ~ konveksna strana lopatice; **back of the propeller** ~ naličje krila (brodskog) vijka; **face of the propeller** ~ lice krila (brodskog) vijka; **fan** ~ krilo ventilatora; **fixed (stationary)** ~ statorska lopatica; **front of** ~ konkavna strana lopatice; **impeller** ~ lopatica impelera (rotora centrifugalne pumpe); **moving** ~ rotorska lopatica; **propeller** ~ krilo brodskog vijka, propelerno krilo, krilo propelera; **root of the propeller** ~ korijen krila (brodskog) vijka; **rudder** ~ list kormila; **turbine** ~ turbinska lopatica, lopatica turbine; **tip of the propeller** ~ vrh krila (brodskog) vijka
blade frequency frekvencija brodskog krila
blade inlet angle ulazni kut lopatice
blade outlet angle izlazni kut lopatice
blade root (of a propeller) korijen krila (brodskog vijka)
blade thickness debljina lopatice
blade tip (of a propeller) vrh krila (brodskog vijka)
blading lopatičje; **impulse** ~ akcione lopatice; **reaction** ~ reakcione lopatice; **turbine** ~ lopatice turbine, turbinske lopatice; **vortex** ~ uvijene lopatice (prema teoriji vrtloga)
blanket pokrivač, pokrov, omotač od oplodnog materijala; **fire smothering** ~ pokrovni sloj za prigušenje požara
blast furnace visoka peć
blasting fuse fitilj
bleed (bled, bled) oduzimati paru (iz turbine)
bleeding oduzimanje pare (iz turbine)
blind slijepa prirubnica; **line** ~ cijevna slijepa prirubnica
blister blister (čelična konstrukcija dodatnih limova oplate za sprečavanje prodora mora/vode, najčešće kod ratnih brodova)
block kolutur, kolotura; **boom head** ~ kolotur na glavi samarice; **cargo** ~ kolotur teretnice; **cargo purchase** ~ kolotur teretnice; **cargo runner derrick heel lead** ~ skretni kolotur teretnice; **derrick head cargo** ~ gornji kolotur teretnice; **derrick head span** ~ donji kolotur klobučnice; **lead** ~ skretni kolotur; **lower cargo (purchase)** ~ donji kolotur teretnice; **lower slewing guy** ~ donji kolotur brka samarice; **lower vang** — donji kolotur brka samarice; **mast head span** ~ gornji kolotur klobučnice; **slewing guy** ~ **(British)** kolotur brka samarice; **slewing guy lead** ~ skretni kolotur brka samarice; **span** ~ kolotur klobučnice; **upper slewing guy** ~ gornji kolotur brka samarice; **upper vang** ~ gornji kolotur brka samarice; **vang** ~ (US) kolotur brka samarice
block blok; **thrust** ~ odrivni blok
blocks potklade; **bilge** ~ potklade ispod uzvoja; **collapsible** ~ potklade s promjenljivom visinom; **keel** ~ kobilične (središnje) potklade; **side** ~ bočne potklade; **wooden** ~ drvene potklade
block coefficient koeficijent (punoće) istisnine; **molded** ~ teoretski koeficijent istisnine
block valve zaporni ventil
blocking skup potklada, potklade, potklađivanje; **keel** ~ kobilično (središnje) potklađivanje; **side** ~ bočno potklađivanje
blow (blew, blown) puhati
blow ispuhivanje; **bottom** ~ odmuljivanje (kod kotla); **surface** ~ otpjenjivanje (kod kotla)
blow-off valve (blowoff valve) ispusni ventil za paru (na kotlu)
blow-off line ispusna cijev (na kotlu)
blow out (blew out, blown out) ispuhati
blower ventilator, puhalo; **forced draft** ~ tlačni ventilator, visokotlačno puhalo; **induced draft** ~ usisni ventilator; **sootblower** ispuhivač čađe; **turbo** ~ turbopuhalo; **ventilating** ~ ventilaciono puhalo
blowing ispuhivanje; **soot** ~ ispuhavanje čađe
BM oznaka za metacentarski radijus
board daska; **on** ~ na brodu; **outboard** vanjski, izvan broda; **switchboard** uklopna (rasklopna) ploča s električnim prekidačima
boat čamac, brod; **emergency** ~ čamac za nuždu; **ferryboat** prijevoznica, trajekt; **fishing** ~ ribarski čamac; **gunboat** topovnjača; **life** ~ čamac za spasavanje; **motorboat** motorni čamac; **pusher towboat** gurač; **river** ~ riječni brod; **rowing** ~ čamac za veslanje; **sailing** ~ jedrilica, jedrenjak; **torpedoboat** torpedni čamac; **towboat (tugboat)** tegljač; **working** ~ radni čamac
boat beam maksimalna širina čamca
boat crane dizalica za čamce
boat davit soha za čamce
boat deck paluba čamaca, paluba za čamce
boat handling equipment oprema za rukovanje čamcima
boat handling gear uređaji za rukovanje čamcima
boat hook čaklja
boat launching device uređaj za spuštanje čamaca
boat painter privezno uže na pramcu čamca
boat skate zaštitnik pri spuštanju čamca
boat winch vitlo za čamac
boatswain vođa palube

bodily sasvim (npr. Brod će se podići i sasvim uroniti — The ship will rise and sink bodily)
body plan nacrt rebara
Bohr atom Bohrov atom
Bohr magneton Bohrov magneton
Bohr radius Bohrov polumjer
Bohr-Sommerfeld atom Bohr-Sommerfeldov atom
boiler kotao; **air** ~ predgrijač zraka, zagrijač zraka; **single-pass (sinouous) header-type marine** ~ brodski jedroprolazni kotao sa sinusoidalnim sekcijama, brodski sekcioni kotao s jednim prolazom; **cylindrical-flue** ~ cilindrični kotao s plamenicama; **donkey** ~ lučki kotao; **double-end** ~ dvostruki kotao (loženje s dvije strane); **exhaust gas fired** ~ kotao na ispušne plinove; **firetube (fire-tube)** ~ plamenocijevni kotao, vatrocijevni kotao; **high pressure, bent tube** ~ visokotlačni kotao sa savijenim cijevima; **internally fired** ~ kotao s unutrašnjim loženjem; **marine** ~ brodski kotao; **oil-fired** ~ kotao na loživo ulje; **port** ~ kotao na lijevoj strani broda; **power** ~ pogonski kotao; **return tubular** ~ kotao s povratnim strujanjem; **Scotch** ~ škotski kotao; **Scotch marine** ~ škotski brodski kotao; **single-end** ~ jednostruki kotao (loženje s jedne strane); **starboard** ~ kotao na desnoj strani broda; **steam** ~ parni kotao; **straight tube, cross drum watertube** ~ ravnocijevni vodocijevni kotao s poprečnim bubnjem; **three-pass** ~ kotao s tri prolaza (plinova); **waste heat** ~ kotao na otpadnu toplinu, utilizacioni kotao, utilizator; **watertube (water-tube)** ~ vodocijevni kotao
boiler attachments kotlovski priključci, priključci na kotlu
boiler bearer nosač kotla
boiler bearers temelji kotla
boiler compartment kotlovsko odjeljenje (na brodu)
boiler feed pump napojna pumpa kotla
boiler feedwater kotlovska napojna voda
boiler feedwater regulator regulator kotlovskog napajanja; **automatic** ~ automatski regulator kotlovskog napajanja
boiler fittings armatura kotla, kotlovska armatura
boiler front tube sheet prednja cijevna stijena (ploča) kotla
boilers in battery kotlovi u bateriji, baterija kotlova
boiler maker kotlar
boiler mountings kotlovska armatura, armatura kotla
boiler plant kotlovsko postrojenje
boiler plating opločenje kotla
boiler pressure kotlovski tlak
boiler room kotlovnica
boiler shell plašt kotla
boiler tube kotlovska cijev
boiler tube banks snopovi kotlovskih (isparnih) cijevi
boiling point vrelište
boiling water reactor (BWR) vodokljujući reaktor
bollard bitva na obali; **mooring** ~ bitva (na obali) za vez (vezivanje)
bolt spojiti vijkom
bolt vijak s maticom, svornjak, zasun, željezni klin; **holding-down** ~ pričvrsni vijak
bolt hole rupa za svornjak; **elongated** ~ izdužena rupa za svornjak; **enlarged** ~ proširena rupa za svornjak
bolted structure konstrukcija sa svornjacima
bolting spajanje vijcima, vijčano spajanje
Boltzmann's constant Boltzmannova konstanta
Boltzmann's principle Boltzmannov princip
bomb bomba; **atomic** ~ **(A-~)** nuklearna bomba (atomska bomba, popularni naziv); **cobalt** ~ kobaltna bomba; **fission** ~ fisiona (nuklearna) bomba; **fusion** ~ fuziona bomba; **hydrogen** ~ vodikova (hidrogenska) bomba
bombardment bombardiranje
bond veza; **atomic** ~ atomska veza; **chemical** ~ kemijska veza
bond angle vezni kut
bond energy vezna energija
bond length vezna udaljenost
bone tolerance dose dopuštena doza (cijelog) tijela (čovjeka)
Bonjean curves Bonjeanove krivulje
boom krak (samarice ili dizalice); šošnjak, samarica; **heavy lift** ~ teška samarica, samarica za teške terete; **inboard** ~ samarica unutar broda; **outboard** ~ samarica izvan broda; **paired booms** udvojene samarice; **raised** ~ podignut krak samarice; **single** ~ jednostruka samarica; **single derrick** ~ jednostruka samarica
boom head glava samarice
boom head block kolotur na glavi samarice
boom head fitting gornji okov samarice
boom heel peta samarice
boom heel fitting okov pete samarice
boom heel pin svornjak na peti samarice
boost povećati snagu, silu, povisiti tlak (pritisak)
boost povišenje pritiska, povećanje snage, sile
bore provrt, **cylinder** ~ provrt (promjer) cilindra
boring machine horizontalna bušilica
borne nošen, preuzet (npr. težinu preuzimaju potklade — the weight is borne by the blocks; težinu preuzima uzgon — the weight is water borne)

borne out see **bear out**
boron bor (B)
boron chamber borna komora
Bose-Einstein statistics Bose-Einsteinova statistika
boson bozon (u nuklearnoj fizici)
boss glavina; **propeller** ~ glavina brodskog vijka, glavina propelera
boss of the propeller blade glavina propelernog krila
bossing(s) nogavice osovinskog voda
bottom dno; **double** ~ dvodno; **inner** ~ pokrov dvodna, uutrašnje dno (dvodna); **outer** ~ vanjsko dno (dvodna); **rise of** ~ visina kosine dna mjerena na boku broda, kosina dna, kosa linija dna (u nacrtu rebara), koso dno; **single** ~ jedno dno, s jednim dnom
bottom blow odmuljivanje (kod kotla)
bottom blowoff valve (bottom blow valve) ventil za odmuljivanje (kod kotla)
bottom center donja mrtva točka (kod hoda klipa)
bottom centerline girder hrptenica, centralni nosač dna; **continuous** ~ neprekinuta hrptenica; **intercostal** ~ interkostalna hrptenica (umetnuta, prekinuta)
bottom conditions uvjeti morskog dna
bottom girder nosač dna
bottom longitudinal uzdužnjak dna
bottom planking platice dna
bottom plating oplata dna; **inner** ~ unutrašnje opločenje dvodna; **outer** ~ vanjska oplata dvodna
bottom shell vanjska oplata dna, vanjska oplata dvodna
bottom side girder bočni nosač dna
bottom side shell donji dio bočne oplate
bottom transverse poprečnjak dna, rebrenica
bottom view pogled odozdo
bound charge površinski naboj (vezni naboj na površini)
boundary kraj, završetak, obod; **tank boundaries** krajevi tanka
boundary rubni, obrubni, granični
boundary bulkhead krajnja pregrada
boundary connections (of bulkheads) obrubni spojevi (pregrada); **watertight** ~ vodonepropusni obrubni spojevi (pregrada)
boundary layer granični sloj
boundary-layer flow strujanje u graničnom sloju
boundary stress rubno naprezanje
bounded omeđen
bow pramac; **bulb** ~ pramac s bulbom, bulb-pramac; **bulbous** ~ pramac s bulbom, bulb-pramac; **port** ~ lijeva strana pramca; **ram** ~ pramac s bulbom koji se proteže ispred pramčanog perpendikulara; **starboard** ~ desna strana pramca
bow fender pramcobran
bow flare izbačena forma pramca

bow-flare slamming udaranje izbačene forme pramca o valove
bow line pramčano uže
bow rudder pramčano kormilo
bow seas valovi u pramac; **oblique** ~ valovi koso u pramac
bow station pramčano (teoretsko) rebro
bow submergence uranjanje pramca
bow thruster propeller pramčani poprečni brodski vijak
bower anchor sidro na pramcu, pramčano sidro
box kutija; **suction** ~ usisna kutija
box girder kutijasti nosač
bracing ukotvljenje; **top** ~ **(topbracing)** gornje ukotvljenje
bracket koljeno, potporanj; **angle** ~ kutna konzola; **deep** ~ visoko koljeno; **frame-to-stiffener** ~ koljeno koje spaja rebro i ukrepu; **gallery brackets** potpore za galeriju (u strojarnici); **pillar** ~ koljeno upore; **shaft brackets** osovinski skrokovi; **tank side** ~ bočno koljeno u tanku; **tripping** ~ koljeno za ukrućenje
bracket floor okvirna rebrenica
bracket plate potporni lim
bracketed stiffener ukrepa s koljenom
Brackett series Brackettova serija
Bragg angle Braggov kut
Bragg curve Braggova krivulja
Bragg law Braggov zakon
Bragg rule Braggovo pravilo
brake kočnica; **air** ~ zračna kočnica; **electro-mechanical** ~ elektromehanička kočnica; **foot** ~ nožna kočnica; **friction** ~ tarna kočnica, frikciona kočnica; **hand** ~ ručna kočnica; **hydraulic** ~ hidraulična kočnica; **mechanical** ~ mehanička kočnica; **rudder** ~ kočnica na kormilu; **winch** ~ kočnica vitla
brake cylinder kočioni cilindar
brake horsepower (bhp) P_B) kočena konjska snaga, snaga na kočnici
brake lever kočiona poluga
brake pipe kočiona cijev
brake torque (Q) moment kočnice
braking kočenje
braking system sistem kočenja
branch ducts ogranci (zračnih) kanala; **distribution** ~ distribucioni ogranci (zračnih) kanala; **main** ~ glavni ogranci (zračnih) kanala
branch feed line ogranak, odvojak (kod cjevovoda)
branch line cijevni ogranak
branch off razgranati se, račvati se
branch pipe cijevni ogranak
branch take-offs ogranci (zračnih) kanala
branching grananje
brass mjed; **naval** ~ brodska mjed
brass pipe mjedena cijev
brazing tvrdo lemljenje

breach probušiti strukturu prodorom mora/vode;
breach probušenost strukture prodorom mora/vode
breached tank probušeni tank prodorom mora/vode, tank sa slomljenom stijenom, tank u koji je prodrla voda
breadth širina; **midship** ~ širina na glavnom rebru do vanjskog brida rebra
breadth extreme širina preko svega
breadth molded (moulded) teoretska širina, širina na rebrima, širina broda na glavnom rebru do vanjskog brida rebra
break (broke, broken) prelomiti, lomiti, slomiti (se), prelomiti (se)
break lom, prijelom
break-bulk komadni teret
break bulk sling petlja za komadni teret
breakdown ispasti (iz sistema), zaustaviti se zbog preopterećenja
breakdown raspad pogonskog sistema, zaustavljanje stroja zbog preopterećenja; **organic liquid** ~ raspad organske tekućine (pod djelovanjem zračenja)
breaker arm poluga prekidača, čekić (kod sistema paljenja)
breaking strength of the wire rope prijelomna čvrstoća čelik čela (čeličnog užeta)
breakwater valobran
breast line bočno uže (sprečava odmicanje broda od obale)
breeching rašljasti dimovodni spoj
breeder oplodni reaktor; **nuclear** ~ oplodni nuklearni reaktor
breeder reactor oplodni (brider) reaktor
breeding ratio oplodni omjer
bremsstrahlung kočno zračenje
brick opeka; **firebrick (high temperature firebrick)** vatrostalna (vatrootporna) opeka, šamotna opeka; **refractory** ~ vatrootporna opeka, šamotna opeka
brickwork ziđe; **firebox** ~ šamotno ziđe ložišta
bridge most, greda, most (okvirne ili mosne dizalice); **long** ~ dugačak most; **short** ~ kratak most
bridge bulkhead pregrada mosta
bridge crane mosna dizalica
bridge deck paluba mosta
bridge span raspon mosta (općenito), raspon mosta (grede) okvirne ili mosne dizalice
bridge wall zid (plamenog) mosta (u kotlu)
bridle sidreni lanac
bring (brought, brought) into action staviti u djelovanje
British Thermal Unit (BTU) britanska toplinska jedinica
brittle krhak, krt (za materijal)
brittle-cleavage fracture krti lom (s vrlo malom deformacijom) po kliznim ravninama zrna, krti lom po ravninama zrna
brittle failure krti lom
brittle fracture krti lom

brittle strength čvrstoća krtog loma (čvrstoća u području lomljivosti, npr. kod ispitivanja žilavosti pri niskim temperaturama)
brittlenes krhkost, krtost, lomljivost, **notch** ~ lomljivost materijala pri ispitivanju žilavosti s epruvetom sa zarezom
broaching opasno skretanje, kritično zaošijanje (zbog valova u krmu)
broad širok
broadside bočno
Broglie wavelength see **de Broglie wavelength**
broken line iscrtkana linija, isprekidana crta
bromine brom (Br)
bronze bronca; **alumin(i)um** ~ aluminijska bronca; **manganese** ~ manganska bronca; **manganese nickel alumin(i)um** ~ mangan-nikal-aluminijska bronca; **nickel alumin(i)um** ~ nikal-aluminijska bronca; **nickel manganese** ~ nikal manganska bronca; **phosphor** ~ fosforna bronca
Brownian movement Brownovo kretanje
brush četka
B/T (beam-draft ratio, beam-to-draft ratio) kratica za omjer širine i gaza
BTU (British Thermal Unit) kratica za britansku toplinsku jedinicu
BTU/hr (British Thermal Unit per hour) broj britanskih toplinskih jedinica na sat
bubble cavitation mjehurasta kavitacija
bubble chamber mjehurasta komora
bucket lopatica (turbinska)
buckle izvijati se (za konstrukciju) zbog gubitka stabilnosti
buckled izvijen (za konstrukciju) zbog gubitka stabilnosti
buckling izvijanje (konstrukcije) zbog gubitka stabilnosti; bakling (reaktora)
buckling failure oštećenje pri izvijanju (konstrukcije zbog gubitka stabilnosti)
buckling strength čvrstoća pri izvijanju (konstrukcije) zbog gubitka stabilnosti
buckling stress naprezanje zbog izvijanja (gubitka stabilnosti) konstrukcije
buffer odbojnik
build (built, built) graditi, izgraditi
builder graditelj; **shipbuilder** brodograditelj
building gradnja; **engine** ~ gradnja strojeva; **hull** ~ gradnja trupa; **shipbuilding** brodogradnja
building berth navoz
building slip (slip) navoz
building system sistem gradnje (broda)
building ways saonik
built-in ugrađen
built-in bending moment zaostali moment savijanja (zbog zaostalih naprezanja u materijalu za vrijeme gradnje)
built-in sheave ugrađena užnica
built-in trunk ugrađeni glavni ventilacioni kanal

bulb bulb
bulb bar bulb-profil
bulb bow bulb-pramac, pramac s bulbom
bulbous bow pramac s bulbom, bulb--pramac
bulge izbočiti se (npr. oplata je izbočena — the plating is bulged)
bulge izbočina
bulk rasuti teret; **in** ~ u rasutom stanju
bulk cargo rasuti teret
bulk cargo handling rukovanje rasutim teretom
bulk carrier brod za rasuti teret
bulk freight rasuti teret
bulk goods rasuti teret
bulk/ore carrier brod za prijevoz rasutog tereta i rude
bulkhead pregrada; **after peak** ~ pregrada krmenog pika, stražnja sudarna pregrada; **boundary** ~ krajnja pregrada; **bridge** ~ pregrada mosta; **bunker** ~ pregrada bunkera; **centreline (centerline)** ~ centralna (središnja) pregrada; **cofferdam** ~ pregrada koferdama (pregratka); **collision** ~ kolizijska pregrada, sudarna pregrada; **corrugated** ~ naborana pregrada, korugirana pregrada; **corrugated longitudinal** ~ uzdužna naborana (korugirana) pregrada; **corrugated transverse** ~ poprečna naborana (korugirana) pregrada; **deep tank** ~ pregrada dubokog tanka, pregrada u visokom tanku; **deep transverse** ~ visoka poprečna stijena u nadgrađu; **division** ~ diobena pregrada; **fore-and-aft passage** ~ pregrada uzdušnog prolaza; **longitudinal** ~ uzdužna pregrada; **non-oiltight** ~ uljnopropusna pregrada; **non-watertight** ~ vodopropusna pregrada; **oiltight** ~ uljnonepropusna pregrada; **ordinary** ~ obična pregrada; **plane** ~ ravna pregrada; **recessed** ~ pregrada s udubljenjem; **side** ~ bočna pregrada, bočna stijena u nadgrađu; **stepped** ~ stepenasto oblikovana pregrada; **swash (wash)** ~ pljuskača; **tank** ~ pregrada u tanku; **watertight** ~ vodonepropusna pregrada; **wing** ~ bočna pregrada
bulkhead deck pregradna paluba
bulkhead plating opločenje pregrade, opločenje unutrašnje stijene palubne kućice
bulkhead stiffener ukrepa pregrade
bulkhead web okvir pregrade; **longitudinal** ~ okvir uzdužne pregrade
bullnose oko (otvor) za tegljenje
bulwark(s) linica, puna palubna ograda, palubna ograda s oplatom, puna ograda, razma kod drvenih brodova; **port** ~ linica na lijevoj strani broda; **starboard** ~ linica na desnoj strani broda
bulwark planking platice ograde (linice)
bunker bunker; **coal** ~ ugljenarnica, bunker za ugljen; **fuel oil** ~ bunker za pogonsko gorivo
bunker bulkhead pregrada bunkera
buoy plutača; **life** ~ obruč za spasavanje; **mooring** ~ usidrena plutača za vez
buoyancy uzgon; **positive** ~ pozitivni uzgon; **negative** ~ negativni uzgon; **neutral** ~ neutralni uzgon; **intact** ~ uzgon neoštećenog broda; **internal** ~ unutrašnji uzgon; **the force of** ~ sila uzgona, hidrostatička sila uzgona, hidrostatička uzgonska sila; **watertight** ~ **(W. T. B.)** uzgon nepropusnog volumena; **wave** ~ uzgon u valu, uzgon vala
buoyancy curve krivulja uzgona
buoyancy force sila uzgona, hidrostatička uzgonska sila, hidrostatička sila uzgona
buoyant apparatus napuhnuti uređaj (obruč) za spasavanje
buoyant force sila uzgona, hidrostatička uzgonska sila
burnable poison izgorivi otrov
burnable poison water reactor (BPWR) vodni reaktor s izgorivim otrovima
burner plamenik, gorionik, gorač; **oil** ~ uljni plamenik, uljni gorionik; **oxy-acetelene** ~ plamenik kisika i acetilena
burner valve ventil plamenika (gorionika)
burnt gases izgoreni plinovi
burnup izgaranje (fisionog goriva)
burr srh
burst-can detector detektor za otkrivanje napuknuća košuljice (gorivog elementa)
burst slug gorivi element s malim bijegom fisionih produkata (u košuljici)
bushing čahura, košuljica; **reducer** ~ redukciona čahura; **rudder** ~ košuljica za štenac kormila
butt stik, poprečni spoj
butt joint sučeoni spoj, stični spoj
butt-welded joint sučeono zavareni spoj
butterfly valve leptirasti ventil
buttock uzdužnica
buttock line uzdužnica
buttress thread pilasti navoj (narez)
by considerations of s obzirom na, uzimajući u obzir
by hand ručno (pokretan)
by-pass obilaziti
by-pass (pipe) obilazni cjevovod, mimovod
by power strojem (pokretan)
by-product sporedni proizvod, nusprodukt
by the order of u iznosu od

C

C_B **(block coefficient)** oznaka za koeficijent istisnine
C_F **(frictional coefficient)** oznaka za koeficijent trenja
C_M **(midship section coefficient)** oznaka za koeficijent glavnog rebra
C_P **(specific heat at constant pressure)** oznaka za specifičnu toplinu pri konstantnom tlaku
C_P **(prismatic coefficient)** oznaka za prizmatički koeficijent, oznaka za koeficijent uzdužne finoće istisnine
C_R **(resistance coefficient)** oznaka za koeficijent otpora
C_v **(specific heat at constant volume)** oznaka za specifičnu toplinu pri konstantnom volumenu
C_{vp} **(vertical prismatic coefficient)** oznaka za vertikalni prizmatični koeficijent
C_{wp} **(waterplane coefficient)** oznaka za koeficijent punoće vodne linije
cable kabel; **electrical** ∼ električni kabel; **high-tension** ∼ kabel visokog napona, visokonaponski kabel; **marine electrical** ∼ brodski električni kabel
cabling kabelska mreža
cadmium kadmij (Cd)
caesium cezij (Cs)
caesium clock cezijev sat
caisson keson
calcium kalcij (Ca)
calculate računati, izračunati, proračunati
calculate with sufficient accuracy izračunati s dovoljnom točnošću
calculated draft proračunati gaz, izračunati gaz,
calculation(s) računanje, izračunavanje, proračun, proračuni; **analytical** ∼ analitički proračun; **cross curve** ∼ proračuni krivulia poluga stabiliteta; **damaged-stability** ∼ proračuni oštećenog stabiliteta; **permeability** ∼ proračun naplavljivosti; **ship** ∼ proračun broda; **short circuit** ∼ proračun kratkog spoja (strujnog kruga); **to carry out** ∼ izvoditi proračun; **to make** ∼ napraviti proračun; **to perform** ∼ vršiti proračun; **the treatment in the** ∼ postupak u proračunu;

volumetric ∼ proračun volumena, volumenski proračun
calculations are carried out proračuni se izvode
calculations are made proračuni su napravljeni
calculations are performed proračuni se vrše
calculus (pl. calculi) diferencijalni integralni račun; **differential** ∼ diferencijalni račun; **infinitesimal** ∼ infinitezimalni račun; **integral** ∼ integralni račun
californium kalifornij (Cf)
call for zahtijevati, tražiti (npr. Ova metoda zahtijeva korekciju u računanju — This method calls for correction in the calculation)
calm sea mirno more
calorifier kalorifer
cam brijeg (na bregastoj osovini); **exhaust** ∼ brijeg za ispuh; **fuel** ∼ brijeg pumpe za gorivo; **indicator** ∼ brijeg za pogon indikatora; **timing** ∼ brijeg prekidača (paljenja u benzinskom motoru)
camber preluk (poprečno ispupčenje) palube, zakrivljenost lopatice (npr. kod plinske turbine)
camber angle kut središnjice aerodinamičkog profila
camber of a blade section preluk profila propelernog krila
camber line središnjica (aerodinamičkog) profila
cambered ispupčen
camshaft bregasta osovina; **exhaust operating** ∼ bregasta osovina za upravljanje ispušnim ventilom; **inlet operating** ∼ bregasta osovina za upravljanje usisnim ventilom
camshaft bearings ležajevi bregaste osovine
camshaft frame frem (okvir) bregaste osovine
can košuljica (gorivog elementa)
canal kanal (umjetni)
canal tolls kanalske pristojbe, pristojbe za prolaz kroz kanal
canted kos, nagnut

canted ways kos (skošen) saonik u poprečnom smjeru
cantilever konzola, prepust (pramčani ili krmeni)
cantilever beam konzolna (polu)sponja
cantilever crane konzolna dizalica
canvas platno za jedra, jedrenina, jedreno platno, mornarsko platno, tela
cap kapa, kapica, poklopac
cap piece pokrovni dio
cap screw glavati vijak
capacitor (električni) kondenzator
capacity rating prostorni kapacitet, stupanj zauzimanja prostora
capped pokriven, pokrit
capsize prevrnuti se (za brod)
capsizing prevrnuće (broda)
capstan vitlo s vertikalnom osovinom, vertikalno vitlo; **anchor** ~ vertikalno sidreno vitlo
captain's bridge kapetanski most
capture zahvat (u atomskoj fizici); **electron** ~ elektronski zahvat; **K-** ~ K-zahvat; **L-** ~ L-zahvat; **neutron radiation** ~ neutronski radioaktivni zahvat; **resonance** ~ rezonantni zahvat
car ferry prijevoznica (trajekt) za automobile
carbon ugljik (C)
carbon cycle ugljikov ciklus
carbon dating ugljikovo datiranje (starost)
carbon dioxide ugljični dioksid
carbon steel ugljični čelik; **low-** ~ niskougljični čelik; **medium** ~ srednjougljični čelik
carburation rasplinjavanje
carburettor rasplinjač, karburator
card kartica; **punched** ~ bušena kartica
cargo teret, tovar; **bulk** ~ rasuti teret; **chilled** ~ rashlađen teret (približno od -5^0 do $+5^0$C); **dense** ~ kruti teret; **dry** ~ suhi teret; **frozen** ~ smrznuti teret (-10^0C); **general** ~ opći teret; **liquid** ~ tekući teret; **oil** ~ nafta kao teret; **ore** ~ ruda kao teret; **palletized** ~ paletizirani teret; **refrigerated (reefer)** ~ hlađeni teret (približno od 7^0 do 12^0C); **special** ~ specijalni teret
cargo batten priboj u prostoru za teret, bočna letva skladišta
cargo block kolotur teretnice; **derrick head** ~ gornji kolotur teretnice; **lower** ~ donji kolotur teretnice
cargo deck teretna paluba
cargo gear teretni uređaj; **heavy (heavy lift)** ~ teretni uređaj za teške terete; **light** ~ teretni uređaj za lake terete; **ship's crane** ~ teretni uređaj brodske dizalice; **standard** ~ standardni teretni uređaj
cargo handling rukovanje teretom
cargo handling equipment uređaj (oprema) za rukovanje teretom
cargo handling speed brzina rukovanja teretom
cargo hatchway grotlo za teret, teretno grotlo
cargo hold teretno skladište; **dry** ~ skladište za suhi teret; **refrigerated** ~ hlađeno (rashlađeno, rashladno) skladište za teret
cargo hold air circulation fan ventilator za strujanje zraka u skladištima
cargo hold ventilation ventilacija (teretnog) skladišta
cargo holding device zahvatnik tereta
cargo hook kuka za teret
cargo liner teretni linijski brod; **refrigerated** ~ linijski teretni brod hladnjača
cargo oil nafta kao teret, tekući teret
cargo oil lines cjevovod tekućeg tereta, cjevovod nafte kao tereta
cargo oil piping (system) cjevovod tekućeg tereta, cjevovodni sistem tekućeg tereta
cargo oil pumping plant postrojenje za prekrcaj tekućeg tereta, pumpno postrojenje za prekrcaj nafte kao tereta
cargo-passenger ship teretno-putnički brod
cargo piping teretni cjevovod
cargo port teretni otvor na boku
cargo pump pumpa za prekrcaj tekućeg tereta
cargo purchase block kolotur teretnice; **lower** ~ donji kolotur teretnice
cargo runner teretnica; **inboard** ~ teretnica unutar broda; **outboard** ~ teretnica izvan broda
cargo runner dead end omča teretnice, mrtvi kraj teretnice
cargo runner derrick heel lead block skretni kolotur teretnice
cargo runner guide roller valjak vodilice teretnice
cargo runner guide roller and roller bracket vodilica teretnice
cargo ship teretni brod; **dry** ~ brod za suhi teret; **general** ~ brod za opći (generalni) teret; **refrigerated** ~ brod hladnjača
cargo slewing guy brk za teret (kod samarice)
cargo slewing guy tackle koloturje brka samarice kojim se zakreće teret
cargo space prostor za teret
cargo tank tank za teret
cargo ventilation ventilacija tereta
cargo winch teretno vitlo
Carnot cycle Carnotov kružni proces
carriage prijevoz (tereta), kolica; **towing** ~ kolica za tegljenje
carrier teretni brod, tanker, nosač, nosilac, ležaj, transportno sredstvo; **carriers (train, truck, ship, plane)** transportna sredstva (vlak, kamion, brod, avion); **aircraft (airplane)** ~ nosač aviona; **barge launching** ~ brod za teglenice na principu doka sa sinhro liftom; **box like** ~

kutijasti nosač; **bulk** ~ brod za rasuti teret; **charge** ~ nosilac (električnog) naboja; **crude oil** ~ tanker za sirovu naftu; **hatch beam carriers** ležajevi sponja grotla, ležajevi grotlenih sponja; **LNG (liquid natural gas)** ~ tanker za ukapljeni prirodni plin; **LPG (liquid petroleum gas)** ~ tanker za ukapljeni naftni plin; **ore** ~ brod za rudu; **product (products)** ~ brod za naftne derivate; **rudder** ~ nosač kormila; **side loader** ~ prevozilo za bočni pretovar tereta; **straddle** ~ okvirna autodizalica za kontejnere ili druge terete u unutrašnjem transportu
carry prevoziti (teret), nositi
carry out calculations izvršiti proračun, izvoditi proračun
case slučaj, kućište; **as in the** ~ **of** kao što je to slučaj kod; **winch** ~ kućište vitla
casing kućište; **differential** ~ kućište diferencijala; **diffusion** ~ difuzor, difuzorski kanal (kod pumpe); **engine** ~ kućište stroja; **exposed** ~ izloženo kućište; **protected** ~ zaštićeno kućište; **pump** ~ kućište pumpe, pumpno kućište; **volute** ~ spiralno kućište (kod pumpe)
cask bačva
cast (cast, cast) lijevati
cast iron lijevano željezo, sivi lijev; **nodular** ~ nodularno lijevano željezo
cast product lijevani proizvod
cast steel lijevani čelik
casting odljevak, lijevanje
catamaran katamaran, brod s dva trupa, dvotrupi brod
cathode current katodna struja
cathode ray katodna zraka
cation kation
caulk podbijati, šuperiti, kalafatirati
caulking podbijanje, šuperenje, kalafatiranje
caulking tool alat za podbijanje
cavitate kavitirati
cavitation kavitacija; **back** ~ kavitacija naličja; **bubble** ~ mjehurasta kavitacija; **face** ~ kavitacija lica; **sheet** ~ slojasta kavitacija; **tip vortex** ~ kavitacija vršnog vrtloga
cavitation erosion kavitaciona erozija
cavity šupljina; **collapse of** ~ urušenje (kavitacione) šupljine
ceiling strop
celerity brzina; **wave** ~ jednolika brzina vala
cell ćelija (u skladišnom prostoru)
cement cement
cement wash cementno mlijeko
cent cent (jedinica reaktivnosti reaktora)
center (centre) središte, centar; **bottom** ~ donja mrtva točka (kod hoda klipa); **off-** ~ ekscentrični položaj središta; **top** ~ gornja mrtva točka (kod hoda klipa)
center compartment središnje odjeljenje (prostor) (na brodu)
center girder hrptenica
center keelson centralno pasmo
center of buoyancy težište istisnine; **longitudinal** ~ položaj težišta istisnine po duljini (u uzdužnom smjeru); **vertical** ~ položaj težišta istisnine po visini; **water-borne longitudinal** ~ položaj težišta istisnine po duljini broda u plovnom stanju
center of floatation težište vodne linije
center of gravity težište sistema; **displaced** ~ pomaknuto težište sistema; **longitudinal position of the** ~ položaj težišta sistema po duljini; **vertical** ~ položaj težišta sistema po visini; **virtual** ~ virtualno težište sistema; **virtual rise of the** ~ virtualno povišenje težišta sistema
center of gravity estimate procjena težišta sistema
center of gravity margin tolerancija (rezerva) položaja težišta sistema
center of gravity of waterplanes težište vodnih linija
center of mass (sistem) centar masa
center of roll središte (centar) ljuljanja, polovica otklona pri ljuljanju
center of waterplane area težište vodnih linija
center tank centralni tank
centerline (centreline) simetrala
centerline bulkhead uzdužna simetralna pregrada, centralna pregrada
centerline girder centralni (simetralni) nosač; **bottom** ~ simetralni nosač dna; **intercostal bottom** ~ interkostalni (umetnuti, prekinuti) simetralni nosač dna
centerline plane simetralna ravnina, centralna (središnja) ravnina; **ship's** ~ simetralna ravnina broda
central air-conditioning system centralni klimatizacioni sistem
central air treatment room prostorija centralnog sistema za kondicioniranje zraka
central control panel centralna kontrolna ploča
central processing unit centralni procesor
centralised single-duct system centralizirani jednokanalni (zračni) sistem
centrifugal centrifugalan
centrifugal compressor centrifugalni kompresor
centrifugal force centrifugalna sila
centrifugal pump centrifugalna pumpa; **multi-stage** ~ višestepena centrifugalna pumpa; **single-stage** ~ jednostepena centrifugalna pumpa; **turbine** ~ centrifugalna turbopumpa
centrifugal purifier centrifugalni pročistač

centroid težište (mase)
centroidal axis težišnica, os koja prolazi kroz težište
ceramic keramički
ceramic reactor keramički reaktor
cerium cerij (Ce)
cermet see metal ceramic
certificate imati certifikat (npr. broj putnika za koji brod ima certifikat — the number of passengers for which the vessel is to be certificated)
certificate certifikat; to issue the ~ izdati certifikat
certify imati certifikat (npr. Brod ima certifikat da prevozi putnike — The ship is certified to carry passengers)
CF (the center of floatation) oznaka za težište nagnute vodne linije
CG (center of gravity) oznaka za težište sistema; off-center ~ ekscentrični položaj težišta sistema
Chadwick-Goldhaber effect Chadwick--Goldhaberov efekt
chain lanac; anchor ~ sidreni lanac; steering ~ lanac za kormilarenje
chain cable sidreni lanac
chain drags lančani zaustavljači (pri porinuću broda)
chain drive lančani prijenos
chain fall dio lanca na koji djeluje sila podizanja
chain gear winch vitlo s lančanim koturom, vitlo s lančanicom
chain-grate stoker lančani roštilj (kod vodocijevnog kotla)
chain locker lančanik, spremište lanaca, spremište za lance
chain reaction lančana reakcija
chain stopper zapor za lanac, zaporni uređaj (sidrenog lanca)
chain strand komad lanca, (ukupna) duljina lanca
chain tightener natezač lanca
chamber komora; air ~ zračna komora; alpha ~ alfa-komora; balancing ~ komora za izjednačenje aksijalnog pritiska (u pumpi); boron ~ borna komora; bubble ~ mjehurasta komora; cloud ~ maglena komora; combustion ~ komora izgaranja; compression ~ kompresiona komora; differential ionization ~ diferencijalna ionizacijska komora; fission ~ fisiona komora; float ~ naplavna komora (u rasplinjaču); ionization ~ ionizacijska komora; reheat ~ komora za međuzagrijanje
change in trim promjena trima
change over valve prekretni ventil, preklopni ventil
channel kanal (geografski pojam), U-profil, kanal (npr. za prolaz hladila u aktivnoj zoni reaktora)
channel bar U-profil
channelling effect kanalni efekt
characteristic karakteristika, obilježje;

Geiger characteristics Geigerove karakteristike; operational characteristics radne karakteristike
characteristic spectrum karakteristični spektar (npr. rendgenskog zračenja)
characteristic X-ray karakteristična rendgenska (X) zraka
charge nabijati, nabiti (električki)
charge naboj (električni), punjenje (šarža), punjenje (nuklearnog goriva u reaktoru); bound ~ površinski naboj (vezni naboj na površini); electronic (electron) ~ elektronski naboj
charges takse, vozarine, pristojbe, tarife; drydock ~ pristojbe dokovanja
charge carrier nosilac električnog naboja
charge density gustoća naboja
charge exchange izmjena naboja
charge-independent nevezan naboj
charge-mass ratio omjer naboj-masa
charged nabijen, punjen
charging punjenje (eksplozivne smjese); pressure ~ prednabijanje
chart room prostorija za pomorske karte
chart room temperature recorder pisač temperature u prostoriji za (pomorske) karte
charter unajmiti (brod)
charterer unajmitelj broda
check valve (non-return check valve) nepovratni ventil
checking arrangements zaustavljači, uređaj za smanjenje brzine porinjavanja broda
chemical binding effect kemijski vezni efekt
chemical bond kemijska veza
chemical fire-extinguishing installation instalacija uređaja za gašenje požara
Cherenkov counter Čerenkovljev brojač
Cherenkov radiation Čerenkovljevo zračenje
chest komora; steam ~ parna komora
chilled cargo rashlađeni teret (približno na -5^0 do $+5^0$C)
chilled water rashlađena voda
chilled water pump pumpa za rashlađenu vodu
chiller rashlađivač; water ~ rashlađivač vode
chlorine klor (Cl)
chock zjevača; closed ~ zatvorena zjevača; mooring ~ zjevača za vez; open ~ otvorena zjevača; roller ~ otvorena zjevača s valjcima; special roller ~ specijalna zjevača s valjcima, zjevača sa specijalnim valjcima; three-roller mooring ~ zjevača za vez s tri valjka
chocking prigušivanje
choke začepiti, prigušiti
choke prigušnica
choked prigušen, začepljen
chord duljina, tetiva (aerodinamičkog) profila; root ~ duljina ili tetiva profila

na korijenu (krila, lopatice, vijka, kormila) **tip** ~ duljina ili tetiva profila na vrhu (krila, lopatice, vijka, kormila)
chord and span duljina i širina aerodinamičkog profila (npr. propelernog krila)
chord length duljina tetive, duljina profila, duljina krila vijka
chromium krom (Cr)
chronometer kronometar; **marine** ~ navigacijski kronometar
circle kružnica, krug; **semicircle** polukrug
circuit krug, strujni krug; **air** ~ zračni krug; **electric (electrical)** ~ električni strujni krug; **electronic** ~ elektronički krug (krug s elektroničkim elementima); **grounded** ~ uzemljenje; **open** ~ otvoreni strujni krug; **parallel** ~ paralelni strujni krug; **series** ~ serijski strujni krug; **series-parallel** ~ serijsko paralelni strujni krug; **short** ~ kratki spoj (u strujnom krugu)
circuit breaker strujni prekidač
circular kružni
circular arc kružni luk
circular cross-section kružni presjek
circular cylinder kružni valjak
circular (round) (air) duct okrugli (zračni) kanal
circular (air) ducting okrugli (zračni) kanali
circular frequency kružna frekvencija
circular hatchway okruglo grotlo
circular motion kružno gibanje
circulate cirkulirati
circulating-fuel reactor reaktor s protočnim gorivom
circulating pump protočna pumpa, cirkulacijska (cirkulaciona) pumpa; **main** ~ glavna protočna pumpa; **water** ~ protočna pumpa za vodu
circulating tube protočna cijev
circulating water channel cirkulacijski (cirkulacioni) kanal (za teglenje modela)
circulation cirkulacija, protok; **air** ~ cirkulacija zraka, zračna cirkulacija, protok zraka
circulation flow protočno strujanje, (cirkulacijsko) cirkulaciono strujanje
circulation theory of screw propeller (vortex theory) cirkulacijska teorija vijčanog propelera
circumference opseg (kruga); **rope** ~ opseg užeta
circumferential obodni
circumferential wake obodno sustrujanje; **average** ~ srednje obodno sustrujanje
circumscribe opisati (npr. pravokutnik koji opisuje — the circumscribing rectangle), omeđiti (npr. element koji omeđuje otvor — the member circumscribing the opening)

CL, ₵ (centerline, centreline) oznaka za simetralu broda
cladding košuljica (gorivog elementa)
class svrstati, klasificirati
class klasa (za brod)
classical scattering klasično raspršenje
classification svrstavanje, klasifikacija; **to fall into** ~ razvrstati se, rasporediti po vrstama
classification society klasifikacijsko društvo
clean linen room prostorija za čisto rublje
cleanable očistiv, koji se dade očistiti
cleaning door vrata za čišćenje (na kotlu)
clearance zračnost, zazor (kod ventila); **axial** ~ aksijalna zračnost; **bearing** ~ zračnost ležaja; **propeller** ~ zračnost brodskog vijka
clearance rate brzina eliminiranja (npr. izotopa iz organizma)
cleat nogostupna prečka (na sizu), rog, klin; **mooring** ~ bitva za vez na malom ili drvenom brodu (uglavnom za jedrenjake)
cleavage of crystal planes klizanje kristalnih ravnina
clip štipaljka, zahvatač; **patent** ~ patentna štipaljka
clipper kliper (vrsta jedrenjaka)
clock sat; **atomic** ~ atomski sat; **caesium** ~ cezijev sat
closed chock zatvorena zjevača
closed cycle zatvoreni kružni proces, zatvoreni ciklus
closed-cycle control system zatvoreni regulacijski sistem
closure poklopac (npr. palubni otvori imaju poklopce — deck openings are provided with closures)
cloud chamber maglena komora
Clusius column Clusiusova kolona
clutch kvačilo (rastavna spojka)
CO₂ (carbon dioxide) fire extinguishing installation CO_2 - uređaj za gašenje požara
CO₂ manifold discharge valve ispusni ventil na razvodu za CO_2
CO₂ room prostorija za CO_2
coal ugljen
coal bunker bunker za ugljen, ugljenarnica
coaming pražnica; **flanged** ~ prirubna pražnica; **hatchway (hatch)** ~ pražnica grotla; **longitudinal hatchway** ~ uzdužna pražnica grotla; **side** ~ bočna pražnica; **transverse hatchway** ~ poprečna pražnica grotla
coast obala; **sea** ~ morska obala
coast guard obalna straža
coastal obalni, priobalni
coaster priobalni brod
coastwise voyage obalna plovidba
coat premaz; **base** ~ temeljni premaz; **slip** ~ klizni premaz

coated prevučen, obložen, premazan
coating premaz
cobalt kobalt (Co)
cobalt bomb kobaltna bomba
cock pipac; **air** ~ pipac za odzračivanje; **salinometer** ~ pipac salinometra; **try** ~ probni pipac
Cockroft and Walton accelerator Cockroftov i Waltonov akcelerator
code kod; **operation** ~ radni kod
coefficient koeficijent; **absorption** ~ apsorpcijski koeficijent; **atomic absorption** ~ atomski apsorpcijski koeficijent; **attenuation** ~ koeficijent slabljenja; **block** ~ (C_B) koeficijent punoće istisnine; **conversion** ~ pretvorbeni (konverzijski) koeficijent; **fineness** ~ koeficijent finoće; **frictional** ~ (C_R) koeficijent trenja; **fulness** ~ koeficijent punoće; **longitudinal** ~ koeficijent uzdužne finoće istisnine; **midship area** ~ koeficijent punoće glavnog rebra; **midship section** ~ (C_M) koeficijent glavnog rebra; **prismatic** ~ (C_P) prizmatički koeficijent, koeficijent uzdužne finoće istisnine; **resistance** ~ (C_R) koeficijent otpora; **thrust loading** ~ koeficijent opterećenja poriva; **vertical prismatic** ~ (C_{VP}) koeficijent vertikalne finoće istisnine; **volumetric** ~ volumenski koeficijent, stupanj vitkosti istisnine; **wake** ~ koeficijent sustrujanja; **waterline** ~ koeficijent vodne linije; **waterplane** ~ (C_{WP}) koeficijent punoće vodne linije
coefficient is derived from koeficijent se dobiva iz
coefficient of efficiency koeficijent iskoristivosti, koeficijent korisnosti, koeficijent korisnog djelovanja, stupanj djelovanja
cofferdam koferdam, pregradak
cofferdam bulkhead pregrada koferdama (pregratka)
coherence koherentnost
coherent koherentan
cohesion kohezija
cohesive kohezivan
coil cijevna vijuga, cijevna spirala, zmijolika cijev, električna zavojnica; **cooling** ~ rashlađivač sa cijevnim vijugama (sa spiralnim cijevima); **heat exchanger coils** cijevne vijuge izmjenjivača topline; **induction** ~ indukciona zavojnica, bobina; **preheater** ~ predgrijač sa cijevnim vijugama (sa spiralnim cijevima); **reheater** ~ dogrijač s cijevnim vijugama (sa spiralnim cijevima); **steam (heating) coils** parne cijevne vijuge, parni zagrijač sa spiralnim cijevima
coke koks
cold bending savijanje u hladnom stanju
cold bending machine stroj za savijanje u hladnom stanju
cold (air) duct kanal hladnog zraka

cold forming oblikovanje u hladnom stanju, hladno oblikovanje (npr. savijanje)
cold working hladna obrada, obrada u hladnom stanju
collapse of cavities urušenje kavitacijskih šupljina
collapsible container sklopivi kontejner
collar obruč; **heat exchanger** ~ omotač izmjenjivača topline; **thrust bearing** ~ tlačna ploča odrivnog ležaja
collective life-saving device skupno sredstvo za spasavanje
collector kolektor, sabirnik
colliding vessels sudareni brodovi
collision sudar; **elastic** ~ elastični sudar; **high-energy** ~ snažan sudar (brodova); **inelastic** ~ neelastični sudar; **low-energy** ~ slabi sudar (brodova)
collision bulkhead kolizijska pregrada, sudarna pregrada
collision peaks kolizijski prostori
column stup, stupac, kolona; **Clusius** ~ Clusiusova kolona; **stability columns** stabilizacioni stupovi; **steering** ~ stup kormilarskog kola; **water** ~ stupac vode, vodni stupac
combatant ship bojni brod
combination system of building mješoviti (kombinirani) sistem gradnje
combustion izgaranje
combustion chamber komora izgaranja
combustion product produkt izgaranja
combustor komora izgaranja (američki)
come to rest doći u stanje mirovanja
common anchor obično sidro, sidro s kladom
communication komunikacija, saobraćaj
companionway stepenice za pristup kabinama s palube, kućice na otvorenoj palubi nad silazima
compartment odjeljenje (na brodu); **bilge** ~ odjeljenje na uzvoju; **boiler** ~ kotlovsko odjeljenje; **center** ~ centralno (središnje) odjeljenje; **end** ~ krajnje odjeljenje; **machinery** ~ strojarsko odjeljenje; **oiltight** ~ uljnonepropusno odjeljenje; **upper deck** ~ odjeljenje na gornjoj palubi; **watertight** ~ vodonepropusno odjeljenje
compartmentation raspored prostora
compass kompas; **gyroscopic (gyro)** ~ žirokompas, kompas na zvrk, zvrčni kompas, **magnetic** ~ magnetski kompas; **sun** ~ sunčani kompas
compensating jet kompenzaciona (pomoćna) sapnica
complete završiti, dovršiti;
complete potpun
complete the structure završiti konstrukciju
completion završetak, dovršenje
compliance with the rules usklađenost s pravilima
comply with the requirements biti u skladu sa zahtjevima

comply with the rules pridržavati se pravila
component građevni element, konstrukcijski element, sastavni dio, sastavni element, komponenta; **lightweight** ~ element male težine; **longitudinal** ~ uzdužni građevni dio, uzdužni građevni element, uzdužni konstrukcijski element; **transverse** ~ poprečni građevni dio, poprečni građevni element, poprečni konstrukcijski element
composition sastav; **chemical** ~ kemijski sastav
compound spoj (kemijski)
compound engine kompaundni stroj, stroj dvostruke ekspanzije
compound nucleus složena jezgra
compounded oil kompaundirano ulje
compounding sastavljenje
compress stlačiti, komprimirati, sabijati
compressed air komprimirani zrak
compressed air piping cjevovod komprimiranog zraka
compression kompresija, tlačenje, sabijanje, tlačno naprezanje; **adiabatic** ~ adijabatska kompresija; **polythropic** ~ politropska kompresija
compression chamber kompresiona komora
compression stress tlačno naprezanje, naprezanje zbog tlaka
compression stroke kompresioni takt
compressive tlačni
compressive load tlačno opterećenje
compressor kompresor; **air** ~ zračni kompresor, kompresor za zrak; **axial** ~ aksijalni kompresor; **centrifugal** ~ centrifugalni kompresor; **cooling medium** ~ kompresor rashladnog sredstva (medija); **refrigerating** ~ rashladni kompresor, kompresor za hlađenje; **staged** ~ stepenasti kompresor; **two-stage radial** ~ dvostepeni **radijalni** kompresor
compressor gas turbine plinska turbina za pogon kompresora
comprise sadržati (sadržavati), obuhvatiti
Compton effect Comptonov efekt
Compton recoil electron Comptonov odskočni elektron
Compton wavelength Comptonova valna duljina
computation izračunavanje
compute računati, izračunati
compute the derivative derivirati, izračunati derivaciju
computer elektroničko računalo, kompjutor, računski stroj; **digital** ~ digitalno računalo; **analog** ~ analogno računalo
computer program (programme) kompjutorski program, program za elektroničko računalo
concentrate koncentrirati (se)
concentrate koncentrat
concentration koncentracija; **stress** ~ koncentracija naprezanja

conclusion zaključak; **to arrive at the** ~ doći do zaključka
concrete beton; **prestressed** ~ prednapregnuti beton; **reinforced** ~ armirani beton;
condensate kondenzat
condensate drain ispuštanje kondenzata
condensate piping cjevovod kondenzata
condensate pump suction usis kondenzatne pumpe
condensate trap sakupljač kondenzata
condensation kondenzacija
condense kondenzirati
condenser kondenzator, popularni izraz za električni kondenzator (see **capacitor**); **after** ~ zadnji kondenzator; **auxiliary** ~ pomoćni kondenzator; **inter** ~ međukondenzator; **jet** ~ mlazni kondenzator; **main** ~ glavni kondenzator; **refrigerating** ~ rashladni kondenzator; **single pass (scoop)** ~ jednoprolazni kondenzator; **surface** ~ površinski kondenzator; **steam** ~ parni kondenzator; **two-pass surface** ~ dvoprolazni površinski kondenzator; **vent** ~ odušni kondenzator
condenser head cijevna stijena kondenzatora
condenser shell plašt kondenzatora
condenser tube kondenzatorska cijev, cijev kondenzatora
condenser tube plug čep za čišćenje kondenzatorske cijevi
condenser water kondenzat
condenser water connections priključci vode za kondenzator
condensing steam kondenzirajuća para
condensing surface površina kondenziranja
condensing system kondenzacioni sistem
condensing water kondenzatna voda
condition stanje; **to set up a** ~ uspostaviti stanje
conditions uvjeti; **anticipated operating** ~ predviđeni pogonski radni uvjeti; **bottom** ~ uvjeti morskog dna; **sea** ~ uvjeti mora; **wind** ~ uvjeti vjetra
conditioned air kondicionirani zrak
conduct a test provoditi ispitivanje
conduct an experiment provoditi pokus (eksperiment)
conduct electrical current voditi električnu struju
conduction vođenje; **electrical** ~ električno vođenje (vođenje elektriciteta); **heat** ~ vođenje topline; **heat transfer by** ~ prijenos topline vođenjem
conductivity vodljivost; **electric** ~ (specifična) električna vodljivost; **heat** ~ toplinska vodljivost
conductor vodič; **electrical** ~ električni vodič; **heat** ~ vodič topline
conduit cijev; **air** ~ zračni vod, vod za zrak; **exhaust gases conduits** ispušni cjevovodi; **gas** ~ plinovod, cjevovod za plin
cone stožac
cone pulley stepenasta remenica

configuration konfiguracija; **structural** ~ strukturna konfiguracija
configuration control konfiguracijska kontrola (npr. nuklearnog goriva, reflektora)
confirm (experimentally) potvrditi (eksperimentalno), potvrditi pokusom; **the result has been confirmed by experiments** rezultat je bio potvrđen pokusima
confirmation potvrda; **experimental** ~ eksperimentalna potvrda
conformal transformation konformno preslikavanje
conformity with the rules usklađenost s pravilima
conical stožast, konusan
connect spojiti, spajati
connected spojen
connected in series serijski spojen, spojen u seriju
connecting rod ojnica
connection spoj; **flanged** ~ prirubni spoj; **welded** ~ zavareni spoj
conning tower komandni toranj
consistent dosljedan (npr. Postupak u proračunu mora biti dosljedan — The treatment in the calculations must be consistent)
console konzola, stup; **recording** ~ stup s instrumentima
constant konstantan
constant pitch konstantan uspon brodskog vijka
constant-tension mooring winch pritezno vitlo konstantne sile, automatsko pritezno vitlo
constant volume regulator regulator konstantnog volumena (zraka)
constrain upeti, ograničiti (u gibanju)
constrained upet, ograničen (u gibanju); **rigidly** ~ kruto upet
constraint upetost, ograničenje (u gibanju)
construct konstruirati
construction konstrukcija; **ship** ~ brodska konstrukcija
construction rule pravilo za konstrukciju
constructional konstrukcijski; **constructional plans** planovi konstrukcije
consumable fuel potrošno gorivo
consume potrošiti, trošiti
consumer potrošač; **electrical** ~ električni potrošač
consumption potrošnja, potrošak; **electric** ~ potrošnja električne energije; **fuel** ~ potrošak goriva; **petrol** ~ potrošnja (potrošak) benzina; **power** ~ potrošnja snage; **propellent** ~ pogonska potrošnja
contact dodir, kontakt
contact points kontakti prekidača, platinska dugmad (u sistemu paljenja)
contacting (machine) members dodirni strojni elementi, elementi strojeva u dodiru
contacting surfaces dodirne površine

contain sadržavati, sadržati
container kontejner (spremnik); **automobile** ~ automobilski kontejner; **collapsible** ~ sklopiv kontejner; **end loading** ~ kontejner za prekrcaj na kraju; **refrigerated** ~ kontejner s hlađenjem; **side loading** ~ kontejner za bočni prekrcaj; **top loading** ~ kontejner za prekrcaj na gornjoj strani; **ventilated** ~ ventilirani kontejner, zračeni kontejner
container crane kontejnerska dizalica
container equipment kontejnerska oprema
container facility site teren s kontejnerskim uređajem
container handling rukovanje kontejnerima
container handling crane dizalica za rukovanje kontejnerima
container handling equipment oprema za rukovanje kontejnerima
container lift spreader kontejnerski viseći zahvatač (koji može biti i podesiv i balansijer)
container on/off operation prekrcaj (pretovar) kontejnera
container port kontejnerska luka
container ship kontejnerski brod
container system kontejnerski sistem
container yard kontejnersko parkiralište
containerable kontejniziran
containerable products kontejnizirani proizvodi
containerization kontejnerizacija, slaganje tereta prema volumenskim standardima
containerization capability mogućnost kontejnerizacije
Containerization Committee komitet za kontejnerizaciju
containerization project projekt za kontejnerizaciju
containerize slagati u kontejnere
containership terminal luka za kontejnerske brodove
containment vessel (containment) kontejnment (npr. posuda za smještaj reaktora)
continuity kontinuitet, neprekinutost (u prostornom smislu)
continuous bottom centerline girder neprekinuti (simetralni) centralni nosač dna
continuous deck neprekinuta paluba; **uppermost** ~ najgornja neprekinuta paluba
continuous deck girder neprekinuta palubna podveza (nosač)
continuous flat bar neprekinuti plosnati profil
continuous keelson neprekinuto pasmo
continuous service rating (MCR) snaga u kontinuiranom pogonu, srednji tlak za kontinuirani pogon
continuous spectrum kontinuirani spektar
continuous structural member neprekinuti konstrukcijski element

continuously neprekinuto
contour obris, kontura
contra-flow protutok, protustruja
contract ugovor; **to sign the** ~ potpisati ugovor
contract stezati se (npr. materijal se steže — the material contracts)
contraction stezanje, skraćenje, kontrakcija
contraction of fibers stezanje (kontrakcija) vlakna, skraćivanje vlakna
contraction of the race kontrakcija mlaza vijka
contribute to the strength pridonijeti čvrstoći
control upravljati, regulirati
control upravljanje, regulacija, kontrola; **air** ~ regulacija zraka, zračna regulacija, regulator zraka; **automatic** ~ automatsko upravljanje, automatska regulacija; **configuration** ~ konfiguracijska kontrola (npr. nuklearnog goriva); **electric** ~ električno upravljanje; **fan motor** ~ regulacija ventilatorskog motora; **pneumatic** ~ pneumatska regulacija; **reactivity** ~ upravljanje reaktivnošću (u reaktorskoj tehnici); **reheater** ~ regulator dogrijača; **remote** ~ daljinsko upravljanje; **rudder** ~ upravljanje kormilom; **thermostatic** ~ termostatska regulacija
controls upravljački uređaji
control mechanism upravljački mehanizam
control rod upravljački štap
control rod mechanism mehanizam upravljačkih štapova (kod reaktora)
control system upravljački sistem, regulacijski sistem; **closed-cycle** ~ zatvoreni regulacijski (upravljački) sistem; **electric servo** ~ elektro-upravljački servo sistem; **electrohydraulic servo** ~ elektrohidraulički upravljački servo sistem; **feedback** ~ sistem automatske regulacije
control unit kontrolna jedinica (na elektroničkom računalu)
convection konvekcija; **heat transfer by** ~ prijenos topline konvekcijom
convection type superheater konvektivni tip pregrijača
convector konvektor
conversion pretvorba; **internal** ~ unutrašnja pretvorba
conversion coefficient pretvorbeni koeficijent, konverzijski koeficijent
conversion electron pretvorbeni (konverzijski) elektron
conversion factor preračunski faktor
convert pretvoriti, pretvarati
converter pretvarač; **analog-to-digital** ~ analogno digitalni pretvarač; **electrical energy** ~ pretvarač električne energije; **Thomas** ~ Thomasov konvertor
converter reactor konvertorski (oplodni) reaktor
convex konveksan

conveyer konvejer, prijenosna vrpca, transporter; **air** ~ zračni transporter; **gravity roller** ~ gravitacijski kotrljajući transporter
conveyer belt prijenosna vrpca konvejera
convolution integral konvolucija
cool hladiti
coolant rashladno sredstvo
cooler hladnjak; **air** ~ zračni hladnjak; **lubricating-oil** ~ hladnjak ulja za podmazivanje; **main lubricating-oil** ~ glavni hladnjak ulja za podmazivanje
cooling hlađenje; **air** ~ hlađenje zrakom, zračno hlađenje; **oil** ~ hlađenje uljem; **sweat** ~ hlađenje znojenjem (tekućinom); **transpiration** ~ hlađenje znojenjem (zrakom); **water** ~ hlađenje vodom
cooling coil rashlađivač sa spiralnim cijevima
cooling equipment rashladna oprema
cooling fins rashladna rebra
cooling governor gear regulator rashladnog uređaja
cooling insert rashladni umetak
cooling jacket rashladni plašt; **cast iron** ~ rashladni plašt od lijevanog željeza
cooling medium rashladno sredstvo, sredstvo za hlađenje
cooling medium compressor rashladni kompresor, kompresor rashladnog sredstva (medija)
cooling medium evaporator isparivač rashladnog sredstva
cooling oil rashladno ulje
cooling oil pipe cijev za rashladno ulje
cooling pipe rashladni vod (cijev)
cooling piping rashladni cjevovod
cooling plant rashladno postrojenje
cooling regulator regulator rashladnog uređaja
cooling system rashladni sistem, sistem hlađenja
cooling water rashladna voda
cooling water inlet ulaz rashladne vode
cooling water outlet izlaz rashladne vode
cooling water piping cjevovod rashladne vode
co-ordinate koordinata; **polar** ~ polarna koordinata
co-ordinate system koordinatni sustav
copper bakar (Cu)
copper alloy bakrena slitina, bakrena legura
copper-base alloy slitina (legura) na bazi bakra
copper pipe bakrena cijev
copper wire bakrena žica
cordage užad, užeta, konopi
core jezgra, aktivna zona reaktora, jezgra reaktora; **magnetic** ~ magnetska jezgra; **pressurised water** ~ vodotlačna jezgra
core support grid rešetkasti podupirač jezgre (u reaktoru)

core support structure konstrukcija podupirača (nosača) jezgre (u reaktoru)
Coriolis effects Coriolisovi efekti
correction korektura, ispravak; **dead-time** ~ korektura mrtvog vremena (u nuklearnoj tehnici)
corrode korodirati
corrosion korozija
corrosive korozivan
corrosives korozivne materije
corrugate naborati
corrugated naboran, korugiran
corrugated bulkhead naborana (korugirana) pregrada
corrugated longitudinal bulkhead uzdužna naborana (korugirana) pregrada
corrugated transverse bulkhead naborana (korugirana) poprečna pregrada
corrugation nabranost, korugacija
cosine kosinus
cosmic rays kozmičke zrake
cosmotron kozmotron
costs troškovi; **installation** ~ instalacioni troškovi; **investment** ~ investicioni troškovi; **maintenance (upkeep)** ~ troškovi održavanja; **manufacturing** ~ proizvodni troškovi, troškovi proizvodnje; **material** ~ troškovi materijala; **operating** ~ **(costs of operation)** pogonski troškovi; **repair** ~ **(costs of repairs)** troškovi popravaka; **replacement** ~ **(costs of replacements)** troškovi zamjene
cotangent kotangens
Coulomb energy Coulombova energija
Coulomb force Coulombova sila
Coulomb's law Coulombov zakon
Coulomb potential Coulombov potencijal
Coulomb scattering Coulombovo raspršenje
counter brojač, krmeni donji dio; **alpha** ~ alfa-brojač; **Geiger-Muller** ~ Geiger-Müllerov brojač; **Cherenkov** ~ Čerenkovljev brojač; **crystal** ~ kristalni brojač; **electromechanical** ~ elektromehanički brojač
counter efficiency efikasnost brojača
counter life vijek trajanja brojača
counter recovery time mrtvo vrijeme brojača
counter tube cijev brojača
counteractive weights protutežni utezi (mase)
counterweight protuuteg
couple spojiti (npr. dizel-motor je izravno spojen na brodski vijak — the diesel engine is directly coupled to the propeller), spregnuti (npr. Na gibanje poniranja utječe spreg gibanja nastalih od ljuljanja ili posrtanja. — Heaving is affected by coupling from roll or pitch motions)
couple spreg sila; **forcing** ~ napadni spreg sila; **gyrostatic** ~ žiroskopski moment (spreg sila); **resisting** ~ reakcioni spreg sila
coupled spojen, spregnut; **direct** ~ izravno (direktno) spojen
coupled equation spregnuta jednadžba
coupled vibration spregnute vibracije
coupling spojka, spregnutost, sprega (npr. spregnutost između posrtanja i poniranja — the coupling between the pitch and heave); **crankshaft** ~ spojka koljenaste osovine; **flange** ~ prirubna spojka; **flexible** ~ elastična spojka; **muff** ~ kolčak, muf-spojnica, muf-spojka; **reducing** ~ redukcioni kolčak; **rigid** ~ kruta spojka; **rudder** ~ spojka kormila; **sleeve** ~ cijevna spojka
course smjer vožnje, kurs
course indicator pokazivač smjera
coursekeeping držanje kursa plovidbe
cover pokriti
cover poklopac; **hatchway (hatch)** ~ poklopac grotla; **pontoon** ~ poklopac pontona; **portable wood** ~ pokretni (skidljivi) drveni poklopac; **to build under** ~ graditi u natkritom prostoru; **weathertight metal** ~ metalni poklopac nepropustan za atmosferilije; **wood** ~ drveni poklopac
cover stiffener ukrepa poklopca
covering board sršnica
cowl vjetrolovka
cowl trimmed from the wind vjetrolovka okrenuta od vjetra
cowl trimmed to the wind vjetrolovka okrenuta prema vjetru
coxwain vođa čamaca
cpm (cycles per minute) oznaka za broj titraja u minuti
cps (cycles per second) oznaka za broj titraja u sekundi, herc (Hz)
crack pucati, puknuti (za materijal)
crack pukotina; **fatigue** ~ pukotina zbog zamora materijala, pukotina pri zamoru materijala (npr. pukotine uzrokovane zamorom materijala — the cracks associated with fatigue failures)
cracking nastajanje pukotine, pucanje (materijala); **fatigue-** ~ lom materijala zbog zamora
cradle postaviti (staviti) čamac na postolje, smjestiti čamac u ležište (kolijevku)
cradle kolijevka (broda), postolje (čamca); **launching** ~ kolijevka za porinuće (broda)
craft(s) plovni objekt(i), brodovlje, brodovi, čamci, splavi; **landing** ~ invazioni brodovi, brodovi za iskrcavanje
crane dizalica; **anchor** ~ sidrena dizalica; **boat** ~ dizalica za čamce; **bridge** ~ mosna dizalica; **cantilever** ~ konzolna dizalica; **container** ~ kontejnerska dizalica; **container handling** ~ dizalica za rukovanje kontejnerima; **deck** ~ palubna dizalica; **derrick** ~ mehanizirana sa-

marica; **dock** ~ dizalica u doku; **double track** ~ dizalica za dva kolosijeka; **floating** ~ plovna dizalica; **gantry** ~ okvirna dizalica (sastoji se od nogara, mosta i mačka); **jib** ~ dizalica s krakom; **level-luffing** ~ horizontalna nagibna dizalica; **luffing** ~ dizalica s nagibnim krakom; **mobile** ~ pokretna dizalica; **mobile gantry** ~ pokretna okvirna dizalica; **overhead (travelling)** ~ stropna dizalica; **port** ~ lučka dizalica; **port mobile** ~ obalna (lučka) pokretna dizalica; **portal** ~ portalna dizalica; **portal luffing** ~ portalna dizalica s nagibnim krakom; **portal ship's** ~ portalna brodska dizalica; **semi portal** ~ poluportalna dizalica; **ship** ~ brodska dizalica; **shore** ~ obalna dizalica; **single track** ~ dizalica za jedan kolosijek; **slewing luffing** ~ okretna dizalica s nagibnim krakom; **stationary** ~ nepokretna dizalica; **travel** ~ **(travelling** ~) pokretna dizalica
crane-container-spreader kontejnerski viseći zahvatač (može biti i podesiv i balansijer)
crane facilities tehničke mogućnosti za upotrebu dizalica, uređaji za dizalice
crane track vozna staza dizalice
crank koljeno osovine (vratila)
crank bearing ležaj ojnice na koljenu
crankcase kućište osovine, karter
crank mechanism koljenasti mehanizam
crank pin osnac koljena
cranked arm koljeno koljenaste osovine (vratila)
crankshaft koljenasta osovina, koljenasto vratilo
crankshaft coupling spojka koljenaste osovine (vratila)
creep puzanje (materijala)
crescent davit soha s krakom u obliku polumjeseca, soha sa zavinutim krakom
crest vrh (vala); **wave** ~ brijeg vala, valni brijeg
crew posada (na brodu)
crew's quarters nastamba posade, kabine posade
criterion (pl. criteria) kriterij; **to establish the** ~ ustanoviti kriterij
critical mass kritična masa
critical size kritična veličina (dimenzija)
critical speed kritična brzina
criticality kritičnost; **delayed** ~ zakašnjela kritičnost
cross sijeći (pravce, krivulje)
cross-channel ship brod za prijelaz kanala
cross-connect ukršteno spojiti
cross-connected ukršteno spojen
cross-connected wing tanks ukršteno spojeni bočni tankovi
cross connection ukršteno spajanje

cross-connection of wing tanks ukršteno spajanje bočnih tankova
cross-coupling effect učinak križne spregnutosti
cross curve calculations proračuni krivulja poluga stabiliteta (u ovisnosti o istisnini broda)
cross curves of stability krivulje poluga stabiliteta (u ovisnosti o istisnini broda), pantokarene izokline
cross-flooding fittings uređaji za ukršteno naplavljivanje
cross-flow poprečni tok, poprečna struja
crosshead križna glava; **rudder** ~ jaram kormila
cross head guide vodilica križne glave
cross-section presjek; **circular** ~ kružni presjek
cross-section (u nuklearnoj fizici) udarni presjek; **absorption** ~ apsorpcijski udarni presjek; **geometrical** ~ geometrijski udarni presjek; **ionization** ~ ionizacijski udarni presjek; **neutron absorption** ~ neutronski apsorpcijski udarni presjek; **scattering** ~ udarni presjek raspršenja; **thermal** ~ termalni udarni presjek; **total** ~ ukupni udarni presjek; **transport** ~ transportni udarni presjek
cross sectional area površina poprečnog presjeka
cross tie horizontalna ploča za podjelu prostora u tanku
cross tree križ (na jarbolu)
crown sheet stropna ploča na vrhu povratne komore škotskog kotla
crude oil sirova (neprerađena) nafta
crude oil tanker tanker za sirovu naftu
cruise krstariti
cruise krstarenje
cruiser krstaš, krstarica
cruiser stern krstaška krma
cruising radius akcioni radijus
crushing strength lomna čvrstoća
crystal counter kristalni brojač
crystal detector kristalni detektor
crystal lattice kristalna rešetka
C. T. F. (Coal Tar Fuel) ter (ostatak prerade ugljena)
cube kocka
cubic kubični, kubni
cumulative dose kumulativna doza
cumulative excitation kumulativna uzbuda
curie kiri ($3,7 \cdot 10^{10}$ raspada u sekundi)
curium kurij (Cm)
current struja; **air** ~ struja zraka, zračna struja; **alternating** ~ (A. C., ac) izmjenična struja; **anode** ~ anodna struja; **cathode** ~ katodna struja; **direct** ~ (D. C., dc) istosmjerna struja; **electric** ~ električna struja; **three phase** ~ trofazna struja
current tekući, koji je u toku
current saturation strujno zasićenje

curvature zakrivljenost; **double** ~ dvostruka zakrivljenost; **single** ~ jednostruka zakrivljenost
curve zakriviti
curve krivulja; **Bayhurst** ~ Bayhurstova krivulja; **Bragg** ~ Braggova krivulja; **bending moment** ~ krivulja momenata savijanja; **Bonjean curves** ~ Bonjeanove krivulje; **buoyancy** ~ krivulja istisnine; **dashed** ~ iscrtkana (isprekidana) krivulja; **deflection** ~ krivulja progiba; **heeling-arm** ~ krivulja poluga momenta poprečnog nagiba; **hull weight** ~ krivulja težine trupa; **initial portion of the** ~ početni dio krivulje; **interpolation** ~ krivulja interpolacije, interpolaciona krivulja; **lightship** ~ krivulja praznog opremljenog broda; **load** ~ krivulja opterećenja; **longitudinal strength** ~ krivulja uzdužne čvrstoće; **performance** ~ krivulja učinka (motora); **plateau of the** ~ položeni dio krivulje na dijagramu (jer je promjena varijable minimalna); **portion of the** ~ dio krivulje; **righting arm** ~ krivulja poluga momenta stabiliteta; **shear** ~ krivulja smičnih (poprečnih) sila; **shear and bending moment curves** ~ krivulje smičnih (poprečnih) sila i momenata savijanja; **sine** ~ sinusna krivulja, sinusoida; **slope** ~ progibna (elastična) krivulja; **slope of the** ~ nagib krivulje; **stress-strain** ~ dijagram naprezanja i deformacije; **weight** ~ krivulja težine
curve of extinction krivulja gušenja (ljuljanja)
curved zakrivljen
curved line zakrivljena linija
curved turning vane (in the square elbow) lopatica za usmjerenje zraka, zakrivljeni usmjerivač (u koljenu od 90⁰)
curvilinear krivocrtan, krivolinijski
curvilinear motion krivocrtno gibanje, krivolinijsko gibanje

cusp šiljak (krivulje)
cut (cut, cut) rezati, sijeći
cut rez, urez
cutout izrez
cutting rezanje
cutting machine stroj za rezanje; **automatic flame** ~ automatski rezni stroj s plamenicima
cycle ciklus; **carbon** ~ ugljikov ciklus; **Carnot** ~ Carnotov kružni proces; **closed** ~ zatvoreni kružni proces; **open** ~ otvoreni kružni proces; **primary refrigeration** ~ primarni rashladni krug; **refrigeration** ~ rashladni krug; **secondary refrigeration** ~ sekundarni rashladni krug; **semi-closed** ~ poluzatvoreni kružni proces; **tidal** ~ mijena plime i oseke; **working** ~ radni ciklus
cycloid cikloida
cyclotron ciklotron; **anti-** ~ anticiklotron
cyclotron frequency ciklotronska frekvencija
cylinder valjak, cilindar; **brake** ~ kočioni cilindar; **circular** ~ kružni valjak; **elliptical** ~ eliptički valjak; **engine** ~ cilindar stroja; **pump** ~ cilindar pumpe
cylinder bore provrt (promjer) cilindra
cylinder drain(s) drenaža cilindra
cylinder frame cilindarski frem (okvir)
cylinder head glava cilindra
cylinder lubricator cilindarska mazalica, mazalica cilindra
cylinder liner košuljica cilindra
cylinder oil cilindarsko ulje, ulje za podmazivanje cilindra; **air compressor** ~ cilindarsko ulje zračnog kompresora; **internal combustion** ~ cilindarsko ulje za motor s unutrašnjim izgaranjem; **steam engine** ~ cilindarsko ulje parnog stroja
cylindrical cilindričan, valjkast
cylindrical-flue boiler cilindrični kotao s plamenicama

D

D oznaka za promjer, oznaka za visinu (broda)
damage oštećenje, šteta
damage-control measures mjere za kontrolu oštećenja
damage stability stabilitet oštećenog broda
damage stability calculations proračun stabiliteta oštećenog broda
damaged oštećen
damp prigušiti
damp vlažan
damped prigušen
damped vibration(s) prigušene vibracije
damper zaklopka, regulacijska žaluzija, prigušivač, zasun (na kotlu); **air circulation** ~ zaklopka za protok (cirkulaciju) zraka; **air volume control** ~ zaklopka za regulaciju volumena zraka; **duct** ~ kanalna zaklopka, zaklopka u (zračnom) kanalu; **electrically actuated** ~ električno pokretana zaklopka; **multiblade** ~ višekrilna zaklopka; **pneumatically actuated** ~ pneumatski pokretana zaklopka; **recirculating air** ~ zaklopka za optočni (recirkulacijski) zrak; **recirculation** ~ zaklopka za optočni (recirkulacioni) zrak; **volume control** ~ zaklopka za regulaciju volumena zraka
damping prigušenje; **frictional** ~ prigušenje zbog trenja
damping coefficient koeficijent prigušenja
damping devices uređaji za prigušenje, prigušni uređaji
damping effect utjecaj prigušenja, efekt prigušenja
damping force prigušna sila, sila prigušenja
Danforth anchor Danforthovo sidro
dash-and-dot line točka-crta-linija
dashed curve crtkana (isprekidana) krivulja
data (sg. datum) podaci; **technical** ~ tehnički podaci
data compilation installation uređaj za prikupljanje podataka
datasheet tablica (tabela) podataka

dating datiranje (starost); **carbon** ~ ugljikovo datiranje
datum (pl. data) podatak (pl. podaci); **zero** ~ nulta referentna točka
daughter product potomak (produkt) raspada
davit soha; **after** ~ krmena soha; **anchor** ~ soha za sidro, sidrena soha; **boat** ~ soha za čamce; **crescent** ~ soha s krakom u obliku polumjeseca, soha sa zavinutim krakom; **gravity** ~ gravitacijska soha; **lifeboat** ~ soha za čamac za spasavanje; **luffing** ~ nagibna soha; **mechanical** ~ mehanička soha; **pivot** ~ okretna soha; **radial** ~ radijalna soha; **rotary** ~ okretna soha; **straight boom** ~ soha s ravnim krakom
davit frame okvir sohe, rebro sohe
davit with spindle gear soha s vretenastim uređajem
d. c. (direct current) supply napajanje istosmjernom (električnom) strujom
d. c. (direct current) supply line napojni vod istosmjerne električne struje
deadlight metalni kapak vratnice ili okna na brodu
dead load opterećenje zbog vlastite težine
deadrise kosa linija dna (u nacrtu rebara), visina kosine dna mjerena na boku broda, koso dno, kosina dna
dead time mrtvo vrijeme (u nuklearnoj tehnici)
dead-time correction — korektura mrtvog vremena
deadweight nosivost
deadwood izdanak (okomita površina) na krmi (za održavanje smjera)
deaerate (de-aerate) otplinjavati, otplinuti, odzračiti
deaerating heater toplinski otplinjač
deaeration otplinjavanje, odzračivanje
deaerator otplinjač
deal with (dealt with, dealt with) tretirati, obraditi, baviti se
deal with the same as tretirati na isti način kao
debark iskrcati (putnike), iskrcati se
debarkation iskrcavanje (putnika)

debit side strana dugovanja; **on the** ~ nedostatak je s druge strane
de Broglie wavelength de Brogliejeva valna duljina
Debye length Debyeva duljina
decade scaler dekadni skaler (u mjernoj tehnici)
decay raspad; **alpha** ~ alfa-raspad; **beta** ~ beta-raspad; **double beta** ~ dvostruki beta-raspad; **Fermi** ~ Fermijev raspad; **radioactive** ~ radioaktivni raspad; **wave** ~ nestajanje valova
decay constant konstanta raspada
decay factor faktor raspada
decay law zakon raspada
decay product produkt raspada
decelerating motion usporeno gibanje
decimal fraction decimalni razlomak
decimal number decimalni broj
deck paluba; **between** ~ međupalublje; **boat** ~ paluba čamaca, paluba za čamce; **bridge** ~ paluba mosta; **bulkhead** ~ pregradna paluba; **cargo** ~ teretna paluba; **continuous** ~ neprekinuta paluba; **exposed** ~ izložena paluba; **exposed freeboard** ~ izložena paluba nadvođa; **exposed superstructure** ~ izložena paluba nadgrađa; **forecastle** ~ paluba kaštela; **freeboard** ~ paluba nadvođa; **half-** ~ polupaluba; **lower** ~ donja paluba; **lowest** ~ najniža paluba; **main** ~ glavna paluba; **partial** ~ djelomična paluba; **platform** ~ platforma; **poop** ~ paluba krmice, paluba kasara, krmica, kasar; **protective** ~ zaštitna paluba; **quarter** ~ krmena gornja paluba (polupaluba); **raised quarter** ~ uzdignuta krmena paluba (polupaluba); **sheathed** ~ obložena paluba; **strength** ~ paluba čvrstoće; **superstructure** ~ paluba nadgrađa; **'tween** ~ međupalublje; **upper** ~ gornja paluba; **upper strength** ~ gornja paluba čvrstoće; **uppermost continuous** ~ najgornja neprekinuta paluba; **watertight** ~ vodonepropusna paluba; **weather** ~ izložena paluba; **wet** ~ zalivena paluba
deck beam palubna sponja; **strength** ~ sponja palube čvrstoće; **transverse** ~ poprečna palubna sponja
deck centreline (centerline) girder centralna palubna podveza, uzdužni centralni potpalubni nosač
deck crane palubna dizalica
deck drain odljev (odlivni kanal) s palube
deck edge rub palube, palubni rub, sršnica
deck girder palubna podveza, uzdužni potpalubni nosač; **continuous** ~ neprekinuta palubna podveza, neprekinuti uzdužni potpalubni nosač
deck line linija palube
deck longitudinal uzdužnjak palube
deck machinery palubni strojevi

deck opening otvor na palubi
deck planking palubne trenice, palubno drveno opločenje
deck plating opločenje palube; **weather** ~ opločenje izložene palube
deck side girder bočna palubna podveza, uzdužni bočni potpalubni nosač
deck stringer palubna proveza; **strength** ~ proveza palube čvrstoće
deck stringer angle uglovnica palubne proveze
deck stringer plate palubna proveza
deck transverse poprečnjak palube
deck washing installation uređaj za pranje palube
deck waterway odlivni kanal na rubu palube
deck wetness zalijevanje palube, prelijevanje mora preko palube
deck winch palubno vitlo, vitlo na palubi
decked natkrit palubom, pokriven palubom
deckhead strop (kućice, prostora)
deckhead girder stropni nosač
deckhouse palubna kućica; **enclosed** ~ zatvorena palubna kućica; **two-tiered** ~ palubna kućica na dva kata
deckhouse side vanjska stijena palubne kućice
deckhouse side plating opločenje vanjske stijene palubne kućice
deckhouse top krov palubne kućice
decontamination dekontaminacija
decontamination factor dekontaminacijski faktor
decrease smanjiti, sniziti
decrease smanjenje, sniženje
decrement dekrement, opadanje; **the log** ~ logaritamski dekrement
decrement of roll opadanje ljuljanja
deduct odbijati (npr. ova vrijednost je odbijena — this value is deducted)
deduction odbijanje (neke vrijednosti)
deep visok (za brod), dubok
deep bracket visoko koljeno (na brodu)
deep girder visoki (teški) nosač (na brodu)
deep sea anchor sidro za duboko more, dubinsko sidro
deep sea lead olovnica
deep sea mooring arrangement uređaj za sidrenje na otvorenom moru
deep tank duboki tank
deep tank bulkhead pregrada dubokog tanka. pregrada u visokom tanku
deep transverse bulkhead visoka poprečna pregrada (u nadgrađu)
deep transverse web frame visoko poprečno okvirno rebro
deep web visoko okvirno rebro, visoki (teški) okvir
deep well pump zaronjena pumpa (u tanku)

deep-well pump piping (system) cjevovod (cjevovodni sistem) zaronjene pumpe (u tanku)
defect nedostatak, pomanjkanje; **mass** ~ defekt mase
define definirati
definition definicija
deflect otkloniti, poprimiti progib
deflected membrane izbočena (ispupčena) membrana
deflection progib, otklon; **angular** ~ otklon kuta; **bending** ~ progib zbog savijanja; **midspan** ~ progib na polovici raspona; **permanent** ~ stalni progib, stalna deformacija; **shear** ~ progib zbog smičnih sila (naprezanja); **temporary** ~ privremeni progib, privremena deformacija; **thermal** ~ progib zbog toplinskih naprezanja
deflection curve krivulja progiba, progibna krivulja
deflection line progibna linija
deflector otklonska stijena, skretač; **water** ~ štitni prsten za skretanje vode
deform deformirati se (materijal)
deformation deformacija; **elastic** ~ elastična deformacija; **plastic** ~ plastična deformacija; **thermal** ~ toplinska deformacija
deg (degree) oznaka za stupanj
degree stupanj (mjera za kut, temperaturu)
dehumidification odvlaživanje (zraka)
dehumidification equipment oprema za odvlaživanje zraka
dehumidification unit uređaj za odvlaživanje zraka
dehumidified odvlažen
dehumidified air odvlažen zrak
dehumidifier odvlaživač (zraka)
dehumidifier unit uređaj za odvlaživanje (zraka)
dehumidify odvlažiti zrak, smanjiti postotak vlage u zraku
de-ionization deionizacija
de-ionization time vrijeme deionizacije
delayed criticality zakašnjela kritičnost (u nuklearnoj fizici)
delayed neutron zakašnjeli neutron
deliver predati, isporučiti
delivered horsepower (dhp) (at the propeller) predana snaga (vijku)
delivered power predana snaga
delivery oprema, isporuka; **power** ~ predaja snage
delivery line dovodni vod, dovodna cijev
delivery of power predaja snage
delivery valve dovodni (dobavni) ventil; **foam solution** ~ dovodni (dobavni) ventil za pjenastu mješavinu (za gašenje požara)
delta (*Δ* grčko slovo) oznaka za istisninu
delta plate trokutasta ploča
demountable skidljiv

denominator nazivnik (u razlomku)
dense gust
density gustoća; **charge** ~ gustoća naboja; **flux** ~ gustoća fluksa; **water** ~ gustoća vode
depart from the rule odstupiti od pravila
department odjel; **engineering** ~ strojarski odjel (u brodogradilištu); **mechanical engineering** ~ strojarski odjel (na fakultetu); **naval architecture** ~ brodograđevni odjel (na fakultetu); **repair** ~ odjel za popravke i remont; **shipbuilding** ~ brodograđevni odjel (u brodogradilištu)
departure from odstupanje od (npr. odstupanja od procijenjenih vrijednosti — departures from the estimated values)
deposit naslaga, talog
depth dubina, visina (broda); **freeboard** ~ visina nadvođa; **molded (moulded)** ~ (D) teoretska visina, visina broda na glavnom rebru mjerena od gornjeg brida kobilice
depth dose dubinska doza, unutrašnja doza (npr. zračenja)
depth of penetration dubina prodiranja
depth rudder dubinsko kormilo
derivation izvod, izvođenje
derivative derivacija; **to compute the** ~ derivirati, izračunati derivaciju; **to evaluate the** ~ **(to derive)** derivirati, izračunati derivaciju; **to find the** ~ **(to differentiate)** derivirati, naći derivaciju
derive izvoditi, izvesti, dobiti, dobivati
derive a formula izvesti formulu
derived izveden, dobiven (npr. koeficijent se dobiva iz... the coefficient is derived from...; približni moment jediničnog trima dobiva se iz (izveden je iz) ... the approximate moment to trim one inch is derived from...)
derrick dizati krakom
derrick samarica; **heavy** ~ teška samarica, samarica za teške terete; **light** ~ laka samarica, samarica za lake terete; **side** ~ bočna samarica; **slewing** ~ okretna samarica; **tween derricks** udvojene samarice
derrick boom krak samarice, samarica; **heavy lift** ~ teška samarica, samarica za teške terete; **single** ~ jednostruka samarica; **swinging** ~ okretna samarica
derrick crane mehanizirana samarica
derrick goose-neck fitting (see also **boom heel fitting**) okov pete samarice
derrick guy lead block skretni kolotur brka
derrick head glava samarice
derrick head cargo block gornji kolotur teretnice
derrick head fitting gornji okov samarice, okov glave samarice
derrick head span block donji kolotur klobučnice

derrick heel peta samarice
derrick heel pin svornjak na peti samarice
derrick mast jarbol sa samaricom
derrick post stup samarice, teretni stup
derrick slewig guy tackle koloturje brka samarice
derrick stool postolje samarice
descriptive geometry nacrtna geometrija
desiccant sušilo, sredstvo za sušenje; **liquid** ~ tekuće sušilo; **solid granular** ~ kruto granulirano sušilo
design projektirati, osnovati, konstruirati
design projekt; **sketch (outline)** ~ skica; **to select a** ~ odabrati projekt, nacrt; **to work out a** ~ razraditi nacrt, projekt
design office projektni ured
design point proračunska točka; **off-** ~ bilo koja točka različita od proračunske
design pressure proračunski tlak
design stress dozvoljeno naprezanje, naprezanje mjerodavno za dimenzioniranje
designate označiti
designation oznaka
designation mark oznaka
designed projektiran, osnovan, konstruiran
designed draft konstruktivni gaz
designed drag brod konstruiran s kosom kobilicom
designed trim by the stern projektirana zateza
designed waterline konstruktivna vodna linija
designer projektant
designer's length (L_{pp}) konstruktivna duljina
designer's waterline konstruktivna (projektirana) vodna linija (KVL)
desintegration raspad; **atomic** ~ atomski raspad
desintegration energy energija raspada
desorption desorpcija
destroyer razarač
desuperheater hladnjak pregrijača pare, hladnjak pregrijane pare; **external** ~ vanjski pregrijača (pare)
detached superstructures odjeljena nadgrađa
detect otkriti
detection otkrivanje; **automatic fire** ~ automatsko otkrivanje požara; **fire** ~ otkrivanje požara; **light-cell** ~ otkrivanje požara pomoću svjetlosne radijacije, radijacijsko otkrivanje požara; **smoke** ~ otkrivanje dima; **thermal** ~ otkrivanje požara zbog povišene temperature, toplinsko (termalno) otkrivanje požara
detection device uređaj za otkrivanje
detector detektor; **automatic fire** ~ automatski detektor požara; **automatic smoke** ~ automatski detektor dima; **beta** ~ beta-detektor; **burst-can** ~ detektor za otkrivanje napuknuća košuljice (gorivog elementa); **combustion gas** ~ detektor plinova izgaranja; **crystal** ~ kristalni detektor; **fire** ~ detektor požara; **gamma** ~ gama-detektor; **heat (thermal)** ~ toplinski detektor (koji se aktivira zbog povišenja temperature); **ionization (chamber) smoke** ~ ionski detektor dima, detektor dima s ionskom komorom; **optical** ~ optički detektor; **photoelectric** ~ fotoelektrični detektor; **radiation** ~ radijacijski detektor požara, detektor koji registrira radijaciju svjetla; **smoke** ~ detektor dima
determiner determinator
deuterium deuterij (D = ^{2}H)
deuteron deuteron
develop razviti, razvijati
developed power razvijena snaga
deviation devijacija, odstupanje
deviation from a straight line odstupanje od pravca
deviations from the mean value odstupanja od srednje vrijednosti
device uređaj, naprava, način (metoda); **signalling** ~ signalni uređaj; **stopping** ~ uređaj za zaustavljanje; **synchronizing** ~ sinhronizatorski uređaj
dew point rosište
dhp (delivered horsepower) oznaka za predanu snagu (vijku)
diagonal dijagonala, širnica; **bilge** ~ širnica okomita na uzvoj broda (u nacrtu rebara)
diagram dijagram; **the after terminus (AT) of the** ~ stražnji kraj dijagrama; **the forward terminus (FT) of the** ~ prednji kraj dijagrama; **the terminus of the** ~ završetak (kraj) dijagrama
dial brojčanik
diameter promjer, dijametar; **rope** ~ promjer užeta
diaphragm dijafragma, membrana
diesel-driven ship brod s pogonom na dizel-motor
diesel-driven vessel brod na dizel-motor
diesel-electric drive dizel-električni pogon
diesel engine dizel-motor; **four-stroke** ~ četverotaktni dizel-motor; **high-speed** ~ brzohodni dizel-motor; **low-speed** ~ sporohodni dizel-motor; **marine** ~ brodski dizel-motor; **medium-speed** ~ srednjohodni dizel-motor; **two-stroke** ~ dvotaktni dizel-motor; **two-stroke high pressure turbocharged medium-speed crosshead marine** ~ dvotaktni srednjohodni brodski dizel-motor s križnom glavom i velikim stupnjem prednabijanja
diesel engine balance balansiranje (uravnoteženje) dizel-motora
diesel oil dizelsko ulje
diesel propelled lifeboat čamac za spasavanje s pogonom na dizel-motor

differential diferencijal (matematički pojam)
differential absorption ratio diferencijalni apsorpcijski omjer
differential calculus diferencijalni račun
differential casing kućište diferencijala
differential equation diferencijalna jednadžba
differential gears diferencijalni zupčanici, diferencijal
differential ionization chamber diferencijalna ionizacijska komora
differential vector operator diferencijalni vektorski operator, nabla
differentiate derivirati
differentiation deriviranje, diferenciranje; **graphic** ~ grafičko deriviranje
difficulty poteškoća; **to overcome the** ~ savladati poteškoću
difficulty arises poteškoća nastaje
diffuser difuzor; **air** ~ zračni difuzor
diffusion difuzija; **thermal** ~ termalna difuzija
diffusion area difuzijska površina
diffusion casing difuzorski kanal, difuzor
diffusion constant difuzijska konstanta
diffusion length difuzijska duljina
diffusion plant difuzijsko postrojenje
diffusion ring difuzorski prsten
diffusion theory difuzijska teorija
digit znamenka
digital computer digitalno elektroničko računalo
dilation (dilatation) dilatacija, rastezanje; **transverse** ~ poprečna dilatacija; **vertical** ~ vertikalna dilatacija
dimension dimenzija
dimensional dimenzionalan; **nondimensional** bezdimenzionalan
dimensional analysis dimenzionalna analiza
dimensional homogeneity dimenzionalna homogenost
dimensionless bezdimenzionalan
dimensionless number bezdimenzionalna značajka (broj)
dioxide dioksid; **carbon** ~ ugljični dioksid
dipping (dip) uron pramca pri porinuću
dipole moment dipolni moment
Dirac's constant Diracova konstanta
direct coupled izravno (direktno) spojen
direct current (DC, d. c.) istosmjerna struja
direct current (DC, d. c.) generator generator istosmjerne struje
direct current (DC, d. c.) motor motor istosmjerne struje
direct drive direktni pogon, direktno spojen (bez reduktora)
direction smjer; **wave** ~ smjer napredovanja vala
directional spectrum usmjereni spektar
director direktor (za upravljanje paljbom topova)

disassemble demontirati, rastaviti
disassembled demontiran, rastavljen
disc pločica, disk, kolo (turbine); **valve** ~ pladanj ventila
discharge ispustiti, ispuštati, izbaciti, izbacivati, isprazniti, prazniti, izlijevati se
discharge izbacivanje, ispuštanje, pražnjenje, izljev, odvod, ispust, izboj (plina); **outboard** ~ vanjski izljev; **overboard** ~ izbacivanje (izljev) preko palube; **sanitary** ~ sanitarni odvod; **seawater** ~ ispuštanje morske vode (mora); **wet-air** ~ ispuštanje vlažnog zraka
discharge line odvodna cijev (za iskrcaj nafte kao tereta)
discharge nozzle izljevna sapnica
discharge strainer tlačni pročistač; **duplex discharge strainers** dvostruki tlačni pročistač
discharge valve ispusni (ispušni) ventil; **main** ~ glavni ispusni ventil
discharging pražnjenje, ispuštanje, iskrcavanje (tereta), istovar
discharging valve ispusni (ispušni) ventil
discontinuity diskontinuitet; **gross discontinuities** veliki diskontinuiteti
dish udubiti, zdjelasto deformirati
dish zdjelasta deformacija (u limu), zdjelasto udubljenje; **plastic** ~ plastična deformacija zdjelastog oblika
dished head (end) bombirana podnica (kotlovskog bubnja), sferično oblikovana podnica (kotlovskog bubnja)
dishing deformiranje zdjelastog oblika; **plastic** ~ plastična deformacija zdjelastog oblika
dismantle demontirati
dismantling demontaža
dismasted bez jarbola
dismount demontirati
dispersed type marine reactor brodski reaktor »rastrkanog« tipa
displace istisnuti, pomaknuti
displaced istisnut, pomaknut
displaced position pomaknut položaj
displaced center of gravity pomaknuto težište sistema
displaced water istisnuta voda
displacement law zakon (grupnog) pomicanja
displacement-length ratio odnos istisnine i duljine
displacement of appendages istisnina privjesaka
displacement pump istisninska pumpa; **screw** ~ vijčana istisninska pumpa
displacement sheet formulari za proračun trima, stanja krcanja i stabiliteta
displacement volume volumen istisnine, **entire** ~ cijeli volumen istisnine
display prikaz; **oscilloscope** ~ osciloskopski prikaz, prikaz na ekranu
dispose rasporediti (konstrukcijske elemente, površinu)

disposed raspoređen (npr. materijal je raspoređen — the material is disposed; površina kormila je raspoređena — the rudder area is disposed)
disposition raspored (konstrukcijskih elemenata)
disposition of the material raspored materijala
disproportional nerazmjeran, neujednačen, disproporcionalan
disregard zanemariti (neku vrijednost u proračunu)
dissipation disipacija, rasipanje; **energy** ~ disipacija energije; **heat** ~ disipacija topline; **power** ~ gubitak snage
dissipative disipativan (npr. stvaranje disipativnih površinskih valova koji odvode energiju od trupa koji vibrira — the generation of dissipative surface waves which carry away energy from the oscillating hull)
dissipative damping disipativno prigušenje
distance udaljenost; **appreciable** ~ znatna (značajna) udaljenost
distant udaljen; **equally** ~ **(equidistant)** jednako udaljen
distilling plant postrojenje za pripremu pitke vode
distilling unit uređaj za destilaciju vode
distilled water tank tank destilirane vode
distribution raspodjela, razdioba; **angular** ~ kutna razdioba; **binomial** ~ binomna razdioba; **moment** ~ raspodjela momenata; **pressure** ~ razdioba tlaka unutar vala; **pressure wave** ~ razdioba valnog tlaka (pritiska); **weight** ~ raspodjela težina
distribution branch ducts distribucioni (razvodni) ogranci (zračnih) kanala
distribution ductwork system distribucioni (razvodni) kanalni sistem (za zrak), razvodni kanali
distribution network distribuciona mreža, razvodna mreža
distributor razvodnik, razdjeljivač; **starting air** ~ razvodnik zraka za upućivanje (stavljanje u pogon) (motora)
distributor arm poluga razvodnika (kod sistema paljenja)
disturbace poremećaj; **wave** ~ valni poremećaj
divergent wave divergentan val
divert skretati
diverting air valve ventil za skretanje zraka
diving equipment ronilačka oprema
diving plane horizontalno kormilo na podmornici
division bulkhead diobena pregrada
dock dok; **dry** ~ suhi dok; **floating** ~ plovni dok, plutajući dok; **graving** ~ suhi dok
dock crane (10—1000 Ton) dizalica na doku
dock gate vrata doka

docking facilities tehničke mogućnosti (uređaji) dokovanja
docking plan plan dokovanja
dockmaster dok-majstor
documentation dokumentacija; **technical** ~ tehnička dokumentacija; **technological** ~ tehnološka dokumentacija
dollar dolar (jedinica zakašnjele reaktivnosti)
dolphin stup za vezivanje broda na gatu
dome dom (na kotlu); **steam** ~ parni dom
donkey boiler kotao za rad u luci, lučki kotao
door vrata; **watertight** ~ vodonepropusna vrata
Doppler effect Dopplerov efekt
dose (u nuklearnoj tehnici) doza; **absorbed** ~ apsorpcijska doza; **air** ~ zračna doza; **biological** ~ biološka doza (zračenja); **bone tolerance** ~ dopuštena doza (cijelog) tijela (čovjeka); **cumulative** ~ kumulativna doza; **depth** ~ dubinska doza, unutrašnja doza (zračenja)
dosemeter dozimetar, mjerač doze
dose rate brzina doze
dose ratemeter mjerač brzine doze
dotted line točkasta linija
double acting reciprocating steam pump dvoradna stapna parna pumpa
double beta decay dvostruki beta-raspad
double bottom dvodno
double bottom plating oplata dvodna
double bottom tank tank dvodna
double curvature dvostruka zakrivljenost
double-end boiler dvostruki kotao (loženje s dvije strane)
double integration dvostruka integracija
double plate rudder dvoplošno kormilo, dvolisno kormilo
double reduction gears dvostruki reduktor
double skin ship brod s dvostrukom oplatom; **inner skin of a** ~ unutrašnje opločenje broda s dvostrukom oplatom
double track crane dizalica za dva kolosijeka
doubler (doubling plate) dvostruka ploča, dvostruki lim
doubling at deck openings podvostručenje kod palubnih otvora
doubling plate dvostruka ploča, dvostruki lim
doubling time vrijeme udvostručenja
downcomer silazna cijev, padna cijev
downward force sila koja djeluje prema dolje
downward pitch pomak prema dolje pri posrtanju (broda)
draft (draught) gaz; propuh; **actual** ~ stvarni gaz; **calculated** ~ proračunski gaz, izračunati gaz; **designed (designer's)** ~ konstruktivni gaz, projektirani gaz; **emergence** ~ gaz kod izronjavanja; **equilibrium** ~ ravnotežni gaz; **forced** ~ prisilan (umjetni) propuh; **full-load** ~ gaz pri punom opterećenju; **keel** ~ gaz

do donjeg brida kobilice; **limited** ~ ograničeni gaz; **maximum** ~ maksimalni gaz; **mean** ~ srednji gaz; **molded (moulded)** ~ teoretski gaz; **natural** ~ prirodni propuh; **navigational** ~ navigacijski gaz; **scantling** ~ gaz na osnovi kojeg se vrši dimenzioniranje konstrukcijskih elemenata
draft crtati, izraditi skicu
draft (draught) aft krmeni gaz, gaz na krmi, stražnji gaz
draft (draught) forward pramčani gaz, gaz na pramcu, prednji gaz
draft scales zagaznice
drafting room crtaona
draftsman (draughtsman) crtač
drag dati otpor, davati otpor, imati zategu, povlačiti
drag otpor (**drag** se najčešće upotrebljava u aerodinamici i za uronjena tijela, a **resistance** u hidrodinamici), zatega; **designed** ~ brod konstruiran s kosom kobilicom, konstruirana kosa kobilica; **eddy** ~ vrtložni otpor; **form** ~ otpor forme; **frictional** ~ otpor trenja; **induced** ~ inducirani otpor; **separation** ~ otpor zbog odvajanja (strujanja); **viscous** ~ otpor zbog viskozne tekućine, viskozni otpor
drag lines užad za povlačenje (lanaca, blokova ili drugih tereta) za smanjenje brzine otplova
drain odvodniti, ispustiti, otjecati
drain odvodnjavanje, drenaža, ispuštanje, vod, kanal; **cylinder drains** drenaža cilindra; **main** ~ glavna drenaža; **secondary** ~ mala drenaža; **superheater** ~ odvodnjavanje pregrijača pare
drain hole otvor za otjecanje, otvor za odljev (vode), otvor za drenažu
drain off iscijediti, ispustiti (npr. ulje iz kartera — to drain off the sump)
drain pipe odvodna cijev (za vodu), drenažna cijev
drainage otjecanje vode, drenaža, odljev vode
draught see **draft**
draw (drew, drawn) crtati, gaziti (za brod), izvlačiti (žicu), uvlačiti, sisati (zrak)
drawing crtanje, nacrt, crtež, izvlačenje (tehnološki postupak); **installation drawings** nacrti instalacija; **line** ~ crtanje linija, nacrt linija; **outline** ~ nacrt vanjskih dimenzija; **profile** ~ nacrt uzdužnica, nacrt vertikala; **scale** ~ nacrt u (umanjenom) mjerilu; **sectional** ~ nacrt presjeka, presjek; **sheer** ~ nacrt uzdužnica, nacrt vertikala; **technical** ~ tehničko crtanje; **working drawings** radionički nacrti
drawing board daska za crtanje, crtaća daska
drawing desk stol za crtanje, crtaći stol
drawing instruments pribor za crtanje
drawing office projektni ured, konstruktorski ured
drawing pen pero za crtanje, crtaće pero
dredger jaružar
drift velocity brzina zanašanja (morskom strujom)
drill bušiti
drill svrdlo
drill pipe cijev za bušenje
drilled staybolt nabušeni sprežnjak
drilling bušenje, izbušena rupa; **offshore** ~ bušenje (nafte) na otvorenom moru
drilling machine bušilica
drilling rigs platforma s uređajima za bušenje
drive (drove, driven) pogoniti, tjerati, pokretati
drive pogon; **diesel-electric** ~ dizel-električni pogon; **direct** ~ (izravni) direktni pogon (bez reduktora); **electric** ~ električni pogon; **gas turbine** ~ plinsko turbinski pogon; **geared-diesel** ~ dizel-pogon s reduktorom; **steam turbine** ~ parnoturbinski pogon; **turbine** ~ turbinski pogon; **turboelectric** ~ turboelektrični pogon
driven shaft pogonjena osovina
driving machinery pogonski strojevi
driving mechanism pogonski mehanizam
drop pad; **heat** ~ toplinski pad; **voltage** ~ pad napona
drum bubanj; **grooved** ~ ožljebljen bubanj; **mud** ~ taložnik mulja; **smooth** ~ glatki bubanj; **steam** ~ parni bubanj; **water** ~ vodni bubanj; **water and steam** ~ vodno-parni bubanj; **winch** ~ bubanj vitla
dry air suhi zrak
dry air fan ventilator za suhi zrak
dry air piping cjevovod suhog zraka
dry air supply fan ventilator za dovod suhog zraka
dry-bulb temperature temperatura suhog termometra
dry-bulb thermometer suhi termometar
dry cargo suhi teret
dry cargo hold skladište za suhi teret
dry cargo ship brod za suhi teret
dry chemical extinguisher uređaj za gašenje požara suhom kemikalijom, protupožarni uređaj za gašenje suhom kemikalijom
dry dock suhi dok
dry-docking radovi u (suhom) doku
dry pipe cijev za separaciju vlage, cijev za suhu paru
dry steam suha para
dry tank suhi tank
dual duct system dvokanalni (zračni) sistem
duct voditi (zrak) kanalom (cijevima)
duct (air duct) kanal, vod, zračni kanal, zračni vod; **air** ~ zračni kanal, zračni vod; **air distribution** ~ kanal za distribu-

ciju (razvod) zraka; **branch ducts** ogranci (zračnih) kanala; **cold** ~ kanal hladnog zraka; **distribution branch ducts** distribucioni (razvodni) ogranci (zračnih) kanala; **high-pressure** ~ visokotlačni (zračni) kanal; **horizontal** ~ horizontalni (zračni) kanal; **hot** ~ kanal toplog zraka; **main** ~ glavni (zračni) kanal; **main branch ducts** glavni ogranci (zračnih) kanala; **main supply** ~ glavni dovodni (zračni) kanal; **oval** ~ ovalni (zračni) kanal; **recirculated air** ~ kanal za optočni zrak, kanal za recirkulacioni zrak, recirkulacioni zračni kanal; **rectangular** ~ četvrtasti (zračni) kanal; **round (circular)** ~ okrugli (zračni) kanal; **spiral** ~ spiralna (zračna) cijev; **vertical concealed** ~ vertikalni ugrađeni (skriveni) (zračni) kanal; **warm air** ~ kanal toplog zraka
duct bend luk kanala (npr. za zrak)
duct damper kanalna zaklopka, zaklopka u (zračnom) kanalu
duct down odvoditi kanalom dolje
duct elbow koljeno kanala
duct fittings elementi opreme (zračnih) kanala, kanalni fitinzi
duct keel tunelska kobilica
duct shape oblik (zračnog) kanala
duct size veličina (dimenzija) (zračnog) kanala
duct velocity brzina zraka u kanalu
ductile rastegljiv (materijal)
ductile fracture žilavi lom
ductility rastegljivost (za materijal)
ducting (air ducting) kanali (zračni kanali, zračni cjevovod); **circular** ~ okrugli (zračni) kanali; **oval** ~ ovalni (zračni) kanali; **partially flexible helical** ~ djelomično gibljiv helikoidalni zračni cjevovod; **rectangular** ~ četvrtasti (zračni) kanali; **spirally wound** ~ spiralni zračni cjevovod

ducting bends lukovi kanala (npr. za zrak)
ducting branches ogranci kanala (npr. za zrak)
ductwork kanalni sistem (npr. za zrak)
ductwork system kanalni sistem; **distribution** ~ distribucioni (razvodni) kanalni sistem
due to zbog, uslijed
dummy piston stap za rasterećenje, stap izjednačenja
dunnage skladišne zaštitne trenice
duplex discharge strainers dvostruki tlačni pročistač
duplex safety valve dvostruki sigurnosni ventil
duplex suction strainers dvostruki usisni pročistač
duralumin duraluminij
dwl (D. W. L.) (designer's waterline) oznaka za konstruktivnu vodnu liniju
dwt (deadweight tonnage) oznaka za korisnu nosivost
dynamic dinamički
dynamic balance dinamička ravnoteža
dynamic balancing machine stroj za dinamičko balansiranje (uravnoteživanje)
dynamic bending moment dinamički moment savijanja (zbog djelovanja valova)
dynamic equilibrium dinamička ravnoteža
dynamic force dinamička sila
dynamic load dinamičko opterećenje
dynamic pressure dinamički tlak (pritisak)
dynamic (dynamical) stability dinamički stabilitet
dynamic viscosity dinamička viskoznost, dinamički viskozitet
dynamically positioned dinamičko održavanje položaja
dynamics dinamika
dynamo dinamo
dynamometer dinamometar; **towing** ~ dinamometar za tegljenje

E

eccentric rod poluga ekscentra
eccentric shaft ekscentarska osovina
eccentricity ekscentricitet
echo sounder (ultrazvučni) dubinomjer
economizer ekonomajzer, predgrijač (zagrijač) napojne vode; **stud** ~ ekonomajzer s privarcima
economizer tube cijev ekonomajzera, cijev predgrijača vode
eddy vir, vrtlog
eddy drag — vrtložni otpor
eddy (eddy-making) resistance otpor virova
eddying virovit, vrtložni
eddying motion vrtloženje, vrtložno strujanje, virovito strujanje
edge rub; **deck** ~ rub palube, palubni rub, sršnica; **leading** ~ **(of a propeller blade)** ulazni brid (vijčanog krila); **shell** ~ rub vanjske oplate; **trailing** ~ **(of a propeller blade)** izlazni brid (vijčanog krila)
edge restraint upetost rubova; **rotational** ~ upetost sa zakretanjem rubova
eductor ejektor
effect utjecaj, učinak, efekt; **anode** ~ anodni efekt; **Chadwick-Goldhaber** ~ Chadwick-Goldhaberov efekt; **channeling** ~ kanalni efekt; **Compton** ~ Comptonov efekt; **Coriolis effects** ~ Coriolisovi efekti; **Doppler** ~ Dopplerov efekt; **scale** ~ utjecaj mjerila; **shielding** ~ utjecaj zaklanjanja (od vjetra)
effect of fining the bilges utjecaj finije linije (vitkosti) uzvoja
effect of synchronism učinak sinhronizma
effective atomic number efektivni atomski broj
effective half-life efektivno poluvrijeme
effective horsepower (ehp, P_E) efektivna konjska snaga
effective length efektivna duljina
effective piston area (A) efektivna površina klipa
effective pitch efektivni uspon (brodskog vijka)
effective wake efektivno sustrujanje
effectiveness djelotvornost, efikasnost; **relative biological** ~ relativna biološka efikasnost

efficiency iskoristivost, stupanj iskoristivosti, korisno djelovanje, stupanj djelovanja, efikasnost; **adiabatic** ~ adijabatski stupanj djelovanja; **anode** ~ anodna efikasnost; **coefficient of** ~ koeficijent iskoristivosti, koeficijent korisnosti, koeficijent korisnog djelovanja; **counter** ~ efikasnost brojača; **hull** ~ iskoristivost trupa; **overall thermal** ~ ukupni termički stupanj djelovanja (kružnog ciklusa, procesa); **polythropic** ~ politropski stupanj djelovanja; **propeller** ~ iskoristivost (stupanj iskoristivosti) brodskog vijka (propelera); **propulsion** ~ porivna iskoristivost, propulzivna iskoristivost, stupanj propulzivne iskoristivosti; **relative rotative** ~ utjecaj prijelaza (odnos iskoristivosti) rada vijka iza broda i u slobodnoj vožnji; **shaft transmission** ~ iskoristivost osovinskog voda, stupanj iskoristivosti osovinskog voda; **stage** ~ iskoristivost stupnja turbine ili kompresora; **static** ~ stupanj djelovanja s obzirom na statički tlak na ulazu i izlazu; **thermal** ~ termički stupanj djelovanja; **total head** ~ stupanj djelovanja s obzirom na totalni (zaustavni) tlak (statički i dinamički na ulazu i izlazu); **unit efficiencies** pojedinačni stupnjevi djelovanja u složenom postrojenju
effluent monitor protočni monitor
effort trud, napor
effort is expended trud je uložen
ehp (P_E) (effective horse power) oznaka za efektivnu konjsku snagu
Einstein photoelectric equation Einsteinova fotoelektrična jednadžba
einsteinium ajnštajnij (E, Es)
eject izbaciti
ejection izbacivanje (plina)
ejector ejektor; **air** ~ zračni ejektor; **single stage** ~ jednostepeni ejektor; **two stage** ~ dvostepeni ejektor
EL (elastic limit) oznaka za granicu elastičnosti
elastic elastičan
elastic collision elastični sraz (sudar)
elastic deformation elastična deformacija
elastic limit (EL) granica elastičnosti

elastic restraint elastična upetost
elastic strain elastična deformacija (prema dijagramu naprezanja i deformacije čelika)
elasticity elastičnost; **modulus of** ~ modul elastičnosti
elasticity of the material elastičnost materijala
elbow koljeno (u kanalu ili cijevi); **duct** ~ koljeno u (zračnom) kanalu; **reducing** ~ redukciono koljeno; **square** ~ okomito koljeno (od 90⁰) (zračnog) kanala, kvadratno koljeno
electric, electrical električni
electric arc električni luk
electric arc welding elektrolučno zavarivanje
electrical cable električni kabel; **marine** ~ brodski električni kabel
electric circuit električni strujni krug
electric (electrical) conduction električno vođenje, vođenje elektriciteta
electric conductivity električna (specifična) vodljivost, vodljivost elektriciteta
electric (electrical) conductor električni vodič
electrical consumer električni potrošač
electric consumption potrošnja električne energije
electric current električna struja
electric current system elektroenergetski sistem
electric drive električni pogon
electrical energy električna energija
electrical energy converter pretvarač električne energije
electrical equipment električna oprema
electric furnace električna (industrijska) peć
electric generator električni generator
electric heater električni zagrijač
electrical liquid level gage (gauge) električni mjerač razine nafte u tanku
electric log električni log (instrument za mjerenje brzine broda)
electric motor električni motor
electrical network električna mreža
electric power (electrical power) električna snaga
electric power plant (electric power station) elektrana, energana; **ship's** ~ brodska elektrana
electric resistance električni otpor
electric resistance welding elektrootporno zavarivanje
electrical shop elektromehanička radionica
electrical supply izvor električnog napajanja; **a. c. (alternating current)** ~ izmjenični izvor električnog napajanja; **d. c. (direct current)** ~ istosmjerni izvor električnog napajanja
electric transmission električni prijenos
electric ventilator električni ventilator

electric winch električno vitlo
electric wire električna žica
electrical workshop elektroradionica
electrically actuated damper električno pokretana zaklopka
electrically driven fan električni ventilator
electrician električar
electricity elektricitet
electrode elektroda
electrodynamic elektrodinamički
electrohydraulic steering gear elektrohidraulički kormilarski uređaj
electromagnet elektromagnet
electromagnetic pump elektromagnetska pumpa
electromagnetic radiation elektromagnetsko zračenje
electromagnetic separator elektromagnetski separator
electro-mechanical brake elektromehanička kočnica
electromechanical counter elektromehanički brojač
electromotive force (emf) elektromotorna sila
electron elektron; **Compton recoil** ~ Comptonov odskočni elektron; **conversion** ~ pretvorbeni (konverzijski) elektron; **equivalent electrons** ekvivaletni elektroni; **K-** ~ K elektron; **L-** ~ L elektron; **M-** ~ M elektron; **N-** ~ N elektron; **O-** ~ O elektron; **P-** ~ P elektron; **Q-** ~ Q elektron
electron beam elektronski snop
electron binding energy vezna energija elektrona
electron capture elektronski zahvat
electron emission elektronska emisija
electron radius radijus (polumjer) elektrona
electron shell elektronska ljuska
electronic elektronički
electronic charge (electron charge) elektronski naboj
electronic circuit elektronički krug, krug s elektroničkim elementima
electronic computer elektroničko računalo, kompjutor
electronic equipment elektronička oprema
electronic eye elektroničko oko
electronic liquid level gage (gauge) elektronički mjerač razine nafte u tanku
electronics elektronika
electropositive elektropozitivan
electrostatic elektrostatski, elektrostatički
electrostatic accelerator elektrostatski akcelerator
element element; **fuel** ~ gorivi element
elementary elementaran
elementary particle elementarna čestica
elevation uzvišenje, nacrt; **wave** ~ elevacija (uzvišenje vala), valna elevacija, valno uzvišenje

elevation of keel visina pramčanog dijela kobilice iznad saonika
elevator dizalo, lift, elevator; **synchrolift** ~ sinhro lift; **synchrolift gang-powered** ~ sinhro lift
ellipse elipsa
ellipsoid elipsoid
ellipsoid of revolution rotacijski elipsoid
elliptical eliptičan, eliptički
elliptical cylinder eliptični valjak
elliptical footings eliptični nogari
elongate produljiti
elongation produljenje, deformacija, relativna deformacija
embark ukrcati se (za putnike)
embarkation ukrcavanje (putnika)
embed položiti, ugraditi (npr. bregasta osovina položena je (ugrađena) u kućište bregaste osovine — the camshaft is embedded in the camshaft frame)
emerge izroniti
emergence izron, izronjavanje
emergence draft gaz pri izronjavanju; **mean** ~ srednji gaz pri izronjavanju
emission emisija; **electron** ~ elektronska emisija
emitter emitent (u nuklearnoj tehnici); **alpha** ~ alfa-emitent
empirical formula empirijska formula
enclosed deckhouse zatvorena palubna kućica
enclosed superstructure zatvoreno nadgrađe
enclosure zatvoreni prostor; **structural** ~ strukturno zatvoreni prostor, zatvoreni prostor u sklopu strukture trupa
encounter susretanje; **the frequency of** ~ frekvencija susretanja; **the period of** ~ period susretanja; **wave** ~ susretanje vala/valova
encroach zadirati (u neko područje)
end (boiler end) podnica (kotlovskog bubnja)
end ballast tank krajnji balastni tank
end compartment krajnje odjeljenje (na brodu)
end fixity upetost (učvršćenost) na krajevima (grede), upetost krajeva (grede)
end launching uzdužno porinuće
end-launching arrangements uređaji za uzdužno porinuće
end loading container kontejner za prekrcaj na kraju
end of the roll kraj ljuljanja, kraj otklona pri ljuljanju
end product krajnji produkt, krajnji proizvod, krajnji produkt radioaktivnog raspada (stabilni nuklid)
end restraint upetost na krajevima (grede), upetost krajeva (grede)
end view (front view) nacrt (broda)
endurance limit granica izdržljivosti
energy energija; **alpha decay** ~ energija alfa-raspada; **atomic** ~ atomska energija (za razliku od nuklearne energije); **beta decay** ~ energija beta-raspada; **binding** ~ vezna energija; **bond** ~ vezna energija; **Coulomb** ~ Coulombova energija; **desintegration** ~ energija raspada; **electrical** ~ električna energija; **electron binding** ~ vezna energija elektrona; **fusion** ~ fuziona energija; **gamma-ray** ~ energija gama-zrake; **heat (thermal)** ~ toplinska energija; **kinetic** ~ kinetička energija; **mechanical** ~ mehanička energija; **neutron** ~ neutronska energija; **nuclear** ~ nuklearna energija; **potential** ~ potencijalna energija; **rotational** ~ energija vrtnje; **steam** ~ energija pare; **thermonuclear** ~ termonuklearna energija; **wave** ~ energija vala
energy band energetski pojas
energy dissipation disipacija (rasipanje) energije
energy level energetski nivo (energetska razina)
energy mass equivalence ekvivalentnost energije i mase
energy spectrum spektar energije
engine stroj, pogonski stroj, motor; **auxiliary** ~ pomoćni stroj, pomoćni motor; **compound** ~ kompaundni stroj, stroj dvostruke ekspanzije; **diesel** ~ dizel-motor; **driving** ~ pogonski stroj, pogonski motor; **four-stroke** ~ četverotaktni motor; **four-stroke diesel** ~ četverotaktni dizel-motor; **four-stroke petrol (gasoline)** ~ četverotaktni benzinski motor; **gas** ~ plinski stroj; **gasoline** (američki) ~ benzinski motor; **heat** ~ toplinski stroj; **high-speed diesel** ~ brzohodni dizel-motor; **internal combustion** ~ motor s unutrašnjim izgaranjem; **jacking** ~ stroj za pokretanje glavnog stroja; **jet** ~ mlazni motor; **low-speed diesel** ~ sporohodni dizel-motor; **main** ~ glavni stroj, glavni motor; **marine** ~ brodski stroj; **medium-speed diesel** ~ srednjohodni dizel-motor; **multiple expansion steam** ~ višeekspanzioni parni stapni stroj; **Otto** ~ oto-motor; **petrol** (britanski) ~ benzinski motor; **piston** ~ klipni motor; **reciprocating** ~ stapni stroj; **reciprocating steam** ~ parni stapni stroj; **reversing** ~ prekretni stroj; **steam** ~ parni stroj; **steering** ~ kormilarski stroj; **triple expansion steam** ~ troekspanzioni parni stapni stroj; **two-stroke** ~ dvotaktni motor; **two-stroke diesel** ~ dvotaktni dizel-motor; **two-stroke petrol (gasoline)** ~ dvotaktni benzinski motor; **two-stroke high pressure turbocharged medium-speed crosshead marine diesel** ~ dvotaktni srednjohodni brodski dizel-motor s križnom glavom i velikim stupnjem prednabijanja

engine casing kućište stroja; **exposed** ~ izloženo kućište stroja; **protected** ~ zatvoreno kućište stroja
engine cylinder cilindar stroja
engine exhaust gases ispušni plinovi stroja
engine log book strojarski dnevnik, mašinski dnevnik
engine oil strojno ulje
engine room strojarnica
engine room bilge kaljuža strojarnice
engine room skylight vidnik (nadsvjetlo) strojarnice
engine seating postolje stroja
engine throttle leptir (u rasplinjaču koji regulira dovod smjese u cilindar)
engine works tvornica pogonskih strojeva (dizel-motora)
engineer inženjer, strojar (na brodu); **chief** ~ glavni strojar; **deck** ~ strojar palube; **first assistant** ~ prvi asistent stroja; **junior** ~ mlađi strojar; **refrigerating** ~ strojar rashladnog uređaja; **second assistant** ~ drugi asistent stroja; **third assistant** ~ treći asistent stroja
engineering department strojarski odjel (u brodogradilištu)
engineering mechanics tehnička mehanika
engineering thermodynamics tehnička termodinamika
engineers' workshop mehanička radionica
enriched uranium obogaćeni uran
enriched-uranium reactor obogaćeni uranski reaktor
enrichment obogaćenje
enrichment factor faktor obogaćenja
ensure the strength osigurati čvrstoću
entered unesen, unijet (npr. otčitavanja s instrumenta unose se u tabelarni prikaz — the instrument readings are entered in the tabulation)
entire displacement volume cijeli volumen istisnine
entrain povući, povlačiti (npr. masa vode/mora povlačena/povučena brodom — the mass of the water entrained by the ship)
entrance to forecastle ulaz u prostor kaštela
envelope omotač, envelopa; **watertight** ~ **of the ship** vodonepropusni omotač broda
epicadmium neutron epikadmijski neutron
epithermal neutron epitermalni neutron
epithermal reactor epitermalni reaktor
epoxy resin epoksidna smola
equalization izjednačenje
equalize izjednačiti
equalizing arrangements uređaji za izjednačavanje nagiba broda
equally distant (equidistant) jednako udaljen
equate izjednačiti (u matematici); **to be equated to 0 (zero)** izjednačiti s nulom

equation jednadžba; **coupled** ~ spregnuta jednadžba; **differential** ~ diferencijalna jednadžba; **Einstein photoelectric** ~ Einsteinova fotoelektrična jednadžba; **the solution of the** ~ rješenje jednadžbe; **to satisfy the** ~ zadovoljiti jednadžbu; **to solve the** ~ riješiti jednadžbu; **uncoupled** ~ nespregnuta jednadžba
equidistant (equally distant) jednako udaljen
equilateral triangle istostraničan trokut
equilibrium ravnoteža; **dynamic** ~ dinamička ravnoteža; **neutral (indifferent)** ~ indiferentna ravnoteža; **original** ~ početna ravnoteža; **radioactive** ~ radioaktivna ravnoteža; **secular** ~ sekularna ravnoteža (u nuklearnoj fizici); **stable** ~ stabilna ravnoteža; **static** ~ statička ravnoteža; **unstable** ~ labilna ravnoteža
equilibrium draft ravnotežni gaz
equilibrium waterline ravnotežna vodna linija
equip opremiti
equipment oprema; **air conditioning** ~ oprema za klimatizaciju; **associated** ~ pripadajuća oprema; **auxiliary** ~ pomoćna oprema; **boat handling** ~ oprema za rukovanje čamcima; **cargo handling** ~ oprema za rukovanje teretom; **container** ~ kontejnerska oprema; **container handling** ~ oprema za rukovanje kontejnerima; **cooling** ~ oprema za hlađenje; **dehumidification** ~ oprema za odvlaživanje zraka; **diving** ~ ronilačka oprema; **electrical** ~ električna oprema; **electronic** ~ elektronička oprema; **filtering** ~ filtarska oprema; **fire extinction** ~ protupožarna oprema, oprema za gašenje požara; **fire protection** ~ protupožarna oprema, oprema za zaštitu od požara; **foam making** ~ oprema za proizvodnju pjene (za gašenje požara); **lifesaving** ~ oprema za spasavanje; **loading** ~ oprema za utovar; **machinery** ~ strojna oprema, oprema strojeva; **main** ~ glavna oprema; **mechanized handling** ~ oprema za mehanizirano rukovanje; **navigation (navigational)** ~ navigacijska oprema; **preheating** ~ oprema za predgrijavanje; **propulsion** ~ oprema za propulziju broda; **protecting** ~ zaštitna oprema; **radiation safety** ~ oprema za zaštitu od zračenja, radijacije; **salvage** ~ oprema za spasavanje; **ship's radio (wireless)** ~ brodska radio-oprema; **sorting** ~ oprema za razvrstavanje (sortiranje) tereta; **special** ~ specijalna oprema; **supplemental** ~ dodatna oprema; **switching** ~ uklopni/rasklopni uređaj, uklopna/rasklopna oprema; **towing** ~ oprema za tegljenje
equivalence ekvivalentnost; **energy mass** ~ ekvivalentnost energije i mase
equivalent ekvivalentan

equivalent electrons ekvivalentni elektroni
erbium erbij (Er)
erect podignuti, izgraditi konstrukcijski (element), nanijeti, nanositi (npr. ordinata se nanosi (podigne) — an ordinate is erected)
erect the member podići, postaviti građevni element
erection gradnja, podizanje, izgradnja (konstrukcijskih elemenata), nadgradnja; **aluminium** ~ nadgradnja iz aluminija, aluminijska nadgradnja; **fully effective** ~ potpuno efikasna nadgradnja; **partially effective** ~ djelomično efikasna nadgradnja; **steel** ~ čelična izgradnja, čelična nadgradnja
erection structure struktura nadgradnje
erections nadgradnje (zbirni termin za palubne kućice i nadgrađe); **aluminium--alloy** ~ nadgradnje iz aluminijske slitine (legure)
erosion erozija; **cavitation** ~ kavitaciona erozija
error pogreška (u računanju); **negligible** ~ zanemariva pogreška
error forces sile zbog neispravne izvedbe
establish the criterion ustanoviti kriterij
estimate procijeniti; **mis-** ~ krivo procijeniti
estimate procjena; **center of gravity** ~ procjena težišta sistema; **detailed** ~ detaljna procjena; **final** ~ konačna procjena; **mis-** ~ kriva procjena; **preliminary** ~ preliminarna procjena; **weight** ~ procjena težina
estimated procijenjen, proračunat prema prototipu
estimated weights procijenjene težine
estimator procjenitelj, kalkulant (materijala i cijena)
europium europij (Eu)
evaluate procijeniti numerički, odrediti vrijednost, proračunati, izračunati
evaluate the derivative derivirati, izračunati derivaciju
evaluation procjena
evaluation of effect procjena utjecaja
evaluation of stability procjena vrijednosti stabiliteta, proračun stabiliteta
evaporating plant postrojenje za evaporaciju (isparavanje)
evaporator isparivač, evaporator; **cooling medium** ~ isparivač rashladnog sredstva
even-even nucleus parno-parna jezgra
even keel ship brod na ravnoj kolibīci
even-keel waterline horizontalna vodna linija
even number parni broj
even-numbered station rebro s parnim brojem
even-odd nucleus parno-neparna jezgra
even out izjednačiti
exactness točnost; **mathematical** ~ matematička točnost

exceed (the length) prijeći, prelaziti, prekoračiti, premašiti (duljinu)
excessive heel prekomjerni poprečni nagib broda
excessive list prekomjerni poprečni nagib broda
exchange izmjena; **charge** ~ izmjena naboja; **ion** ~ ionska izmjena
exchange force sila izmjene
exchanger izmjenjivač; **finned heat** ~ rebrasti izmjenjivač topline; **heat** ~ izmjenjivač topline
excitation uzbuda; **cumulative** ~ kumulativna uzbuda; **self-** ~ samouzbuda
excite pobuditi, uzbuditi, izazvati (npr. vibracije su pobuđene brodskim vijcima — the vibration is excited by the propellers; sile pobuđuju vibriranje trupa — the forces excite vibration in the hull)
excited atom uzbuđeni atom
excited nucleus uzbuđena jezgra
exciter uzbuđivač, pobuđivač
exciting force uzbudna sila; **propeller exciting forces** uzbudne sile brodskog vijka (propelera)
exert the effect vršiti djelovanje (za silu)
exert the pressure vršiti pritisak
exhaust izlazni, ispušni, odsisni
exhaust ispuh, ispust, odsis; **auxiliary** ~ pomoćni ispuh; **main** ~ glavni ispuh; **steam** ~ ispuh pare, parni ispuh
exhaust air system odsisni sistem zraka, sistem za odsis zraka
exhaust cam brijeg (na bregastoj osovini) za ispuh
exhaust gas ispušni plin
exhaust gas fired (steam) boiler (parni) kotao na ispušne plinove, utilizator
exhaust gases ispušni plinovi; **engine** ~ ispušni plinovi motora
exhaust gases conduits ispušni cjevovod
exhaust line ispušni vod; **auxiliary** ~ pomoćni ispušni vod
exhaust opening otvor za odsis (zraka)
exhaust operating camshaft bregasta osovina za rad ispušnog ventila
exhaust pipe ispušna cijev
exhaust piping ispušni cjevovod
exhaust port izlazni (ispušni) kanal (na dvotaktnom benzinskom motoru)
exhaust ports ispušni raspori (na dvotaktnom dizel-motoru)
exhaust pressure ispušni tlak
exhaust steam ispušna para, izlazna para
exhaust stroke ispušni takt
exhaust trunk ispušni kanal (velikog presjeka)
exhaust valve ispušni ventil
exoenergetic process egzoenergetski proces
expand širiti se (za plin), rastezati se (za materijal)

expansion širenje, ekspanzija (plina), rastezanje (materijala); **adiabatic** ~ adijabatska ekspanzija; **polythropic** ~ politropska ekspanzija; **thermal** ~ toplinsko rastezanje
expansion bend ekspanzioni luk, kompenzacioni luk
expansion joint ekspanzioni spoj (kod dugih palubnih kućica ili nadgrađa), cijevni kompenzator
expansion loop kompenzaciona petlja, ekspanziona petlja
expansion of surface razvijanje površine
expansion stroke ekspanzioni takt
expedite submerging naglo uranjavanje
experiment pokus, eksperiment; **inclining** ~ pokus nagiba
experiment is conducted eksperiment se vrši
experimental determination of eksperimentalno određivanje (nečega)
explode eksplodirati
explosion eksplozija
explosive eksplozivan
explosive mixture eksplozivna smjesa
exponent eksponent
exponential reactor eksponencijalni reaktor
exponentially eksponencijalno
exponentiation potenciranje
expose izložiti
exposed casing izloženo kućište
exposed deck izložena paluba
exposed freeboard deck izložena paluba nadvođa
exposed superstructure izloženo nadgrađe
exposed superstructure deck izložena paluba nadgrađa
expression izraz; **mathematical** ~ matematički izraz

extension produženje, nastavak
external vanjski
external desuperheater vanjski hladnjak pregrijača (pare)
external radiation vanjsko zračenje
extinction gašenje, ugušenje (požara), gušenje; **curve of** ~ krivulja gušenja (ljuljanja); **fire** ~ ugušenje požara
extinction of roll gušenje ljuljanja
extinction of the fire ugušenje požara
extinguish gasiti, pogasiti, ugasiti (požar)
extinguishant sredstvo za gašenje požara, protupožarno sredstvo
extinguisher uređaj za gašenje požara; **dry chemical** ~ uređaj za gašenje požara suhom kemikalijom; **hand fire** ~ ručni uređaj za gašenje požara; **portable fire** ~ prijenosni uređaj za gašenje požara; **water** ~ uređaj za gašenje požara vodom
extinguisher system sistem uređaja za gašenje požara; **portable** ~ sistem prijenosnih uređaja za gašenje požara
extinguishing gašenje; **fire** ~ gašenje požara; **foam** ~ gašenje (požara) pjenom
extinguishing medium (pl. media) sredstvo za gašenje
extraction pump crpka, sisaljka
extractor izdvajač; **grease** ~ izdvajač masnoća
extrapolate ekstrapolirati
extrapolation ekstrapolacija
extreme krajnji
extremities krajnje točke (linije)
eye oko; **rudder** ~ oko za osovinu kormila
eye plate oko za vez, uška; **slewing guy deck** ~ palubna uška za skretni brk (samarice)
eye splice omča

F

fabrication obrada, izrada; **outfit** ~ izrada opreme; **plate** ~ obrada limova; **shape** ~ obrada profila
fabrication shop radionica (hala) za obradu limova i profila
face of a propeller blade lice krila brodskog vijka, lice propelernog krila
face cavitation kavitacija lica
face pitch (P) (geometrical pitch) uspon lica (krila brodskog vijka, propelernog krila)
facilities tehničke mogućnosti, tehnički uređaji, tehnička pomagala; **crane** ~ tehničke mogućnosti korištenja dizalica; **discharging** ~ uređaji za iskrcavanje; **docking** ~ tehničke mogućnosti (uređaji) dokovanja; **port** ~ **(piers, berths, channels)** tehničke mogućnosti u luci (obale, vezovi u luci, kanali); **terminal container** ~ tehnički uređaji u kontejnerskoj luci; **warehousing** ~ tehnički uređaji u zatvorenim skladištima (na obali)
facility tehnička mogućnost, sredstvo, uređaj, pomagalo
factor faktor; **conversion** ~ preračunski faktor; **decay** ~ faktor raspada; **decontamination** ~ dekontaminacijski faktor; **enrichment** ~ faktor obogaćenja; **multiplication** ~ multiplikacijski faktor
factor of safety faktor sigurnosti
factor of subdivision faktor nepropusne podjele, pregradni faktor
factorial faktorijel, produkt niza faktora u aritmetičkoj progresiji
fail neizdržati, popustiti, oštetiti (za materijal)
failure kvar, neizdržívost (materijala ili konstrukcije), oštećenje, lom; **brittle** ~ krti (krhki) lom; **fatigue** ~ oštećenje materijala zbog zamora
fair (a curve) dotjerati (krivulju)
fair curve dotjerana krivulja
fair main body of the ship goli trup broda (bez privjesaka)
fairing of the curve izglađivanje krivulje, dotjerivanje krivulje
fairing of the line dotjeravanje linije

fairness in the lines of the hull glatkost u linijama trupa
fall dio užeta (konopa ili lanca) na koji djeluje sila podizanja (podizna sila), ukupna duljina užeta za kolotur; **chain** ~ dio lanca na koji djeluje sila podizanja; **lifeboat** ~ ukupna duljina užeta čamca za spasavanje; **wire** ~ čelično uže sveukupne duljine
fan ventilator; **cargo hold air circulation** ~ ventilator za strujanje zraka u skladištima; **dry air** ~ ventilator za suhi zrak; **dry air supply** ~ ventilator za dovod suhog zraka; **electrically driven** ~ električni ventilator; **high pressure centrifugal** ~ visokotlačni centrifugalni ventilator; **regenerating air supply** ~ ventilator za dovod regeneriranog zraka; **two-speed** ~ dvobrziski ventilator; **wet air** ~ ventilator za ovlaženi zrak
fan blade krilo ventilatora, ventilatorsko krilo
fan motor motor ventilatora
fan motor control regulacija ventilatorskog motora
fan room prostor za ventilacijske uređaje
fast brz
fast fission brza fisija
fast neutron brzi neutron
fast reaction brza reakcija
fast reactor brzi reaktor
fasten pričvrstiti
fatigue zamor (materijala)
fatigue crack lom zbog zamora materijala
fatigue-cracking nastajanje pukotine, lom zbog zamora
fatigue failure oštećenje, lom (materijala) zbog zamora
fatigue life vijek trajanja do zamora, broj ciklusa koji izdrži materijal prije prve pukotine pri ispitivanju zamora materijala
fatigue limit granica zamora
fatigue loadings opterećenja koja uzrokuju zamor materijala
fatigue strength zamorna čvrstoća
fatigue test ispitivanje zamora materijala
feature obilježje, osobina, karakteristika
fecal installation uređaj za fekalije (izmetine)

feed (fed, fed) napajati
feed napajanje; **anode** ~ anodno napajanje; **auxiliary** ~ pomoćni napojni cjevovod; **main** ~ glavni napojni cjevovod
feedback povratna veza
feedback control system sistem automatske regulacije
feed line napojni cjevovod; **branch** ~ cijevni napojni ogranak; **internal** ~ unutrašnji napojni cjevovod
feed nozzle napojna mlaznica
feed pump napojna pumpa; **boiler** ~ napojna pumpa kotla
feed stop and check valve napojni zaporno-nepovratni ventil, kombinirani napojni ventil
feed tank tank napojne vode, napojni tank, napojni rezervoar; **reserve** ~ tank rezervne napojne vode
feedwater (feed water) napojna voda; **boiler** ~ kotlovska napojna voda
feedwater heater zagrijač napojne vode
feed water inlet ulaz napojne vode
feed water piping cjevovod napojne vode
feed water pump napojna pumpa
feedwater regulator valve ventil za regulaciju napajanja
feed water tank rezervoar napojne vode
female thread ženski navoj, ženski narez
fender bokoštitnica, bokobran; **bow** ~ pramcobran; **hanging** ~ bokobran
Fermi age Fermijeva starost (reaktorska teorija)
Fermi decay Fermijev raspad
Fermi-Dirac statistics Fermi-Diracova statistika
fermion fermion
fermium fermij (Fm)
ferry prijevoznica, trajekt; **car** ~ prijevoznica za automobile; **train** ~ prijevoznica za vlak
ferryboat prijevoznica, trajekt
fertile oplodni (npr. oplodno nuklearno gorivo)
fetch (the distance over which the wind blows) prostranstvo vjetra
fiber (fibre) vlakno
fiberglass fiberglas, staklom ojačani poliester
fiber glass reinforced plastic (FRP) lifeboat čamac za spasavanje iz armiranog fiberglasa
fiberglass resin laminate fiberglas, laminat smole i staklene vune
fiber rope vlaknasto uže, sintetsko uže
fibre see **fiber**
Fick's law Fickov zakon
field polje, područje; **electric** ~ električno polje; **electromagnetic** ~ elektromagnetsko polje; **electrostatic** ~ elektrostatsko polje; **engineering** ~ inženjersko područje; **magnetic** ~ magnetsko polje; **meson** ~ mezonsko polje; **technical** ~ područje

field magnet glavni magnet, magnet polja
field moment moment u polju (raspona)
fifth-degree parabola parabola petog reda (stupnja)
fighting ship borbeni brod
figure slika, brojka; **plane** ~ geometrijski lik; **solid** ~ geometrijsko tijelo
filament nit, žarna nit; **vortex** ~ vrtložna nit
fillet prijelaz krila u glavinu, zadebljanje, zaobljenje
filling line (fuel oil filling line) napojni cjevovod loživog ulja
filter filtrirati, prečistiti, pročistiti
filter filtar, pročistač; **air** ~ zračni filtar, pročistač zraka
filter bank pregrada s filtrima, filtarska pregrada
filter tank filtracioni tank
filtered filtriran, prečišćen, pročišćen
filtering equipment filtarska oprema
filtration pročišćavanje, filtriranje; **air** ~ pročišćavanje zraka, filtriranje zraka; **tripple-stage air** ~ trostepeno pročišćavanje zraka
fin krilce, peraja; **anti pitch fins** peraje protiv posrtanja; **anti roll fins** peraje protiv ljuljanja; **stabilizing fins** peraje za stabilizaciju; **stern fins** krmena krilca, krmeni izdanci
final product finalni (završni) proizvod
find the derivative derivirati, naći derivaciju
fine fin, vitak (npr. vodna linija postaje finija (vitkija) na krajevima — the waterline becomes finer at the ends)
fine učiniti (postati) finijim, učiniti vitkijim (npr. oblik brodskog trupa) (npr. utjecaj vitkosti/finoće uzvoja, utjecaj finih linija na uzvojima — the effect of fining the bilges)
fined ends of the ship vitki krajevi broda
fineness finoća, vitkost
fineness coefficient koeficijent finoće
finished product završni proizvod; **rolled** ~ valjani završni proizvod; **semifinished product** poluproizvod, polufabrikat
finite konačan
finite element method metoda konačnih elemenata
finite plate ploča konačnih dimenzija
finite radius konačni radijus
finned-element heating zagrijavanje rebrastim elementima
finned heat exchanger rebrasti izmjenjivač topline
fire ložiti (npr. kotao)
fire vatra, požar, paljba iz oružja
fire alarm uzbuna za požar
fire alarm installation protupožarni uređaj za uzbunu
fire box ložište kotla
firebox brickwork šamotno ziđe ložišta

firebrick (high temperature firebrick) vatrootporna (vatrostalna) opeka, šamotna opeka
fire control station protupožarna kontrolna stanica
fire detection otkrivanje požara; **automatic** ~ automatsko otkrivanje požara
fire detection system uređajni sistem za otkrivanje požara
fire detector detektor požara, požarni detektor, otkrivač požara; **automatic** ~ automatski detektor požara
fire door vrata ložišta
fire extinction ugušenje požara
fire extinction equipment protupožarna oprema, oprema za gašenje (ugušenje) požara
fire extinguisher see **extinguisher**
fire extinguishing gašenje požara
fire extinguishing installation protupožarni uređaj, uređaj za gašenje požara; **chemical** ~ uređaj za gašenje požara kemikalijama; **CO₂** ~ CO₂ uređaj za gašenje požara; **foam** ~ uređaj za gašenje požara pjenom; **gas** ~ uređaj za gašenje požara inertnim plinom; **steam** ~ uređaj za gašenje požara parom; **(sea) water** ~ uređaj za gašenje požara morem
fire fighting foam pjena za gašenje požara, protupožarna pjena
fire fighting medium protupožarno sredstvo
fire grate roštilj za loženje
fire main glavni protupožarni cjevovod
fireman ložač
fire monitor požarna štrcaljka, protupožarni top
fire monitor foundation temelji požarne štrcaljke, temelji protupožarnog topa
fire outbreak izbijanje požara
fire patrol protupožarna patrola
fire point gorište
fireproof vatrootporan, vatrostalan
fire protection protupožarna zaštita, zaštita od požara
fire protection equipment protupožarna oprema, oprema za zaštitu od požara
fire protection system protupožarni sistem
fire pump vatrogasna pumpa, pumpa za gašenje požara, protupožarna pumpa
fire risk opasnost od požara
fire room (fireroom) ložište kotla
fireroom (fire room) bilge taložnica ložišta
fire section protupožarno odjeljenje
fire smothering prigušenje požara
fire smothering blanket pokrovni sloj za prigušenje požara
fire system protupožarni sistem
fire tube plamena cijev
firetube boiler (fire-tube boiler) plamenocijevni kotao, vatrocijevni kotao
fire up the boiler zagrijavati kotao
firing stroke eksplozioni takt, takt ekspanzije
fishing boat ribarski čamac
fishing vessel ribarski brod
fission fisija; **fast** ~ brza fisija; **nuclear** ~ nuklearna fisija; **spontaneous** ~ spontana fisija
fission bomb fisiona (nuklearna) bomba
fission chamber fisiona komora
fission neutron fisioni neutron
fission poisons fisioni otrovi
fission products fisioni produkti
fission spectrum fisioni spektar
fission yield fisioni doprinos
fit (a structural member) postaviti, staviti (konstrukcijski element)
fit out opremiti
fit smoothly together točno pristajati zajedno
fitted (točno) postavljen
fitted out opremljen
fitted with opremljen sa
fitting uređaj, element opreme
fittings uređaji, naprave, elementi opreme; **(air) duct** ~ spojni dijelovi (zračnih) kanala; **boiler** ~ armatura kotla, kotlovska armatura; **mooring** ~ uređaj za vez; **piping (pipe)** ~ cijevni fitinzi (spojnice, koljena, nazuvci, kolčaci)
fitting out opremanje
fitting out basin bazen za opremu
fitting out quay opremna obala
five-bladed propeller peterokrilni brodski vijak
fixed stalan, nepromjenjiv
fixed blade statorska lopatica
fixed end moment moment na upetim krajevima (npr. grede)
fixed loads nepromjenjiva opterećenja
fixed-pile platform platforma na nepomičnim nogama
fixed span rope nepomična (fiksna) klobučnica
fixity upetost, učvršćenost; **end** ~ upetost krajeva (npr. grede)
fixture ugrađeni uređaj; **switchboard** ~ rasklopni uređaj
flag signal signalna zastavica
flake graphite pahuljičasti grafit, grafit u pahuljicama
flame plamen
flame arrester zaštitnik požara
flame tube plamena cijev
flammable zapaljiv
flange prirubnica, pojas nosača; **safety** ~ zaštitna prirubnica
flange coupling prirubna spojka
flange gasket prirubnička brtva
flange joint prirubnički spoj, spoj s prirubnicom
flange pipe joint spoj cijevi s prirubnicom
flanged coaming prirubna pražnica
flanged connection prirubni spoj
flaps zakrilca; **tail** ~ zakrilca (na stabilizatoru)
flare proširiti
flare izbacivanje rebara iznad vodne linije; **bow** ~ izbačena forma pramca

flareback povrat plamena
flaring proširivanje
flash buknuti, planuti
flash plamsaj, bljesak
flash point plamište
flat plosnat, ravan
flat plosnati profil, platforma
flat bar plosnati profil; **continuous** ~ neprekinuti plosnati profil
flat keel plosna kobilica
flat-plate keel plosna kobilica
flat wave ravan val
fleet osloboditi (kolotur od koloturja)
fleet flota
flex pregibati, savijati
flexibility savitljivost, gibljivost, fleksibilnost, elastičnost
flexible gibak, savitljiv, elastičan, fleksibilan
flexible coupling elastična spojka
flexible mounting fleksibilno sastavljanje, fleksibilno montiranje
flexural loading opterećenje koje izaziva savijanje, fleksiono opterećenje
flexural stress naprezanje zbog savijanja, fleksiono naprezanje
flexure savijanje (oblik deformacije konstrukcije)
float plutati
float plovak
float chamber naplavna komora (kod rasplinjača)
float needle seating sjedište igličastog ventila
float trap odvajač kondenzata s plovkom
floatation plutanje
floating crane plovna dizalica
floating dock plovni dok (plutajući dok)
floating girder brod kao greda u plovnom stanju, brod kao plutajuća greda
floating hull plutajući (plovni) trup
flood naplaviti
floodability naplavljivost
floodable naplavljiv
floodable length naplavljiva duljina broda između nepropusnih pregrada, teoretski razmak nepropusnih pregrada
floodable length for stability flooded teoretski razmaci nepropusnih pregrada s obzirom na stabilitet broda pri naplavi
flooded waterline vodna linija naplavljenog broda, vodna linija broda u naplavljenom stanju
flooding naplavljivanje, naplava; **off-center** ~ ekscentrični položaj naplavljenog volumena; **symmetrical** ~ simetrično naplavljivanje; **unsymmetrical** ~ nesimetrično naplavljivanje
flooding capacity of compartment naplavljivi volumen odjeljenja
flooding installation uređaj za naplavljivanje
flooding water naplavljiva voda; **tons** ~ naplavljiva voda u tonama
floor rebrenica; **bracket** ~ okvirna rebrenica; **oiltight** ~ uljnonepropusna rebrenica; **open** ~ otvorena rebrenica; **partial** ~ djelomična rebrenica; **plate** ~ olakšana rebrenica; **ring** ~ prstenasta rebrenica; **rise of** ~ visina kosine dna mjerena na boku broda, kosa linija dna, koso dno, kosina dna; **solid** ~ puna rebrenica; **watertight** ~ vodonepropusna rebrenica; **watertight plate** ~ vodonepropusna rebrenica
floor ceiling gornje opločenje rebrenica, opločenje na rebrenicama
floor line linija kosine dna
floor plate podna ploča
floor tube podna cijev (na dnu ložišta kotla)
flow teći (za medij)
flow strujanje, tok, protok; **air** ~ protok zraka, strujanje zraka; **boundary layer** ~ strujanje u graničnom sloju; **circulation** ~ cirkulacijsko strujanje, protočno strujanje; **contra** ~ protutok; **cross** ~ poprečni tok; **gas** ~ protok plina; **incident** ~ napadno strujanje; **irrotational** ~ bezvrtložno strujanje; **laminar** ~ laminarno strujanje; **mass** ~ protok mase; **potential** ~ potencijalno strujanje; **rate of air** ~ brzina protoka (strujanja) zraka; **rate of gas** ~ brzina protoka plina; **rotational** ~ vrtložno strujanje; **shear** ~ viskozno strujanje, strujanje s pojavom smičnih naprezanja; **streamline** ~ strujničasto strujanje; **turbulent** ~ turbulentno strujanje
flow diagram dijagram toka
flow pattern slika (raspodjela) strujanja
flow velocity brzina strujanja; **potential** ~ brzina potencijalnog strujanja
fluctuate fluktuirati
fluctuating force fluktuirajuća sila
flue (flue tube) plamenica
flue breeching dimnjača
fluid tekućina, fluid; **compressible** ~ stlačivi fluid; **heat transfer** ~ fluid za prijenos topline; **incompressible** ~ nestlačiva tekućina; **nonviscous** ~ idealna tekućina, neviskozna tekućina; **operating** ~ radni fluid; **viscous** ~ viskozna tekućina, realna tekućina; **working** ~ radni fluid
fluid foam tekuća pjena (za gašenje požara)
fluid shear smik u tekućini (unutrašnje trenje u tekućini)
flume stabilizer tanks stabilizacioni tankovi s poprečnim kanalima, flum tankovi
fluorine fluor (F)
flush scuttle posebno brtvljeni prozori s poklopcem na brodu
flutter treperenje (vibriranje); **rudder** ~ treperenje kormila (vibriranje kormila)
flux fluks; **neutron** ~ neutronski fluks
flux density gustoća fluksa
fly ash leteći pepeo

Fn (Froude number) $(V/\sqrt{gL})$ oznaka za Froudov broj
foam pjena; **fire-fighting** ~ pjena za gašenje požara, protupožarna pjena; **fluid** ~ tekuća pjena (za gašenje požara); **high- -expansion** ~ brzo ekspandirajuća pjena (omjer širenja pjene prema vodi je 1000 : 1); **liquid** ~ tekuća pjena (za gašenje požara); **mechanical** ~ mehanička pjena (pjena punjena zrakom i miješana vodom)
foam extinguishing gašenje (požara) pjenom
foam extinguishing system protupožarni sistem gašenja pjenom, sistem gašenja požara pjenom
foam fire extinguishing installation uređaj za gašenje požara pjenom
foam fire fighting installation protupožarna instalacija pjenom, instalacija za gašenje požara pjenom
foam generator uređaj (generator) za gašenje (požara) pjenom
foam grid hydrant hidrant za razvod pjene (za gašenje požara)
foam main glavni dovod pjene (za gašenje požara)
foam maker uređaj za proizvodnju pjene (za gašenje požara)
foam making equipment oprema za proizvodnju pjene (za gašenje požara)
foam monitor top za pjenu (za gašenje požara)
foam solution pjenasta mješavina (za gašenje požara)
foam solution line network cjevovodna mreža za pjenastu mješavinu (za gašenje požara)
focus (pl. foci) žarište, fokus
fog signal signal za maglu
following seas valovi u krmu, more u krmu
foot brake nožna kočnica
foot hole otvor za pristup
footings nogari; **elliptical** ~ eliptični nogari; **individual** ~ individualni nogari
force ubaciti pod pritiskom
force sila; **buoyancy (buoyant)** ~ sila uzgona, hidrostatička sila uzgona, hidrostatička uzgonska sila; **centrifugal** ~ centrifugalna sila; **constant** ~ konstantna sila; **Coulomb** ~ Coulombova sila; **damping** ~ sila prigušenja, prigušna sila; **downward** ~ sila (koja djeluje) prema dolje; **dynamic** ~ dinamička sila; **electromotive** ~ **(emf)** elektromotorna sila; **error forces** sile zbog neispravne izvedbe; **exchange** ~ sila izmjene; **exciting** ~ uzbudna sila; **external** ~ vanjska sila; **fluctuating** ~ fluktuirajuća sila; **heave inertia forces** ~ inercijske sile zbog poniranja; **heaving** ~ sila poniranja; **heeling** ~ sila poprečnog nagiba, nagibna sila, sila koja izaziva poprečni nagib; **hydrodynamic** ~ hidrodinamička sila; **hydrostatic** ~ hidrostatička sila; **impact** ~ udarna sila; **inertia** ~ sila inercije, tromosti, inercijska sila; **internal** ~ unutrašnja sila; **lift** ~ sila hidrodinamičkog/aerodinamičkog uzgona, uzgon; **nuclear** ~ nuklearna sila; **pitch inertia forces** inercijske sile zbog posrtanja; **pitching** ~ sila posrtanja; **propeller exciting forces** uzbudne sile brodskog vijka (propelera); **resisting forces** otporne sile; **restoring** ~ povratna sila; **resultant** ~ rezultantna sila, rezultirajuća sila; **resulting tangential inertia** ~ rezultantna (rezultirajuća) tangencijalna komponenta inercijske sile; **roll inertia forces** inercijske sile zbog ljuljanja; **rolling** ~ sila ljuljanja; **shear (shearing)** ~ smična sila; **single** ~ pojedinačna sila; **slamming** ~ sila zbog udaranja pramca o valove; **static** ~ statička sila; **surface forces** površinske sile, sile koje djeluju zbog pritiska fluida na razne površine; **tangential** ~ tangencijalna sila; **tangential inertia** ~ tangencijalna komponenta inercijske sile; **twisting** ~ sila uvijanja; **unbalanced forces** neuravnotežene sile; **upsetting** ~ prekretna sila; **upward** ~ sila (koja djeluje) prema gore; **variable** ~ promjenljiva sila; **vertical inertia pitching** vertikalna komponenta inercijske sile zbog posrtanja; **vertical rolling** ~ vertikalna komponenta sile (zbog) ljuljanja; **wake bearing** ~ sila u ležajevima (zbog (nepravilnog) sustrujanja; **wave** ~ sila valova; **wind** ~ sila vjetra
force is generated sila se stvara
force of buoyancy sila uzgona, hidrostatička sila uzgona
force of gravity sila teža
force of weight sila težine
force pump tlačna pumpa
forced draft prisilan propuh, umjetni propuh
forced-draft blower tlačni ventilator, visokotlačno puhalo
forced motion prisilno gibanje
forced oscillations prisilne oscilacije
forced rolling prisilno ljuljanje
forced ventilation ventilacija pod pritiskom
forced vibration(s) prisilne vibracije
forcing couple napadni spreg sila
fore prednji, pramčani
fore and aft uzdužno, od pramca do krme
fore and aft line uzdužna simetrala (broda), linija od kraja do kraja (broda)
fore-and-aft passage bulkhead pregrada uzdužnog prolaza
forebody pramčani dio
forecastle kaštel; **long** ~ dugački kaštel; **short** ~ kratki kaštel
forecastle deck paluba kaštela

foredeck prednji dio palube; **wet** ~ zaliveni prednji dio palube
fore end pramčani dio, prednji dio
forefoot spoj pramčane statve s kobilicom
foremast (fore mast) prednji jarbol
fore peak pramčani pik, prednji kolizijski prostor
fore poppet pramčani dio kolijevke (broda)
fore shoulder (wave) system valni sistem prednjih ramena, sistem valova zbog ramena na pramčanim vodnim linijama
forge kovati
forged product kovani proizvod
forged steel kovani čelik
forging kovanje, otkivak; **steel** ~ kovanje čelika, čelični otkivak
fork lift truck viljuškar; **front** ~ viljuškar s čeonim zahvatom; **side** ~ viljuškar s bočnim zahvatom
fork truck see **fork lift truck**
form oblikovati
form oblik, obrazac; **hull** ~ forma brodskog trupa; **molded (moulded)** ~ teoretska forma, oblik broda bez vanjskog opločenja; **propeller** ~ oblik brodskog vijka (propelera); **tabular** ~ tabelarni obrazac; **wave** ~ oblik vala
form drag otpor forme
form resistance otpor forme
format format
forming oblikovanje (materijala); **cold** ~ hladno oblikovanje, oblikovanje u hladnom stanju (npr. savijanje)
formula formula; **Breit-Wigner** ~ Breit-Wignerova formula; **empirical** ~ empirijska formula; **to derive a** ~ izvesti formulu
formula applies (is applied) to formula se primjenjuje na
forward prednji, prema naprijed; **rudder** ~ kormilo na pramcu, pramčano kormilo
forward motion gibanje prema naprijed
forward perpendicular prednji perpendikular (okomica), pramčana okomica
forward rake nagib krila (brodskog) vijka prema naprijed
forward shoulders prednja ramena
forward terminus (FT) of the diagram prednji kraj dijagrama
forward trim line linija trima na pramcu
forward wake sustrujanje prema naprijed
foundation(s) temelj(i); **fire monitor** ~ temelji protupožarnog topa, temelji požarne štrcaljke; **machinery foundations** temelji strojeva; **propelling machinery foundations** temelji propulzivnih (pogonskih strojeva); **reinforced foundations** armirani temelji; **shipboard foundations** brodski temelji; **steam condenser foundations** temelji parnog kondenzatora; **windlass** ~ temelji sidrenog vitla
foundation load opterećenje temelja
foundation vibration(s) vibracije temelja; **shipboard** ~ vibracije brodskih temelja

foundation vibration transmission prijenos vibracija temelja
fouling obraštanje
foundering prodiranje mora u brod do potonuća
foundry ljevaonica
four-bladed propeller četverokrilni brodski vijak
four-stroke diesel engine četverotaktni dizel-motor
four-stroke marine diesel četverotaktni brodski dizel-motor
four-stroke petrol (gasoline) engine četverotaktni benzinski motor
FP (forward perpendicular) oznaka za prednji (pramčani) perpendikular (okomicu)
fraction razlomak; **decimal** ~ decimalni razlomak; **thrust-deduction** ~ koeficijent smanjenog poriva; **wake** ~ koeficijent sustrujanja; **wake** ~ **(Froude)** Froudov koeficijent sustrujanja
fracture prelomiti, slomiti
fracture lom, prijelom, puknuće; **brittle** ~ krti (krhki) lom; **brittle-cleavage** ~ krhki lom po ravninama zrna, krti (krhki) lom (s vrlo malom deformacijom) po kliznim ravninama zrna; **ductile** ~ žilavi lom
frame rebro; **camshaft** ~ frem (okvir) bregaste osovine; **cast steel** ~ okvir iz lijevanog čelika; **cylinder** ~ cilindarski frem (okvir); **deep transverse web** ~ visoko) poprečno okvirno rebro; **ordinary** ~ obično rebro; **peak** ~ rebro u piku; **poop** ~ rebro krmice (kasara); **ring** ~ prstenasto rebro; **rudder** ~ rebro kormila; **side** ~ bočno rebro; **sternframe** krmeno rebro; **transverse** ~ poprečno rebro; **'tween deck** ~ rebro u međupalublju; **web** ~ okvirno rebro
frame bar rebro; **reverse** ~ proturebro
frame bending savijanje rebara
frame-to-stiffener bracket koljeno koje spaja rebro i ukrepu
framed orebren; **longitudinally** ~ uzdužno orebren; **the ship is longitudinally** ~ brod je uzdužno orebren; **the ship is transversely** ~ brod je poprečno orebren; **transversely** ~ poprečno orebren
framing orebrenje, rebra; **after peak** ~ orebrenje krmenog pika; **longitudinal** ~ uzdužno orebrenje; **transverse** ~ poprečno orebrenje
francium francij (Fr)
frap pritegnuti, stegnuti užetom
frapping line uže za čvrsto stezanje, pritezanje
freeboard nadvođe; **reserve of** ~ rezerva nadvođa
freeboard deck paluba nadvođa; **exposed** ~ izložena paluba nadvođa
freeboard depth visina nadvođa
free-flow cargo oil system gravitacioni sistem otjecanja nafte kao tereta

free-flow tanker cargo system gravitacioni sistem otjecanja nafte kao tereta
free oscillations slobodne oscilacije
free rolling slobodno ljuljanje
free stream neporemećeno strujanje
free-surface correction korekcija zbog utjecaja slobodne površine
free-surface effect (of the liquid) utjecaj slobodne površine (tekućine)
free (or natural) vibration slobodne (ili prirodne) vibracije
freeing port otvor, izljev za vodu u ogradi (u linici)
freight tovar, teret, vozarina za teret
freighter teretni brod
frequency frekvencija; **angular** $\sim$ kutna frekvencija; **atomic** $\sim$ atomska frekvencija; **blade** $\sim$ frekvencija krila (brodskog vijka), lopatice; **circular** $\sim$ kružna frekvencija; **cyclotron** $\sim$ ciklotronska frekvencija; **local** $\sim$ frekvencija lokalne strukture; **multiples of blade** $\sim$ višekratnik frekvencije krila (brodskog vijka), lopatice; **natural** $\sim$ prirodna (vlastita) frekvencija; **propeller-blade** $\sim$ frekvencija krila brodskog vijka; **wave encounter** $\sim$ frekvencija susretanja vala, valova
frequency band frekvencijski pojas, pojas frekvencija; **wave** $\sim$ pojas valnih frekvencija
frequency range frekvencijsko područje, područje frekvencija
frequency spectrum frekvencijski spektar
fresh air supply dovod svježeg zraka
fresh water slatka voda
fresh water expansion tank ekspanzioni tank za slatku vodu
fresh water piping (system) cjevovod slatke vode, cjevovodni sistem slatke vode
fresh water (pumping) system pumpni sistem pitke vode, pumpni sistem za pitku vodu
friction trenje; **rolling** $\sim$ valjno (kotrljajuće) trenje; **skin** $\sim$ trenje na (vanjskoj) oplati; **sliding** $\sim$ klizno trenje; **static** $\sim$ statičko trenje; **turbulent** $\sim$ trenje turbulentnog strujanja, trenje zbog turbulencije strujanja
friction brake tarna kočnica, frikciona kočnica
friction losses gubici (zbog) trenja
frictional tarni, frikcioni
frictional coefficient (C_F) koeficijent trenja
frictional damping prigušenje zbog trenja
frictional drag otpor trenja
frictional heat toplina trenja
frictional resistance otpor trenja
frictional wake sustrujanje trenja
frictionless bez trenja
frigate fregata
front fork lift truck viljuškar s čeonim zahvatom

front header prednja (čeona) cijevna komora, prednji cijevni razdjeljivač (sakupljač)
front of blade konkavna strana lopatice
front position položaj ispred
front tube sheet prednja cijevna stijena (ploča) (kotla)
front view nacrt (pogled s prednje strane)
Froude's Law of Comparison Froudov zakon sličnosti
Froude number (Fn) ($V\sqrt{gL}$) Froudov broj
frozen cargo smrznuti teret (na otprilike -10^0 C)
fruit ship brod za prijevoz voća
ft (foot, feet) oznaka za stopu (30, 48 cm)
fuel gorivo; **consumable** $\sim$ potrošno gorivo; **diesel** $\sim$ dizelsko gorivo; **gaseous** $\sim$ plinovito gorivo; **liquid** $\sim$ tekuće gorivo; **nuclear** $\sim$ nuklearno gorivo; **propulsive** $\sim$ pogonsko gorivo; **pulverized** $\sim$ pulverizirano gorivo; **solid** $\sim$ kruto gorivo
fuel cam brijeg (na bregastoj osovini) pumpe za gorivo
fuel consumption potrošak goriva; **a saving in** $\sim$ ušteda na potrošku goriva
fuel element gorivi element
fuel element cluster snop gorivih elemenata (u reaktoru)
fuel injection nozzle sapnica za ubrizgavanje goriva
fuel injection pump pumpa za ubrizgavanje goriva
fuel injection valve ventil za ubrizgavanje goriva
fuel injector ubrizgač goriva
fuel nozzle sapnica za gorivo
fuel oil loživo ulje (kod kotla), gorivo (kod dizel-motora)
fuel oil back pressure valve (pretlačni) prekotlačni ventil za loživo ulje
fuel oil booster povisivač tlaka goriva
fuel oil bunker bunker za pogonsko gorivo
fuel oil heater (oil heater) zagrijač loživog ulja (goriva)
fuel oil high-pressure pipe cijev za visokotlačno gorivo
fuel oil service pump pumpa za gorivo
fuel oil storage tank (storage tank) tank loživog ulja, goriva
fuel oil suction usis loživog ulja
fuel pump pumpa za gorivo
fuel rating proračunska količina (potroška) goriva
fuel rod gorivi štap
fuel service pump pumpa za gorivo, pumpa za napajanje gorivom
fuel ship brod za prijevoz goriva, tanker
fuel supply dovod goriva, napajanje gorivom
fuel tank tank za gorivo; **reserve** $\sim$ rezervni tank za gorivo
fuel transfer pump pumpa za pretakanje goriva

fuel valve ventil za gorivo
fuelling napajanje gorivom
full-formed ship brod pune forme
full line puna linija, puna crta
full-load draft gaz pri punom opterećenju
full size prirodna veličina (kod mjerila) mjerilo u prirodnoj veličini
fullness punoća; **to increase the ~ of the ship** povećati punoću broda; **to decrease the ~ of the ship** smanjiti punoću broda; **changes in the ~ of the ship** promjene u punoći broda
fullness of the lines punoća linija
fully water-borne ship brod u potpuno plovnom stanju
fume para (eksplozivna, npr. benzinska)
function funkcionirati
function funkcija
functioning funkcioniranje; **proper ~** ispravno funkcioniranje

funnel brodski dimnjak, lijevak
furnace industrijska peć, plamenica; **blast ~** visoka peć; **electric ~** električna peć; **open-hearth ~** Siemens-Martinova peć; **plate heating ~** peć za zagrijavanje limova; **steel ~** peć za dobivanje čelika
furnace door vrata plamenice
furnace front prednja (čeona) strana plamenice
fuse slijevati se
fuse osigurač (električni)
fusible plug topivi čep
fusion fuzija, slijevanje; **nuclear ~** nuklearna fuzija
fusion bomb fuziona bomba
fusion energy fuziona energija
fusion welding zavarivanje taljenjem

G

gadolinium gadolinij (Gd)
gage (gauge) izmjeriti
gage (gauge) mjerni instrument, mjerač; **beta thickness** ~ mjerač debljine beta-zračenjem; **electrical liquid level** ~ električni mjerač razine nafte u tanku; **electronic liquid level** ~ elektronički mjerač razine nafte u tanku; **pressure** ~ manometar; **steam** ~ manometar (za paru); **strain** ~ mjerna otporna traka, ekstenzometar; **ventilation duct** ~ mjerač u ventilacijskom kanalu; **water** ~ vodokaz
gage glass (water gage glass) vodokazno staklo
gage glass blow down odmuljivanje vodokaznog stakla
gallery brackets potpore za galeriju (u strojarnici)
galley brodska kuhinja
gallium galij (Ga)
gallon galon (britanski: 4,546 l, američki: 3,785 l)
galvanic galvanski
galvanized pipe pocinčana cijev
galvanized sheet steel pocinčani čelični lim
gamma detector gama-detektor
gamma radiation gama-zračenje
gamma-ray energy energija gama-zrake
gamma-ray spectrometer spektrometar gama-zraka
gangway siz (brodske pomične stepenice za silazak na obalu), povišeni izloženi prolaz za posadu na otvorenim palubama (tankeri)
gantry nogari, (velika) okvirna konstrukcija (za premoštenje)
gantry crane okvirna dizalica (sastoji se od nogara, mosta i mačka); **mobile** ~ pokretna, okvirna dizalica; **port mobile** ~ lučka (obalna) pokretna okvirna dizalica
gantry leg nogar
gap procijep, prorez, razmak
garboard podnica (na brodu)
garboard strake dokobilični voj
gas plin; **burnt gases** izgoreni plinovi; **engine exhaust gases** ispušni plinovi stroja; **exhaust gases** ispušni plinovi;

inert ~ inertni plin; **refrigerant** ~ rashladni plin
gas conduits cjevovod za plin, plinovod
gas-cooled reactor plinom hlađeni reaktor
gas engine plinski stroj
gas fire extinguishing installation uređaj za gašenje požara plinom
(the) gas flows plin struji
gas inlet angle ulazni kut mlaza plina
gas outlet angle izlazni kut mlaza plina
(the) gas passes plin prolazi
gas pipe cijev za plin, plinovod
gas pressure tlak plina
gas stream struja plina
gas turbine plinska turbina; **aircraft (aero)** ~ avionska plinska turbina; **compressor** ~ plinska turbina za pogon kompresora; **heavy duty marine** ~ brodska plinska turbina za teške uvjete rada; **high pressure (HP)** ~ plinska turbina visokog tlaka, visokotlačna plinska turbina; **intermediate pressure (IP)** ~ plinska turbina srednjeg tlaka, srednjetlačna plinska turbina; **low pressure (LP)** ~ plinska turbina niskog tlaka, niskotlačna plinska turbina; **marine** ~ brodska plinska turbina; **marinized** ~ marinizirana plinska turbina; **marinized aircraft (aero)** ~ marinizirana avionska plinska turbina; **multi-shaft** ~ višeosovinska plinska turbina; **power** ~ pogonska plinska turbina; **regenerative-cycle** ~ plinska turbina s izmjenjivačem topline; **reversing** ~ prekretna plinska turbina; **twin-shaft (two shaft)** ~ dvoosovinska plinska turbina
gas turbine drive plinskoturbinski pogon
gas turbine plant plinskoturbinsko postrojenje
gas turbine propulsion plinskoturbinski pogon
gas welding autogeno zavarivanje
gaseous plinovit
gaseous fuel plinovito gorivo
gasket brtva; **flange** ~ prirubnička brtva; **tight** ~ nepropusna brtva
gasket (sea gasket) konop(čić) za vezivanje (npr. jedra za jarbol)
gasket material materijal za brtve, brtvilo

gasoline (petrol) benzin; **high octane** ~ visokooktanski benzin; **natural** ~ prirodni benzin
gasoline engine benzinski motor; **four-stroke** ~ četverotaktni benzinski motor; **two-stroke** ~ dvotaktni benzinski motor
gate vrata suhog doka, vrata doka — navoza
gate valve zasun
gauge see **gage**
gear uređaj; **anchor** ~ uređaj za sidrenje, sidreni uređaj; **auxiliary steering** ~ pomoćni kormilarski uređaj; **boat handling** ~ uređaj za rukovanje čamcima; **cargo** ~ teretni uređaj; **electrohydraulic steering** ~ elektrohidraulički kormilarski uređaj; **hydraulic steering** ~ hidraulički kormilarski uređaj; **main steering** ~ glavni kormilarski uređaj; **mechanical steering** ~ mehanički kormilarski uređaj; **pump** ~ polužje pumpe; **push towing** ~ uređaj za guranje teglenica; **radial towing** ~ radijalni tegleći uređaj; **releasing** ~ **(for lifeboats)** uređaj za oslobađanje (čamaca za spasavanje); **ship's crane cargo** ~ teretni uređaj brodske dizalice; **slewing** ~ uređaj za okretanje dizalice; **steering** ~ kormilarski uređaj; **steering transmitting** ~ kormilarski prijenosni uređaj; **towing** ~ tegleći uređaj; **transmitting** ~ prijenosni uređaj; **turning** ~ uređaj za okretanje (motora); **valve** ~ ventilno polužje
gears (sg. gear) zupčanici (zupčanik); **bevel** ~ konični zupčanici, stožnici, stožni zupčanici; **differential** ~ diferencijal; **double reduction** ~ dvostepeni reduktor; **helical** ~ cilindrični zupčanici s kosim zubima; **meshed** ~ zupčanici u zahvatu, uzubljeni zupčanici; **oblique spiral bevel** ~ konični zupčanici s kosim zubima; **reduction** ~ **(reduction gearing)** reduktor; **single reduction** ~ jednostepeni reduktor; **spiral** ~ cilindrični zupčanici sa zavojnim zubima; **spiral bevel** ~ konični zupčanici sa zakrivljenim zubima; **spur** ~ cilindrični zupčanici s ravnim zubima, čelnici, čeoni zupčanici; **straight bevel** ~ konični zupčanici s ravnim zubima; **worm** ~ pužni prijenos
gearbox zupčani prijenosnik, zupčani mjenjač
gear lubricant mazivo za zupčanike
gear pump zupčasta pumpa
gear ratio omjer zupčanika
gear tooth zub zupčanika
geared-diesel drive dizel-pogon s reduktorom
geared-turbine and electric drive turbina s reduktorom i električnim pogonom
geared-turbine machinery turbinski strojevi s reduktorom; **properly balanced** ~ ispravno balansirani (uravnoteženi) turbinski strojevi s reduktorom

gearing zupčanici, sistem zupčanika; **reduction** ~ reduktor
Geiger characteristics Geigerove karakteristike
Geiger-Müller counter Geiger-Müllerov brojač
Geiger-Nuttall relationship Geiger-Nuttallov odnos
general cargo opći (generalni) teret
general cargo handling rukovanje općim (generalnim) teretom
general cargo ship teretni brod za opći (generalni) teret
general store opće skladište
generate stvarati, nastati, proizvoditi; **the force is generated** sila se stvara; **the moment is generated** moment se stvara
generating tube (evaporating tube) isparna cijev, cijev isparivanja, cijev isparivača
generation stvaranje, nastajanje; **wave** ~ stvaranje valova, generiranje valova
generator generator; **alternating-current (a. c.)** ~ **(alternater)** generator izmjenične struje; **direct-current (d. c.)** ~ generator istosmjerne struje; **electric** ~ električni generator; **foam** ~ uređaj (generator) za gašenje (požara) pjenom; **inert gas** ~ uređaj (generator) za gašenje (požara) inertnim plinom; **shaft driven synchronous** ~ sinhroni generator izravno spojen s glavnom pogonskom osovinom; **steam** ~ generator pare; **synchronous** ~ sinhroni generator; **three-phase alternating current** ~ trofazni generator izmjenične struje; **turbine** ~ **(turbogenerator)** turbogenerator
geometric (geometrical) geometrijski
geometrical cross-section geometrijski udarni presjek (u nuklearnoj tehnici)
geometrical progression geometrijska progresija
geometry geometrija; **descriptive** ~ deskriptivna geometrija
geosim model (geometrically similar model) geosim, geometrijski sličan model
germanium germanij (Ge)
get the system started pokrenuti sistem, aktivirati sistem
gimlet svrdlo
girder nosač; **bottom** ~ nosač dna; **bottom centerline** ~ hrptenica, centralni nosač dna; **bottom side** ~ bočni nosač dna; **box** ~ kutijasti nosač; **center** ~ hrptenica, centralni nosač dna; **continuous deck** ~ neprekinuta palubna podveza, (uzdužni) neprekinuti potpalubni nosač; **deck** ~ palubna podveza, (uzdužni) potpalubni nosač; **deck centerline** ~ centralna palubna podveza, uzdužni centralni potpalubni nosač; **deckhead** ~ stropni nosač; **deck side** ~ bočna palubna podveza, bočni potpalubni nosač; **deep** ~ visoki (teški) nosač; **floating** ~ trup kao

nosač (greda) u plovnom stanju, brod kao plutajuća greda; **hatch cover** ~ nosač grotlenih poklopaca; **hatch side** ~ bočni nosač grotla; **hull** ~ (brodski) trup kao nosač (greda); **intercostal bottom centerline** ~ interkostalni (umetnuti) simetralni nosač dna; **intercostal bottom side** ~ interkostalni (umetnuti) bočni nosač dna; **main hull** ~ trup kao nosač (greda) bez nadgrađa; **shell** ~ (uzdužni) nosač vanjske oplate; **ship hull** ~ brodski trup kao nosač (greda); **side** ~ bočni nosač; **underdeck** ~ palubna podveza, (uzdužni) potpalubni nosač; **watertight side** ~ nepropusni bočni nosač
girth opseg rebra trupa, opseg trupa mjeren na bilo kojem rebru; **half-** ~ **of the section** opseg polovice rebra trupa; **mean** ~ srednji opseg rebra trupa; **wetted** ~ **of hull** oplakani opseg rebra trupa, uronjeni opseg rebra trupa
give good agreement with the calculations from... dobro se slagati s proračunom dobivenim iz
gland očnica; **labyrinth** ~ labirintna brtva; **stuffing-box** ~ očnica brtvenice
glass insulator stakleni izolator
globe valve ravni ventil
glycerine glicerin
GM (metacentric height) oznaka za metacentarsku visinu
GM gain porast metacentarske visine
GM loss gubitak, smanjenje metacentarske visine
go ahead ići naprijed (za brod)
go astern ići natrag krmom (za brod)
gold zlato (Au)
goods dobra; **bulk** ~ rasuta dobra, rasuti teret
gooseneck vent odušna cijev u obliku labuđeg vrata
govern regulirati (npr. paru)
governing system sistem regulacije, regulacijski sistem; **steam** ~ parni regulacijski sistem, sistem za regulaciju pare
governor regulator; **hydraulic** ~ hidraulički regulator; **speed** ~ regulator brzine; **steam** ~ parni regulator, regulator pare
governor installation regulacijski uređaj
grab grabilica (za sipki/rasuti teret)
grade vrsta (npr. čelika, željeza)
gradient gradijent; **adverse pressure** ~ suprotan gradijent tlaka (pritiska); **pressure** ~ gradijent tlaka (pritiska); **temperature** ~ temperaturni gradijent; **velocity** ~ gradijent brzine
grain zrno, žitarica; jedinica za apsolutni sadržaj vlage u zraku (grama vode po kilogramu zraka); mjera za masu (0,0648 g)
graphic (graphical) differentiation grafičko deriviranje
graphical integration grafička integracija
graphite grafit; **flake** ~ pahuljičasti grafit, grafit u pahuljicama

graphite grease grafitirana (grafitna) maziva mast
graphite reactor grafitni reaktor
grapnel sidro za čamac
grate bars rešetke roštilja
grating rešetka
graving dock suhi dok
gravitational stability gravitacioni stabilitet, stabilna ravnoteža kod (zbog) djelovanja sila težina
gravity sila teže, sila gravitacije, gravitacija; **center (centre) of** ~ težište sistema; **specific** ~ specifična težina
gravity davit gravitaciona (gravitacijska) soha
gravity roller conveyor gravitacijski kotrljajući transporter
grease maziva mast; **graphite** ~ grafitirana (grafitna) maziva mast
grease extractor izdvajač masnoća
grid rešetka; **core suport** ~ rešetkasti podupirač jezgre (u reaktoru)
grid (electric) mreža (električna)
grid supply dovod iz električne mreže
grill (grille) rešetka
grinding machine brusilica
gripe zahvatiti
gripe hvataljka; **plastic-covered** ~ hvataljka obložena plastikom
groove žlijeb; **ring** ~ utor prstena (klipa)
grooved drum ožljebljen bubanj
gross volume bruto-volumen
ground nasukati se, dodirnuti čvrstu podlogu (npr. brod je lagano dodirnuo čvrstu podlogu — the ship grounded gently)
ground zemlja, teren
ground ways saonik
grounded nasukan, (brod) u dodiru sa čvrstom podlogom; **stability when** ~ stabilitet pri reakciji podloge, stabilitet nasukanog broda
grounded circuit uzemljenje
grounded ship brod u dodiru sa čvrstom podlogom (kod dokovanja), nasukan brod
grounding dodir broda sa čvrstom podlogom (kod dokovanja), nasukanje
group grupirati
group skupina, grupa
group theory grupna teorija (u reaktorskoj tehnici)
growth rast; **wave** ~ porast vala
gudgeon samica, osovinica klipa
guide voditi
guide vodilica; **crosshead** ~ vodilica križne glave; **roller** ~ vodilica kotačića; **spindle** ~ vodilica vretena
guidebar motka vodilice
guide force moment moment prevrtanja motora
guide shoes klizne papuče; **steel cast** ~ klizne papuče od lijevanog čelika
guide vane statorska lopatica; **inlet** ~ usmjerivačka (skretna) lopatica (kompresora)

gun top
gun blast topovska paljba
gunboat topovnjača
gunfire topovska vatra
gun installations topovski uređaji
gunmetal topovska bronca
gusset plate lepeza
gyradius (radius of gyration) polumjer, radijus tromosti (kvadratni korijen iz omjera momenata tromosti mase i mase tijela)
gyro-compass installation uređaj žirokompasa
gyro reaction reakcija zbog žiroskopskog efekta, žiroskopska reakcija
gyro room prostorija za žiro-motor

gyroscope žiroskop, zvrk
gyroscopic žiroskopski, zvrčni
gyroscopic (gyro) compass žirokompas, kompas na zvrk, zvrčni kompas
gyroscopic reaction žiroskopska reakcija, reakcija zbog žiroskopskog efekta
gyroscopic stabilizer žiroskopski stabilizator
gyrostatic couple žiroskopski moment (spreg sila)
guy brk (samarice); **power operated** ~ mehanički pokretni brk, brk na mehanički pogon; **preventer** ~ zaputka (uže) brka; **slewing** ~ skretni brk
GZ (righting arm) oznaka za polugu momenta stabiliteta

H

hafnium hafnij (Hf)
half-beam polusponja, konzolna sponja
half breadth plan nacrt vodnih linija
half-deck polupaluba
half-girth of the section opseg polovice rebra trupa (mjeren na bilo kojem rebru)
half-life (u nuklearnoj tehnici) poluvrijeme; **biological** ~ biološko poluvrijeme; **effective** ~ efektivno poluvrijeme
halft nut dvodijelna matica
half-thickness poludebljina
hand brake ručna kočnica
hand cart ručna teretna kolica
hand crank ručka; **winch** ~ ručka vitla
hand fire extinguisher ručni uređaj za gašenje požara, ručni protupožarni uređaj
handhole mali otvor
hand lead ručni dubinomjer (za plitke vode)
hand log ručni brzinomjer (log)
hand-operated propeller ručno pokretanje vijka (čamca) polugama
hand-propelled lifeboat čamac za spasavanje na ručno pokretanje
hand tool ručni alat
hand valve ručni ventil
hand winch ručno vitlo
handle rukovati; **mishandle** loše rukovati
handle ručka; **winch brake** ~ ručka kočnice vitla
handling rukovanje; **cargo** ~ rukovanje teretom; **container** ~ rukovanje kontejnerima; **general cargo** ~ rukovanje općim (generalnim) teretom; **mishandling** loše rukovanje
hanging fender viseći bokobran
harbour (harbor) luka
harbour dues lučke pristojbe
hard tvrd (za materijal)
hard-chrome plated kromiran
hard soldering (brazing) tvrdo lemljenje
hard steel tvrdi čelik
hardness tvrdoća
harmonic harmonik
harmonic harmonijski
harmonic wave harmonijski val
hatchway (hatch) grotlo, otvor; **cargo** ~ teretno grotlo; **circular** ~ kružno grotlo;
oiltight ~ uljnonepropusno grotlo; **rectangular** ~ pravokutno grotlo; **trimming** ~ dopunsko grotlo; **trunked hatchways** rov-grotlo, vertikalno povezana grotla u jedno; **weather deck** ~ grotlo izložene palube
hatchway beam (hatch beam) sponja grotla; **portable** ~ pokretna (skidljiva) sponja grotla; **sliding** ~ klizna sponja grotla
hatchway beam carriers ležajevi (nosači) sponja grotla, ležajevi (nosači) grotlenih sponja
hatchway coaming pražnica grotla; **longitudinal** ~ uzdužna pražnica grotla; **transverse** ~ poprečna pražnica grotla
hatch corner ugao grotla
hatchway cover (hatch cover) poklopac grotla
hatch cover girder nosač grotlenih poklopaca
hatch end beam okvirna (jaka, pojačana) sponja grotla
hatch opening otvor grotla
hatch side girder bočni nosač grotla
hatch width širina grotla
haul vući
hawse holes otvori na ždrijelu
hawsepipe (hawse pipe) sidreno ždrijelo, sidrena cijev; **recessed** ~ uvučeno sidredo ždrijelo, uvučena sidrena cijev
hawsepipe opening otvor sidrenog ždrijela, otvor sidrene cijevi
hawser sidrenjak, debelo sidreno uže, privezno uže; **towing** ~ uže za teglenje
head glava, visina stupca (vode/mora/nafte/žive); **boiler** ~ podnica kotlovskog bubnja; **cylinder** ~ glava cilindra; **dished** ~ bombirana podnica (kotlovskog bubnja) (sferično oblikovana podnica kotlovskog bubnja); **hydrostatic** ~ hidrostatički tlak (pritisak); **pressure** ~ tlak (pritisak) visine stupca; **rudder** ~ (rudderhead) glava kormila; **water** ~ stupac vode
head of water stupac vode
head pressure visina stupca pritiska; **static** ~ statička visina pritiska; **total** ~ totalna visina pritiska; **velocity** ~ dinamička visina pritiska

headroom (headway) prostor iznad (npr. kotla) koji omogućava prolaz
head seas valovi u pramac; **irregular ~** nepravilni valovi u pramac; **regular ~** pravilni valovi u pramac
head wind vjetar u pramac
header cijevna komora, cijevni razdjeljivač, cijevni sakupljač; **front ~** prednja (čeona) cijevna komora; **inlet ~** ulazna cijevna komora; **outlet ~** izlazna cijevna komora; **rear ~** stražnja cijevna komora; **superheater ~** cijevna komora pregrijača pare; **superheater inlet ~** ulazna cijevna komora pregrijača pare
heading(s) smjer napredovanja broda; **oblique ~** smjer napredovanja broda koso na valove; **oblique wave ~** smjer napredovanja broda koso na valove; **ship's ~** napredovanje broda
heat grijati, zagrijati, zagrijavati
heat toplina; **atomic ~** atomska toplina; **frictional ~** toplina trenja; **specific ~** specifična toplina
heat conduction vođenje topline
heat conductivity toplinska vodljivost
heat conductor vodič topline, toplinski vodič
heat (thermal) detector toplinski detektor (požara), detektor koji se aktivira zbog povišenih temperatura
heat dissipation disipacija topline, rasipanje topline
heat drop toplinski pad
heat (thermal) energy toplinska energija
heat engine toplinski stroj
heat exchanger izmjenjivač topline, toplinski izmjenjivač; **finned ~** rebrasti izmjenjivač topline; **helical once through ~** jednoprolazni izmjenjivač topline sa spiralnim cijevima; **recuperative ~** izmjenjivač topline s rekuperacijom, rekuperativni izmjenjivač topline; **regenerative ~** izmjenjivač topline s regeneracijom, regenerativni izmjenjivač topline; **rotary regenerative ~** rotacioni regenerativni izmjenjivač topline
heat exchanger coils zmijolike cijevi izmjenjivača topline, vijuge (spirale) izmjenjivača topline
heat exchanger collar omotač izmjenjivača topline
heat exchanger tube cijev izmjenjivača topline
heat insulation toplinska izolacija
(the) heat is conducted toplina se vodi
heat losses gubici topline, toplinski gubici; **transmission ~** gubici pri prijenosu topline
heat resistant (resisting) steel temperaturno (toplinsko) otporni čelik
heat resisting material temperaturno (toplinsko) otporni materijal
heat transfer prijenos topline; **laminar ~** laminarni prijenos topline; **turbulent ~** turbulentni prijenos topline

heat transfer by conduction prijenos topline vođenjem
heat transfer by convection prijenos topline konvekcijom
heat transfer by radiation prijenos topline zračenjem
heat transfer fluid fluid koji prenosi toplinu
heat-treat toplinski obraditi
heat-treatable toplinski obradiv
heat-treatable aluminium (aluminum) alloy toplinski obrađena aluminijska legura (slitina); **non- ~** toplinski neobrađena aluminijska legura (slitina)
heat-treated toplinski obrađen
heat treatment toplinska obrada
heated zagrijan
heater zagrijač, grijač; **deaerating ~** toplinski otplinjač; **electric ~** električni zagrijač; **feedwater ~** zagrijač napojne vode; **fuel oil ~ (oil ~)** zagrijač loživog ulja, goriva; **high pressure feedwater ~** visokotlačni zagrijač napojne vode; **steam ~** parni zagrijač; **steam duct ~** kanalni parni zagrijač; **unit ~** grijaća jedinica; **water ~** zagrijač vode
heating grijanje, zagrijavanje; **air ~** grijanje (zagrijavanje) zrakom; **finned element ~** grijanje s rebrastim elementima; **regenerative feedwater ~** regenerativno zagrijavanje napojne vode; **staged feedwater ~** stupnjevito zagrijavanje napojne vode; **ventilation duct ~ (heating with a ventilation system)** zagrijavanje s ventilacionim sistemom
heating element grijaće tijelo, grijaći element; **hot water finned-pipe ~** grijaći element s toplovodnom rebrastom cijevi; **steam finned-pipe ~** grijaći element s parnom rebrastom cijevi
heating installation instalacija za grijanje
heating load toplinsko opterećenje
heating medium sredstvo za zagrijavanje, toplinski medij
heating surface ogrjevna površina, površina zagrijavanja
heating system sistem grijanja, sistem zagrijavanja
heave (hove, hove) ponirati, podignuti, dizati
heave poniranje, pomak pri poniranju; **amplitude of ~** amplituda pomaka pri poniranju; **downward ~** pomak prema dolje pri poniranju; **upward ~** pomak prema gore pri poniranju
heave- to (hove to, hove to) smanjiti brzinu broda zbog smanjenja gibanja na valovima
heave inertia forces inercijske sile zbog poniranja
heaving poniranje
heaving force sila poniranja
heaving (heave) motion gibanje poniranja

heavy cargo gear teretni uređaj za teške terete
heavy derrick teška samarica, samarica za teške terete
heavy duty marine gas turbine brodska plinska turbina za teške uvjete rada
heavy lift boom samarica za teški teret
heavy lift cargo gear uređaj za dizanje teških tereta
heavy lift derrick boom teška samarica, samarica za teški teret
heavy oil teško ulje
heavy water teška voda
heavy-water reactor teškovodni reaktor
heel naginjati se, nagnuti se; **the ship heels in one direction** brod se naginje u jednom smjeru; **the ship is heeled to 5 deg.** brod se naginje do 5^0
heel poprečni nagib broda (zbog vanjskih uzroka: vjetar, valovi, struja); peta; **angle of** ~ kut poprečnog nagiba broda; **excessive** ~ prekomjerni poprečni nagib broda; **static** ~ statički poprečni nagib broda; **steady** ~ stalni (konstantni) nagib broda; **yaw-** ~ nagib zbog zaošijanja
heel of the propeller post peta statve propelera
heel of the stern post peta krmene statve
heeling arm poluga momenta poprečnog nagiba, krak momenta poprečnog nagiba
heeling-arm curve krivulja poluge momenta poprečnog nagiba
heeling force sila poprečnog nagiba (zbog djelovanja valova, vjetra itd.), sila koja izaziva poprečni nagib (broda), nagibna sila
heeling moment moment poprečnog nagiba
height visina; **metacentric** ~ metacentarska visina; **significant wave** ~ značajna valna visina (visina vala); **transverse metacentric** ~ poprečna metacentarska visina; **wave** ~ valna visina, visina vala
Hele-Shaw (oil) pump Hele-Shawova uljna pumpa
helical zavojni, helikoidni
helical gears cilindrični zupčanici s kosim zubima (s paralelnim osovinama)
helical once through heat exchanger jednoprolazni izmjenjivač topline sa spiralnim cijevima
helical surface pravčasta zavojna ploha
helicoidal surface opća zavojna ploha; **warped** ~ vitopera opća zavojna ploha
helium helij (He)
helix (pl. helices) zavojnica (geometrijski pojam)
helm (rudder helm) (see **rudder tiller**) poluga kormila
helsman kormilar
heterogeneous heterogen
heterogeneous reactor heterogeni reaktor
high visok

high-expansion foam brzoekspandirajuća pjena (za gašenje požara) (Omjer širenja pjene prema vodi je 1000 : 1.)
high-flux reactor visokofluksni reaktor
high-power ranges područja velikih snaga
high powered vrlo snažan, koji ima veliku snagu
high pressure, bent tube boiler visokotlačni kotao sa savijenim cijevima
high pressure centrifugal fan visokotlačni centrifugalni ventilator
high pressure (air) duct visokotlačni (zračni) kanal
high pressure (HP) gas turbine visokotlačna plinska turbina
high-pressure inlet steam visokotlačna para na ulazu, para visokog tlaka na ulazu
high pressure feed water heater visokotlačni zagrijač napojne vode
high pressure pipework visokotlačni cjevovod
high pressure steam visokotlačna para, para visokog tlaka
high pressure (HP) steam turbine visokotlačna parna turbina
high pressure water stream visokotlačni mlaz vode
high-speed diesel engine brzohodni dizel-motor
high-speed rotating machinery rotacijski strojevi s velikim brojem okreta, visokoturažni rotacijski strojevi
high-speed shaft osovina s velikim brojem okreta, visokoturažna osovina
high-strength steel čelik visoke čvrstoće
high-temperature reactor visokotemperaturni reaktor
high-tensile steel visokorastegljivi čelik
high-tension cable vod visokog napona, visokonaponski vod
high velocity nozzle nadzvučna sapnica, De Lavalova sapnica
higher strength steel čelik povišene čvrstoće
higher yield strength steel čelik visoke granice tečenja
hinge šarka, šarnir
hinge pin osovinica šarke (šarnira)
histogram histogram
hog imati pregib (npr. brod ima pregib — the ship is hogging)
hog pregib, pretičak uzgona u sredini (npr. brodska kobilica savijena je na pregib, brodska kobilica je u pregibu — the ship keel is deflected in hog)
hogged koji je u pregibu, koji je u stanju pregiba, koji ima pretičak uzgona u sredini (npr. brod u stanju pregiba, brod s pretičkom uzgona u sredini — the ship in a hogged condition)
hogging pregib, negativni progib, pretičak uzgona u sredini
hogging bending moment moment savijanja koji prouzrokuje pregib

hogging moment moment pregiba
hogging wave bending moment moment savijanja na valu koji prouzrokuje pregib
hoist dizati
hoisting dizanje
hoisting system sistem dizanja
hold (held, held) držati, vrijediti (npr. ova relacija vrijedi i za... — this relationship holds also for...)
hold skladište (brodskog tereta); **dry cargo** ~ skladište suhog tereta; **cargo** ~ teretno skladište; **ore/bulk** ~ skladište za rudu/rasuti teret (žitaricu); **refrigerated** ~ rashladno skladište, rashlađeno skladište, hlađeno skladište; **refrigerated cargo** ~ hlađeno skladište za teret, rashladno skladište za teret
hold beam sponja u skladištu
hold for bulk cargo skladište rasutog tereta
holding arrangements uređaji za pridržavanje (pri porinuću)
holding-down bolt pričvrsni vijak
hole otvor, rupa; **biological** ~ biološki otvor (u reaktoru); **limber** ~ slivnica, rupa za prolaz vode; **rudder** ~ otvor za osovinu kormila; **stern tube** ~ izlaz cijevi za osovinu brodskog vijka
hollow šupljina, udubljenje, dol, konkavna grba (npr. konveksne i konkavne grbe na krivulji otpora — humps and hollows in the resistance curve); **wave** ~ dol vala, valni dol
hollow square pillar šuplja četvrtasta upora
holmium holmij (Ho)
homogeneity homogenost; **dimensional** ~ dimenzionalna homogenost
homogeneous homogen
homogeneous reactor homogeni reaktor
hood napa (ekshaustora)
hook kuka; **boat** ~ čaklja; **cargo** ~ kuka za teret; **load** ~ kuka za teret; **pole** ~ čaklja; **tow (towing)** ~ kuka za teglenje
horizontal vodoravan. horizontalan
horizontal beam knee horizontalo koljeno sponje
horizontal inertia pitching force horizontalna komponenta inercijske sile (zbog) posrtanja
horizontal pump horizontalna pumpa
horizontal reference plane horizontalna referentna ravnina
horizontal rolling force horizontalna komponenta sile (zbog) ljuljanja
horizontal stiffener horizontalna ukrepa
horizontal windlass horizontalno sidreno vitlo
horn rog; **rudder** ~ kuka kormila (za učvršćenje lanaca kojima se kormilari), rog kormila
horsepower (hp, HP) konjska snaga; **brake** ~ **(bhp, BHP, P_B)** kočena konjska snaga, snaga na kočnici; **delivered** ~ **(dhp) (to the propeller)** predana snaga (brodskom vijku); **effective** ~ **(ehp, EHP, P_E)** efektivna konjska snaga; **indicated** ~ **(ihp, IHP, P_I)** indicirana konjska snaga; **propeller** ~ snaga na brodskom vijku (propeleru); **shaft** ~ **(SHP)** osovinska snaga, snaga na osovini; **thrust** ~ **(THP)** porivna snaga, snaga poriva; **tow-rope** ~ teglena snaga, snaga teglenja
hose savitljiva cijev, gibljiva cijev (npr. od gume)
hot bending savijanje u toplom stanju (tehnološki postupak)
hot (air) duct (warm air duct) kanal toplog zraka
hot pipe cijev za vruću vodu
hot water finned-pipe heating element grijaći element s toplovodnom rebrastom cijevi
hot water reheater dogrijač tople vode, toplovodni dogrijač
hot well mlaki zdenac, rezervoar kondenzatora
hot well pump pumpa mlakog zdenca, pumpa rezervoara kondenzatora
hot working (work) obrada u toplom stanju, topla obrada (tehnološki postupak)
house side bok kućice
house-top krov kućice
housing kućište; **pump** ~ kućište ventila, ventilno kućište; **roller guide** ~ kućište vodilice kotačića; **valve** ~ kućište pumpe, pumpno kućište
hp (HP) (horsepower) oznaka za konjsku snagu
hub glavina; **propeller** ~ glavina brodskog vijka, glavina propelera
hull trup; **floating** ~ plutajući (plovni) trup; **main** ~ **and erection** trup i nadgradnje; **ship's (ship)** ~ trup broda, brodski trup
hull efficiency iskoristivost trupa
hull girder (brodski) trup kao nosač
hull girder section modulus moment otpora poprečnog presjeka uzdužnih veza trupa
hull form forma, oblik (brodskog) trupa
hull modes oblici (forme) vibriranja trupa
hull piping (system) cjevovod trupa, cjevovodni sistem trupa
hull plating oplata trupa
hull section modulus moment otpora poprečnog presjeka trupa
hull stiffness ukrućenje trupa
hull vibration(s) vibracije trupa; **basic modes of** ~ osnovni oblici (osnovne forme) vibriranja trupa; **longitudinal modes of** ~ oblici uzdužnog načina vibriranja trupa; **natural modes of** ~ prirodni oblici (prirodne forme) vibriranja trupa; **normal modes of** ~ normalni oblici (normalne forme) vibriranja trupa
hull weight curve krivulja težine trupa
hull with outriggers trup s plovcima
humidify ovlažiti (zrak)
humidistat higrostat

humidity vlažnost, postotak vlage; **absolute** ~ apsolutna vlažnost; **relative** ~ relativna vlažnost
hump konveksna grba (na krivulji otpora)
humps and hollows in the resistance curve konveksne i konkavne grbe na krivulji otpora
hydrant hidrant, vodovodna priključnica; **foam grid** ~ hidrant za razvod pjene (za gašenje požara)
hydraulic hidraulički
hydraulic brake hidraulička kočnica
hydraulic governor hidraulički regulator
hydraulic jack hidraulička dizalica
hydraulic piping hidraulički cjevovod
hydraulic press hidraulička preša, hidraulički tijesak
hydraulic pressure machine hidraulička preša
hydraulic reaction hidraulička reakcija
hydraulic steering gear hidraulički kormilarski uređaj
hydraulic(ally) tightened hidraulički pritegnut
hydraulic(ally) tightened stud hidraulički pritegnut usadni vijak
hydraulic transmission hidraulički prijenos
hydraulic trigger hidraulički stoper (otponac) pri porinuću
hydraulic turbine hidraulička, vodna turbina
hydraulic winch hidrauličko vitlo
hydraulically hidraulički (prilog)
hydraulically operated hidraulički pogonjen, na hidraulički pogon
hydraulics hidraulika

hydrodynamic hidrodinamički
hydrodynamic force hidrodinamička sila
hydrodynamic inertia of the fluid hidrodinamička inercija tekućine
hydrodynamic loads hidrodinamička opterećenja
hydrodynamic mass hidrodinamička masa
hydrodynamic pressure hidrodinamički tlak (pritisak)
hydrodynamic stall hidrodinamičko odvajanje
hydrodynamics hidrodinamika
hydroelectric power plant hidroelektrana
hydrofoil strujni profil
hydrofoils podvodna krila
hydrofoil craft brod s podvodnim krilima
hydrogen vodik (H)
hydrogen bomb vodikova (hidrogenska) bomba
hydrokineter hidrokinetor
hydrostatic hidrostatički
hydrostatic force hidrostatička sila
hydrostatic head hidrostatički tlak (pritisak) stupca vode
hydrostatic loading hidrostatičko opterećenje
hydrostatic loads hidrostatička opterećenja
hydrostatic moment moment sile uzgona, hidrostatički moment
hydrostatic pressure hidrostatički tlak (pritisak)
hyperbola hiperbola
hyperbolic navigation system hiperbolički navigacioni (navigacijski) sistem
hypotenuse hipotenuza
hysterisis (hysterisis curve) histereza

I

I-bar I-profil
I-beam I-profil (sponja)
icebreaker ledolomac
ice machine oil ulje za stroj koji proizvodi led
icing load opterećenje zbog leda
identity identitet, istost
idle stroke jalovi takt
idling rad u praznom hodu, prazni hod
ignite upaliti se, zapaliti se (npr. smjesa benzina i zraka)
ignition paljenje (npr. u benzinskom motoru)
ignition switch prekidač (za paljeje) motora
ihp (IHP, P_I) (indicated horsepower) oznaka za indiciranu konjsku snagu
immerse uroniti
immersion zagažaj, uron; **propeller** $\sim$ uron brodskog vijka, uron propelera; **tons per inch** $\sim$ jedinični zagažaj (za engleske jedinice) (u metričkom sistemu: tona po centimetru zagažaja)
impact udar, udarno opterećenje; **wave** $\sim$ udar valova
impact force udarna sila
impact of water udar vode/mora
impart predati (npr. predati pritisak, akceleraciju itd. — to impart the pressure, acceleration etc.)
impeller rotor (centrifugalne pumpe, ventilatora); **single suction** $\sim$ jednousisni rotor
impeller blade lopatica rotora (centrifugalne pumpe)
impeller eye ulaz u rotor (pumpe)
impeller vane lopatica rotora (centrifugalne pumpe)
impose nametnuti se, djelovati (silom) (npr. Kako more udara o brod, dinamičke sile djeluju na brod. — As the water strikes the ship dynamic forces are imposed on the ship.)
imposition nametanje, djelovanje silom
impulse impuls (npr. impuls sile — the impulse of the force); **angular** $\sim$ rotacijski impuls, kutni impuls
impulse blading akcione lopatice
impulse turbine akciona turbina

impure onečišćen, nečist (za metal)
in accordance with u skladu s
in accordance with the law u skladu sa zakonom
in accordance with the rules u skladu s pravilima
in contrast to za razliku od
in distinction to za razliku od
in excess of veći nego, više od (npr. Brodski vijak napravi više od 300 okreta u minuti. Brodski vijak se vrti s većim brojem okreta od 300 u minuti — The propeller is operating in excess of 300 rpm (revolutions per minute).
in recent years posljednjih godina
in referring to s obzirom na
in terms of pomoću
in virtue of prema, na temelju, na osnovi, zbog (npr. ... prema Poissonovom omjeru — ... in virtue of Poisson's ratio)
in way of u području, na mjestu, kod (npr. ... u području gornjih potpalubnih balastnih tankova — ... in way of upper wing ballast tanks)
inaccuracy netočnost; **propeller** $\sim$ netočnost izvedbe brodskog vijka
inapplicable neprimjenjiv
inboard boom samarica unutar broda
inboard cargo runner teretnica unutar broda
inboard end unutrašnji kraj (broda)
incidence (angle of incidence) napadni kut
incident angle napadni kut
incident flow napadno strujanje
inclination nagib; **angle of** $\sim$ kut nagiba (broda); **athwartship** $\sim$ poprečni nagib (broda); **longitudinal** $\sim$ uzdužni nagib (broda)
inclined nagnut, skošen (npr. brod je nagnut — the ship is inclined)
inclined position of the ship nagnuti položaj broda
inclined waterline nagnuta vodna linija
inclining experiment pokus nagiba
inclining moment moment nagiba
incompressible fluid nestlačiva tekućina
increase povećanje, povišenje, porast
increase povećati, povisiti

increment prirast; **vectorial** ~ vektorski prirast
increment in inclination prirast kuta nagiba
increment of length prirast duljine
increment of mass prirast mase
increment of roll prirast ljuljanja
increment of weight prirast težine
incremental koji ima prirast
incremental area prirast površine
incremental band of frequencies prirast pojasa frekvencije
incremental mass prirast mase
index indeks
indicated horsepower (ihp, IHP, P_I) indicirana konjska snaga
indication najava, javljanje; **audible alarm** ~ zvučna alarmna najava; **visual alarm** ~ vizualna alarmna najava
indicator indikator, pokazivač; **rudder (rudder angle)** ~ indikator (pokazivač) kuta otklona kormila, indikator položaja kormila; **salinity** ~ indikator (pokazivač) saliniteta; **smoke** ~ indikator (pokazivač) dima; **visual smoke** ~ vizualni indikator (pokazivač) dima
indicator apparatus pokazivački uređaj
indicator cam brijeg (na bregastoj osovini) za pogon indikatora
indicator valve ventil indikatora, indikatorski ventil
indium indij (In)
individual footings pojedinačni nogari (kod platforme za bušenje)
individual life-saving appliance individualno sredstvo za spasavanje
induce uvesti, uvoditi, inducirati, povlačiti
induced induciran
induced air uveden zrak, povučen zrak zbog indukcije
induced draft blower usisni ventilator
induced drag inducirani otpor
induced power inducirana snaga
induced radioactivity inducirana radioaktivnost, izazvana radioaktivnost
induced velocity inducirana brzina
induction indukcija, povlačenje zraka zbog indukcije
induction coil indukciona zavojnica
induction motor asinhroni (električni) motor
induction system indukcioni sistem, sistem povlačenja zraka zbog indukcije
induction unit indukcioni aparat
induction welding indukciono zavarivanje
inductor induktor
industry industrija; **marine** ~ pomorska industrija; **shipbuilding** ~ brodograđevna industrija
inelastic neelastičan
inelastic collision neelastični sudar
inert gas inertni plin

inert gas generator uređaj (generator) za gašenje (požara) inertnim plinom
inertia tromost (kod stanja mirovanja), inercija (kod stanja gibanja); **moment of** ~ moment inercije; **transverse moment of** ~ poprečni moment inercije
inertia force inercijska sila, sila inercije, sila tromosti; **heave inertia forces** inercijske sile zbog poniranja; **pitch inertia forces** inercijske sile zbog posrtanja; **roll inertia forces** inercijske sile zbog ljuljanja; **tangential** ~ tangencijalna komponenta inercijske sile
inertia forces due to heaving inercijske sile zbog poniranja
inertia forces due to pitching inercijske sile zbog posrtanja
inertia forces due to rolling inercijske sile zbog ljuljanja
inertia loads opterećenja zbog inercijskih sila, inercijska opterećenja
inertia pitching force inercijska sila zbog posrtanja; **vertical** ~ vertikalna komponenta inercijske sile zbog posrtanja; **horizontal** ~ horizontalna komponenta inercijske sile zbog posrtanja
inertial navigation system inercijski navigacijski sistem
infinite plate beskonačna ploča, ploča neograničenih dimenzija
infinitesimal infinitezimalan, beskonačno malen
infinitesimal angle of inclination infinitezimalan (beskonačno malen) kut nagiba
infinitesimal calculus infinitezimalni račun
infinitesimally infinitezimalno, beskonačno malo
inflammable zapaljiv
inflatable life raft (liferaft) splav za spasavanje s napuhavanjem; **automatically** ~ splav za spasavanje s automatskim napuhavanjem
inflow utjecanje, pritjecanje, ulaženje, ulaz (npr. pritjecanje vode do brodskog vijka — the inflow of water to the propeller)
ingot ingot
initial metacentric height početna metacentarska visina
initial portion of the curve početni dio krivulje
initial speed početna brzina
initial trim početni trim
initial velocity početna brzina
inject ubrizgati, ubrizgavati, uštrcati, uštrcavati
injection ubrizgavanje, uštrcavanje
injector (unit) ubrizgač, uređaj za ubrizgavanje; **automatic** ~ automatski ubrizgač; **fuel** ~ ubrizgač goriva
inland barge riječna teglenica
inlet ulaz (za medij); **air** ~ ulaz zraka; **cooling water** ~ ulaz rashladne vode; **feed water** ~ ulaz napojne vode

inlet guide vanes (IGV's) usmjerivačke (skretne) lopatice (kompresora)
inlet header ulazna cijevna komora, ulazni cijevni razdjeljivač (sakupljač)
inlet manifold ulazna razvodna cijev
inlet operating camshaft bregasta osovina za regulaciju usisnog ventila
inlet (intake) port ulazni otvor, ulazni kanal
inlet steam para na ulazu, ulazna para; **high-pressure** ~ visokotlačna ulazna para, para visokog tlaka na ulazu
inlet valve ulazni ventil
inner bottom pokrov dvodna, unutrašnje dno dvodna
inner bottom longitudinal uzdužnjak pokrova dna
inner bottom plating opločenje (opločje) pokrova dvodna, unutarnje opločenje dvodna
inner bottom shell unutrašnje opločenje dvodna, opločenje pokrova dvodna
inner skin of a double skin ship unutrašnje opločenje broda s dvostrukom oplatom
inoperative koji ne radi, koji je izvan pogona
input ulaz
insert uvrstiti (npr. uvrstiti izraz u jednadžbu — to insert the term into the equation)
insert umetak; **cooling** ~ rashladni umetak
insert plate umetnuta ploča (lim)
inspection nadzor
install instalirati
installation instalacija, uređaji; **fecal** ~ uređaj za fekalije (izmetine); **fire alarm** ~ protupožarni uređaj za uzbunu, alarmni protupožarni uređaj; **fire extinguishing** ~ protupožarni uređaj, uređaj za gašenje požara; **foam fire fighting** ~ protupožarna instalacija s pjenom, uređaj za gašenje požara pjenom; **gun installations** topovski uređaji; **heating** ~ instalacija za grijanje; **lighting** ~ rasvjetna instalacija; **measuring** ~ instalacija mjernih uređaja, mjerni uređaji; **mechanical reduction gear** ~ mehaničko-redukcijski uređaji; **missile-launcher installations** uređaji za izbacivanje raketa; **radiotelephone** ~ radiotelefonski uređaj, radiotelefonska instalacija; **refuelling** ~ postrojenje za izmjenu goriva (reaktora); **regulator** ~ regulacijski uređaj; **sanitary scavenging** ~ instalacija za ispiranje sanitarnih uređaja; **telegraph** ~ telegrafski uređaj; **transmitter** ~ odašiljački uređaj, uređaj za dojavljivanje na daljinu; **water fire extinguishing** ~ uređaj za gašenje požara vodom/morem; **water supply** ~ vodovodna instalacija (za pitku vodu)

installation of electrical cables polaganje (postavljanje) brodskih električnih kabela
instructions upute, naredbe
instrument instrument; **measuring** ~ mjerni instrument
instrumentation instrumentacija, instrumentarij
insulate izolirati
insulating material izolacioni materijal
insulation izolacija, **heat** ~ toplinska izolacija
insulator izolator; **glass** ~ stakleni izolator
insurance osiguranje; **marine** ~ pomorsko osiguranje
insure osigurati
intact buoyancy uzgon neoštećenog broda
intact metacentric height metacentarska visina neoštećenog broda
intact spaces neoštećeni prostori
intact stability stabilitet neoštećenog broda
intake ulaz (za medij); **air** ~ ulaz zraka; **outside air** ~ ulaz vanjskog (atmosferskog) zraka
intake stroke usisni takt
integer cijeli broj
integral integral; **convolution** ~ konvolucija; **curvilinear** ~ krivuljni integral; **surface** ~ površinski integral; **volume** ~ volumni integral, trostruki integral
integral calculus integralni račun
integraph integraf
integrate integrirati
integrated total transportation system integrirani transportni sistem
integration integriranje, integracija; **double** ~ dvostruka integracija; **graphical** ~ grafička integracija; **numerical** ~ numerička integracija; **polar** ~ polarna integracija; **to carry out** ~ provesti integraciju, integrirati
integration rule pravilo integriranja
integrator integrator; **mechanical** ~ mehanički integrator
intensity intenzitet; **radiation** ~ intenzitet zračenja
interaction interakcija
intercept segment pravca
interchange zamijeniti mjesta dviju veličina (u istom matematičkom izrazu)
inter condenser međukondenzator
intercooling međuhlađenje
intercostal interkostalni, umetnuti, prekinuti
intercostal bottom centerline girder interkostalni (umetnuti, prekinuti) simetralni nosač dna
intercostal keelson interkostalno (umetnuto) pasmo
intercostal side girder interkostalni (umetnuti) bočni nosač
intercostally interkostalno, umetnuto, prekinuto

interior unutrašnjost
interlock međusobno zahvatiti (uključiti)
intermediate power ranges područja srednjih snaga
intermediate pressure (I. P.) gas turbine srednjetlačna plinska turbina
intermediate pressure steam turbine srednjetlačna parna turbina
intermediate product međuproizvod
intermediate reactor intermedijarni reaktor
intermediate shaft međuosovina
internal unutrašnji
internal buoyancy unutrašnji uzgon
internal combustion cylinder oil cilindarsko ulje za motor s unutrašnjim izgaranjem
internal combustion engine motor s unutrašnjim izgaranjem
internal conversion unutrašnja pretvorba
internal feed line unutrašnji napojni cjevovod
internally fired boiler kotao s unutrašnjim loženjem
International Convention on Safety of Life at Sea Međunarodna konvencija o zaštiti ljudskih života na moru
international voyage međunarodna plovidba; **vessels on international voyages** brodovi na međunarodnim plovidbama
interpolation interpolacija
interpolation curve interpolaciona krivulja, krivulja interpolacije
interposition umetanje
interpret tumačiti, protumačiti, interpretirati; **misinterpret** krivo tumačiti, krivo protumačiti, krivo interpretirati
intersect presjeći
intersected lines ukršteni pravci
intersection sjecište
inversely obrnuto; **to vary** $\sim$ **with** mijenjati se obrnuto sa, mijenjati se inverzno sa
involve sadržavati, uključiti (npr. metoda uključuje traženje vrijednosti za ... — the method involves finding the value for ...)
ion ion
ion exchange ionska izmjena

ion pair ionski par
ionide jod (I)
ionization ionizacija
ionization chamber ionizacijska komora
ionization cross-section ionizacijski udarni presjek (u nuklearnoj fizici)
ionization potential ionizacijski potencijal
iridium iridij (Ir)
iron željezo (Fe); **cast** $\sim$ lijevano željezo; **nodular cast** $\sim$ nodularno lijevano željezo; **pig** $\sim$ sirovo željezo
iron ore željezna ruda
ironworks željezara
irregular head seas nepravilni valovi u pramac
irregular storm seas nepravilni olujni valovi, nepravilni valovi za vrijeme oluje
irregular triangle raznostraničan trokut
irregular wake nepravilno sustrujanje
irregular wave nepravilan val
irregularities neravnosti, nepravilnosti; **keel** $\sim$ neravnosti kobilice
irrespective of bez obzira na
irrotational flow bezvrtložno strujanje (rotor brzine jednak nuli)
irrotational motion bezvrtložno gibanje (potencijalno strujanje tekućine pri kojem je rotor brzine jednak nuli)
isenthropic izentropski
isobars (isobares) izobare
isochronous izohron
isochronous rolling of the ship izohrono ljuljanje broda
isomer (isomere) izomera
isosceles triangle istokračan trokut
isothermal izoterman
isotones izotoni
isotop (isotope) izotop; **radioactive** $\sim$ radioaktivni izotop
isotropic izotropan, izotropski
isotropic radiation izotropno (izotropsko) zračenje
it is worthy of note potrebno je napomenuti, vrijedno je spomena
item stavka (u proračunu), točka (stavka) ugovora, točka (stavka) tehničkog opisa, točka dnevnog reda; **tabulation of items** tabelarni prikaz stavki; **unitized items** sjedinjeni komadni teret

J

jack dizalica; **hidraulic** ~ hidraulična dizalica; **portable** ~ prenosiva dizalica
jack-up barge teglenica s uređajem za podizanje
jacket plašt, omotač; **cast iron cooling** ~ rashladni plašt iz lijevanog željeza; **cooling** ~ rashladni plašt; **water** ~ vodeni plašt
jacking engine stroj za okretanje glavnog stroja
jam nut protumatica
jaws kliješta, čeljusti
jet raspršen mlaz, sapnica, mlaznica; **compensator** ~ kompenzaciona (pomoćna) sapnica; **main** ~ glavna sapnica; **pilot** ~ sapnica za regulaciju smjese pri praznom hodu, sapnica za prazni hod
jet engine mlazni motor
jet pump mlazna pumpa, injektor, ejektor
jet propulsion mlazni pogon
jetty lukobran, molo (za zaštitu od valova)
jib krak (dizalice, samarice)
jib crane dizalica s krakom
join spojiti (npr. zakivanjem, zavarivanjem)
joiners' shop stolarska radionica
joiner's work stolarski rad
joint spoj, zglob; **butt** ~ sučeoni spoj, stični spoj; **butt-welded** ~ sučeoni zavareni spoj; **expansion** ~ ekspanzioni spoj, cijevni kompenzator, ekspanzioni spoj kod dugih kućica, odnosno nadgrađa; **flange** ~ prirubnički spoj, spoj s prirubnicom; **flange pipe** ~ prirubnički cijevni spoj, spoj cijevi s prirubnicom; **lap (lapped)** ~ preklopni spoj; **lapped-welded** ~ preklopni zavareni spoj; **pipe** ~ cijevni spoj, spoj cijevi; **riveted** ~ zakovični spoj; **screwed** ~ vijčani spoj; **screwed-pipe** ~ spoj cijevi s narezom, cijevni spoj s narezom, vijčani cijevni spoj; **sleeve pipe** ~ spoj cijevi kolčakom, cijevni spoj s kolčakom, muf-spoj; **soldered** ~ zalemljeni spoj; **welded** ~ zavareni spoj; **welded pipe** ~ zavareni cijevni spoj
joule (unit of heat or work equivalent to 1 watt-second) Joule, jedinica za toplinu ili jedinica rada koja je ekvivalentna 1 WS
journal rukavac
journal bearing osovinski ležaj; **solid** ~ jednodijelni osovinski (klizni) ležaj
journal bearing with removable cap dvodijelni osovinski (klizni) ležaj
justify opravdati (npr. primjena je opravdana — the application is justified)

K

K (Kelvin) oznaka za stupanj Kelvina
K-capture K-zahvat (u atomskoj fizici)
K-electron K-elektron
K-shell K-ljuska
Karman vortex street (Karman vortices) Karmanova aleja vrtloga, Karmanov niz vrtloga (Karmanovi vrtlozi)
KB (the height of the center of buoyancy above the molded baseline) oznaka za udaljenost težišta istisnine od teoretske osnovice, oznaka za položaj težišta istisnine po visini
keel kobilica; **an even** ~ **ship** brod na ravnoj kobilici; **bar** ~ gredna kobilica; **bilge** ~ ljuljna kobilica; **duct** ~ tunelska kobilica; **even** ~ ravna kobilica; **flat (flat plate)** ~ plosna kobilica, **plate** ~ plosna kobilica
keel blocks kobilične potklade, središnje potklade
keel draft gaz do donjeg brida kobilice
keel irregularities neravnosti kobilice
keel line linija kobilice
keelson pasmo, hrptenica (obično kod brodova s jednim dnom); **center (centre)** ~ centralno (središnje) pasmo; **continuous** ~ neprekinuto pasmo; **intercostal** ~ interkostalno (umetnuto) pasmo; **side** ~ bočno pasmo
keep (kept, kept) držati
keep from spriječiti
keep the ship afloat držati brod na površini
keep watch držati stražu
keep water out of spriječiti prolaz vodi
kerosene kerozin
kevel rog, kuka za vez (vezivanje)

key ukliniti
key klin; **flat** ~ plosnati klin; **saddle** ~ sedlasti klin; **square** ~ kvadratni klin; **sunk** ~ upušten klin
keying uklinjenje
keyway utor za klin
KG (the height of the center of gravity above the molded baseline) oznaka za udaljenost težišta sistema od (teoretske) osnovice
kill smiriti čelik, potpuno dezoksidirati čelik
kilowatt (KW) kilovat
kinematic support kinematički potporanj (koji omogućava toplinsku dilataciju)
kinematic viscosity kinematički viskozitet, kinematička viskoznost
kinematics kinematika
kinetic kinetički
kinetic energy kinetička energija
kinetics kinetika
kingpost kratki stup samarice
knee koljeno; **beam** ~ koljeno sponje; **bilge** ~ uzvojno koljeno; **horizontal beam** ~ horizontalno koljeno sponje; **vertical beam** ~ vertikalno koljeno sponje
knot čvor (jedinica za brzinu — morska milja/sat)
knotted life line čvorasto uže za spuštanje
KM oznaka za položaj metacentra po visini (od osnovice)
knuckle zgib
Kort nozzle Kortova sapnica
krypton kripton (kr)

L

L (length) oznaka za duljinu
₿ (molded base line) oznaka za teoretsku osnovicu
₵ oznaka za uzdužnu simetralnu ravninu broda
L_{OA} (length overall) oznaka za duljinu preko svega
L_{PP} (length between perpendiculars) oznaka za duljinu između perpendikulara
L_{WL} (LWL) oznaka za duljinu vodne linije
L-capture L-zahvat
L-electron L-elektron
L-shell L-ljuska
labour saving machinery strojevi za uštedu radne snage
labyrint gland labirintna brtva
labyrinth packing labirintna brtva
labyrinth seal labirintna brtva
ladder ljestve; **embarkation-debarkation** ~ ljestve za ukrcavanje/iskrcavanje (ljudi)
lag zaostajati
lag zaostajanje; **phase** ~ fazni pomak, zaostajanje u fazi
laminar flow laminarno strujanje
laminar heat transfer laminarni prijenos topline
land iskrcati (se), pristati, smjestiti se (npr. brod se smjestio na kobilične potklade — the ship has landed on the keel blocks)
land kopno
landing iskrcavanje, istovar
landing-craft(s) invazioni brod (čamac), brod (čamac) za iskrcavanje
lantern ring priključni prsten za vodu (na pumpi)
Laplacian operator delta Laplaceov delta--operator
lapped joint (lap joint) preklopni spoj
lapped-welded joint preklopni zavareni spoj
laser laser
LASH (Lighter Aboard Ship) brod za teglenice (pretovar s okvirnom dizalicom)
lashing uže za pričvršćivanje
lateral postran, bočni
lateral bending moment moment savijanja u horizontalnoj ravnini

(the) latest achievements najnovija dostignuća
lattice rešetka; **crystal** ~ kristalna rešetka
launch porinuti (brod), spustiti čamac za spasavanje
launch porinuće, najveći čamac ratnog broda
launching porinuće (broda); **end** ~ uzdužno porinuće; **side** ~ bočno porinuće
launching cradle kolijevka za porinuće
launching device uređaj za spuštanje (čamca za spasavanje)
launching trigger stoper (otponac) pri porinuću
laundry praonica rublja
law zakon; **Bragg** ~ Braggov zakon; **conservation of energy** ~ zakon održanja energije; **Coulomb's** ~ Coulombov zakon; **decay** ~ zakon raspada; **displacement** ~ zakon (grupnog) pomjeranja (pomicanja); **Fick's** ~ Fickov zakon; **in accordance with the** ~ u skladu sa zakonom
lawrencium lavrencij (Lw)
lay (laid, laid) (the keel) polagati (kobilicu)
lay down (laid down, laid down) iscrtati (linije na podu crtare), propisati (materijale, dimenzije itd.)
lay off unositi (npr. vrijednosti u dijagram)
layer sloj; **boundary** ~ granični sloj
laying down (laying off) the lines trasiranje linija, iscrtavanje linija na podu trasirnice (crtare)
layout raspored; **workshop** ~ raspored radionice
L/B (length-beam ratio) oznaka za omjer duljine i širine
lb. (pound) kratica za funtu (453,59 g)
LBP (length between perpendiculars) oznaka za duljinu između perpendikulara
LCB (longitudinal center of buoyancy) oznaka za položaj težišta istisnine u uzdužnom smjeru (po duljini); **water--borne** ~ položaj težišta istisnine po duljini broda u plovnom stanju
LCF (longitudinal center of floatation) oznaka za težište vodne linije po duljini

LCG (longitudinal center of gravity) oznaka za položaj težišta sistema po duljini
lead olovo (Pb), kruti balast; **red** ~ olovni minij
lead block skretni kolotur
leading edge (of an airfoil, of a propeller blade) ulazni brid (strujnog profila, propelernog krila), napadni brid lopatice
leakage propuštanje, curenje; **stuffing-box** ~ propuštanje brtvenice; **tube** ~ propuštanje cijevi
leakage losses gubici propuštanja
leakage water prodrla voda, voda koja je prodrla (u brod)
leaky koji propušta
least common multiple najmanji zajednički višekratnik
lee (leeward-side, lee-side) zavjetrina
leeward u zavjetrini, okrenut od vjetra
leeway zanošenje prema zavjetrini
leeway angle kut zanošenja prema zavjetrini
left hand propeller lijevokretni brodski vijak
length duljina, dužina (geometrijski pojam); **bond** ~ vezna udaljenost (nuklearna fizika); **Debye** ~ Debyeva duljina; **designer's** ~ (L_{PP}) konstruktivna duljina; **effective** ~ efektivna duljina; **floodable** ~ dozvoljena duljina naplavljivanja (naplave); **increment of** ~ prirast duljine, povećanje duljine; **load-waterline** ~ duljina na teretnoj vodnoj liniji; **mid-length** polovica (polovina) duljine (broda); **permissible** ~ dozvoljena duljina, dopustiva duljina; **slowing-down** ~ usporavajuća duljina (u nuklearnoj tehnici); **subdivision** ~ duljina za nepropusnu podjelu broda, teoretski razmaci nepropusnih pregrada; **wave** ~ dužina vala, valna dužina
length-beam ratio (L/B) omjer duljine i širine
length between perpendiculars (L_{PP}) konstruktivna duljina, duljina između okomica (perpendikulara)
length for displacement duljina za računanje istisnine
length over all (L_{OA}) duljina preko svega
lengthwise uzdužno
lesser percentage of manji postotak (nečega)
lethargy letargija (neutrona)
level ravan, vodoravan
level razina, nivo; **deck** ~ razina palube; **energy** ~ energetski nivo; **oil** ~ razina ulja; **sea** ~ razina mora; **water** ~ razina vode
level-luffing crane horizontalna nagibna dizalica
lever poluga; **brake** ~ kočiona poluga
lever arm krak, poluga
leverage polužje

life belt pojas za spasavanje
lifeboat (life boat) čamac za spasavanje; **aluminium** ~ aluminijski čamac za spasavanje; **diesel propelled** ~ čamac za spasavanje na dizelski pogon; **fiber glass reinforced plastic (FRP)** ~ čamac za spasavanje iz armiranog fiberglasa; **hand-propelled** ~ čamac za spasavanje (na ručno pokretanje); **motor-propelled** ~ motorni čamac za spasavanje; **non-inflammable** ~ vatrootporni čamac za spasavanje; **oar-propelled** ~ čamac za spasavanje na vesla; **steel (galvanized)** ~ čelični (pocinčani) čamac za spasavanje
lifeboat davit soha za čamac za spasavanje
lifeboat fall ukupna duljina užeta čamca za spasavanje
lifeboat handling gear uređaj za rukovanje čamcima za spasavanje
lifeboat winch vitlo za čamac za spasavanje
lifeboatage skup svih čamaca za spasavanje
life buoy obruč za spasavanje
life float napuhnuti obruč za spasavanje s mrežom i podlogom
life line uže za spasavanje; **knotted** ~ čvorasto uže za spuštanje
liferaft (life raft) splav za spasavanje; **automatically inflatable** ~ splav za spasavanje s automatskim napuhavanjem; **inflatable** ~ splav za spasavanje s napuhavanjem; **rigid** ~ kruta splav za spasavanje
liferaft launching device uređaj za spuštanje splavi za spasavanje
liferaft stowage slaganje splavi za spasavanje
liferaft with lowering arrangement splav za spasavanje s uređajem za spuštanje
life-saving apparatus naprava za spasavanje
life-saving appliance uređaj za spasavanje, sredstvo za spasavanje; **individual** ~ individualno sredstvo za spasavanje
life-saving device sredstvo za spasavanje; **collective** ~ kolektivno (skupno) sredstvo za spasavanje; **individual** ~ individualno sredstvo za spasavanje
lifesaving equipment oprema (uređaji) za spasavanje
lifesaving (life-saving) waistcoat prsluk za spasavanje
lifetime see **half-life**
lift dizati
lift dinamički uzgon, aerodinamički uzgon, hidrodinamički uzgon, dizalo, lift
lift force sila (dinamičkog) uzgona, sila aerodinamičkog uzgona, sila hidrodinamičkog uzgona
lifting dizanje, pojava u posljednjoj fazi porinuća kada se zbog podizanja krme samo pramčani dio saonica kliže po saoniku

lifting appliance naprava (sredstvo) za dizanje
lifting device uređaj za dizanje, dizalica
light anchor lagano sidro
light cargo gear teretni uređaj za lagane terete
light-cell detection otkrivanje požara pomoću svjetlosne radijacije, radijaciono otkrivanje požara
light derrick laka samarica, samarica za lagane terete
light signal svjetlosni signal
light ship prazan opremljeni brod, prazan brod, brod bez opterećenja
light-ship curve krivulja praznog opremljenog broda
light-ship weight težina praznog opremljenog broda
light water obična voda H_2O (za razliku od teške vode **heavy water** u nuklearnoj tehnici)
light waterline (LWL) laka vodna linija
lightweight koji ima malu težinu, lagan
lightweight anchor lagano sidro
lightweight component građevni dio male težine, konstrukcijski element male težine
light weight of the ship težina praznog broda
light weight (wet) of the ship težina praznog opremljenog broda sa strojevima spremnim za pogon
lightening hole otvor za olakšanje
lighter teglenica (može imati samostalni pogon ili ne)
Lighter Aboard Ship (LASH) brod za teglenice (pretovar s okvirnom dizalicom)
lighting installation rasvjetna instalacija
limber hole (limber) slivnik, slivnica, rupa za prolaz vode
limestone krečnjak, vapnenac
limit ograničiti
limit granica; **endurance** ~ granica izdržljivosti; **proportional** ~ granica proporcionalnosti; **to set a** ~ postaviti granicu, utvrditi granicu; **the setting of limits** utvrđivanje granica, postavljanje granica
limit stress granično naprezanje
limited draft ograničeni gaz
line obložiti
line vod, cijev, cjevovod; **auxiliary exhaust** ~ pomoćni ispušni vod, pomoćna ispušna cijev; **blow-off** ~ ispušna cijev (na kotlu); **branch** ~ cijevni ogranak; **branch feed** ~ cijevni napojni ogranak; **delivery** ~ dovodni vod, vod za dovod medija, dovodna cijev, dovodni cjevovod; **discharge** ~ odvodna cijev, odvodni vod, ispušni vod, ispušna cijev; **exhaust** ~ ispušni vod, ispušna cijev; **feed** ~ napojni cjevovod; **filling** ~ (**fuel oil filling** ~) napojni cjevovod loživog ulja, goriva; **internal feed** ~ unutrašnji napojni cjevovod; **main** ~ glavni cjevovod, glavni vod; **main steam** ~ glavni parovod; **pipeline** cjevovod; **smothering** ~ (**fire smothering pipeline**) cjevovod za prigušivanje požara; **steam** ~ parovod; **suction** ~ usisni vod, usisna cijev; **transmission lines** dalekovod (električni)

line linija, pravac; **after trim** ~ linija trima na krmi; **broken** ~ iscrtkana linija, isprekidana linija; **camber** ~ središnjica (aerodinamičkog) profila; **centerline (centreline)** simetrala; **curved** ~ zakrivljena linija; **dash-and-dot** ~ točka-crta linija; **deck** ~ linija palube; **dotted** ~ točkasta linija; **floor** ~ linija kosine dna (broda); **forward trim** ~ linija trima na pramcu; **full** ~ puna linija, puna crta; **horizontal** ~ horizontalna linija, horizontalni pravac; **intersected lines** ukršteni pravci, ukrštene linije; **keel** ~ linija kobilice; **load** ~ teretna (vodna) linija; **longitudinal** ~ uzdužna linija, uzdužni pravac; **main deck** ~ linija glavne palube; **margin** ~ granična linija (urona); **median** ~ srednja linija; **molded (moulded) sheer** ~ teoretski skok palube; **mutually perpendicular lines** međusobno okomiti pravci; **parallel** ~ paralelna linija, paralelni pravac; **paralel trim** ~ linija paralelnog trima; **perpendicular** ~ okomita linija, okomiti pravac, okomica; **sheer** ~ linija skoka, linija palubnog uzvoja; **slanting** ~ kosa linija, kosi pravac; **stepped** ~ stepeničasta linija; **straight** ~ pravac, ravna linija; **stream** ~ (**streamline**) strujnica; **subdivision load** ~ teretna vodna linija za nepropusnu podjelu broda; **surge** ~ linija pumpanja (kod kompresora); **tangent** ~ tangenta; **the actual lines of the ship** stvarne linije broda; **transverse** ~ poprečna linija, poprečni pravac; **trim** ~ linija trima; **vertical** ~ vertikalna linija, vertikalni pravac; **waterline** vodna linija

line uže, konop; **bow** ~ pramčano uže; **breast** ~ bočno uže (koje sprečava odmicanje broda od obale); **drag lines** užad za povlačenje lanaca, blokova ili drugih tereta za smanjenje brzine otplova; **frapping** ~ uže za pritezanje; **knotted life** ~ čvorasto uže za spuštanje; **life** ~ uže za spasavanje; **log** ~ uže za log; **manila** ~ uže od manile; **mooring** ~ uže za vez (privezivanje) (broda), privezno uže; **spring** ~ spring, koso uže za vez broda koje sprečava uzdužni pomak broda; **stern** ~ krmeno uže; **synthetic** ~ sintetičko (sintetsko) uže; **tow** ~ (**towline**) uže za teglenje; **tricing lines** užad za pridržavanje užadi za povlačenje; **wire** ~ čelično uže (čelik čelo); **wire rope mooring** ~ čelično uže (čelik čelo) za vez broda

line drawing nacrt linija, crtanje linija
(the) line is runnig linija ide
line network cjevovodna mreža; **foam solution** ~ cjevovodna mreža za pjenastu mješavinu (za gašenje požara)
line of action (of the force) pravac djelovanja (sile)
line of the main deck linija glavne palube
line pull povlak užeta
line shaft osovinski vod
line up poredati u liniju, centrirati
linear linearan; **nonlinear** nelinearan
linear scale linearno mjerilo
linear stress linearno naprezanje
lined up poredan u liniju, centriran
liner linijski brod; **cargo** ~ teretni linijski brod; **passenger** ~ putnički linijski brod; **refrigerated cargo** ~ linijski brod hladnjača
liner obloga; **cylinder** ~ košuljica cilindra
linkage polužje
linoleum linoleum
lip prošireni dio (na vrhu bitve)
liquid cargo tekući teret
liquid foam tekuća pjena (za gašenje požara)
liquid fuel tekuće gorivo
liquified gas carrier tanker za prijevoz ukapljenog plina
list nagnuti se (za brod) (npr. brod je nagnut — the ship is listed)
list poprečni nagib broda; **adverse** ~ suprotan nagib (broda); **excessive** ~ prekomjerni poprečni nagib broda
listing poprečno nagibanje (broda)
lithium litij (Li)
Lloyd's Register of Shipping Lloydov registar brodova
LNG (liquid natural gas) carrier brod za prijevoz ukapljenog prirodnog plina
load opteretiti, ukrcati (teret), nakrcati, utovariti
load opterećenje; **bending loads** opterećenja zbog savijanja; **compressive loads** opterećenja zbog tlaka, tlačna opterećenja; **dead** ~ opterećenje zbog vlastite težine; **dynamic** ~ dinamičko opterećenje; **fixed loads** nepromjenljiva (stalna) opterećenja; **foundation** ~ opterećenje temelja; **full** ~ potpuno opterećenje; **heating** ~ toplinsko opterećenje; **hydrodynamic loads** hidrodinamička opterećenja; **hydrostatic loads** hidrostatička opterećenja; **icing** ~ opterećenje zbog leda; **inertia loads** inercijska opterećenja, opterećenja zbog sile inercije; **local loads** lokalna opterećenja; **pitching loads** opterećenja zbog posrtanja; **reaction loads** reaktivna opterećenja; **resultant loads** rezultantna (rezultirajuća) opterećenja; **rolling loads** opterećenja zbog ljuljanja; **safe working** ~ **(SWL)** dozvoljeno opterećenje; **static** ~ statističko opterećenje; **thermal growth loads** porast toplinskih opterećenja, opterećenja zbog porasta temperature; **twisting loads** opterećenja zbog uvijanja; **uniform** ~ jednoliko (jednolično) opterećenje; **wind** ~ opterećenje zbog vjetra
load curve krivulja opterećenja
load diagram dijagram opterećenja
load hook kuka za teret
load waterline (LWL) (load line) teretna vodna linija (TVL); **subdivision** ~ teretna vodna linija za nepropusnu podjelu broda; **summer** ~ ljetna teretna vodna linija; **winter** ~ zimska teretna vodna linija
load-waterline length duljina na teretnoj vodnoj liniji
loaded opterećen, ukrcan, nakrcan, utovaren
loading opterećenje, ukrcaj, ukrcavanje, utovar; **fatigue loadings** opterećenja koja uzrokuju zamore materijala; **flexural** ~ fleksiono opterećenje (opterećenje koje izaziva savijanje konstrukcije; **hydrostatic** ~ hidrostatičko opterećenje; **shock** ~ udarno opterećenje; **static** ~ statičko opterećenje
loading berth vez za ukrcaj
loading equipment oprema za ukrcaj, oprema za utovar
local loads lokalna opterećenja
local structure frequency frekvencija lokalne strukture
locate smjestiti na određeni položaj, odrediti položaj (npr. Neoštećena površina treba se uzeti u obzir pri određivanju položaja točke q — The intact area should be considered in locating point q)
located smješten; **centrally** ~ centralno smješten
location položaj (npr. položaj težišta sistema — the location of the center of gravity)
lock nut osigurač, matica kao osigurač; **propeller** ~ matica za učvršćenje brodskog vijka (propelera)
locker pretinac; **oilskin** ~ pretinac za nauljena radna odijela; **soiled linen** ~ pretinac za prljavo rublje
locking device osigurač (kod vijka)
locksmith shop bravarska radionica
locus položaj, mjesto (npr. položaj težišta (nagnute) vodne linije — the locus of the center of floatation)

lofting work rad u crtari, rad u trasirnici
log log, brzinomjer (za brod); **electric** ~ električni log; **hand** ~ ručni brzinomjer (log); **pitometer** ~ pitometarski log; **propeller (screw)** ~ propelerni log; **speed** ~ brzinomjer
log (logarithm) oznaka za logaritam
log book brodski dnevnik; **engine** ~ strojarski dnevnik
log line uže, konop za log
log-log plot log-log nanošenje (npr. log log nanošenje energije vala — log-log plot of wave energy)
logarithm (log) logaritam; **natural** ~ prirodni logaritam
logarithmic logaritamski (npr. sve ljestvice su logaritamske — all scales are logarithmic)
logarithmically logaritamski (prilog)
logistics logistika; D_2O ~ logistika teške vode (D_2O)
long dug, dugačak
long-crested irregular seas dugobregoviti nepravilni valovi
long crested seas dugobregoviti valovi
long-crested waves dugobregoviti valovi
long forecastle dugački kaštel
long superstructure dugo nadgrađe
longitudinal uzdužni
longitudinal uzdužnjak; **bilge** ~ uzdužnjak uzvoja; **bottom** ~ uzdužnjak dna; **deck** ~ uzdužnjak palube; **inner bottom** ~ uzdužnjak pokrova dna (dvodna); **side** ~ uzdužnjak boka
longitudinal bending savijanje u uzdužnom smjeru
longitudinal bending moment uzdužni moment savijanja
longitudinal bending stress naprezanje zbog uzdužnog savijanja
longitudinal bulkhead uzdužna pregrada
longitudinal center of buoyancy položaj težišta istisnine u uzdužnom smjeru (po duljini)
longitudinal coefficient koeficijent uzdužne finoće istisnine
longitudinal component uzdužni građevni element (dio), uzdužni konstrukcijski element
longitudinal framing uzdužno orebrenje
longitudinal hatchway coaming uzdužna pražnica teretnog grotla
longitudinal inclination uzdužni nagib (broda)
longitudinal member uzdužni element, dio (konstrukcije)
longitudinal metacenter uzdužni metacentar
longitudinal metacentric height uzdužna metacentarska visina

longitudinal modes of hull vibration oblici uzdužnog načina vibriranja trupa
longitudinal moment of inertia uzdužni moment inercije, tromosti
longitudinal of bilge tank uzdužnjak uzvojnog tanka
longitudinal of upper wing tank uzdužnjak potpalubnog bočnog tanka
longitudinal plane uzdužna ravnina
longitudinal section uzdužni presjek
longitudinal stability uzdužni stabilitet
longitudinal stiffener on longitudinal bulkhead uzdužna ukrepa uzdužne pregrade
longitudinal strength uzdužna čvrstoća
longitudinal strength curves krivulje uzdužne čvrstoće
longitudinal system of building uzdužni sistem gradnje (broda)
longitudinally uzdužno
longitudinally framed uzdužno orebren
loop petlja; **expansion** ~ kompenzaciona petlja, ekspanziona petlja
loss gubitak, smanjenje; $\overline{GM}$/**beam** ~ smanjenje metacentarske visine po širini
losses gubici; **friction** ~ gubici (zbog) trenja; **leakage** ~ gubici propuštanja; **(mechanical reduction) gear** ~ (mehanički) gubici reduktora; **heat** ~ toplinski gubici, gubici topline; **power** ~ gubici snage; **shaft transmission** ~ gubici osovinskog prijenosa; **transmission** ~ gubici pri prijenosu; **transmission heat** ~ gubici pri prijenosu topline; **windage** ~ gubici ventilacije (kod turbinskih lopatica)
lost metacentric height izgubljena metacentarska visina
louvre (louver) rešetka, rešetkasti otvor, žaluzija
low-carbon steel niskougljični čelik
low-flux reactor niskofluksni reaktor
low-power ranges područja srednjih snaga
low pressure (LP) gas turbine niskotlačna plinska turbina
low-pressure steam niskotlačna para, para pod niskim tlakom, para niskog tlaka
low pressure (LP) steam turbine niskotlačna parna turbina
low pressure water pipe niskotlačna cijev za vodu
low-speed diesel engine sporohodni dizel-motor
lower spustiti
lower cargo block (lower cargo purchase block) donji kolotur teretnice
lower deck donja paluba
lower slewing guy block (lower vang block) donji kolotur brka samarice
lower wing tank donji bočni tank

lowest deck najdonja paluba
LPG (liquid petroleum gas) carrier tanker za ukapljeni (tekući) naftni plin
lubricant mazivo; **gear** ~ mazivo za zupčanike
lubricate podmazati, podmazivati
lubricated podmazan
lubricating oil ulje za podmazivanje
lubricating-oil cooler hladnjak ulja za podmazivanje; **main** ~ glavni hladnjak ulja za podmazivanje

lubricating system sistem podmazivanja
lubrication podmazivanje
lubricator mazalica; **cylinder** ~ cilindarska mazalica, mazalica cilindra
luffing nagibanje kraka dizalice, dizanje nagibnim krakom
luffing crane dizalica s nagibnim krakom
luffing davit nagibna soha
lug oslonac, nosač (kotla), udubina
lutecium lutecij (Lu)
LWL oznaka za duljinu vodne linije

M

M-electron M-elektron
M-shell M-ljuska
Mach ing. Mach, Austrijanac
Mach number Machov broj
machinable strojno obradiv
machine strojno obraditi
machine stroj, radni stroj; **air pressure** ~ pneumatska preša; **automatic flame cutting** ~ automatski rezni stroj s plamenicima; **automatic welding** ~ automatski stroj za zavarivanje; **boring** ~ horizontalna bušilica; **cutting** ~ rezni stroj, stroj za rezanje; **drilling** ~ bušilica; **grinding** ~ brusilica; **hydraulic pressure** ~ hidraulička preša; **milling** ~ glodalica; **numerically controlled** ~ numetrički upravljan stroj; **planing** ~ blanjalica; **punching** ~ probijačica; **refrigerating** ~ rashladni stroj; **riveting** ~ zakovični stroj; **screw cutting** ~ stroj za rezanje navoja; **shaping** ~ **(shaper)** kratkohodna blanjalica; **shearing** ~ strojne škare za lim; **tapping** ~ bušilica za rezanje unutrašnjih navoja; **welding** ~ stroj za zavarivanje
machine member strojni dio
machine tool alatni stroj
machinery strojevi; **auxiliary** ~ pomoćni strojevi; **deck** ~ palubni strojevi; **driving** ~ pogonski strojevi; **high-speed rotating** ~ rotacijski strojevi s velikim brojem okreta; **labour saving** ~ strojevi za uštedu na radnoj snazi; **main** ~ glavni strojevi; **main propelling** ~ glavni propulzivni (porivni, pogonski) strojevi; **mooring** ~ strojevi za vez i sidrenje; **propelling** ~ propulzivni (porivni, pogonski) strojevi; **rotating** ~ rotacijski strojevi; **time saving** ~ strojevi za uštedu na vremenu
machinery compartment strojarsko odjeljenje (na brodu)
machinery equipment strojna oprema, oprema strojeva
machinery installation piping (system) cjevovodni sistem (cjevovod) strojnog postrojenja
machinery piping (system) cjevovod strojarnice, cjevovodni sistem strojarnice

machinery space prostor strojarnice
machinery space opening otvor za ulaz u strojni prostor
machinery weight težina strojeva
machinery weight (wet) težina strojeva spremnih za pogon
machining strojna obrada, strojno obrađivanje
machinist strojar za održavanje
magic numbers magični brojevi
magnesium magnezij (Mg)
magnet magnet; **electromagnet** elektromagnet; **field** ~ magnet polja, glavni magnet
magnetic magnetski
magnetic compass magnetski kompas
magnetic core magnetska jezgra
magnetic field magnetsko polje
magnetic flux magnetski tok, magnetski fluks
magnetic quantum number magnetski kvantni broj
magnetic tape magnetska vrpca (traka)
magneton magneton; **Bohr** ~ Bohrov magneton
magnification factor faktor povećanja
magnitude (of the force) veličina (sile)
maiden voyage prva plovidba, prvo putovanje (broda)
main glavni
main glavni vod, glavni dovod; **fire** ~ glavni protupožarni cjevovod; **foam** ~ glavni dovod pjene (za gašenje požara)
mains glavni (električni) vod, električna mreža
main air supply glavni dovod zraka
main bearing pin osnac glavnog (osnovnog) ležaja
main branch ducts glavni ogranci (zračnih) kanala
main circulating pump rashladna pumpa, glavna protočna pumpa, glavna cirkulaciona pumpa; **water** ~ glavna protočna pumpa za vodu
main condenser glavni kondenzator
main deck glavna paluba
main deck strap traka na glavnoj palubi
main discharge valve glavni ispusni ventil
main (air) duct glavni (zračni) kanal

main engine glavni stroj
main equipment glavna oprema
main exhaust glavni ispuh
main feed glavni napojni cjevovod
main hull and erection trup i nadgradnje
main hull girder trup kao nosač (greda) bez nadgrađa
main hull side shell bočna oplata trupa bez nadgrađa
main jet glavna sapnica
main line glavni vod
main machinery glavni strojevi
mainmast (main mast) glavni jarbol
main propelling machinery glavni propulzivni strojevi, glavni pogonski strojevi, glavni porivni strojevi
main steam line glavni parovod
main steam nozzle glavna parna mlaznica
main steam stop valve glavni parni zaporni ventil
main steering gear glavni kormilarski uređaj
main stop (valve) glavni zaporni ventil
main supply (air) duct glavni dovodni kanal (za zrak)
maintain održavati
maintenance shop radionica za održavanje
major axis veća (duža) os
make (made, made) izraditi, napraviti
make adjustments in the calculations izvršiti korekcije u proračunu
make allowance for uzimati, uzeti u obzir, uzeti u obzir dodatak za
make calculatinos izraditi proračun, napraviti proračun
make good nadoknaditi, popraviti
make sure provjeriti
make up (made up, made up) nadoknaditi
makeup water pripremljena voda (za kotao), dodatna voda
male thread muški navoj, muški narez
malfunction loše fukcioniranje
man of war (pl. men of war) ratni brod
maneuver (manoeuvre) manevar
maneuver (manoeuvre) manevrirati
maneuverability upravljivost
manganese mangan (Mn)
manhole provlaka
manhole plate poklopac provlake
manifold razvodna cijev, višepriključna cijev, razdjelnik (pare, vode, zraka), ventilna stanica; **inlet** ~ razvodna cijev za ulaz smjese (benzina i zraka)
manila line uže od manile
manila rope uže od manile
manoeuvre see **maneuver**
manoeuvring stand manevarska konzola, manevarski stol, manevarski stalak
manpower ljudska snaga
manual ručni
manual steering ručno kormilarenje
manual welding ručno zavarivanje
manual winch ručno vitlo

manual worker manuelni radnik, nekvalificirani radnik
manually ručno
manually operated na ručni pogon, ručno pogonjen
manufacture proizvoditi
margin rezerva, tolerancija, granica; **center of gravity** ~ tolerancija položaja težišta sistema; **power** ~ rezerva snage; **weight** ~ rezerva težine
margin for error raspon u kojem se kreće pogreška zbog približnog proračuna
margin line granična linija urona
margin plate završna ploča dvodna, rubni lim dvodna
marine morski, pomorski, brodski
marine mornarica
marine air conditioning brodska klimatizacija, klimatizacija na brodu
marine boiler brodski kotao; **single-pass (sinuous) header-type** ~ brodski jednoprolazni kotao sa sekcijama, sekcioni kotao s jednim prolazom (plinova); **Scotch** ~ škotski brodski kotao
marine diesel brodski dizel; **four-stroke** ~ četverotaktni brodski dizel; **two-stroke** ~ dvotaktni brodski dizel; **two-stroke high pressure turbocharged, medium-speed crosshead** ~ dvotaktni srednjohodni brodski dizel s križnom glavom i velikim stupnjem prednabijanja
marine electrical cable brodski električni kabel
marine engine brodski stroj
marine gas turbine brodska plinska turbina; **heavy duty** ~ brodska plinska turbina za teške uvjete rada
marine industry pomorska industrija
marine insurance pomorsko osiguranje
marine power plant brodsko pogonsko postrojenje
marine propeller brodski vijak
marine propulsion brodska propulzija, brodski poriv
marine pump brodska pumpa
marine reactor brodski reaktor
marine steam turbine brodska parna turbina
marinized aircraft (aero) gas turbine marinizirana avionska plinska turbina
marinized gas turbine marinizirana plinska turbina
maritime pomorski
maritime nation pomorska nacija
mark označiti
mark oznaka; **Plimsoll** ~ Plimsollova oznaka gaza
mark out označiti
marked change in značajna promjena u
marshalling razvrstavanje (kontejnera); **inbound** ~ razvrstavanje (kontejnera) prema skladištu; **outbound** ~ razvrstavanje (kontejnera) prema prijevozniku
mask krmeni plošni usporivač porinuća

mass masa; **added** ~ dodatna masa; **atomic** ~ atomska masa; **critical** ~ kritična masa; **increment of** ~ **(incremental** ~**)** prirast mase; **virtual** ~ virtualna masa
mass density of air gustoća mase zraka
mass defect defekt mase
mass flow protok mase
mass number maseni broj
mast jarbol; **bipod** ~ dvonožni jarbol, bipod jarbol, A-jarbol; **derrick** ~ jarbol sa samaricom, jarbol za teret; **fore** ~ **(foremast)** prednji jarbol; **main** ~ glavni jarbol; **signal** ~ signalni jarbol; **stayed** ~ jarbol s priponama; **unstayed** ~ jarbol bez pripona
mast's armature okov jarbola
mast head span block gornji kolotur klobučnice
mast head span eye fitting okov uške klobučnice
mast rig snast jarbola
mast rigging snast jarbola
master shutoff valve (master valve) glavni ventil za isključivanje
master thermostat glavni termostat
mastless bez jarbola
match uskladiti (npr. brzina turbine nije usklađena s brzinom brodskog vijka — the turbine speed does not match the propeller speed
match usklađivanje; **gas turbine/propeller** ~ usklađenost (usklađivanje) (broja okreta) plinske turbine i brodskog vijka
mate brodski časnik
material materijal, materija; **active (radioactive)** ~ (radio)aktivna materija; **heat resisting** ~ toplinski otporan materijal, materijal otporan na toplinu; **insulating** ~ izolacioni materijal; **raw** ~ sirovina; **structural** ~ konstrukcijski materijal
mathematical matematički
mathematical exactness matematička točnost
mathematical expression matematički izraz
mathematical treatment matematički postupak
mathematics matematika
maximum (pl. maxima) maksimalna vrijednost (maksimalne vrijednosti)
maximum maksimalan
maximum acceleration maksimalna akceliracija
maximum additional stress maksimalno dodatno naprezanje
maximum continuous (service) rating (MCR, m. c. r.) maksimalna snaga u kontinuiranom pogonu (Napomena: S obzirom na broj okreta osovine, može imati dvije interpretacije, i to: 1. maksimalna snaga u kontinuiranom pogonu pri određenom broju okreta, 2. maksimalna snaga u kontinuiranom pogonu u području okreta dopustivih za određeni tip stroja)

maximum draft (draught) maksimalni gaz
maximum gas temperature (Tmax) maksimalna temperatura plina
maximum stress maksimalno naprezanje
maximum tangential acceleration maksimalna tangencijalna akceleracija
maximum unit stress maksimalno jedinično naprezanje
mean srednja vrijednost
mean free path prosječni slobodni put (npr. čestice)
means sredstvo
mean draft srednji gaz
mean girth srednji opseg rebra trupa
mean of the values of srednje vrijednosti iz
mean pitch tolerance srednja tolerancija koraka vijka
mean square value srednja vrijednost kvadrata
mean value srednja vrijednost
measure mjeriti
measure mjera
measurement mjerenje, izmjera
measuring installation instalacija mjernih uređaja, mjerni uređaj
measuring instrument mjerni instrument
measuring values indicator pokazivač mjernih veličina
mechanical mehanički
mechanical brake mehanička kočnica
mechanical davit mehanička soha
mechanical energy mehanička energija
mechanical engineer strojarski inženjer
mechanical engineering strojarstvo
mechanical foam mehanička pjena (za gašenje požara), pjena punjena zrakom i mješana vodom
mechanical handling mehanizirano rukovanje materijalom, mehanizirani industrijski transport
mechanical integrator mehanički integrator
mechanical power mehanička snaga
mechanical reduction gear installation reduktor, mehaničko-redukcioni uređaji
mechanical reduction gear losses mehanički gubici reduktora
mechanical steering gear mehanički kormilarski uređaj
mechanical stoker mehanički roštilj (u kotlu)
mechanical transmission mehanički prijenos
mechanical trap mehanički odvajač kondenzata
mechanical trigger mehanički stoper (otponac) pri porinuću
mechanical unbalance mehanička neuravnoteženost
mechanical ventilation mehanička ventilacija
mechanics mehanika; **engineering** ~ tehnička mehanika; **soil** ~ mehanika tla, mehanika morskog dna

mechanism mehanizam; **control** ~ upravljački mehanizam, kontrolni mehanizam; **control rod** ~ mehanizam upravljačkih štapova (kod reaktora); **crank** ~ koljenasti mehanizam; **driving** ~ pogonski mehanizam; **transmitting** ~ prijenosni mehanizam; **valve** ~ ventilni mehanizam
mechanization mehanizacija
mechanized handling equipment oprema za mehanizirano rukovanje (teretom)
median line srednja linija
medium sredstvo, medij; **cooling** ~ sredstvo za hlađenje; **heating** ~ sredstvo za grijanje; **refrigerating** ~ rashladno sredstvo; **working** ~ radni medij
medium-carbon (ship) steel srednjougljični (brodski) čelik
medium-speed diesel engine srednjohodni dizel-motor
meet the requirements udovoljiti zahtjevima
melt taliti se, rastaliti se, topiti
melt taljevina
melting point talište
member element, dio (konstrukcije); **longitudinal** ~ uzdužni element; **machine** ~ strojni dio; **structural** ~ konstrukcijski element, strukturni element, strukturni dio; **transverse** ~ poprečni element
membrane membrana; **deflected** ~ izbočena membrana
membrane effect membranski efekt, efekt membrane (pojava membranskih vlačnih naprezanja pri savijanju ploča)
memory memorija (u elektroničkom računalu)
mendelevium mendelevij (Mv, Md)
mention also should be made treba također napomenuti
m. e. p. (MEP) (mean effective pressure) oznaka za srednji efektivni tlak
merchant ship trgovački brod
mercury živa (Hg)
(the) merits of prednosti nečega
meshed gears zupčanici u zahvatu, uzubljeni zupčanici
meson field mezonsko polje
metacenter metacentar; **longitudinal** ~ uzdužni metacentar; **transverse** ~ poprečni metacentar
(the) metacenter is located metacentar se nalazi, metacentar je smješten
metacentric height metacentarska visina; **initial** ~ početna metacentarska visina; **intact** ~ metacentarska visina neoštećenog broda; **longitudinal** ~ uzdužna metacentarska visina; **lost** ~ izgubljena metacentarska visina; **required** ~ zahtijevana metacentarska visina; **residual** ~ preostala metacentarska visina; **transverse** ~ poprečna metacentarska visina; **virtual** ~ virtualna metacentarska visina; **water-borne** ~ metacentarska visina broda u plovnom stanju

metacentric radius metacentarski radijus
metal metal; **alloyed** ~ legirani metal; **parent** ~ osnovni metal
metal (permanent) mold (mould) kokila, metalni kalup
metallurgical metalurški
metallurgy metalurgija
metering valve mjerni ventil; CO_2 ~ mjerni ventil za CO_2
(the) method is appropriate metoda je prikladna
method of navigation način navigacije
method of wedges metoda klinova
metric thread metrički navoj
middle strake srednji voj
midheight of wave polovica visine vala
midlength polovica (pola) dužine (npr. na polovici dužine broda — at the midlength of the ship)
mid-point of the ship roll/pitch polovica otklona pri ljuljanju/posrtanju broda
midship srednji dio broda
midship area coefficient koeficijent punoće glavnog rebra
midship breadth širina na glavnom rebru do vanjskog brida rebra
midship section presjek glavnog rebra (u sredini broda)
midship section coefficient (C_M) koeficijent glavnog rebra
midspan deflection progib na polovici raspona
midway na sredini (npr. na sredini između dviju točaka — midway between two points)
migration migracija
migration area migracijska površina
mild steel meki čelik; **semi-killed** ~ polusmireni meki čelik
mill glodati
mill mlin, tvornica; **rolling** ~ valjaonica; **steel** ~ čeličana
milling glodanje
milling cutter glodalo
milling machine glodalica
millscale okujina
mine mina
mine layer polagač mina
mine shute minska cijev
mine sweeper minolovac
mineral oil mineralno ulje
minimization minimizacija (minimalizacija)
minimize smanjiti na minimum, svesti na minimum, minimizirati (npr. smanjiti, navigacijski gaz na minimum — to minimize the navigational draft)
minimize the likelihood of error smanjiti vjerojatnost pogreške na minimum
minor axis manja (kraća) os
mis-estimate krivo procijeniti
mis-estimate kriva procjena
mishandle loše rukovati
mishandling loše rukovanje
misinterpret krivo tumačiti, krivo protumačiti, krivo interpretirati

mismatch neusklađenost (npr. broja okreta turbine i vijka)
missile-launcher installations instalacija za izbacivanje projektila
mixed flow pump poluaksijalna pumpa
mixture smjesa; **explosive** ~ eksplozivna smjesa; **petrol-air** ~ smjesa benzina i zraka
MN/m² oznaka za meganjutn po kvadratnom metru
mobile pokretan
mobile crane pokretna dizalica; **port** ~ obalna (lučka) pokretna dizalica
mobile gantry crane pokretna okvirna dizalica (sastoji se od nogara, mosta i mačka)
mobility pokretljivost
mode (of vibration) oblik vibriranja, forma vibriranja, način vibriranja; **four-noded vertical** ~ četveročvorni oblik vibriranja; **hull modes** oblici vibriranja trupa; **longitudinal** ~ oblik uzdužnog vibriranja; **one-noded longitudinal** ~ jednočvorni oblik uzdužnog vibriranja; **one-noded torsional** ~ jednočvorni oblik torzijskog vibriranja; **three-noded vertical** ~ tročvorni oblik vertikalnog vibriranja; **transverse** ~ oblik poprečnog vibriranja; **two-noded vertical** ~ dvočvorni oblik vertikalnog vibriranja; **torsional** ~ oblik torzijskog vibriranja; **vertical** ~ oblik vertikalnog vibriranja
modes of hull vibration oblici (forme) vibriranja brodskog trupa; **basic** ~ osnovni oblici vibriranja trupa; **longitudinal** ~ oblici uzdužnog načina vibriranja trupa; **natural** ~ prirodni oblici vibriranja trupa; **normal** ~ normalni oblici vibriranja trupa
mode of operation način rada, način pogona
modification modifikacija
modifier modifikator (riječ koja modificira značenje)
modulus (pl. moduli) modul; **hull section** ~ moment otpora poprečnog presjeka trupa; **section** ~ moment otpora (poprečnog presjeka)
modulus of elasticity modul elastičnosti
moist vlažan
moisture vlaga
mol (a unit of gas quantity) mol (jedinica za količinu plina)
mold (mould) kalup; **metal (permanent)** ~ kokila, metalni kalup; **sand** ~ pješčani kalup
mold (mould) loft crtara, trasirnica
molded (moulded) ukalupljen
molded (moulded) baseline teoretska osnovica
molded (moulded) beam (breadth molded) teoretska širina, širina broda na glavnom rebru do vanjskog brida rebra, širina na rebrima

molded (moulded) block coefficient teoretski koeficijent istisnine
molded (moulded) depth (D) teoretska visina, visina broda na glavnom rebru mjerena od gornjeg brida kobilice
molded (moulded) draft teoretski gaz
molded (moulded) form teoretska forma, oblik broda bez vanjskog opločenja
molded (moulded) sheer line teoretski skok palube
molded (moulded) surface teoretska površina, površina određena vanjskim licem rebara
molded (moulded) wetted surface teoretska oplakana (uronjena) površina
molecular weight molekularna težina
molten rastaljen
molten slag rastaljena troska
molybdenum molibden (Mo)
moment moment; **amidship lateral bending** ~ moment savijanja u horizontalnoj ravnini na glavnom rebru; **built-in bending** ~ zaostali moment savijanja (zbog zaostalih naprezanja u materijalu za vrijeme gradnje); **dipole** ~ dipolni moment; **dynamic bending** ~ dinamički moment savijanja (zbog djelovanja valova); **field** ~ moment u polju (raspona); **fixed end** ~ moment na upetim krajevima; **guide force** ~ moment prevrtanja (motora); **heeling** ~ moment poprečnog nagiba; **hogging** ~ moment koji prouzrokuje pregib (negativni progib): **hogging bending** ~ moment savijanja koji prouzrokuje pregib (negativni progib); **hogging wave bending** ~ moment savijanja na valu koji prouzrokuje pregib (negativni progib); **hydrostatic** ~ hidrostatički moment, moment sile uzgona; **inclining** ~ moment nagiba; **lateral bending** ~ moment savijanja u horizontalnoj ravnini; **longitudinal bending** ~ uzdužni moment savijanja; **righting** ~ moment stabiliteta, moment uspravljanja; **rudder** ~ moment kormila; **sagging bending** ~ moment savijanja koji prouzrokuje progib; **sagging wave bending** ~ moment savijanja na valu koji prouzrokuje progib; **slamming bending** ~ moment savijanja zbog udaranja pramca o valove; **still-water bending** ~ moment savijanja u mirnoj vodi; **total** ~ ukupni moment; **total bending** ~ ukupni moment savijanja; **torsional** ~ torzioni moment; **trimming** ~ moment trima; **twisting** ~ moment uvijanja; **upsetting** ~ prekretni moment; **vertical bending** ~ moment savijanja u vertikalnoj ravnini; **vertical longitudinal bending** ~ uzdužni moment savijanja u vertikalnoj ravnini; **vibratory bending** ~ moment savijanja zbog vibracija; **wave bending** ~ moment savijanja na valovima, moment savijanja zbog valova
moment distribution raspodjela momenata

moment of buoyancy moment sile uzgona
moment of inertia moment inercije, moment tromosti; **longitudinal** ~ uzdužni moment inercije; **polar** ~ polarni moment tromosti; **rectangular** ~ aksijalni moment tromosti; **section (sectional)** ~ moment inercije (površine) presjeka; **transverse** ~ poprečni moment inercije
moment of inertia of midship section (I) moment inercije (tromosti) (presjeka) glavnog rebra
moment of transference moment premještanja (tekućine)
moment of transference of free liquid moment premještanja slobodne tekućine
moment of volume moment volumena
moment of weight moment težine
moment to heel one degree jedinični moment bočnog nagiba za jedan stupanj
moment to trim one degree jedinični moment trima (za jedan stupanj)
moment to (alter) trim one inch (1 in) jedinični moment trima (za engleske jedinice), moment koji prouzrokuje ukupni trim od 1 inča
momentum količina gibanja; **angular** ~ kinetički moment, moment količine gibanja
momentum of the race količina gibanja mlaza
momentum theory of propeller action impulsna teorija rada (djelovanja) (brodskog) vijka
monitor pokazati se na monitoru
monitor monitor; **air** ~ žračni monitor (uređaj za mjerenje zračenja u nuklearnoj tehnici); **effluent** ~ protočni monitor; **foam** ~ top za pjenu (za gašenje požara)
monkey face trokutasta ploča
moor privezati
mooring vezanje, vez, vezivanje, privezanje, privezivanje
mooring arrangement uređaj za vez
mooring bitt bitva za vez
mooring bollard bitva na obali za vez (vezivanje)
mooring buoy usidrena plutača za vez (vezivanje)
mooring chock zjevača za vez; **three roller** ~ zjevača za vez s tri valjka
mooring cleat rog za vez
mooring fittings uređaji za vez
mooring line uže za vez, uže za privezivanje broda; **wire rope** ~ čelično uže (čelik čelo) za vez broda
mooring machinery strojevi za vez i sidrenje
mooring to a buoy vezivanje (vez) (broda) za plutaču
mooring to a dock vezivanje za dok
mooring to a pier vezivanje broda za obalu (za molo)

mooring winch pritezno vitlo, vitlo za vez, vitlo za vezivanje; **automatic-tensioned** ~ automatsko pritezno vitlo; **constant-tension** ~ pritezno vitlo konstantne sile
Morse lamp Morseova signalna svjetiljka
motion gibanje; **accelerating** ~ ubrzano gibanje; **circular** ~ kružno gibanje; **curvilinear** ~ krivocrtno (krivolinijsko) gibanje; **decelerating** ~ usporeno gibanje; **eddying** ~ vrtloženje, virovito strujanje, vrtložno strujanje; **forced** ~ prisilno gibanje; **forward** ~ gibanje prema naprijed; **heaving (heave)** ~ gibanje poniranja; **irrotational** ~ bezvrtložno strujanje (strujanje tekućine pri kojem je rotor brzine jednak nuli); **orbital** ~ orbitalno gibanje, gibanje po putanji; **pitching** ~ gibanje posrtanja; **reciprocating** ~ stapno gibanje; **rectilinear** ~ pravocrtno (pravolinijsko) gibanje; **relative** ~ relativno gibanje; **rolling** ~ gibanje ljuljanja; **rotational** ~ rotacijsko gibanje, rotaciono gibanje, vrtložno strujanje (strujanje tekućine pri kojem je rotor brzine različit od nule); **surging** ~ gibanje zastajanja; **swaying** ~ gibanje zanošenja; **translational** ~ translacija, translacijsko gibanje, translatorno gibanje; **uniform** ~ jednoliko (jednolično) gibanje; **vibratory** ~ vibracijsko gibanje, vibraciono gibanje; **vortex** ~ strujanje vrtloga; **wave** ~ gibanje valova, valno gibanje; **yawing** ~ gibanje zaošijanja
motion of rotation rotacija, rotacijsko gibanje, rotaciono gibanje
motion of translation translacija, translacijsko gibanje, translatorno gibanje
motor (electric) motor (električni); **alternating current (AC, a. c.)** ~ motor izmjenične struje; **auxiliary synchronous** ~ pomoćni sinhroni motor; **direct current (DC, d. c.)** ~ motor istosmjerne struje; **electric** ~ električni motor; **fan** ~ motor ventilatora; **induction** ~ asinhroni motor; **series** ~ serijski motor; **series a. c. (alternating current)** ~ serijski izmjenični motor; **series d. c. (direct current)** ~ serijski istosmjerni motor; **synchronous** ~ sinhroni motor; **thruster** ~ motor poprečnog brodskog vijka
motor boat motorni čamac
motor driven pump motorna pumpa
motor-propelled lifeboat motorni čamac za spasavanje
motor ship motorni brod
mould see **mold**
mount postaviti, montirati, ugraditi (npr. strojevi su postavljeni (ugrađeni) — the machinery is mounted)
mount montažni element; **sliding** ~ klizni montažni element
mounting (of a component) sastavljanje, montiranje (elementa); **rigid** ~ kruto

sastavljanje; **flexible** ~ fleksibilno sastavljanje
move off the centerline pomaknuti (se) od simetrale (broda)
moved off the centerline pomaknut od simetrale
movement kretanje; **Brownian** ~ Brownovo kretanje
moving blade rotorska lopatica
MTI (moment to trim one inch) oznaka za moment jediničnog trima (engleska mjera)
mud talog, mulj
mud cock pipac za ispuštanje taloga
mud drum taložnik mulja
muff coupling cijevna spojka, muf-spojka
multiblade damper višekrilna zaklopka
multigroup theory višegrupna teorija (u reaktorskoj tehnici)

multiple višekratnik; **least common** ~ najmanji zajednički višekratnik
multiple expansion steam engine višeekspanzioni parni (stapni) stroj
multiplication factor multiplikacijski faktor
multiplier množitelj
multi-screw ship viševijčani brod
multi-shaft gas turbine višeosovinska plinska turbina
multistage stupnjevati (npr. turbinu)
multi-stage centrifugal pump višestepena centrifugalna pumpa
multistaging stupnjevaje (turbine)
mushroom anchor gljivasto sidro
mutually interchangeable međusobno izmjenljiv
mutually perpendicular lines međusobno okomiti pravci, međusobno okomite linije

N

N-electron N-elektron
N-shell N-ljuska
nail čavao
nation nacija; **maritime** ~ pomorska nacija
natural prirodan
natural draft (draught) prirodni propuh
natural frequency prirodna (vlastita) frekvencija
natural gasoline obični benzin
natural logarithm prirodni logaritam
natural modes of hull vibration prirodni oblici vibriranja trupa
natural uranium prirodni uran
natural-uranium reactor prirodno-uranski reaktor
natural ventilation prirodna ventilacija
nautical instruments nautički instrumenti
naval brass brodska mjed
naval architect brodograđevni inženjer
naval ship ratni brod
naval vessel ratni brod
navigation navigacija
navigation aids navigacijski uređaji (oprema)
navigation (navigational) equipment navigacijska oprema
navigation system navigacijski sistem; **hyperbolic** ~ hiperbolički navigacijski sistem; **inertial** ~ inercijski navigacijski sistem; **integrated** ~ integrirani navigacijski sistem
navigational draft navigacijski gaz
navigational equipment navigacijska oprema
navy ratna mornarica
navy yard arsenal
needle point valve igličasti ventil
needle valve igličasti ventil
negative stability negativni stabilitet
negative wake negativno sustrujanje
neglect zanemariti (neku vrijednost u proračunu)
negligible zanemariv (npr. zanemariva matematička veličina — negligible mathematical quantity)

negligible error zanemariva pogreška
neodymium neodim (Nd)
neon neon (Ne)
neptunium neptunij (Np)
nest of tubes snop cijevi, cijevni snop
network mreža; **distribution** ~ distributivna mreža; **electrical** ~ električna mreža; **foam solution line** ~ cjevovodna mreža za pjenastu mješavinu; **line** ~ cjevovodna mreža
neutral neutralan
neutral equilibrium indiferentna ravnoteža
neutralize neutralizirati
neutralizer neutralizator; **rotating weight** ~ neutralizator s rotirajućom masom (utegom); **undamped vibration** ~ vibracijski neutralizator bez prigušenja
neutrino neutrino (vrsta čestice)
neutron neutron; **anti-** ~ anti-neutron; **delayed** ~ zakašnjeli neutron; **epicadmium** ~ epikadmijski neutron; **epithermal** ~ epitermalni neutron; **fast** ~ brzi neutron; **fission** ~ fisioni elektron; **prompt** ~ trenutni (trenutačni) neutron (emitiran prije fisije); **slow** ~ spori neutron; **thermal** ~ termalni neutron
neutron absorption cross-section neutronski apsorpcijski udarni presjek
neutron balance neutronska bilanca
neutron energy neutronska energija
neutron flux neutronski fluks
neutron number neutronski broj
neutron radiation capture neutronski radioaktivni zahvat
Newton's laws Newtonovi zakoni
Newton's laws of motion Newtonovi zakoni gibanja
nickel nikal (nikl) (Ni)
nimonic (trade name of a range of nickel-chromium alloys widely used for gas-turbine blades and flame tubes) nimonik (trgovačko ime materijala za plinskoturbinske lopatice i plamenice)
niobium niobij (Nb)

nipple nazuvak
nitrated steel nitrirani čelik
nitrogen dušik (N)
node čvor, čvorište (pojam za definiranje oblika vibriranja)
nodel point čvorna točka
nodular cast iron nodularno lijevano željezo
nominal weight nominalna težina
nominal wake nominalno sustrujanje
nonbreached tank tank u koji nije prodrla voda, tank sa cijelom stijenom
non-compliance with nesuglasnost sa
non-condensing steam nekondenzirajuća para
nondimensional bezdimenzionalan
nondimensionalize učiniti bezdimenzionalnim
non-inflammable lifeboat vatrootporni čamac za spasavanje
nonlinear nelinearan
non-oiltight uljnopropustan
non-oiltight bulkhead uljnopropusna pregrada, pregrada koja nije uljnonepropusna
nonpotable water nepitka voda, tehnička voda (npr. za pranje, za sanitarni uređaj)
non-reinforced nepojačan, nearmiran
nonresonant nerezonantan, izvan rezonantnog područja
nonresonant (non-resonant) amplitude amplituda nerezonantnih vibracija trupa
non return valve nepovratni ventil
non-return check valve jednosmjerni kontrolni ventil
non-tight portion of the ship propustan dio broda
non-verbal form of technical information netekstovni oblik tehničke informacije (npr. dijagrami, formule itd.)
nonviscous fluid idealna tekućina, neviskozna tekućina
non watertight vodopropustan
nonwatertight (non-watertight) bulkhead vodopropusna pregrada
non-watertight plate floor vodopropusna rebrenica
normal običan, normalan, okomit
normal okomica, normala
normal modes of hull vibration normalni oblici vibriranja trupa
normal stress normalno naprezanje
normalizing normaliziranje (tehnološki postupak toplinske obrade)
normalize normalizirati (tehnološki postupak toplinske obrade)
nose of an airfoil section prednji brid aerodinamičkog profila, ulazni brid profila

notch zarez na epruveti (za ispitivanje žilavosti)
notch brittleness lomljivost materijala (pri ispitivanju žilavosti s epruvetom sa zarezom)
notch toughness žilavost materijala (pri ispitivanju žilavosti s epruvetom sa zarezom)
nozzle sapnica, mlaznica; **annular** ~ prstenasta sapnica; **discharge** ~ izljevna sapnica; **feed** ~ napojna sapnica; **fuel** ~ sapnica za gorivo; **fuel injection** ~ sapnica za ubrizgavanje goriva; **high velocity** ~ nadzvučna sapnica; **Kort** ~ Kortova mlaznica; **main steam** ~ glavna parna sapnica; **pipe** ~ cijevna mlaznica; **propeller** ~ sapnica brodskog vijka (propelera); **spray** ~ mlaznica raspršivača; **steam** ~ parna sapnica; **suction** ~ usisni otvor (kanal) (kod pumpe)
nozzle rudder kormilo sapnica, kormilo sa sapnicom
nuclear nuklearni
nuclear breeder oplodni (nuklearni) reaktor
nuclear energy nuklearna energija
nuclear fission nuklearna fisija
nuclear fuel nuklearno gorivo
nuclear force nuklearna sila
nuclear fuel nuklearno gorivo
nuclear fusion nuklearna fuzija
nuclear photoeffect nuklearni fotoefekt
nuclear power nuklearna snaga
nuclear power plant nuklearno postrojenje, nuklearna elektrana
nuclear reaction nuklearna reakcija
nuclear reactor nuklearni reaktor
nuclear ship nuklearni brod
nucleus (pl. nuclei) jezgra; **compound** ~ složena jezgra; **even-even** ~ parno-parna jezgra; **even-odd** ~ parno-neparna jezgra; **excited** ~ uzbuđena jezgra; **odd-even** ~ neparno-parna jezgra; **odd-odd** ~ neparno-neparna jezgra
null poništiti, iščeznuti (npr. vibracije modela su iščeznule (bile su poništene) — the vibration of the model was nulled)
nullify poništiti
number broj, značajka; **atomic** ~ atomski broj; **Avogadro** ~ Avogadrov broj; **azimuthal quantum** ~ azimutni kvantni broj; **cardinal** ~ glavni broj; **decimal** ~ decimalni broj; **dimensionless** ~ bezdimenzionalna značajka, bezdimenzionalni broj; **even** ~ parni broj; **mach** ~ mahov broj; **magic numbers** magični brojevi (u nuklearnoj fizici); **magnetic quantum** ~ magnetski kvantni broj; **mass** ~

maseni broj; **neutron** ~ neutronski broj; **Nusselt (Nu)** ~ Nusseltova značajka, Nusseltov broj; **odd** ~ neparni broj; **orbital quantum** ~ orbitalni kvantni broj; **ordinal** ~ redni broj; **Prandtl** ~ Prandtlova značajka, Prandtlov broj; **quantum** ~ kvantni broj; **Reynolds'** ~ Reynoldsova značajka, Reynoldsov broj; **wave** ~ valni broj
numerator brojnik
numerical numerički (brojčani)

numerical integration numerička integracija
numerically numerički (prilog)
numerically controlled machine numerički upravljani stroj
Nusselt number (Nu) Nusseltova značajka (broj)
nut matica (vijka); **half** ~ dvodijelna matica, **jam** ~ protumatica; **lock** ~ osigurač, matica kao osigurač; **propeller lock** ~ matica za učvršćenje brodskog vijka (propelera)

O

O-electron O-elektron
O-shell O-ljuska
oar veslo; **steering** ~ veslo za kormilarenje
oar lock viljuška za veslo
oar-propelled lifeboat čamac za spasavanje na vesla
oblique kos
oblique bow seas valovi koso u pramac
oblique (wave) headings smjer napredovanja broda koso na valove
oblique seas kosi valovi, valovi koso na brod, koso nailazeći valovi
oblique wave kosi val
obliquely koso (npr. brod napreduje koso na valove — the ship advances obliquely to the waves)
OBO (oil, bulk, ore) ship OBO brod, brod za prijevoz nafte, rasutog tereta i rude
obtain the result dobiti rezultat
obtuse angle tupi kut
ocean waves oceanski valovi
oceanographer oceanograf
odd number neparni broj
odd-even nucleus neparno-parna (np) jezgra
odd-odd- nucleus neparno-neparna (nn) jezgra
of recent years posljednjih godina, u novije vrijeme (npr. U novije vrijeme razvile su se plinske turbine — Of recent years gas turbines have been developed)
off-center ekscentrični položaj središta
off-center CG (center of gravity) ekscentrični položaj težišta sistema
off-center flooding ekscentrični položaj naplavljenog volumena, ekscentrična naplava
off-center location of the center of buoyancy ekscentrični položaj težišta istisnine
off-center location of the center of gravity ekscentrični položaj težišta sistema
off-center weight ekscentrični položaj težine
off shore drilling bušenje uz obalu
off the centerline izvan simetrale
officers' quarters oficirske nastambe, kabine oficira

offset (offset, offset) pomaknuti (npr. težište istisnine je pomaknuto — the center of buoyancy is offset)
offsets očitanja, ordinate (vodnih linija, profila krila itd.); **table of** ~ tabela (tablica) očitanja
offside weight ekscentrično smještena težina
oil ulje, nafta; **air compressor cylinder** ~ cilindarsko ulje zračnog kompresora; **compounded** ~ kompaundirano ulje; **cooling** ~ rashladno ulje; **crude** ~ sirova nafta, neprerađena nafta; **cylinder** ~ cilindarsko ulje, ulje za podmazivanje cilindra; **diesel** ~ dizelsko ulje; **engine** ~ strojno ulje, motorno ulje; **fuel** ~ loživo ulje, gorivo; **heavy** ~ teško ulje, gorivo; **ice machine cylinder** ~ ulje za rashladne strojeve; **internal combustion cylinder** ~ cilindarsko ulje motora s unutrašnjim izgaranjem; **lubricating** ~ ulje za podmazivanje; **mineral** ~ mineralno ulje; **paraffin base** ~ ulje parafinske baze; **residual** ~ rezidualno ulje; **steam cylinder** ~ cilindarsko ulje za parni stroj; **turbo** ~ turbinsko ulje
oil burner uljni plamenik, uljni gorionik
oil cargo nafta kao teret
oil clinging to the tank surface prijanjanje ulja na površinu tanka
oil cooling hlađenje uljem
oil filler otvor za punjenje ulja
oil filter pročistač ulja
oil-fired (steam) boiler (parni) kotao na loživo ulje
oil fuel bunker bunker za naftu kao pogonsko gorivo, bunker za pogonsko gorivo
oil pan uljna tava
oil pipe cijev za ulje, cijev za naftu
oil pressure uljni tlak (pritisak), tlak (pritisak) ulja
oil pump uljna pumpa, pumpa za naftu
oil scraper ring prsten strugača ulja (prsten koji struže ulje)
oil separator uljni separator
oilskin nauljeno platno, odijelo od nauljena platna
oilskin locker pretinac za nauljena odijela

oil sump ulje u karteru motora
oil tank tank za ulje, uljni tank, tank za naftu; **fuel** ~ tank za loživo ulje, tank za naftu kao gorivo
oil tanker tanker za prijevoz nafte
oil terminal luka za prekrcaj nafte
oiltight uljnonepropustan; **non-** ~ uljnopropustan, koji nije uljnonepropustan
oiltight bulkhead uljnonepropusna pregrada
oiltight compartment uljnonepropusno odjeljenje
oiltight floor uljnonepropusna rebrenica
oiltight hatchway uljnonepropusno grotlo
oil tightness uljna nepropusnost
oil vapors (vapours) (fuel oil vapors) pare loživog ulja
oil well bušotina sirove nafte
oiler mazač (na brodu)
on board na brodu
on the basis of na osnovu nečega
on the debit side nedostatak je s druge strane
one pintle rudder kormilo s jednim štencem
one-way valve jednosmjerni ventil
open chock otvorena zjevača
open circuit otvoreni strujni krug
open cycle otvoreni kružni proces
open floor otvorena rebrenica
open hearth furnace Siemens-Martinova peć
opening otvor; **circular** ~ kružni (okrugli) otvor; **machinery space** ~ otvor za ulaz u strojni prostor; **rectangular** ~ pravokutni otvor; **shell** ~ otvor u oplati; **square** ~ kvadratni otvor; **tank cleaning** ~ otvor za čišćenje tanka; **ventilation** ~ otvor za ventilaciju
operable upravljiv, koji se može upravljati
operate raditi (za uređaj, stroj)
operated pogonjen; **manually** ~ ručno pogonjen, na ručni pogon
operating conditions radni uvjeti; **anticipated** ~ predviđeni radni uvjeti
operating fluid radni fluid, radna tekućina, radni medij
operating principle radni princip, princip rada
operating temperature radna temperatura
operation rad (stroja, uređaja), operacija
operational radni, koji djeluje (npr. Takvi utjecaji koji djeluju zbog slobodne tekućine mogu se ukloniti. — Such operational free surface effects may be eliminated.)
operational characteristics radne karakteristike (stroja)
operational part radni dio
operator operator; **response** ~ operator odziva; **response amplitude** ~ **(RAO)** modul prijenosne funkcije, operator amplitude odziva

optical optički
optical detector (of fire) optički detektor (požara)
optics optika
optimization optimizacija (optimalizacija)
optimize optimizirati (optimalizirati)
optimum optimum
optimum optimalan, najbolji mogući
optimum stability optimalni stabilitet
optimum trim optimalni trim
optimum value optimalna vrijednost
orbit putanja
orbital orbitalan
orbital motion orbitalno gibanje, gibanje po putanji
orbital quantum number orbitalni kvantni broj
orbital velocity orbitalna brzina
order naručiti, zapovijedati
order red, narudžba, zapovijed; **to be in** ~ biti u redu, funkcionirati; **to be in perfect** ~ biti u savršenom redu, potpuno funkcionirati; **to be out of** ~ ne biti u redu, ne funkcionirati
ordinary običan
ordinary bulkhead obična pregrada (za razliku od korugirane pregrade)
ordinary frame obično rebro (za razliku od okvirnog rebra)
ordinate ordinata
ore ruda; **iron** ~ željezna ruda
ore/bulk hold skladište za rudu/rasuti teret (npr. žitarice)
ore cargo ruda kao teret
ore carrier brod za rudu
organic liquid breakdown raspad organske tekućine (pod djelovanjem zračenja)
organic liquid moderated reactor (OIMR) reaktor moderiran s organskom tekućinom
organic reactor organski reaktor
orifice ostaviti otvor
orifice otvor
origin početna točka, ishodište (npr. nagib krivulje u početnoj točki — the slope of the curve at the origin)
original equilibrium početna ravnoteža
original position početni položaj
oscillate oscilirati, titrati
oscillation(s) oscilacije; **forced** ~ prisilne oscilacije; **free** ~ slobodne oscilacije; **natural period of** ~ prirodni period oscilacija; **ship** ~ oscilacije broda
oscilloscope display osciloskopski prikaz, prikaz na ekranu, monitoru
osmium osmij (Os)
Otto engine oto-motor
out of trim nije trimovan (npr. brod nije trimovan — the ship is out of trim)
outboard vanjski, izvan broda
outboard boom samarica izvan broda
outboard cargo runner teretnica izvan broda

outboard discharge vanjski izljev
outboard side of the ship vanjska strana broda
outbreak izbijanje; **fire** ~ izbijanje požara
outer bottom vanjsko dno (dvodna)
outer bottom plating vanjska oplata dvodna
outer surface vanjska površina (npr. vanjska površina drvene oplate — the outer surface of the planking)
outfit oprema
outfit fabrication izrada opreme
outfit weight težina opreme
outfitting opremanje
outlet izlaz (za medij); **cooling water** ~ izlaz rashladne vode
outlet header izlazna cijevna komora, izlazni cijevni razdjeljivač (sakupljač)
outlet valve izlazni ventil
outline ukratko opisati, opisati u grubim crtama
outline obris, kontura
outline design projektna skica
output izlaz; **power** ~ snaga na izlazu, izlazna snaga
output power izlazna snaga
outside-air intake ulaz vanjskog (atmosferskog) zraka
outside planking vanjska drvena oplata (na drvenim brodovima)
outside plating vanjska oplata (na brodu)
oval (air) duct ovalni (zračni) kanal
oval (air) ducting ovalni (zračni) kanali, cjevovod

overall thermal efficiency ukupni termički stupanj djelovanja (kružnog ciklusa, procesa)
overboard vanjski, izvan broda
overboard discharge izljev na boku, izbacivanje preko palube
overcome the difficulty savladati poteškoću
overcome the force savladati silu
overflow pipe preljevna cijev
overhang previjes
overhang (overhung, overhung) imati previjes
overhanging stern viseća krma
overhaul tehnički pregledati
overhaul tehnički pregled; **general** ~ generalna reparatura
overhead crane stropna dizalica
overhead-mounted zone reheater stropni (stropno montiran) zonski dogrijač
overhead valve viseći ventil
overheating prezagrijavanje, prejako zagrijavanje
overlap preklop
overload preopteretiti
overload preopterećenje
overload rating snaga pri preopterećenju
overloading preopterećenje, preopterećivanje
over-pressure pretlak
over-pressurize imati pretlak, pretlačiti
overstrong prečvrst, prejak
overweight prekomjerna težina, prekoračena težina
oxidize oksidirati
oxygen kisik (O)

P

P-electron P-elektron
P-shell P-ljuska
pack brtviti, zabrtviti
package svežanj, paket; **unitized** ~ sjedinjeno slaganje tereta
packing brtvljenje, brtva, podloške (ispod trupa navoza); **labyrinth** ~ labirintna brtva; **pipe** ~ brtvljenje cijevi; **shaft** ~ brtva osovine; **spindle** ~ brtva vretena
pad eye oko za vez
paint obojiti, ličiti, premazati bojom
paint boja; **anticorrosive** ~ antikorozivna boja; **antifouling** ~ antivegetativna boja
painter (boat painter) privezno uže na pramcu čamca
painting bojenje, premazivanje bojom, ličenje
pair par; **ion** ~ ionski par
pair of compasses šestar
pair production tvorba para (u atomskoj fizici)
paired booms udvojene samarice
palladium paladij (Pd)
pallet paleta, dvodimenzionalna platforma za teret; **air** ~ pneumatska paleta
palletized cargo jedinični teret, paletizirani teret
palletizing paletizacija, standardizacija slaganja tereta na dvodimenzionalnoj platformi
panel panel; **aluminium (aluminum)** ~ aluminijski panel; **plate** ~ panel, ploča s ukrepama, ukrućena ploča; **plating panels** paneli sastavljeni od ploča s ukrepama; **steel** ~ čelični panel
panel mounted thermometer termometar (montiran) na ploči
panel restraint upetost panela; **partial** ~ djelomična upetost panela
pant dahtati
panting beam sponja za dahtanje
pantry smočnica
paper papir; **tracing** ~ paus-papir
paper tape papirna vrpca (traka)
parabola parabola; **fifth order (fifth-degree)** ~ parabola petog stupnja); **second order (second-degree)** ~ parabola drugog reda (parabola drugog stupnja)
parabolic paraboličan

parafin base oil ulje parafinske baze
parallel usporedan, paralelan
parallel circuit paralelni strujni krug
parallel line paralelna linija, paralelni pravac
parallel midbody paralelni srednjak
parallel middle body paralelni srednjak
parallel sinkage paralelni uron
parallel trim line linija paralelnog trima
parameter parametar
parametric parametarski
parametric equations of the trochoid parametarske jednadžbe trohoide
parent metal osnovni metal
part dio; **operational** ~ radni dio
partial djelomičan
partial deck djelomična paluba
partial floor djelomična rebrenica
partial panel restraint djelomična upetost panela
partial wave reflection djelomična refleksija (odbijanje) vala
partially water-borne ship brod u djelomično plovnom stanju
particle čestica; **alpha-** ~ alfa-čestica; **anti-** ~ anti-čestica; **beta-** ~ beta-čestica; **elementary** ~ elementarna čestica
partly underhung (simple pintle) rudder djelomično zavješeno kormilo (s jednim štencem)
pass prolaziti
passageway prolaz, hodnik
passenger liner putnički linijski brod
passenger ship putnički brod
patent anchor patentno sidro
patent clip patentna štipaljka, zahvatač
path put; **mean free** ~ prosječni slobodni put (npr. čestice)
patrol patrola; **fire** ~ protupožarna patrola
pattern šablona, lik, uzorak; **stress patterns** raspodjela (razdioba) naprezanja; **temparature and stress patterns** raspored (raspodjela) temperatura i toplinskih naprezanja
Pauli exclusion principle Paulijev princip isključenja
peak pik, kolizijski prostor; **aft (after)** ~ krmeni pik, stražnji kolizijski prostor;

collision peaks kolizijski prostori; **fore** ~ pramčani pik, prednji kolizijski prostor
peak bulkhead kolizijska pregrada, pregrada pika, sudarna pregrada
peak frame rebro u piku
peak presure vršni (tjemeni) tlak (pritisak)
peak tank tank u piku
peep hole otvor (na kotlu) za nadzor
pendant čelično uže ili uže stalne duljine koje na svom slobodnom kraju ima kolotur ili koloturje (uz riječ »pendant« mora doći riječ koja određuje položaj ili svrhu užeta); **slewing guy** ~ uže stalne duljine na brku samarice; **tricing** ~ uže podizača (kod samarice)
penetration prodor, prodiranje; **deep** ~ duboki prodor; **maximum** ~ maksimalni prodor; **moderate** ~ umjeren prodor; **shallow** ~ plitki prodor
per cent posto
percentage postotak; **smaller (lesser)** ~ **of** manji postotak od
perforate probušiti, perforirati
perform (the) calculations vršiti proračune
performance performanse, radne karakteristike (stroja)
performance curve krivulja učinka (motora)
period period; **wave** ~ period vala; **wave encounter** ~ period susretanja vala/valova
period of roll period ljuljanja
periodical survey periodički pregled (broda)
peripheral velocity obodna brzina
periscope periskop
permanent deflection stalni progib, stalna deformacija
permeability naplavljivost, permeabilnost; **volume** ~ volumenska naplavljivost
permeability calculations proračun naplavljivosti
permissible dopustiv, dozvoljen
permissible length dozvoljena duljina, dopustiva duljina
perpendicular okomit
perpendicular okomica, perpendikular; **aft** ~ krmeni (stražnji) perpendikular (okomica); **forward** ~ pramčani (prednji) perpendikular (okomica); **mutually** ~ međusobno okomit
perpendicular line okomita linija, okomiti pravac, okomica
personnel osoblje
petrol benzin
petrol-air mixture smjesa benzina i zraka
petrol consumption potrošnja benzina, potrošak benzina
petrol engine (gasoline engine) benzinski motor; **air-cooled** ~ zrakom hlađen benzinski motor; **four-stroke** ~ četverotaktni benzinski motor; **two-stroke** ~ dvotaktni benzinski motor; **water-cooled** ~ vodom hlađen benzinski motor
petrol filler otvor za punjenje benzina (u rezervoar)
petrol supply pipe benzinska dovodna cijev, cijev za dovod benzina
petrol tank rezervoar za benzin
phase faza; **to be in** ~ **with** biti u fazi sa; **to be in like** ~ biti u (istoj) fazi; **to be in opposite** ~ biti u protufazi; **to be out of** ~ imati pomak u fazi
phase angle fazni kut, fazni pomak, pomak u fazi
phase lag zaostajanje u fazi (fazni pomak)
phase response operator operator faze odziva, argument prijenosne funkcije
phosphorus fosfor (P)
photocell fotoćelija
photoeffect fotoefekt; **nuclear** ~ nuklearni fotoefekt
photoelectric detector (of fire) fotoelektrični detektor (požara)
photoelectron fotoelektron
photoemission fotoemisija
photofission fotofisija
photon foton
photoneutron fotoneutron
photonuclear reaction fotonuklearna reakcija
photoproton fotoproton
physical fizički, fizikalni
physics fizika
pier molo, gat, pristanište
pile pilot, temeljni stup
pillar upora; **hollow square** ~ šuplja četvrtasta upora; **square** ~ četvrtasta upora
pillar bracket koljeno upore
pilot jet sapnica za prazni hod, sapnica za regulaciju smjese pri praznom hodu
pin okrugli klin; **crank** ~ osnac koljena; **main bearing** ~ osnac glavnog (osnovnog) ležaja; **wrist** ~ osovinica klipa
pin bearings ležajevi osovinice klipa
pinion mali kotač zupčanika
pintle štenac, svornjak; **rudder** ~ svornjak kormila
pipe voditi cijevima
pipe cijev (provodna); **air** ~ cijev za zrak, zračna cijev; **air supply** ~ cijev za dovod zraka; **brake** ~ kočiona cijev; **branch** ~ cijevni ogranak; **brass** ~ mjedena cijev; **by-pass** ~ obilazni cjevovod, mimovod; **cold** ~ cijev za hladnu vodu; **cooling** ~ rashladna cijev, rashladni vod; **cooling oil** ~ cijev za rashladno ulje; **copper** ~ bakrena cijev; **drain** ~ cijev za odvodnjavanje, drenažna cijev; **drill** ~ cijev za bušenje; **dry** ~ cijev za separaciju vlage, cijev za suhu paru; **exhaust** ~ ispušna cijev; **fuel oil high-pressure** ~ cijev za gorivo pod visokim tlakom; **galvanized** ~ pocinčana cijev; **gas** ~ cijev za dovod plina, plinovod; **hawse** ~

(hawsepipe) sidreno ždrijelo, sidrena cijev; **hot** ~ cijev za vruću vodu; **low pressure water** ~ niskotlačna cijev za vodu; **oil** ~ cijev za ulje, cijev za naftu; **overflow** ~ preljevna cijev, cijev za preljev; **petrol supply** ~ cijev za dovod benzina, dovodna cijev za benzin; **recessed hawse** ~ **(hawsepipe)** uvučeno sidreno ždrijelo, uvučena sidrena cijev; **return** ~ povratna cijev, povratni vod; **scum** ~ cijev za otpjenjivanje (kotla); **seamless steel** ~ bešavna čelična cijev; **sounding** ~ sondna cijev, sonda; **stay bolt pipes** sprežne cijevi; **steam** ~ cijev za dovod pare, parna cijev, parovod; **steel** ~ čelična cijev; **surface blowoff scum** ~ cijev za otpjenjivanje (kotla); **vent** ~ odušna cijev; **water** ~ cijev za vodu, vodna cijev
pipe fittings cijevni priključci, cijevni fitinzi (spojnice, koljena, nazuvci, kolčaci itd.)
pipe joint spoj cijevi, cijevni spoj; **flange** ~ spoj cijevi s prirubnicom; **screwed** ~ spoj cijevi s narezom; **sleeve** ~ spoj cijevi s kolčakom (muf-spoj); **welded** ~ zavareni spoj cijevi
pipeline cjevovod
pipe nozzle cijevna mlaznica
pipe packing brtvljenje cijevi
pipe penetration through bulkheads prolaz cijevi kroz pregrade
pipe sealing brtvljenje cijevi
pipe shop cjevarska radionica, cjevara
pipe support pridržač cijevi
pipe tee T-fiting, cijevni fiting u obliku T, T-priključak
pipe thread cijevni navoj, cijevni narez
piped cargo oil system sistem teretnog (naftnog) cjevovoda
piped tanker cargo system sistem teretnog cjevovoda tankera
pipework cjevovod; **high pressure** ~ visokotlačni cjevovod
piping cjevovod, cjevovodni sistem; **ballast** ~ **(system)** cjevovod balasta; **bilge** ~ **(system)** kaljužni cjevovod; **cargo** ~ teretni cjevovod; **cargo oil** ~ **(system)** cjevovod tekućeg tereta; **compressed air** ~ cjevovod komprimiranog zraka; **condensate** ~ cjevovod kondenzata; **cooling** ~ rashladni cjevovod; **cooling water** ~ cjevovod rashladne vode; **deep-well pump** ~ **(system)** cjevovod zaronjene (bunarske) pumpe (u tanku); **dry air** ~ cjevovod suhog zraka; **exhaust** ~ ispušni cjevovod; **feed water** ~ cjevovod napojne vode; **fresh water** ~ **(system)** cjevovod slatke vode; **hull** ~ **(system)** cjevovod trupa; **hydraulic** ~ hidraulički cjevovod; **machinery** ~ cjevovod strojeva; **machinery installation** ~ **(system)** cjevovod strojeva, cjevovod strojnog postrojenja; **oil** ~ naftovod, uljni cjevovod; **pneumatic** ~ pneumatski cjevovod; **ship's** ~ **(system)** brodski cjevovod; **steam** ~ parni cjevovod, parovod; **water** ~ vodovod, cjevovod za vodu
piping armature armatura cjevovoda
piping fittings cjevovodni priključci, cjevovodni fitinzi (spojnice, koljena, nazuvci, kolčaci itd.)
piping plan nacrt cjevovoda, shema cjevovoda
piston klip, stap
piston crown vrh stapa
piston engine klipni motor
piston pump stapna pumpa
piston ring klipni prsten, prsten klipa, stapni prsten, prsten stapa
piston rod stapajica
piston rod stuffing box brtvenica stapajice
piston skirt klizni dio klipa
piston stroke hod klipa
pit jama; **ash** ~ jama za pepeo
pitch posrtati (za brod)
pitch posrtanje, pomak pri posrtanju, korak (vijka), uspon (brodskog vijka); **amplitude of** ~ amplituda posrtanja; **angle of** ~ kut posrtanja; **constant** ~ konstantan uspon vijka; **downward** ~ pomak prema dolje pri posrtanju; **effective** ~ efektivni uspon (vijka); **face** ~ **(P) (geometrical pitch)** uspon lica (krila brodskog vijka, propelernog krila); **variable** ~ promjenljiv uspon brodskog vijka
pitch angle kut uspona (brodskog vijka)
pitch face ploha uspona (brodskog vijka), usponska ploha lica (brodskog vijka)
pitch inertia forces inercijske sile zbog posrtanja (broda)
pitch tolerance tolerancija (dozvoljeno odstupanje) uspona (brodskog) vijka; **mean** ~ srednja tolerancija uspona (brodskog) vijka
pitching posrtanje (broda); **center of** ~ težište (središte) posrtanja; **synchronous** ~ sinhrono posrtanje
pitching acceleration akceleracija (ubrzanje) zbog posrtanja
pitching force sila posrtanja (broda); **horizontal inertia** ~ horizontalna komponenta inercijske sile zbog posrtanja; **vertical inertia** ~ vertikalna komponenta inercijske sile zbog posrtanja; **inertia** ~ inercijska sila zbog posrtanja
pitching loads opterećenja zbog posrtanja
pitching motion gibanje posrtanja
Pitot tube Pitotova cijev
pitometer log pitometarski log (log je instrument za mjerenje brzine broda)
pivot voditi pramčani dio saonika po saoniku nakon podizanja krme
pivot davit okretna soha
pivot point okretna točka, okretna točka koju promatrač zamišlja na brodu (udaljena je od pramca za 1/3 do 1/6 du-

ljine broda - centar gravitacije kod kruženja broda)
pivoting pojava u posljednjoj fazi porinuća kada se zbog podizanja krme pramčani dio saonica kliže po saoniku
pivoting pressure tlak na saoniku u posljednjoj fazi porinuća pri podizanju krme
PL (proportional limit) kratica za granicu proporcionalnosti
place postaviti
place mjesto
placement postavljanje
plan nacrt, plan; **body** ~ nacrt rebara; **constructional plans** nacrti konstrukcije; **docking** ~ plan dokovanja; **half breadth** ~ nacrt vodnih linija; **piping** ~ nacrt cjevovoda, plan cjevovoda, shema cjevovoda; **sheer** ~ nacrt uzdužnica (vertikala); **shell expansion** ~ nacrt razvoja oplate, nacrt razvijene oplate
plan view tlocrt
plane ravnina; **athwartship** ~ poprečna ravnina broda; **centerline (centreline)** ~ simetralna ravnina, ravnina simetrije, centralna (središnja) ravnina; **longitudinal** ~ uzdužna ravnina; **reference** ~ referentna ravnina; **ship's centerline (centreline)** ~ simetralna ravnina broda; **vertical fore-and-aft** ~ vertikalna uzdužna ravnina broda, vertikalna simetralna ravnina
plane bulkhead ravna pregrada (za razliku od korugirane pregrade)
plane figure geometrijski lik
plane of symmetry ravnina simetrije
planer blanjalica
planimeter planimetar
planing machine blanjalica
plank trenica, daska, platica
planking drvena oplata, drveno opločenje, trenice; **bottom** ~ trenice dna; **bulwark** ~ trenice linice (ograde); **deck** ~ palubne trenice, palubno drveno opločenje; **outside** ~ vanjska drvena oplata (na drvenim brodovima); **side** ~ trenice boka
planning planiranje
plant postrojenje; **aluminium (aluminum)**~ tvornica aluminija; **boiler** ~ kotlovsko postrojenje; **cooling** ~ rashladno postrojenje; **diffusion** ~ difuzijsko postrojenje; **electrical power** ~ elektrana, energana, električna centrala; **evaporating** ~ postrojenje za evaporaciju (isparavanje); **heat power** ~ toplinsko postrojenje; **gas turbine** ~ plinsko turbinsko postrojenje; **hydroelectric power** ~ hidroelektrana, hidroelektrična centrala; **marine power** ~ (**ship's power** ~) brodsko pogonsko postrojenje; **nuclear power** ~ nuklearno postrojenje, nuklearna elektrana; **power** ~ pogonsko postrojenje; **propelling**~ (**propulsion** ~) propulzivno postrojenje, porivno postrojenje, pogonsko postrojenje; **refrigerating** ~ rashladno postrojenje; **steam** ~ parno postrojenje; **steam engine** ~ parno pogonsko postrojenje; **steam power** ~ parno pogonsko postrojenje, termoelektrana; **steel** ~ čeličana; **thermal electric power** ~ termoelektrana; **thermal power** ~ toplinsko postrojenje, termoelektrana; **turbine propulsion** ~ turbinsko propulzivno postrojenje, turbinsko porivno postrojenje; **ventilating** ~ ventilacijsko postrojenje; **water distilling** ~ destilacijski uređaj za slatku vodu
plasma plazma
plastic plastičan
plastic deformation plastična deformacija
plastic strain plastična deformacija
plastics plastici (materijali)
plate ploča, lim; **aluminium (aluminum)** ~ aluminijska ploča, aluminijski lim; **bedplate** temeljna ploča, postolje; **deck stringer** ~ palubna proveza; **delta** ~ trokutasta ploča; **doubling** ~ dvostruka ploča, dvostruki lim; **finite** ~ ploča konačnih dimenzija; **floor** ~ podna ploča, rebrenica; **gusset** ~ lepeza; **infinite** ~ ploča beskonačnih (neograničenih) dimenzija; **insert** ~ umetnuta ploča; **manhole** ~ poklopac provlake; **margin** ~ završna ploča dvodna, rubni lim dvodna; **rudder** ~ ploča kormila, list kormila; **side stringer** ~ bočna proveza; **steel** ~ čelični lim, čelična ploča; **swash**~ (**wash** ~) lim pljuskače; **tie** ~ razdjelna ploča u tanku za naftu; **triangle** ~ trokutasta ploča; **tube** ~ cijevna stijena, cijevna ploča kotla; **vertical web** ~ vertikalno opločje (ploča) okvira; **web** ~ opločje (ploča) okvira; **zink wasting** ~ cinkova žrtvena ploča
plate bending savijanje limova
plate fabrication obrada limova
plate floor olakšana rebrenica; **non-watertight (nonwatertight)** ~ vodopropusna rebrenica; **watertight** ~ vodonepropusna rebrenica
plate heating furnace peć za grijanje čeličnih limova
plate keel plosna kobilica
plate panel panel-ploča, ploča s ukrepama, ukrućena ploča
plate rudder kormilo oblika ploče
plate shop radionica za obradu limova
plate stockyard skladište čelika (u brodogradilištu)
plate transverse poprečnjak, poprečna ploča, poprečni lim
plateau of the curve položeni dio krivulje u dijagramu (jer je promjena varijable minimalna)
platform platforma; **fixed-pile** ~ platforma na nepomičnim nogama; **production**~ proizvodna platforma
platform deck platforma, djelomična paluba

plating opločenje, oplata; **boiler** ~ opločenje kotla; **bottom** ~ oplata dna; **bulkhead** ~ opločenje pregrade, opločenje unutrašnje stijene palubne kućice; **deck** ~ opločenje palube; **deckhouse side** ~ opločenje vanjske stijene palubne kućice; **double bottom** ~ oplata dvodna; **hull** ~ oplata trupa; **inner bottom** ~ unutrašnje opločenje dvodna; **outer bottom** ~ vanjska oplata dvodna; **outside** ~ vanjska oplata; **shell** ~ vanjska oplata; **side** ~ oplata boka; **superstructure side** ~ bočna oplata nadgrađa; **unfair** ~ neravno opločenje; **weather deck** ~ opločenje izložene palube
plating panels paneli sastavljeni od ploča s ukrepama
platinum platina (Pt)
Plimsoll mark Plimsollova oznaka gaza
plot unijeti, unositi (u dijagram), ucrtati (u koordinatni sustav, u dijagram)
plot dijagram, graf
plotted unesen, unijet (u dijagram)
plotting unošenje, ucrtavanje (u dijagram), plotiranje
plug uključiti, priključiti (u električnu mrežu); **to be plugged** biti priključen, uključen (u električnu mrežu)
plug čep, (električni) utikač; **condenser tube** ~ čep za čišćenje kondenzatorske cijevi; **fusible** ~ topivi čep
plugged začepljen
plumb hvatati
plumb bob visak
plumber work instalacije cijevi
plunger stap na pumpi
plutonium plutonij (Pu)
plutonium reactor plutonijski reaktor
plywood šperploča
pneumatic pneumatski
pneumatic piping pneumatski cjevovod
pneumatic transmission pneumatski prijenos
pneumatically actuated damper pneumatski pokretana zaklopka
pneumatically operated na pneumatski pogon, pneumatski pogonjen
point točka; **design** ~ proračunska točka (na krivulji radnih karakteristika); **off-design** ~ bilo koja točka različita od proračunske; **successive points** uzastopne točke; **yield** ~ **(of the material)** granica tečenja (materijala)
point of application (of the force) hvatište (sile)
point of intersection sjecište
point of tangency dodirna točka tangente
point source točkasti izvor (zračenja)
pointer kazaljka (na ljestvici), pokazivač
poise postaviti u ravnotežni položaj
poison otrov (u reaktorskoj tehnici); **burnable** ~ izgorivi otrov; **fussion poisons** fisioni otrovi; **solid burnable** ~ kruti gorivi otrov
Poisson's ratio Poissonov omjer

polar co-ordinate polarna koordinata
polar integration polarna integracija
polar moment of inertia polarni moment tromosti
polarity polaritet
pole pol, motka; **towing** ~ stup za teglenje
pole hook čaklja
polonium polonij (Po)
polythropic compression politropska kompresija
polythropic efficiency politropski stupanj djelovanja
polythropic expansion politropska ekspanzija
pontoon ponton
pontoon cover poklopac pontona
poop kasar, krmica; **short** ~ kratki kasar, kratka krmica
poop deck krmena paluba, krmica, kasar, paluba krmice, paluba kasara
poop frame rebro (krmice) kasara
porpoising poskakivanje (kombinirano poniranje s posrtanjem glisera, prvenstveno na mirnoj vodi)
port luka, lijeva strana broda, otvor, raspor; **cargo** ~ teretni otvor (na boku); **container** ~ kontejnerska luka; **exhaust** ~ izlazni (ispušni) kanal (na dvotaktnom benzinskom motoru); **freeing** ~ otvor (izljev) za vodu; **inlet** ~ **(intake** ~**)** ulazni otvor, ulazni kanal; **scavenging ports** raspori (okna) za propuhivanje (ispiranje) (na dizel-motoru); **side** ~ bočni otvor, bočna vrata (na brodu); **transfer** ~ dovodni kanal (na dvotaktnom benzinskom motoru)
port boiler lijevi kotao (na brodu)
port bow lijeva strana pramca
port bulwark linica (puna ograda) na lijevoj strani broda
port crane lučka dizalica
port facilities (piers, berths, channels) tehničke mogućnosti u luci (obale, vezovi u luci, kanali)
port-hole okrugli prozor na boku broda
port mobile crane obalna (lučka) pokretna dizalica
port mobile gantry crane obalna (lučka, pokretna okvirna dizalica (sastoji se od nogara, mosta i mačka)
port quarter lijeva strana krme
port settler (port settling tank) lijevi taložni tank, lijevi taložnik
port side lijeva strana broda, lijevi bok broda
port side shell oplata lijevog boka
port turnround time vrijeme potrebno za prekrcaj tereta u luci
portable prenosiv
portable beam pokretna (skidljiva) sponja
portable fire extinguisher prenosiv aparat (uređaj) za gašenje požara (ekstinkter)
portable (fire) extinguisher system sistem prenosnih uređaja za gašenje požara

portable hatch beam pokretna (skidljiva) sponja grotla
portable jack prenosiva dizalica
portable section skidljiv dio, pokretni dio
portable wood cover pokretni (skidljivi) drveni poklopac,
portainer (25—35 Ton) (abbreviated from: port container crane) obalna (lučka) kontejnerska dizalica
portainer — twin lift (40 Ton) obalna (lučka) kontejnerska dizalica za dva kontejnera
portal crane portalna dizalica
portal luffing crane portalna dizalica s nagibnim krakom
portal ship's crane portalna brodska dizalica
portion dio
portion of the curve dio krivulje; **initial** ~ početni dio krivulje
position položaj; **displaced** ~ pomaknut položaj; **front** ~ prednji položaj, položaj ispred (nečega); **original** ~ početni položaj; **post** ~ stražnji položaj, položaj iza (nečega); **to be in the upright** ~ biti u uspravnom položaju; **upright** ~ uspravan položaj
positioned smješten, postavljen na mjesto; **dynamically** ~ dinamičko održavanje položaja
positive ray pozitivna zraka
positive stability pozitivni stabilitet
positive wake pozitivno sustrujanje
positron pozitron
post stup, statva; **derrick** ~ teretni stup; **propeller** ~ statva brodskog vijka (propelera); **rudder** ~ statva kormila; **Samson** ~ teretni stup; **sternpost** krmena statva; **towing** ~ stup za tegljenje
potable water pitka voda
potassium kalij (K)
potential potencijal; **accelerating** ~ akceleracijski potencijal; **adsorption** ~ adsorpcijski potencijal; **Coulomb** ~ Coulombov potencijal; **ionization** ~ ionizacijski potencijal; **velocity** ~ potencijal brzine
potential barrier potencijalna barijera
potential energy potencijalna energija
potential flow potencijalno strujanje
potential flow velocity brzina potencijalnog strujanja
potential wake potencijalno sustrujanje
pound (lb) funta (453,59 g)
pounding udaranje broda o valove (pri poniranju)
power pogoniti, tjerati
power snaga, potencija (matematički pojam); **bearing** ~ nosivost; **delivered** ~ predana snaga; **developed** ~ razvijena snaga; **electrical** ~ električna snaga; **horse-** ~ **(horsepower) (hp, HP)** konjska snaga; **induced** ~ inducirana snaga; **manpower** ljudska snaga; **mechanical** ~ mehanička snaga; **nuclear** ~ nuklearna snaga; **output** ~ izlazna snaga; **specific** ~ specifična snaga
power boiler pogonski kotao
power consumption potrošnja snage
power delivery predaja snage
power dissipation disipacija snage (rasipanje snage)
power gas turbine pogonska plinska turbina
(the) power is realized snaga se postiže
power losses gubici snage
power margin rezerva snage
power operated guy mehanički pokretani brk, brk na mehanički pogon
power-operated steering units mehanički pokretni kormilarski uređaji
power output izlazna snaga, snaga na izlazu
power plant pogonsko postrojenje; **electrical** ~ elektrana, električna centrala; **hydroelectric** ~ hidroelektrana; **marine** ~ **(ship's** ~**)** brodsko pogonsko postrojenje; **nuclear** ~ nuklearno postrojenje, nuklearna elektrana; **steam** ~ termoelektrana, parno pogonsko postrojenje; **thermal** ~ toplinsko postrojenje, termoelektrana
power ranges područja snaga; **high-** ~ područja velikih snaga; **intermediate-** ~ područja srednjih snaga; **low-** ~ područja malih snaga
power reactor energetski reaktor, reaktor snage
power stroke radni takt, eksplozioni takt
power transmission prijenos snage
powered winch vitlo na mehanički pogon, mehanički pokretano vitlo
powerful snažan
Prandtl number (a non-dimensional number used in heat transfer calculations $\dfrac{C_p}{k}$ **Prandtlova značajka (broj)**
praseodymium prazeodim (Pr)
precalculate prethodno računati, prethodno izračunati
precalculated prethodno izračunat (npr. prethodno izračunata korekcija — the precalculated correction)
precooler prethladnjak
predicate utvrditi, ustanoviti (npr. krivulja uzgona na valovima utvrđuje se na slijedećim pretpostavkama — the buoyancy curve in waves is predicated on the following assumptions)
prefabricated section prefabricirana (polumontažna) sekcija
prefabrication predmontaža, prefabrikacija, polumontaža
prefabrication shop hala za predmontažu
preheat predgrijati
preheated predgrijan
preheater predgrijač; **air** ~ predgrijač, zagrijač zraka

preheater coil predgrijač sa spiralnim cijevima
preheating equipment oprema za predgrijavanje
preparation priprema
prepare pripremiti
prepare a design pripremiti projekt, nacrt
press prešati
press stroj za prešanje, preša, tijesak; **hydraulic** ~ hidraulička preša (tijesak)
pressure tlak (širi se u svim smjerovima), pritisak (vektor); **air** ~ tlak (pritisak) zraka, zračni pritisak; **atmospheric** ~ atmosferski tlak; **boiler** ~ kotlovski tlak; **design** ~ proračunski tlak; **dynamic** ~ dinamički tlak; **exhaust** ~ ispušni tlak; **gas** ~ tlak plina; **hydrodynamic** ~ hidrodinamički tlak; **hydrostatic** ~ hidrostatički tlak; **maximum** ~ maksimalni tlak; **mean effective** ~ (p_M, m. e. p., **MEP**) srednji efektivni tlak; **oil** ~ pritisak ulja; **over-** ~ pretlak; **peak** ~ vršni tlak, maksimalni tlak; **pivoting** ~ pritisak, (tlak) na saoniku u posljednjoj fazi porinuća pri podizanju krme; **saturation** ~ tlak zasićenja; **slamming** ~ tlak zbog udaranja pramca o valove; **static** ~ statički tlak; **steady water** ~ konstantni tlak vode; **steam** ~ tlak pare; **vapour (vapor)** ~ tlak para (loživog ulja, benzinskih itd.); **water** ~ vodni tlak, tlak vode; **wave** ~ tlak u valu; **way-end** ~ pritisak (tlak) na kraju saonika; **wind** ~ tlak (pritisak) vjetra
pressure attenuation padanje tlaka (pritiska)
pressure charging prednabijanje
pressure control valve ventil za regulaciju tlaka (pritiska)
pressure distribution raspodjela (razdioba) tlaka (pritiska)
pressure gage instrument za mjerenje tlaka, manometar
pressure gradient gradijent tlaka; **adverse** ~ suprotan gradijent tlaka
pressure head tlak (pritisak) stupca vode
pressure in the race tlak u mlazu vode (u brazdi iza vijka)
pressure ratio $\left(\dfrac{\text{maximum pressure}}{\text{minimum pressure}}\right)$ kompresioni omjer
pressure reducing valve redukcijski ventil
pressure regulator regulator tlaka
pressure vessel tlačna posuda, posuda pod tlakom; **reactor** ~ tlačna posuda reaktora
pressure water supply installation vodovodna instalacija pod tlakom (za pitku vodu), vodoopskrba pod tlakom (za pitku vodu)
pressure wave distribution razdioba tlaka unutar vala

pressurize staviti pod tlak, imati tlak; **over-** ~ imati pretlak; **self-** ~ samostalno stvarati tlak
pressurised water core vodotlačna jezgra
pressurised water reactor (PWR) vodotlačni reaktor
pressuriser stlačivač (uređaj za održavanje tlaka)
pressuriser relief tank kompenzator tlaka (volumena), spremnik za kompenzaciju tlaka (u reaktoru)
prestressed concrete prednapregnuti beton
preventer zaputka (uzda) (uže koje zateže nešto prema krmi)
preventer guy zaputka brka
preventer guy chain lančani dio zaputke brka
preventer safety catch sigurnosni zahvatač zaputke
preventer shroud zaputka jarbola, preventer jarbola
preventer (back) stay zaputka jarbola, preventer jarbola
primary primarni, osnovni
primary (primary winding, primary coil) primar (primarna zavojnica)
primary air primarni zrak
primary pump primarna sisaljka
primary refrigeration cycle primarni rashladni krug
primary zone primarna zona (u komori izgaranja)
prime staviti malo vode u pumpu da počne raditi, uliti benzin u cilindar da počne raditi
prime crtano (npr. A' (crtano), B' (crtano) — A' (a prime), B' (b prime))
prime mover primarni pogonski stroj (pokretač), stroj koji u slijedu energetskih transformacija prvi pretvori bilo koji oblik energije u mehaničku energiju
principle princip, načelo; **Boltzmann's** ~ Boltzmannov princip; **operating** ~ radni princip, princip rada; **Pauli exclusion** ~ Paulijev princip isključenja
(the) principle applies princip vrijedi
principle (law) of the conservation of energy zakon održanja energije
prismatic coefficient (C_p) prizmatični koeficijent, koeficijent uzdužne finoće istisnine; **vertical** ~ koeficijent vertikalne finoće istisnine
problem problem, (matematički) zadatak **the solution of the** ~ rješenje problema, zadatka; **to solve** ~ riješiti problem, zadatak
(the) problem arises problem nastaje
procedure postupak; **chemical** ~ kemijski postupak; **steel-making** ~ postupak dobivanja čelika
process proces; **exoenergetic** ~ egzoenergetski proces; **the** ~ **has been worked upon** proces je bio razrađen

processing prerada
produce proizvoditi
product produkt; **by-** ~ sporedni proizvod, nusproizvod; **cast** ~ lijevani proizvod; **combustion** ~ produkt izgaranja; **decay** ~ produkt raspada; **end** ~ krajnji produkt, krajnji produkt radioaktivnog raspada (stabilni nuklid); **final (finished)** ~ završni (finalni) proizvod; **fission** ~ fisioni produkt; **forged** ~ kovani proizvod; **intermediate** ~ međuproizvod; **rolled finished** ~ valjani završni proizvod; **rolled semifinished** ~ valjani poluproizvod; **semifinished** ~ poluproizvod, polufabrikat; **tubular** ~ cjevasti proizvod
production proizvodnja
production platform proizvodna platforma
production reactor (breeder) oplodni reaktor
products carrier tanker za naftne derivate
products tanker tanker za naftne derivate
profile profil, nacrt uzdužnica, nacrt vertikala; **stem** ~ profil pramčane statve; **wave** ~ profil vala, valni profil
profile drawing nacrt uzdužnica, nacrt vertikala
program (programme) program; **computer** ~ kompjutorski program, program za (elektroničko) računalo
programmer programer
programming programiranje (na elektroničkom računalu)
progression progresija; **geometrical** ~ geometrijska progresija
project projicirati se
project projekt
projection projekcija, projiciranje
projection of appendages isturivost privjesaka
promethium prometij (Pm)
prompt neutron trenutni (trenutačni) neutron (emitiran prije fisije)
prone sklon (npr. deblji čelici naginju više (skloniji su) krtom lomu pri danoj temperaturi — thicker steels are more prone to brittle failure at a given temperature)
propel pokretati, pogoniti, tjerati
propelled pokretan, pogonjen; **self-** ~ s vlastitom propulzijom
propellent consumption pogonska potrošnja
propeller brodski vijak, vijak, propeler; **adjustable blade** ~ vijak s podesivim krilima; **blade of the** ~ krilo vijka; **blade root of the** ~ korijen krila vijka; **blade tip of the** ~ vrh krila vijka; **controllable-pitch** ~ vijak s prekretnim krilima; **five-bladed** ~ peterokrilni vijak; **four-bladed** ~ četverokrilni vijak; **fully--cavitating** ~ potpuno kavitirajući vijak; **hand-operated** ~ ručno pokretanje vijka čamca polugama; **inboard turning** ~ vijak koji se okreće prema unutra; **left hand** ~ lijevokretni vijak; **marine** ~ brodski vijak; **outboard turning** ~ vijak koji se okreće prema van; **port** ~ lijevi vijak (na brodu); **reversible** ~ prekretni vijak; **right hand** ~ desnokretni vijak; **screw** ~ vijak, vijčani propeler; **ship** ~ brodski vijak; **singing** ~ pjevajući vijak; **six-bladed** ~ šesterokrilni vijak; **starboard** ~ desni vijak (na brodu); **three-bladed** ~ trokrilni vijak; **thruster** ~ poprečni brodski vijak; **two-bladed** ~ dvokrilni vijak
propeller accuracy točnost izvedbe brodskog vijka (propelera)
propeller aperture otvor za brodski vijak (propeler)
propeller area ratio odnos površine brodskog vijka
propeller arrangement smještaj, razmještaj, izvedba brodskog vijka
propeller blade krilo brodskog vijka, propelerno krilo; **back of the** ~ naličje krila brodskog vijka, naličje propelernog krila; **face of the** ~ lice krila brodskog vijka, lice propelernog krila; **leading edge of the** ~ ulazni brid vijčanog krila; **root of the** ~ korijen krila (brodskog) vijka; **tip of the** ~ vrh krila (brodskog) vijka; **trailing edge of the** ~ izlazni brid krila brodskog vijka
propeller-blade frequency frekvencija krila brodskog vijka (propelera)
propeller boss glavina brodskog vijka (propelera)
propeller cap kapa brodskog vijka (propelera)
propeller clearance zračnost brodskog vijka (propelera)
propeller disc disk brodskog vijka (propelera)
propeller efficiency koeficijent iskoristivosti brodskog vijka (propelera)
propeller-excited vibration vibracije pobuđene brodskim vijkom (propelerom)
propeller exciting forces uzbudne sile brodskog vijka (propelera)
propeller form oblik brodskog vijka (propelera)
propeller horsepower (konjska) snaga na brodskom vijku (propeleru)
propeller hub glavina brodskog vijka (propelera)
propeller immersion uron brodskog vijka (propelera)
propeller inaccuracy netočnost izvedbe brodskog vijka (propelera)
propeller lock nut matica za učvrćenje brodskog vijka (propelera)
propeller log propelerni log (instrument za mjerenje brzine broda)
propeller nozzle sapnica brodskog vijka (propelera)
propeller of airfoil section aerodinamički profil krila brodskog vijka (propelera)

propeller of high thickness ratio brodski vijak (propeler) s velikim omjerom debljine profila
propeller of low thickness ratio brodski vijak (propeler) s malim omjerom debljine profila
propeller post statva brodskog vijka (propelera)
propeller pump propelerna pumpa
propeller race (slip stream) mlaz vijka, brazda iza (brodskog) vijka (propelera)
propeller racing bježanje vijka (propelera) (Pretjerano povećavanje broja okretaja pri izlaženju vijka iz vode pri gibanju broda na valovima)
propeller radius radijus vijka
propeller revolutions broj okreta (brodskog) vijka, propelera
propeller rotation vrtnja, okretanje (brodskog) vijka
propeller shaft osovina (brodskog) vijka (propelera), propelerska osovina
propeller struts skrokovi brodskog vijka (propelera)
propeller thrust poriv (brodskog) vijka (propelera)
propeller torque moment (brodskog) vijka (propelera)
propeller type vrsta, tip brodskog vijka (propelera)
propeller weight balance balansiranje (uravnoteženje) težine brodskog vijka (propelera)
propeller well otvor za brodski vijak (propeler)
propeller with circular back section profil krila vijka (propelera) s kružnim naličjem
propelling machinery propulzivni strojevi, porivni strojevi, pogonski strojevi; **main** ~ glavni propulzivni strojevi
propelling machinery foundations temelji propulzivnih (porivnih, pogonskih) strojeva
propelling plant propulzivno postrojenje, porivno postrojenje, pogonsko postrojenje
proper prikladan, odgovarajući, adekvatan, ispravan (npr. ispravan izbor uređaja — proper selection of a device)
proper set ispravan (adekvatan) smještaj (položaj)
properly ispravno; **to work** ~ raditi ispravno (za uređaj, stroj)
property svojstvo
proportion odrediti proporcije, proporcionirati
proportion proporcija
proportional proporcionalan
proportional limit (PL) granica proporcionalnosti
proportionate proporcionalan
propulsion propulzija, poriv, pogon; **gas turbine** ~ plinsko-turbinski pogon; **jet** ~ mlazni pogon; **marine** ~ brodska propulzija, brodski poriv
propulsion efficiency iskoristivost propulzije (poriva), propulzivna iskoristivost, porivna iskoristivost, stupanj propulzivne iskoristivosti
propulsion equipment oprema za propulziju (poriv) broda
propulsion plant propulzivno postrojenje, porivno postrojenje, pogonsko postrojenje (na brodu)
propulsion reactor propulzijski reaktor, reaktor za propulziju (poriv) broda
propulsive propulzivni, propulzijski
propulsive efficiency iskoristivost propulzije (poriva), propulzivna iskoristivost, stupanj propulzivne iskoristivosti (korisnosti), koeficijent propulzivne iskoristivosti
propulsive fuel pogonsko gorivo
protactinium protaktinij (Pa)
protect zaštititi
protected casing zaštićeno kućište
protecting equipment zaštitna oprema
protection zaštita; **fire** ~ protupožarna zaštita
protective deck zaštitna paluba
protector protektor; **zink** ~ cinkov protektor
proton proton; **anti-** ~ antiproton
provide the strength osigurati čvrstoću
provision propis, klauzula u zakonu ili dokumentu
provision is made postoji mogućnost
proximity blizina; **in** ~ **to** u blizini (nečega)
psi. (pounds per square inch) oznaka za funtu na kvadratni inč
psychrometer psihrometar
pull vlak (pojam u mehanici), povlak; **line** ~ povlak užeta
pulley remenica; **cone** ~ stepenasta remenica
pulsate pulzirati
pulverized fuel pulverizirano gorivo
pump pumpati, crpsti
pump pumpa; **air** ~ zračna pumpa; **air-driven** ~ pumpa na zračni pogon; **axial flow** ~ aksijalna pumpa, aksijalno protočna pumpa; **ballast** ~ balastna pumpa; **bilge** ~ kaljužna pumpa; **boiler feed** ~ napojna pumpa kotla; **centrifugal** ~ centrifugalna pumpa; **chilled water** ~ pumpa za rashlađenu vodu; **circulating** ~ protočna pumpa, cirkulacijska (cirkulaciona) pumpa; **condensate** ~ kondenzatna pumpa; **deep-well** ~ bunarska pumpa, uronjena pumpa u tanku; **displacement** ~ istisninska pumpa; **double acting reciprocating steam** ~ dvoradna parna stapna pumpa; **double suction** ~ dvoulazna pumpa; **electromagnet** ~ elektromagnetska pumpa; **extraction** ~ sisaljka, **feed** ~ napojna pumpa; **feed water** ~ pumpa za napojnu vodu; **fire** ~ pumpa

za gašenje požara, protupožarna pumpa, vatrogasna pumpa; **force** ~ tlačna pumpa; **fuel** ~ pumpa za gorivo; **fuel injection** ~ pumpa za ubrizgavanje (uštrcavanje) goriva; **fuel oil service** ~ pumpa za gorivo; **fuel service** ~ pumpa za gorivo; **fuel transfer** ~ pumpa za pretakanje goriva; **gear**~ zupčasta pumpa; **Hele-Shaw (oil)** ~ Hele-Shawova pumpa (za gorivo); **horizontal** ~ horizontalna pumpa; **hot well** ~ pumpa mlakog zdenca; **jet** ~ mlazna pumpa, ejektor, injektor; **main circulating** ~ glavna protočna pumpa; **marine**~brodska pumpa; **mixed flow**~ poluaksijalna pumpa; **motor driven** ~ motorna pumpa; **multi-stage centrifugal** ~ višestepena centrifugalna pumpa; **oil** ~ pumpa za ulje, uljna pumpa, pumpa za naftu; **piston** ~ stapna pumpa; **primary** ~ primarna sisaljka; **propeller**~ propelerna pumpa; **reciprocating** ~ stapna pumpa; **rotary** ~ rotacijska pumpa; **sanitary** ~ sanitarna pumpa; **screw** ~ vijčana pumpa; **screw displacement** ~ vijčana istisninska pumpa; **single-stage centrifugal** ~ jednostepena centrifugalna pumpa; **single suction** ~ jednoulazna pumpa; **solution** ~ pumpa za pjenastu mješavinu (za gašenje požara); **spare** ~ rezervna pumpa; **standby** ~ rezervna pumpa, pumpa spremna za preuzimanje opterećenja; **steam** ~ pumpa na parni pogon; **stripping** ~ pumpa za posušivanje (pumpa za ispumpavanje nafte iz tanka dokraja); **submersible** ~ podvodna pumpa; **suction** ~ sisaljka; **transfer** ~ pumpa za pretakanje (goriva); **turbine** ~ turbopumpa, turbinska pumpa; **turbine centrifugal** ~ centrifugalna turbopumpa; **vacuum** ~ vakuum pumpa; **vertical** ~ vertikalna pumpa; **vertical turbine** ~ vertikalna turbopumpa; **warm water** ~ pumpa za toplu vodu; **wash water** ~ pumpa vode za pranje; **water** ~ pumpa za vodu; **water circulating** ~ pumpa za protočnu vodu, vodocirkulaciona pumpa, rashladna pumpa
pump casing kućište pumpe, pumpno kućište
pump cylinder cilindar pumpe
pump gear polužje pumpe
pump house pumpna kućica, pumpna stanica
pump housing kućište pumpe, pumpno kućište
pumpman strojar za pumpe
pumproom (pump room) pumpna stanica
pump the dock dry ispumpati dok do suhog
pumping pumpanje
pumping system pumpni sistem; **ballast (pumping) system** balastni pumpni sistem; **bilge (pumping) system** kaljužni pumpni sistem; **fresh water (pumping) system** ~ pumpni sistem za pitku vodu, pumpni sistem pitke vode
punch probiti, probušiti
punched card bušena kartica
punched card reader čitač bušenih kartica
punched tape probušena (magnetska) vrpca (traka)
punched tape reader čitač bušenih vrpca (traka)
punching machine stroj za probijanje, probijačica
pure čist (kemijski)
purification pročišćenje, pročišćavanje
purifier pročistač; **centrifugal** ~ centrifugalni pročistač
purify pročistiti
push rod podizač ventila (kod oto-motora)
push towing gear uređaj za guranje (na guraču)
pusher towboat gurač
pusher tug (remorker) gurač
put in operation staviti u pogon
pyramid piramida
pyrometer pirometar

Q

Q-electron Q-elektron
Q-shell Q-ljuska
quadrant kvadrant
quadratic kvadratni
quadrature kvadratura; **to be in** ~ biti u kvadraturi, biti pomaknut u fazi za $90°$
quadrilateral četverostraničan
quantity količina; **scalar** ~ skalarna veličina; **vector** ~ vektorska veličina
quantum number kvantni broj; **azimuthal** ~ azimutni kvantni broj; **magnetic** ~ magnetski kvantni broj; **orbital** ~ orbitalni kvantni broj

quarter bočni dio krme; **port** ~ lijeva strana krme; **starboard** ~ desna strana krme
quarter deck krmena gornja paluba, krmena polupaluba; **raised** ~ uzdignuta krmena paluba
quarters krmeni bokovi broda, stražnji bokovi broda
quartering seas valovi koso u krmu, more koso u krmu (oko $45°$)
quick closing valve brzozaporni ventil; brzozatvarajući ventil
quotient kvocijent

R

R$_F$ (frictional resistance) oznaka za otpor trenja
race mlaz vode, prsten kugličnog ležaja; **contraction of the ~** kontrakcija mlaza; **momentum of the ~** količina gibanja mlaza; **pressure in the ~** tlak u mlazu; **propeller ~ (slip stream)** mlaz vijka, brazda iza vijka; **roller ~** staza kotačića; **there is no rotation in the ~** nema vrtnje u mlazu
racking smična deformacija poprečnog presjeka broda pri ljuljanju
racking stresses naprezanja zbog smičnih deformacija poprečnog presjeka (prouzrokovanih ljuljanjem broda)
radar (RAdio Detection And Ranging) radar
radial radijalan
radial bearings radijalni ležajevi
radial davit radijalna soha
radial towing gear radijalni-tegleći uređaj
radially radijalno
radians radijan
radiant type superheater radijacioni tip pregrijača
radiation zračenje; **alpha ~** alfa-zračenje; **annihilation ~** anihilacijsko zračenje; **Cherenkov ~** Čerenkovljevo zračenje; **eletromagnetic ~** elektromagnetsko zračenje; **external ~** vanjsko zračenje; **gamma ~** gama-zračenje; **heat transfer by ~** prijenos topline zračenjem; **isotropic ~** izotropno (izotropsko) zračenje
radiation detector svjetlosni požarni detektor, svjetlosni (radijacijski) detektor požara, detektor koji registrira radijaciju svjetla
radiation intensity intenzitet zračenja
radiation safety equipment oprema za zaštitu od zračenja (radijacije), zaštitna oprema (od zračenja, radijacije)
radiator radijator
radio receiver radio-prijemnik
radio regulations propisi o radio-komunikacijama
radio transmitter radio-odašiljač, radio--predajnik
radioactive radioaktivan
radioactive atom radioaktivni atom
radioactive decay radioaktivni raspad
radioactive equilibrium radioaktivna ravnoteža
radioactive isotop radioaktivni izotop
radioactive series radioaktivna serija
radioactivity radioaktivnost; **artificial ~** umjetna radioaktivnost; **atmospheric ~** atmosferska radioaktivnost; **induced ~** inducirana radioaktivnost, izazvana radioaktivnost
radiodirection finder radio-goniometar
radiotelegraph auto alarms automatski radio-telegrafski alarmni signali
radiotelephone installation radio-telefonski (instalacioni) uređaj
radius (pl. radii) polumjer, radijus; **Bohr ~** Bohrov polumjer; **electron ~** polumjer elektrona; **finite ~** konačni radijus; **propeller ~** radijus brodskog vijka (propelera)
radius of gyration (gyradius) radijus tromosti (kvadratni korijen iz omjera momenata tromosti mase prema masi tijela)
radius of gyration of the mass of the ship (k) radijus tromosti mase broda
radius of rolling circle radijus kruga koji se odvaljuje po pravcu pri stvaranju trohoidnog vala
radius of tracing circle radijus kruga koji opisuje trohoidni val
rail ograda, tračnica
rail support potporanj ograde
raise dizati, podignuti
raise the steam podići tlak pare
raised quarter deck uzdignuti dio palube (na krmi)
rake of the propeller blade nagib krila (brodskog) vijka; **aft ~** nagib krila vijka prema natrag; **forward ~** nagib krila vijka prema naprijed
rake angle of propeller blades (K) kut nagiba krila brodskog vijka
raked stem kosa pramčana statva
ram klip (kod hidrauličke pumpe), bat
ram bow pramac s bulbom koji se proteže ispred pramčanog perpendikulara (okomice)
ramp rampa
range raspon, opseg, područje (brzina, temperatura, snaga itd.), stupanj, domet; **frequency ~** frekvencijsko područje, po-

dručje frekvencija; **high-power ranges** područja velikih snaga; **intermediate-power ranges** područja srednjih snaga; **low-power ranges** područja malih snaga; **power** ~ područje snage; **speed** ~ opseg brzina
range of hardness stupanj tvrdoće
RAO (response amplitude operator) oznaka za modul prijenosne funkcije, oznaka za operator amplitude odziva
rate ocijeniti učinak, ocijeniti vrijednost (npr. Učinak svih brodskih strojeva ne ocjenjuje se na istoj osnovi — Marine engines are not all rated on the same basis)
rate količina, iznos ili stupanj veličine u jedinici vremena, derivacija po vremenu, brzina (npr. Snaga je rad u jedinici vremena. — Power is the rate od doing work. Osovina se okreće brzinom od 3 600 okreta u minuti. — The shaft rotates at the rate of 3,600 rpm (revolutions per minute)); **clearance** ~ brzina eliminiranja (npr. izotopa iz organizma); **dose** ~ brzina doze (u nuklearnoj tehnici)
rate of acceleration količina (veličina) ubrzanja
rate of air flow (rate of flow of air) brzina protoka zraka, protok zraka
rate of gas flow brzina protoka plina, protok plina
rate of heat transfer brzina prijenosa topline
rate of increase of load veličina povećanja (porasta) opterećenja
rated nominalni, nazivni (npr. Brodski vijak radi pri nominalnom broju okreta u minuti. — The propeller is operating at the rated rpm (revolutions per minute.))
rating nominalna (nazivna) vrijednost, pogonsko opterećenje, udio pogonskog opterećenja od nominalnog, proračunska snaga; **continuous service** ~ **(CSR)** snaga u kontinuiranom pogonu, srednji tlak za kontinuirani pogon; **fuel** ~ proračunska količina (potroška) goriva; **maximum continuous (service)** ~ **(MCR, m. c. r.)** maksimalna snaga u kontinuiranom pogonu (u službi) (Napomena: S obzirom na broj okreta osovine, može imati dvije interpretacije, i to: 1. maksimalna snaga u kontinuiranom pogonu pri određenom broju okreta; 2. maksimalna snaga u kontinuiranom pogonu u području okreta dopustivih za određeni tip stroja); **overload** ~ snaga pri preopterećenju
ratio omjer; **apparent slip** ~ prividni omjer skliza; **aspect** ~ omjer širine i duljiine presjeka (lopatice, krila brodskog vijka, kormila), omjer vitkosti, vitkost; **beam-draft** ~ **(B/T) (beam-to-draft ratio)** omjer širine (broda) i gaza; **breeding** ~ oplodni omjer (u nuklearnoj tehnici); **charge-mass** ~ omjer naboj — masa; **differential absorption** ~ diferencijalni apsorpcijski omjer; **displacement-length** ~ omjer istisnine i duljine (broda); **gear** ~ omjer zupčanika; **length-beam** ~ **(L/B)** omjer duljine i širine (broda); **Poisson's** ~ Poissonov omjer; **pressure** ~ kompresioni omjer; **propeller area** ~ odnos površine brodskog vijka; **real slip** ~ stvarni omjer skliza; **slenderness** ~ **(the length-diameter ratio) (L/D)** omjer vitkosti; **slip** ~ omjer skliza; **speed-length** ~ **(V/L)** omjer brzine i duljine (broda)
raw material sirovina
rays (sing. ray) zrake, (sing. zraka); **alpha-** ~ alfa-zrake; **Becquerel** ~ Becquerelove zrake; **beta** ~ beta-zrake; **cathode** ~ katodne zrake; **cosmic** ~ kozmičke zrake; **positive** ~ pozitivne zrake
reach rod ventilna potisna motka (na kotlu)
reaction reakcija; **fast** ~ brza reakcija; **gyro (gyroscopic)** ~ reakcija zbog žiroskopskog efekta, žiroskopska reakcija; **hydraulic** ~ hidraulička reakcija; **nuclear** ~ nuklearna reakcija; **photonuclear** ~ fotonuklearna reakcija; **soil reactions** reakcije morskog dna; **steady-state reactions** konstantne reakcije, stacionarne reakcije; **thermonuclear** ~ termonuklearna reakcija; **thrust** ~ odrivna reakcija, reakcija zbog odriva; **torque** ~ reakcija od zakretnog momenta
reaction blading reakcione lopatice
reaction loads reaktivna opterećenja
reaction turbine reakciona turbina
reactivate reaktivirati
reactivation reaktiviranje, reaktivacija
reactivation heater zagrijač za reaktivaciju (reaktiviranje)
reactivity control upravljanje reaktivnošću u reaktorskoj tehnici
reactor reaktor; **advanced gas cooled** ~ **(AGCR)** usavršeni plinom hlađeni reaktor; **boiler-water (boiling water)** ~ **(BWR)** vodoključajući reaktor; **breeder** ~ oplodoplodni (brider) reaktor; **burnable poison water** ~ **(BPWR)** vodni reaktor s izgorivim otrovima; **ceramic** ~ keramički reaktor; **circulating fuel** ~ reaktor s protočnim gorivom; **converter** ~ konvertorski (oplodni) reaktor; **dispersed type marine** ~ brodski reaktor »rastrkanog« tipa; **enriched-uranium** ~ obogaćeni uranski reaktor; **epithermal** ~ epitermalni reaktor; **exponential** ~ eksponencijalni reaktor; **fast** ~ brzi reaktor; **gas-cooled** ~ **(GCR)** plinom hlađen reaktor; **graphite** ~ grafitni reaktor; **heavy-water** ~ **(HWR)** teškovodni reaktor; **heterogeneous** ~ heterogeni reaktor; **high-flux** ~ visokofluksni reaktor; **high-temperature** ~ visokotemperaturni

reaktor; **homogeneous** ~ homogeni reaktor; **intermediate** ~ intermedijarni reaktor; **low-flux** ~ niskofluksni reaktor; **marine** ~ brodski reaktor; **natural uranium** ~ prirodno-uranski reaktor; **nuclear** ~ nuklearni reaktor; **organic** ~ organski reaktor; **organic liquid moderated** ~ **(OLMR)** reaktor moderiran s organskom tekućinom; **plutonium** ~ plutonijski reaktor; **power** ~ energetski reaktor, reaktor snage; **pressurized water** ~ **(PWR)** vodotlačni reaktor; **production (breeder)** ~ oplodni reaktor; **propulsion** ~ propulzijski reaktor (reaktor za propulziju); **sodium-cooled** ~ natrijem hlađen reaktor; **steam-generating heavy water** ~ **(SGHWR)** teškovodni reaktor s direktnom proizvodnjom pare; **submarine** ~ podmornički reaktor; **swimming-pool** ~ bazenski reaktor; **thermal** ~ termalni reaktor; **thorium** ~ torijski reaktor; **uranium** ~ uranski reaktor; **zero-energy** ~ nultoenergetski reaktor, reaktor nulte energije
reactor pressure vessel tlačna posuda reaktora
reactor vessel reaktorska posuda
read (read, read) očitati vrijednost (s instrumenta, dijagrama)
reader čitač; **punched card** ~ čitač bušenih kartica; **punched tape** ~ čitač bušenih vrpca (traka)
reading očitavanje vrijednosti (s instrumenta, dijagrama)
ream razvrtati, razvrtavati
reamed razvrtan
reamer razvrtač
reaming razvrtavanje
rear header stražnja cijevna komora, stražnji cijevni razdjeljivač (sakupljač)
rearrange prerazmjestiti, preurediti, srediti (npr. jednadžbu)
recalculate ponovno izračunati, ponovno računati
receiver prijemnik; **radio** ~ radio-prijemnik
recent skorašnji, nedavni, suvremen; **in** ~ **years** posljednjih godina
recently u posljednje vrijeme
recess reces, udubina, udubljeni prostor; **thrust** ~ reces za odrivni ležaj
recessed udubljen; **to be** ~ biti udubljen, imati reces (npr. pregrada je udubljena, pregrada ima reces — the bulkhead is recessed)
recessed bulkhead pregrada s udubljenjem, udubljena pregrada
recessed hawsepipe uvučeno sidreno ždrijelo
reciprocal recipročan
reciprocal recipročna vrijednost
reciprocate povratno se gibati, stapno se gibati
reciprocating povratno se gibajući

reciprocating engine stapni stroj
reciprocating motion povratno (stapno) gibanje
reciprocating pump stapna pumpa
reciprocating steam engine parni stapni stroj; **multiple expansion** ~ višeekspansioni parni stapni stroj; **tripple expansion** ~ troekspanzioni parni stapni stroj
re-circulate recirkulirati, opticati
recirculated air optočni zrak, recirkulacioni zrak
recirculated air duct kanal za optočni zrak, kanal za recirkulacioni zrak, recirkulacioni zračni kanal
recirculating (recirculation) air damper zaklopka za optočni zrak, zaklopka za recirkulacioni zrak, regulaciona žaluzija za optočni zrak
recirculating valve ventil za povrat (goriva), optočni ventil
recirculation optok (zraka), recirkulacija (zraka)
recirculation valve recirkulacioni ventil
recompute ponovno izračunati
recorder pisač, snimač; **chart room temperature** ~ pisač temperature u prostoriji za pomorske karte; **shipborne wave** ~ brodski valomjer; **tape** ~ magnetofon; **temperature** ~ pisač temperature; **Tucker wave** ~ Tuckerov valomjer; **wave** ~ valomjer
recording console stup s instrumentima
rectangle pravokutnik
rectangular pravokutan
rectangular (air) duct pravokutni (četvrtasti) (zračni) kanal
rectangular (air) ducting pravokutni (četvrtasti) (zračni) kanali
rectangular hatchway pravokutno grotlo
rectangular moment of inertia aksijalni moment tromosti
rectification ispravljanje (električne struje)
rectification of waterline ispravljanje vodne linije
rectifier ispravljač (električne struje)
rectify ispravljati (električnu struju)
rectilinear pravocrtan, pravolinijski
rectilinear motion pravocrtno gibanje, pravolinijsko gibanje
recuperative heat exchanger izmjenjivač topline s rekuperacijom, rekuperativni izmjenjivač topline
red lead olovni minij
reduce to zero svesti na nulu
reduced scale umanjeno mjerilo
reducer bushing redukciona čahura
reducing coupling redukcioni kolčak
reducing elbow redukciono koljeno
reducing valve redukcioni ventil; **normal** ~ obični redukcioni ventil
reduction gearing reduktor
reduction gears reduktor, redukcioni zupčanici; **double** ~ dvostepeni reduktor; **single** ~ jednostepeni reduktor

reduction of roll smanjenje ljuljanja
reduction valve redukcioni ventil
reefer kontejner s hlađenjem
reference plane referentna ravnina; **horizontal** ~ horizontalna referentna ravnina; **transverse** ~ poprečna referentna ravnina
refine pročistiti, dotjerati tekst (npr. ova pokušajna formulacija može se pročistiti i dotjerati — this tentative formulation can be refined and improved)
refined theory razrađena teorija
refinement pročišćenje, dotjerivanje (teksta)
reflection odbijanje, refleksija; **partial wave** ~ djelomična refleksija (odbijanje) vala; **wave** ~ refleksija (odbijanje) vala
reflector reflektor
refractory vatrostalni materijal, vatrootporni materijal
refractory brick šamotna opeka
refractory material vatrootporni materijal, vatrostalni materijal; **high temperature** ~ vatrootporni materijal za visoke temperature
refrigerant gas rashladni plin
refrigerated (reefer) cargo hlađeni teret (na približno 7⁰ do 12⁰C)
refrigerated cargo hold hlađeno skladište za teret
refrigerated cargo ship brod hladnjača
refrigerated container kontejner s hlađenjem
refrigerated hold hlađeno skladište, rashladno skladište, rashlađeno shladište
refrigerating compressor rashladni kompresor, kompresor za hlađenje
refrigerating condenser rashladni kondenzator
refrigerating machine rashladni stroj
refrigerating medium rashladno sredstvo
refrigerating plant rashladno postrojenje
refrigeration hlađenje, rashlađivanje; **self-contained** ~ samostalno rashlađivanje; **staged** ~ stepenasto rashlađivanje
refrigeration cycle rashladni krug; **primary** ~ primarni rashladni krug; **secondary** ~ sekundarni rashladni krug
refrigeration system rashladni sistem
refrigerator hladnjak, frižider
refuel izmjena goriva (kod reaktora)
refuelling installation postrojenje za izmjenu goriva (reaktora)
regenerate regenerirati
regenerating air supply fan ventilator za dovod regeneriranog zraka
regenerative-cycle gas turbine plinska turbina s izmjenjivačem topline
regenerative feedwater heating regenerativno zagrijavanje napojne vode
regenerative heat exchanger izmjenjivač topline s regeneracijom, regenerativni izmjenjivač topline; **rotary** ~ rotacioni regenerativni izmjenjivač topline

regenerator regenerator
register registar
regular head seas pravilni valovi u pramac
regular seas pravilni valovi
regular wave pravilan val
regulate regulirati
regulating valve regulacioni ventil
regulation regulacija, propis; **radio regulations** propisi o radio-komunikacijama
regulator regulator; **automatic boiler feedwater** ~ automatski regulator kotlovskog napajanja; **boiler feedwater** ~ regulator kotlovskog napajanja; **constant volume** ~ regulator konstantnog volumena (zraka); **cooling** ~ regulator rashladnog uređaja; **pressure** ~ regulator tlaka; **temperature** ~ regulator temperature, temperaturni regulator; **voltage** ~ regulator napona, naponski regulator
regulator installation regulacioni uređaj
reheat ponovno zagrijati. međuzagrijati, dogrijati
reheat air-conditioning system klimatizacioni sistem s dogrijavanjem
reheat chamber komora za međuzagrijanje
reheat system sistem dogrijavanja; **zone** ~ sistem dogrijavanja zone
reheater dogrijač, međuzagrijač; **hot water** ~ dogrijač tople vode, toplovodni dogrijač; **overhead-mounted zone** ~ stropni (stropno montiran) zonski dogrijač; **zone** ~ zonski dogrijač
reheater coil cijevni dogrijač sa spiralnim cijevima, dogrijač sa cijevnim vijugama
reheater control regulacija dogrijača (zraka)
reheating ponovno zagrijavanje, međuzagrijanje, dogrijavanje
reinforced pojačan, armiran; **non-** ~ nepojačan, nearmiran
reinforced concrete armirani beton
reinforced foundations armirani temelji
reinforcement pojačanje
reinforcing ring prsten za pojačanje, pojačivački prsten
relationship odnos; **Geiger-Nutall** ~ Geiger-Nutallov odnos
relative relativan
relative biological effectiveness relativna biološka efikasnost
relative humidity relativna vlažnost
relative motion relativno gibanje
relative rotative efficiency (of the propeller) utjecaj prijelaza (odnos iskoristivosti rada vijka iza broda i u slobodnoj vožnji)
relaxation relaksacija, aproksimativno približenje (kod numeričkih metoda), popuštanje (vijaka) puzanjem
relay relej
release osloboditi
releasing arrangements uređaji za oslobađanje broda (pri porinuću)

releasing gear for lifeboats uređaj za oslobađanje čamaca za spasavanje
reliability pouzdanost (u radu)
reliable pouzdan (u radu)
relief opterećenje; **stress** ~ popuštanje (unutrašnjih) napetosti
relief valve odušni ventil
relieve the stress popustiti (unutrašnje) napetosti
remote control daljinsko upravljanje, telekomanda
remote control switch prekidač daljinskog upravljanja, prekidač telekomande
repair popraviti
repair popravak; **costs of repairs** troškovi popravaka
repair department odjel za popravke, remont
repair ship brod radionica
repair shop radionica za popravke (za remont)
repair work rad na popravcima
replace zamijeniti (istrošeni dio novim), obnoviti
replacement zamjena (istrošenih dijelova novim), obnova; **costs of replacements** troškovi zamjene, obnove
represent the result prikazati rezultat
required zahtjevan
required metacentric height zahtijevana metacentarska visina
requirement zahtjev; **to comply with the requirements** biti u skladu sa zahtjevima; **to meet the requirements** udovoljiti zahtjevima; **to satisfy the requirements** zadovoljiti zahtjeve
research istraživanje
research work (work) istraživački rad
research worker znanstveni radnik, znanstvenik, istraživač
researcher znanstveni radnik, znanstvenik, istraživač
reserve feed tank tank rezervne napojne vode
reserve of freeboard rezerva nadvođa
reserve of stability rezerva stabiliteta
reservoir rezervoar
residual preostao (npr. preostali stabilitet nakon naplave — the residual stability after flooding)
residual metacentric height preostala metacentarska visina
residual oil rezidualno ulje (ostatak kod prerade nafte)
residuary resistance preostali otpor
residue ostatak (talog) tekućine
resin smola; **epoxy** ~ epoksidna smola
resist dati otpor, davati otpor
resistance otpor (»resistance« najčešće se upotrebljava u hidrodinamici, dok se »drag« najčešće upotrebljava u aerodinamici i za uronjena hidrodinamička tijela); **air** ~ otpor zraka; **bare-hull** ~ otpor golog trupa; **eddy (eddy making)** ~ otpor virova; **electric** ~ električni otpor; **form** ~ otpor forme; **frictional** ~ otpor trenja; **residuary** ~ preostali otpor; **separation** ~ otpor zbog odvajanja (strujanja); **shearing** ~ otpor na smik; **total** ~ ukupni otpor; **turbulent** ~ otpor zbog turbulentnog strujanja, otpor zbog turbulencije strujanja; **wave-making** ~ otpor valova; **wind** ~ otpor vjetra
resistance coefficient (C_R) koeficijent otpora
resisting couple reakcioni spreg sila
resisting forces otporne sile
resolve rastaviti (silu, brzinu) na dvije ili više komponenata
resonance rezonanca
resonance absorption rezonantna apsorpcija
resonance capture rezonantni zahvat
resonant rezonantan, u rezonanciji sa (npr. vibracije kormila u rezonanciji s frekvencijom krila brodskog vijka mogu biti pobuđene... — rudder vibration resonant with blade frequency can be excited by...); **nonresonant (non- ~)** nerezonantan, vanrezonantan
resonant amplitude amplituda rezonantnih vibracija
resonant hull amplitude amplituda rezonantnih vibracija trupa
resonant rolling rezonantno ljuljanje
resonant vibration(s) rezonantne vibracije
respond odzivati se, davati odziv
response odziv; **the ship record** ~ snimak odziva broda; **the ship's** ~ **to the component waves** odziv broda na komponente valova
response amplitude operator (RAO) modul prijenosne funkcije, operator amplitude odziva
response operator operator odziva
response spectrum spektar odziva
response to the regular waves odziv na pravilne valove
rest mirovati, počivati (npr. brod počiva (leži) na kobiličnim potkladama — the ship rests on keel blocks)
rest mirovanje; **to be at** ~ biti u stanju mirovanja; **to come to** ~ doći u stanje mirovanja
restore the ship to the upright position vratiti brod u uspravan položaj
restoring force povratna sila
restrain ograničiti (u gibanju), upeti, oduprijeti se (sili)
restrained upet, ograničen (u gibanju); **completely** ~ potpuno upet
restraining action djelovanje koje ograničuje slobodno deformiranje
restraint upetost, ograničenje (u gibanju); **edge** ~ upetost rubova; **elastic** ~ elastična upetost; **end** ~ upetost na krajevima (grede), upetost krajeva (grede);

panel ~ upetost panela; **partial panel** ~ djelomična upetost panela; **rotational edge** ~ upetost sa zakretanjem rubova
result proizlaziti, rezultirati
result rezultat; **to obtain the** ~ dobiti rezultat (npr. rezultat je dobiven, rezultat se dobiva — the result is obtained); **to represent the** ~ prikazati rezultat (npr. rezultati su prikazani u dijagramu — the results are represented in the diagram); **to set forth the** ~ iznijeti rezultat (npr. rezultati su detaljno iznijeti — the results are set forth in detail); **to show the** ~ pokazati rezultat (npr. rezultati su prikazani dijagramom — the results are shown in the diagram)
resultant rezultantan, rezultirajući
resultant rezultanta
resultant force rezultantna sila
resultant load rezultantno opterećenje
resulting tangential inertia force rezultirajuća tangencijalna komponenta inercijske sile
return air povratni zrak
return pipe povratna cijev, cijev za povratno strujanje, povratni vod, prestrujni vod
return tube povratna cijev, cijev za povratno strujanje, prestrujna cijev
return tubular boiler kotao s povratnim strujanjem
reverse frame bar proturebro
reversed okrenut, promijenjen u obrnuti smjer, obrnut (npr. predznak je obrnut — the sign is reversed) (u matematici)
reversible propeller prekretni brodski vijak
reversing engine prekretni stroj
reversing gas turbine prekretna plinska turbina
reversing turbine prekretna turbina, turbina s prekretom, turbina za vožnju krmom
revolution okret, okretaj, okretanje; **axis of** ~ os okretanja; **propeller revolutions** broj okreta brodskog vijka (propelera); **shell of** ~ rotacijska ljuska
revolutions per minute (rpm) broj okreta u minuti
revolve kružno se gibati, gibati se po kružnoj putanji, (npr. čestice vode u valovima kružno se gibaju po putanjama — the water particles in waves revolve in orbits)
Reynolds number (Rn) Reynoldsova značajka, Reynoldsov broj
rhenium renij (Re)
rhodium rodij (Rh)
ribband bočna traka saonika za održavanje smjera pri porinuću
rig opremiti
rig oprema, snast; **drilling rigs** platforma za bušenje

rig armature čelični dijelovi snasti jarbola, armatura snasti jarbola
rigged opremljen
rigging snast, oputa, opremanje broda sa snasti (oputom)
right angle pravi kut; **to be at right angles** biti pod pravim kutom
right angled koji ima pravi kut, koji je pod pravim kutom
right-angled triangle pravokutni trokut
right hand propeller desnokretni brodski vijak
right the ship uspraviti brod
righting arm (GZ) poluga momenta stabiliteta; **actual** ~ stvarna poluga momenta stabiliteta; **transverse** ~ poprečna poluga momenta stabiliteta
righting-arm curve krivulja poluga momenta stabiliteta
righting moment moment stabiliteta, moment uspravljanja
rigid krut
rigid coupling čvrsta (kruta) spojka
rigid liferaft (rigid life raft) kruta splav za spasavanje
rigidity krutost; **torsional** ~ torzijska (torziona) krutost
ring prsten; **diffusion** ~ difuzorski prsten; **oil scraper** ~ prsten strugača ulja (prsten koji struže ulje); **piston** ~ prsten klipa, prsten stapa, klipni prsten, stapni prsten; **reinforcing** ~ prsten za pojačanje, pojačivački prsten; **sealing** ~ brtveni prsten; **wearing** ~ **(clearance** ~**)** brtveni prsten, tijesnilo
ring floor prstenasta rebrenica
ring frame prstenasto rebro
ring groove utor prstena (klipa)
ring life buoy pojas za spasavanje
rise (rose, risen) dizati se
rise porast, povišenje; **temperature** ~ porast temperature
rise of floor (rise of bottom) visina kosine dna mjerena na boku broda, kosina dna, kosa linija dna (u nacrtu rebara), koso dno
riser uzlazna cijev, uzlazni kanal
risk opasnost; **fire** ~ opasnost od požara
river boat riječni brod
rivet zakovati
rivet zakovica
riveted joint zakovični spoj; **single-riveted butt joint with single strap** jednoredni zakovični sučeoni spoj s jednom vezicom; **single-riveted lap joint** jednoredni zakovični preklopni spoj
riveted structure zakovična konstrukcija
riveting zakivanje
riveting machine zakovični stroj
RMS (root mean square) oznaka za (drugi) korijen zbroja kvadrata srednjih vrijednosti
Rn (Reynolds number) oznaka za Reynoldsovu značajku (broj)

rocker arm klackalica
rod šipka, motka, štap; **absorbing** ~ apsorpcijski štap (u nuklearnoj tehnici); **connecting** ~ ojnica; **control** ~ upravljački štap (u nuklearnoj tehnici); **eccentric** ~ poluga ekscentra; **fuel** ~ gorivi štap (u nuklearnoj tehnici); **piston** ~ stapajica; **stayrod** kotva, kotvena šipka
roll ljuljati se, valjati (tehnološki postupak)
roll ljuljanje, pomak pri ljuljanju; **amplitude of** ~ amplituda ljuljanja; **angle of** ~ kut nagiba pri ljuljanju; **axis of** ~ os ljuljanja; **center of** ~ središte ljuljanja, polovica otklona pri ljuljanju; **decrement of** ~ smanjenje ljuljanja; **end of** ~ kraj ljuljanja, kraj otklona pri ljuljanju; **extinction of** ~ gušenje ljuljanja; **increment of** ~ prirast (povećanje) ljuljanja; **period of** ~ period ljuljanja; **reduction of** ~ smanjenje ljuljanja
roll inertia forces inercijske sile zbog ljuljanja
roll on/roll off ship (RO/RO ship) brod za horizontalni pretovar (prekrcaj) na kotačima, RO/RO brod
roll stabilization stabilizacija ljuljanja
rolled valjani (kod tehnološkog postupka)
rolled finished product valjani završni proizvod
rolled section valjani profil
rolled semifinished product valjani polufabrikat, poluproizvod
rolled shape valjani profil
rolled steel shape valjani čelični profil
roller valjak
roller bearings kotrljajući ležajevi
roller bracket (guide roller bracked) konzola vodilice teretnice
roller chock zjevača s valjcima
roller guide vodilica kotačića
roller guide housing kućište vodilice ventila
roller open chock otvorena zjevača s valjcima
roller race staza kotačića
roller transporter transporter s valjcima
rolling ljuljanje (broda), valjanje (tehnološki postupak); **forced** ~ prisilno ljuljanje; **free** ~ slobodno ljuljanje; **isochronous** ~ asinhrono ljuljanje; **resonant** ~ rezonantno ljuljanje; **synchronous** ~ sinhrono ljuljanje
rolling acceleration akceleracija zbog ljuljanja
rolling among waves ljuljanje na valovima
rolling end over end ljuljanje s kraja na kraj
rolling force sila ljuljanja; **horizontal** ~ horizontalna komponenta sile ljuljanja; **vertical** ~ vertikalna komponenta sile ljuljanja
rolling friction valjno (kotrljajuće) trenje

rolling in still water ljuljanje na mirnoj vodi
rolling loads opterećenja zbog ljuljanja
rolling mill valjaonica
rolling motion gibanje ljuljanja
rolling of the ship ljuljanje broda
room thermostat sobni termostat
root korijen; **spray** ~ ishodište prskanja vode/mora pri udaranju broda
root chord duljina ili tetiva profila na korijenu (krila, lopatice, brodskog vijka, kormila)
root of the propeller blade korijen krila (brodskog) vijka
rope uže, konop; **fibre** ~ vlaknasto uže; **fixed span** ~ nepomična (fiksna) klobučnica; **manila** ~ uže od manile; **span** ~ uže klobučnice, klobučnica; **steel wire** ~ čelično uže, čelik čelo; **synthetic** ~ sintetsko uže, uže od sintetskog vlakna; **topping** ~ uže podizača samarice; **towrope** uže za teglenje; **wire** ~ čelično uže
rope circumference opseg užeta
rope diameter promjer užeta
RO/RO ship (roll on/ roll off ship) brod za horizontalni pretovar (prekrcaj) na kotačima
rotary rotacijski (rotacioni), okretni, okretljiv
rotary davit okretljiva soha
rotary pump rotacijska (rotaciona) pumpa
rotary regenerative heat exchanger rotacijski (rotacioni) regenerativni izmjenjivač topline
rotate rotirati, okretati (se), vrtjeti (se)
rotating rotirajući, koji rotira
rotating element rotirajući element, element koji rotira
rotating machinery rotacijski (rotacioni) strojevi; **high-speed** ~ rotacijski (rotacioni) strojevi s velikim brojem okreta
rotating motion rotacijsko (rotaciono) gibanje
rotating weight neutralizer neutralizator s rotirajućom masom (utegom)
rotation rotacija, okretanje, vrtnja; **axis of** ~ os rotacije, os okretanja, os vrtnje; **propeller** ~ okretanje vijka; **speed of** ~ brzina rotacije, brzina okretanja, brzina vrtnje
rotational rotacijski (rotacioni) okretni
rotational edge restraint upetost sa zakretanjem rubova
rotational energy energija vrtnje
rotational flow vrtložno strujanje (rotor brzine različit od nule)
rotational motion rotacijsko (rotaciono) gibanje, vrtložno strujanje (strujanje tekućine pri kojem je rotor brzine različit od nule)
rotational velocity brzina vrtnje
rotative speed brzina okretanja
rotor rotor

rough out izraditi u grubim crtama (npr. Nacrti, specifikacije linije itd. izrađene su u grubim crtama. — The plans, specifications, lines etc. are roughed out.)
rough sea uzburkano more, nemirno more
round okrugao
round (round bar) okrugli profil
rounds (round bars) okrugli profili
round (circular) (air) duct okrugli (zračni) kanal
round stem zaobljena pramčana statva
rounding zaobljenost (npr. zaobljenost bulba — the rounding of the bulb)
route usmjeriti, voditi
route put (ruta)
rowing boat čamac za veslanje
rowlock viljuška za veslo
rpm (revolutions per minute) oznaka za broj okreta u minuti
rubber dinghy gumeni čamc
rubbing bar zaštitni profil, odbojnik
rubidium rubidij (Rb)
rudder kormilo; **balanced** ~ balansno kormilo; **bow** ~ pramčano kormilo; **depth** ~ dubinsko kormilo (na podmornici); **double plate** ~ dvolisno kormilo, dvoplošno kormilo; **nozzle** ~ kormilo sapnica, kormilo sa sapnicom; **one pintle** ~ kormilo s jednim štencem; **partly underhung (simple pintle)** ~ djelomično zavješeno kormilo s jednim štencem; **plate** ~ kormilo oblika ploče; **semibalanced** ~ polubalansno kormilo; **simplex** ~ simpleks kormilo; **single plate** ~ jednolisno kormilo, jednoplošno kormilo; **spade** ~ sped kormilo; **stern** ~ krmeno kormilo; **thrust** ~ poprečno kormilo; **to unship the** ~ skinuti kormilo s broda; **twin rudders** dva kormila, udvojena kormila; **two pintle** ~ kormilo s dva štenca; **unbalanced** ~ nebalansno kormilo; **underhung** ~ zavješeno kormilo; **underhung (spade)** ~ zavješeno (sped) kormilo; **watertight** ~ vodonepropusno kormilo
rudder angle kut otklona kormila, kut između simetrale kormila i simetrale broda
rudder angle indicator pokazivač (kuta) otklona kormila
rudder area površina kormila
rudder axle osovina kormila
rudder bearing ležaj kormila
rudder blade ploča kormila, list kormila
rudder brake kočnica kormila, kočnica na kormilu

rudder bushing košuljica za štenac kormila
rudder carrier nosač kormila
rudder control upravljanje kormilom
rudder coupling spojka kormila
rudder crosshead jaram kormila
rudder eye oko za osovinu kormila
rudder flutter treperenje kormila, vibriranje kormila
rudder forward pramčano kormilo, kormilo na pramcu
rudder frame rebro kormila
rudderhead (rudder head) glava kormila
rudderhead bearing ležaj glave kormila
rudder helm rudo kormila, poluga kormila
rudder hole otvor za osovinu kormila
rudder horn kuka na kormilu (za učvršćenje lanaca kojima se kormilari), rog kormila
rudder indicator pokazivač kuta otklona kormila, pokazivač položaja kormila
rudder moment moment kormila
rudder pintle štenac, osnac, svornjak kormila
rudder plate ploča kormila, list kormila
rudder post statva kormila
rudder setting položaj kormila
rudder stock osovina kormila
rudder stop graničnik kormila, stoper kormila
rudder stuffing box brtvenica kormila
rudder tiller rudo kormila, poluga kormila
rudder torque zakretni moment kormila
rudder trunk kanal za osovinu kormila
rudder vibration vibracije kormila; **self-excited** ~ samouzbudne vibracije kormila
rule pravilo; **construction** ~ pravilo za konstrukciju; **slide** ~ logaritamsko računalo; **Tchebycheff's rules** Čebičefljeva pravila; **trapezoidal** ~ trapezno pravilo
rule out isključiti (npr. Ova mogućnost ne može se isključiti u budućem razvoju. — This possibility cannot be ruled out in the future development.)
run (ran, run) ići, biti u pogonu, protezati se, pružati se (npr. za konstrukcijski element)
run the trials voziti pokusnu plovidbu
running hod za (stroj); **slow** ~ polagani hod
runnig balance dinamička ravnoteža (stroja)
rupture lom
rust rđati
rust rđa
ruthenium rutenij (Ru)

S

S (wetted surface) oznaka za oplakanu površinu
S_u (ultimate strength) oznaka za konvencionalno uzetu maksimalnu čvrstoću
safe working load (SWL) dozvoljeno opterećenje
safety sigurnost; **factor of** ~ faktor sigurnosti
safety equipment zaštitna oprema; **radiation** ~ zaštitna oprema od zračenja (radijacije), oprema za zaštitu od zračenja (radijacije)
safety flange zaštitna prirubnica
safety injection accumulator sigurnosni injekcijski akumulator (u nuklearnoj tehnici)
safety thermostat sigurnosni termostat
safety valve sigurnosni ventil, **duplex** ~ dvostruki sigurnosni ventil; **superheater** ~ sigurnosni ventil pregrijača; **tank** ~ sigurnosni ventil tanka, zaštitni ventil tanka
sag imati progib; **the ship is sagging** brod je u progibu, brod ima progib
sag progib, pretičak uzgona na krajevima (npr. Brod je savijen na progib. — The ship is deflected in sag.)
sagged u progibu (brod ima pretičak uzgona na krajevima — the ship in a sagged condition)
sagging progib
sagging bending moment moment savijanja koji uzrokuje progib
sagging wave bending moment moment savijanja na valu koji uzrokuje progib
sail jedriti, ploviti, otploviti
sail jedro; **stay** ~ letno jedro; **studding** ~ pobočno jedro; **topsail** košno jedro
sailing jedrenje, plovidba
sailing boat jedrilica
sailing ship jedrenjak
sailing vessel jedrenjak
salinity indicator indikator saliniteta, pokazivač saliniteta
salinometer salinometar
salinometer cock pipac salinometra
sallying pokus ljuljanja
salvage equipment oprema za spasavanje
samarium samarij (Sm)

samson post teretni stup
sand mold (mould) pješčani kalup
sanitary discharge sanitarni odvod
sanitary pump sanitarna pumpa
sanitary scavenging installation instalacija za ispiranje sanitarnih uređaja
sanitary system sanitarni cjevovodni sistem
satisfy the equation zadovoljiti jednadžbu
satisfy the requirements zadovoljiti zahtjeve, udovoljiti zahtjevima
saturated zasićen
saturated auxiliary stop (valve) pomoćni ventil za zasićenu paru
saturated steam zasićena para
saturation zasićenje; **anode** ~ anodno zasićenje; **current** ~ strujno zasićenje
saturation pressure tlak zasićenja
scaffolding skela (za gradnju)
scalar quantity skalarna veličina
scale oljuštiti kamenac
scale mjerilo, kotlovni kamenac; **full size** ~ mjerilo u prirodnoj veličini; **reduced** ~ umanjeno mjerilo
scale drawing nacrt u mjerilu
scale effect utjecaj mjerila
scale of area mjerilo za površinu, mjerilo površine
scale of height mjerilo po visini
scale of length mjerilo po duljini
scale working drawings radionički nacrti u umanjenom mjerilu
scaling ljuštenje, struganje
scallop skalop, urez za olakšanje
scandium skandij (Sc)
scantling dimenzija (građevnog dijela, elementa)
scantling draft gaz na osnovi kojeg se vrši dimenzioniranje konstrukcijskih elemenata
scatter raspršenost; **back** ~ povratna raspršenost
scattering raspršenje; **atomic** ~ atomsko raspršenje; **classical** ~ klasično raspršenje; **Coulomb** ~ Coulombovo raspršenje; **Thomson** ~ Thomsonovo raspršenje
scattering cross-section udarni presjek raspršenja (u nuklearnoj fizici)

scavenge air (scavenging air) zrak za propuhivanje, ispiranje (plinova u dizel-motoru)
scavenging propuhivanje, ispiranje
scavenging air space komora za zrak za propuhivanje
scavenging ports raspori (okna) za propuhivanje (ispiranje)
schedule (vremenski) programirati radove, operacije itd.
schedule (vremenski) program radova, operacija itd., raspored radova, operacija itd.
scheduling (vremensko) programiranje radova, operacija itd.
scope omjer između duljine lanca i dubine sidrenja, duljina sidrenog lanca
Scotch boiler škotski kotao
Scotch marine boiler škotski brodski kotao
scouting izviđanje
scraps otpaci; **steel** ~ čelični otpaci
screw uvijati, uviti
screw vijak, propeler; **cap** ~ glavati vijak
screw cutting machine stroj za rezanje navoja
screw displacement pump vijčana istisninska pumpa
screw propeller brodski vijak, vijčani propeler
screw pump vijčana pumpa
screwed joint vijčani spoj
screwed pipe joint spoj cijevi narezom
scum pipe cijev za otpjenjivanje (kotla)
scupper otvor za otjecanje tekućine (npr. vode, balasta, tekućeg tereta), lakomica
sea more; **calm** ~ mirno more; **rough** ~ uzburkano more, nemirno more; **severe** ~ žestoko more, veliko more; **storm** ~ olujno more
seas more, valovi; **beam** ~ valovi u bok, more u bok; **bow** ~ valovi u pramac; **following** ~ valovi u krmu, more u krmu; **head** ~ valovi u pramac, more u pramac; **irregular** ~ nepravilni valovi; **irregular head** ~ nepravilni valovi u pramac; **irregular storm** ~ nepravilni olujni valovi, nepravilni valovi za vrijeme oluje; **long-crested** ~ dugobregoviti valovi; **long-crested irregular** ~ dugo bregoviti nepravilni valovi; **oblique** ~ kosi valovi, valovi koso na brod; **oblique bow** ~ valovi koso u pramac; **quartering** ~ valovi koso u krmu; **regular** ~ pravilni valovi; **regular head** ~ pravilni valovi u pramac; **short-crested** ~ kratkobregoviti valovi; **short-crestedness of storm** ~ kratkobregovitost olujnih valova
sea barge (ship) brod za teglenice na principu doka sa sinhroliftom
sea conditions uvjeti mora
sea-going qualities of a ship plovidbenost broda (pomorska svojstva broda)

sea shore morska obala
sea spectrum spektar valova
seakeeping pomorstvenost
sea-keeping qualities of a ship pomorstvenost broda (ponašanje, držanje broda na valovima)
seal zabrtviti, brtviti, hermetički zatvoriti
seal brtva; **labyrinth** ~ labirintna brtva
sealed compressor hermetički zatvoren kompresor
sealing brtvljenje, brtva; **pipe** ~ brtvljenje cijevi
sealing ring brtveni prsten
seam šav; **welded** ~ zavareni šav
seaman pomorac
seamless steel pipe bešavna čelična cijev
seaplane hidroavion
seaplane tender matica za hidroavione
search light reflektor
seating sjedište, postolje; **engine** ~ postolje (fundamenti, temelji) motora/stroja; **valve** ~ sjedište ventila
seawater morska voda, more
seawater discharge ispuštanje morske vode (mora)
seawater supply dovod morske vode (mora)
seaway morski put, put po moru
seaworthiness plovnost (sposobnost plovljenja)
second order parabola parabola drugog reda
secondary (secondary winding) sekundar, sekundarna zavojnica (npr. u transformatoru)
secondary refrigeration cycle sekundarni rashladni krug
section presjek, profil, sekcija, odjeljenje; **airfoil** ~ aerodinamički profil (lopatice, krila, propelera); **cross-** ~ presjek, poprečni presjek; **fire** ~ protupožarno odjeljenje (na brodu); **longitudinal** ~ uzdužni presjek; **midship** ~ presjek glavnog rebra; **portable** ~ skidljiv dio, pokretni dio; **prefabricated** ~ prefabricirana (polumontažna) sekcija; **rolled** ~ valjani profil; **station** ~ teoretsko rebro; **streamlined** ~ strujni profil; **tail of the airfoil** ~ stražnji (izlazni) brid aerodinamičkog profila; **transverse** ~ poprečni presjek
section modulus moment otpora (poprečnog presjeka); **hull** ~ moment otpora (poprečnog presjeka) trupa; **hull girder** ~ moment otpora (poprečnog presjeka) uzdužnih veza trupa
section moment of inertia moment inercije presjeka
sectional area površina presjeka
sectional moment of inertia moment inercije površine presjeka
sectional view presjek (projekcija koja pokazuje presjek)

secular equilibrium sekularna ravnoteža (u nuklearnoj fizici)
secure učvrstiti
select a design odabrati projekt (nacrt)
selenium selen (Se)
self-absorption samoapsorpcija
self-contained nezavisan, samostalan
self-contained air conditioner klima-ormar, samostalan kondicionator zraka
self-contained refrigeration samostalno (nezavisno) hlađenje (rashlađivanje)
self-excited rudder vibration samouzbudne vibracije kormila
self-excited vibration samouzbudne vibracije
self-excitation samouzbuda
self-pressurise samostalno stvarati tlak
self-propelled s vlastitom propulzijom
self-scattering samoraspršenje
semibalanced rudder polubalansno kormilo
semicircle polukrug
semi-closed cycle poluzatvoreni kružni proces
semifinished product poluproizvod, polufabrikat; **rolled** ~ valjani poluproizvod
semi-killed mild steel polusmireni meki čelik
semi portal crane poluportalna dizalica
semi-spade rudder djelomično zavješeno sped kormilo
semisubmersible poluuronjiv
sense osjetiti
sense of the force smisao sile, smjer sile
sensing element osjetni instrument, senzor
separately fired superheater separatno loženi pregrijač
separation drag otpor zbog odvajanja (strujanja)
separation point točka odvajanja (strujanja)
separation resistance otpor zbog odvajanja (strujanja)
separator separator; **electromagnetic** ~ elektromagnetski separator; **oil** ~ uljni separator
series serija; **Balmer** ~ Balmerova serija; **Brackett** ~ Brackettova serija; **radioactive** ~ radioaktivna serija; **connected in** ~ spojen u seriju, serijski spojen (elektrotehnički pojam)
series a. c. (alternating current) motor serijski motor izmjenične struje
series circuit serijski strujni krug
series d. c. (direct current) motor serijski motor istosmjerne struje, serijski istosmjerni motor
series motor serijski motor
series-parallel circuit serijski paralelni strujni krug
service služba, eksploatacija
service speed brzina u eksploataciji, brzina u službi; **maximum** ~ maksimalna brzina u eksploataciji

set položaj, smještaj, garnitura, agregat; **proper** ~ ispravan položaj, ispravan smještaj
set a limit postaviti granicu, utvrditi granicu
set forth the result iznijeti rezultat
set-in superstructure stepenasto nadgrađe
set up (set up, set up) izazvati (npr. valovi izazivlju ljuljanje broda — the waves set up rolling of the ship), nastati, stvarati se (npr. sila nastaje (stvara se) zbog obodnog gibanja — the force is set up by the orbital motion; naprezanja nastaju — the stresses are set up)
set up a condition uspostaviti stanje
setting stavljanje u položaj; **rudder** ~ položaj kormila
(the) setting of limits utvrđivanje granica, postavljanje granica
settle utvrditi, ustanoviti (npr. radni uvjeti utvrđuju koji tip pramca i krme valja upotrijebiti — the operating conditions settle which type of bow and stern are to be used), umiriti se, smiriti se, gibati se sa sve manjim amplitudama (npr. ako ne djeluju neke druge sile, brod će se umiriti kad sila uzgona bude jednaka težini — if no other forces are acting the ship will settle until the force of buoyancy equals the weight), taložiti se
settling umirivanje, smirivanje, gibanje sa sve manjim otklonima, ustaljenje (npr. umirivanje broda uzrokovano gibanjem prema naprijed — the settling of the ship caused by forward motion)
settling tank (settler) taložni tank, tank za odvajanje (nečistoća/vode od ulja); **port** ~ lijevi taložni tank; **starboard** ~ desni taložni tank
severe snažan, žestok (npr. ljuljanje je žestoko — the rolling is severe)
sextant sekstant
shackle karika, okov, škopac (lanca)
shaded area (on the diagram) šrafirana površina (na dijagramu)
shaft osovina, vratilo; **bored** ~ izbušena osovina; **camshaft** bregasta osovina; **crankshaft** koljenasta osovina; **driven** ~ pogonjena osovina; **driving** ~ pogonska osovina; **eccentric** ~ ekscentarska osovina; **high-speed** ~ osovina s velikom brzinom vrtnje, osovina s velikim brojem okreta, visokoturažna osovina; **intermediate** ~ međuosovina; **line** ~ osovinski vod; **open** ~ **with struts** osovina (bez nogavica) sa skrokovima; **propeller** ~ osovina brodskog vijka (propelera); **skew shafts** mimosmjerne osovine, ukrštene osovine; **solid** ~ puna osovina; **spread of the shafts** divergentnost osovina, razdvojenost osovina, neparalelnost osovina; **steel forged thrust** ~ odrivna osovina iz kovanog čelika; **tail** ~ okrajak propelerske oso-

vine (krajnji dio propelerske osovine izvan broda); **thrust** ~ odrivna osovina
shaft alley osovinski tunel, tunel osovinskog voda, prolaz za osovinu
shaft alley bilge kaljuža osovinskog tunela, kaljuža tunela osovinskog voda
shaft bearings osovinski ležajevi
shaft brackets osovinski skrokovi
shaft horsepower (SHP, shp, P_S) snaga na osovini, osovinska snaga
shaft packing brtvljenje osovine
shaft struts skrokovi osovine
shaft transmission efficiency stupanj iskoristivosti osovinskog voda
shaft transmission losses gubici osovinskog prijenosa
shaft tunnel tunel za osovinu, osovinski tunel
shaft tunnel bearings osovinski ležajevi u tunelu
shafting osovinski vod, osovinski sistem, sistem osovina, osovine
shallow plitak (za more), niski (za brodski trup)
shape oblikovati
shape oblik, profil; **rolled** ~ valjani profil; **rolled steel** ~ valjani čelični profil
shape fabrication obrada profila
shaped oblikovan
shaping oblikovanje (npr. limova)
shaping machine (shaper) kratkohodna blanjalica
sharp stem oštra pramčana statva
shear smik; **fluid** ~ smik u tekućini (unutrašnje trenje u tekućini); **longitudinal** ~ uzdužni smik; **zero** ~ smik jednak nuli, nema smika
shear and bending moment curves krivulje smičnih poprečnih sila i momenata savijanja
shear deflection progib zbog smičnih sila (naprezanja)
shear flow viskozno strujanje, strujanje uz pojavu smičnih naprezanja
shear force smična sila
shear stiffness krutost kod smika
shear stress smično naprezanje, naprezanje zbog smika
shearing smični
shearing force smična sila
shearing machine strojne škare za lim
shearing resistance otpor na smik
shearing stress smično naprezanje, naprezanje zbog smika
sheathed deck obložena paluba
sheave užnica; **built-in** ~ ugrađena užnica
sheer odstupiti od pravca (kursa)
sheer skok (uzvoj) palube, položaj usidrenog broda jednim sidrom; **average** ~ srednji (prosječni) skok
sheer aft skok na krmi, uzvoj palube na krmi
sheer drawing nacrt uzdužnica, nacrt vertikala (uzdužni presjek broda)

sheer forward skok na pramcu, uzvoj palube na pramcu
sheer line linija palubnog uzvoja, linija skoka; **molded (moulded)** ~ teoretski skok palube
sheer plan nacrt uzdužnica, nacrt vertikala (uzdužni presjek)
sheer strake završni voj
sheet ploča, lim; **boiler front tube** ~ prednja cijevna stijena (ploča) kotla; **crown** ~ stropna ploča na vrhu povratne komore škotskog kotla; **front tube** ~ prednja cijevna stijena (ploča); **tube** ~ cijevna stijena, cijevna ploča
sheet cavitation slojasta kavitacija
sheet steel čelični lim; **galvanized** ~ galvanizirani (pocinčani) čelični lim
shelf-piece potpornjak, odstojnik
shell oplata, vanjska oplata, oploćenje, plašt; **boiler** ~ plašt kotla; **bottom** ~ vanjska oplata dna; **bottom side** ~ dio oplate boka; **condenser** ~ plašt kondenzatora; **innerbottom** ~ oploćenje dvodna; **main hull side** ~ bočna oplata trupa bez nadgrađa; **port side** ~ oplata lijevog boka; **side** ~ oplata boka, bočna oplata; **starboard side** ~ oplata desnog boka; **steel plate** ~ oplata od čeličnih limova; **top side** ~ gornji dio oplate boka
shell ljuska; **electron** ~ elektronska ljuska; **K-** ~ K-ljuska; **L-** ~ L-ljuska; **M-** ~ M-ljuska; **N-** ~ N-ljuska; **O-** ~ O-ljuska; **P-** ~ P-ljuska; **Q-** ~ Q-ljuska;
shell edge rub vanjske oplate
shell expansion plan nacrt razvoja oplate, plan razvijene oplate
shell girder (uzdužni) nosač vanjske oplate (broda)
shell of revolution rotacijska ljuska
shell opening otvor u oplati (broda)
shell plating vanjska oplata (broda)
shield štit; **biological** ~ biološki štit (u nuklearnoj tehnici); **thermal** ~ termalni štit, toplinski štit (u nuklearnoj tehnici)
shielding zaštita; **biological** ~ biološka zaštita
shielding effect utjecaj zaklanjanja (od vjetra)
shift premjestiti, premještati, pomicati (npr. premjestiti teret, premještati teret, pomicati teret — to shift the load)
shift premještaj (npr. premještaj tereta — the shift of load; premještaj težina — the shift of weights), pomak (npr. pomak težišta sistema — the shift of the center of gravity)
shifted pomaknut, premješten
shim metalna podloška (u ležaju)
ship dovesti, unijeti u (na) brod
ship brod; **auxiliary** ~ pomoćni brod; **cargo** ~ teretni brod; **cargo passenger** ~ teretno-putnički brod, **combatant** ~ bojni brod; **container** ~ kontejnerski brod; **cross-channel** ~ brod za prijelaz kanala;

diesel-driven ~ brod s pogonom na dizel--motor; **double skin** ~ brod s dvostrukom oplatom; **dry cargo** ~ brod za suhi teret; **even keel** ~ brod na ravnoj kobilici; **fighting** ~ borbeni brod; **fruit** ~ brod za voće; **fuel** ~ brod za gorivo; **full-formed** ~ brod pune forme; **fully water-borne** ~ brod u potpuno plovnom stanju; **general cargo** ~ brod za opći (generalni) teret; **light** ~ prazan brod, brod bez tereta; **merchant** ~ trgovački brod; **midship** srednji dio broda; **motor** ~ motorni brod; **multi screw** ~ viševijčani brod, brod s više vijaka; **naval** ~ ratni brod; **nuclear** ~ nuklearni brod; **OBO (ore, bulk, oil)** OBO brod, brod za rudu, rasuti teret i naftu; **partially water-borne** ~ brod u djelomično plovnom stanju; **passenger** ~ putnički brod; **refrigerated cargo** ~ brod hladnjača; **repair** ~ brod radionica; **roll-on/roll-off (RO/RO)** RO/RO brod, brod za pretovar na kotačima; **sailing** ~ jedrenjak; **single bottom** ~ brod s jednim dnom; **single skin** ~ brod s jednostrukom oplatom; **single deck** ~ jednopalubni brod; **steam** ~ parni brod; **steel** ~ čelični brod; **stranded** ~ nasukan brod; **sunken** ~ potonuli brod; **to upset the** ~ izbaciti brod iz ravnotežnog položaja; **twin-screw** ~ dvovijčani brod; **vibrating** ~ brod koji vibrira; **vibration-free** ~ brod koji ne vibrira; **warship** ratni brod; **water-borne** ~ brod u plovnom stanju; **well-deck** ~ brod sa zdencem; **wooden** ~ drveni brod
ship behavior in regular waves ponašanje broda na pravilnim valovima
ship behavior in waves ponašanje broda na valovima
ship's centerline plane simetralna ravnina broda, ravnina simetrije broda
ship clock brodski sat
ship construction brodska konstrukcija
ship's crane (shipcrane) brodska dizalica
ship's crane cargo gear teretni uređaj brodske dizalice
ship's electric power station brodska elektrana
ship's heading napredovanje broda
(the) ship heels (the ship is heeled) brod se naginje (brod je nagnut) (npr. brod se naginje u jednom smjeru — the ship heels in one direction; brod je nagnut do 5⁰ — the ship is heeled to 5⁰)
ship's hull (ship hull) brodski trup, trup broda
ship hull girder brodski trup kao nosač
ship in light condition prazan brod (težina broda bez tereta)
(the) ship in a sagged condition brod u stanju progiba, brod s pretičkom uzgona na krajevima
(the) ship is deflected in sag brod je savijen na progib

(the) ship is inclined brod je nagnut
(the) ship is listed brod je nagnut
(the) ship is out of trim brod nije trimovan
(the) ship is sagging brod ima progib
ship oscillations oscilacije broda
ship's piping (system) brodski cjevovod, brodski cjevovodni sistem
ship's power plant brodsko pogonsko postrojenje
ship propeller brodski vijak
ship's radio equipment brodska radio-oprema
ship response record snimka odziva broda
(the) ship's response to the component waves odziv broda na komponente valova
ship stabilization stabilizacija broda
ship steel brodski čelik
ship stowing of containers in cells uskladištenje kontejnera u ćelije na brodu
ship structure struktura broda, brodska struktura
ship's telephone (installation) brodski telefon (telefonski uređaj)
ship's ventilating system brodski ventilacijski sistem
ship ventilation system brodski ventilacijski sistem
ship vibration vibracije broda
ship's water fire fighting main glavni dovod vode za gašenje požara na brodu
ship's wireless (radio) equipment brodska radio-oprema (uređaj)
shipboard foundations brodski temelji
shipboard foundation vibration(s) vibracije brodskih temelja
shipboard swimming pool bazen za plivanje na brodu, brodski bazen za plivanje
shipbuilder brodograditelj
shipbuilding brodogradnja
shipbuilding department brodograđevno odjeljenje (u brodogradilištu)
shipbuilding industry brodograđevna industrija
shipmaster zapovjednik broda
shipped transportiran, otpremljen brodom
shipping water (shipping of water) prelijevanje mora preko palube
shiptainer (skraćeno od **ship container crane**) brodska kontejnerska dizalica
shipway saonik, kanal za brodove
shipyard brodogradilište
shock šok (kratkotrajni udar visokog intenziteta)
shock loading udarno opterećenje
shoes papuče; **guide** ~ klizne papuče; **steel cast guide** ~ klizne papuče od lijevanog čelika
shop radionica; **electrical** ~ elektromehanička radionica; **fabrication** ~ radionica za obradu limova i profila; **joiners'** ~ stolarska radionica; **locksmith** ~ bravarska radionica; **maintenance** ~ radionica za održavanje; **pipe** ~ cjevarska

radionica, cjevara; **plate** ~ radionica za obradu limova; **prefabrication** ~ hala za predmontažu; **repair** ~ radionica za popravke, remontna hala
shore obala, upora; **sea** ~ morska obala; **spur** ~ kosa upora
shore crane obalna dizalica
shoring upore, skup upora
short bridge kratki most
short circuit kratki spoj (u strujnom krugu)
short circuit calculations proračun kratkog spoja
short crested seas kratkobregoviti valovi
short-crested waves kratkobregoviti valovi
short-crestedness kratka bregovitost
short-crestedness of storm seas kratka bregovitost olujnih valova
short forecastle kratki kaštel
short poop kratki kasar, kratka krmica
short superstructure kratko nadgrađe
shot blast sačmariti, pjeskariti
shot blasting sačmarenje, pjeskarenje
shoulders ramena (rame); **aft (wave) system** ~ valni sistem stražnjih ramena (sistem valova zbog ramena na krmenim vodnim linijama); **after shoulders** stražnja ramena; **fore (wave) system** ~ valni sistem prednjih ramena (sistem valova zbog ramena na pramčanim vodnim linijama); **forward shoulders** prednja ramena; **pronounced shoulders** naglašena ramena u vodnim linijama
show the result pokazati rezultat
SHP (shp, P_S) (shaft horsepower) oznaka za snagu na osovini
shrink (shrank, shrunk) stezati se, skupiti se (za materijal)
shrinkage stezanje, skupljanje (za materijal); **welding** ~ stezanje kod zavarivanja
shroud vijenac (kod pumpe), pripona (uže koje zateže nešto, npr. jarbol prema boku)
shut down (shut down, shut down) isključiti, izvrstiti, obustaviti pogon (npr. stroj je isključen — the machine is shut down; kotao je isključen — the boiler is shut down)
shut-down isključenje (pogona), izvrštenje (pogona), obustavljanje pogona
shutdown temperature temperatura (konstrukcijskog elementa) kod isključenja zagrijavanja
shut off (shut off, shut off) isključiti, zatvoriti (dovod nekog medija)
shutoff valve ventil za isključivanje, zaporni ventil
side strana, stranica (geometrijskog lika), bok broda; **port** ~ lijeva strana broda, lijevi bok; **starboard** ~ desna strana broda, desni bok; **windward** ~ vjetrometina

side ballast tank bočni balastni tank
side blocks bočne potklade
side bulkhead bočna stijena u nadgrađu, bočna pregrada
side coaming bočna pražnica
side derrick bočna samarica
side fork lift truck viljuškar s bočnim zahvatom
side frame bočno rebro
side girder bočni nosač; **bottom** ~ bočni nosač dna; **hatch** ~ bočni nosač grotla; **intercostal** ~ interkostalni (umetnuti) bočni nosač; **watertight** ~ vodonepropusni bočni nosač
side keelson bočno pasmo
side launching bočno porinuće
side loader carrier (pre)vozilo za bočni prekrcaj kontejnera
side loading container kontejner za bočni prekrcaj
side longitudinal uzdužnjak boka
side planking trenice boka
side plating oplata boka; **deckhouse** ~ oplačenje vanjske stijene palubne kućice; **superstructure** ~ bočna oplata nadgrađa
side port bočna vrata, bočni otvor
side shell bočna oplata, oplata boka; **bottom** ~ donji dio bočne oplate; **main hull** ~ oplata trupa bez nadgrađa; **port** ~ oplata lijevog boka; **starboard** ~ oplata desnog boka; **top** ~ gornji dio bočne oplate
side stringer plate (side stringer) bočna proveza
side tank bočni tank
side transverse poprečnjak boka
side valve stojeći ventil
side view bokocrt
sideways bočno (npr. brod je porinut bočno — the ship is launched sideways)
sighting batten letva za viziranje
sign predznak; **to be opposite in** ~ biti suprotnog predznaka, imati suprotni predznak
(the) sign is reversed predznak je obrnut (u matematici)
sign the contract potpisati ugovor
signal signalizirati
signal signal; **flag** ~ signalna zastavica; **fog** ~ signal za maglu
signal mast signalni jarbol
signalling device signalni uređaj, signalno sredstvo
silencer prigušivač (buke)
silicate silikat
silicon silicij (Si)
silicon-killed steel silicijem smireni čelik, čelik smiren silicijem
sill prag
sill height visina praga
silver srebro (Ag)

similitude sličnost; **the general law of mechanical** ~ opći zakon mehaničke sličnosti
simple beam theory jednostavna teorija grede
Simpson's first rule Simpsonovo prvo pravilo
Simpson's multipliers Simpsonovi faktori
sine sinus
sine curve sinusna krivulja, sinusoida
sine wave sinusni val
singing propeller pjevajući brodski vijak
single pojedinačan, jedno + pridjev (npr. jednostruk, jednostepen itd.)
single acting jednoradni
single boom jednostruka samarica
single bottom s jednim dnom, jedno dno
single bottom ship brod s jednim dnom
single curvature jednostruka zakrivljenost
single deck ship jednopalubni brod
single derrick boom jednostruka samarica
single-end boiler jednostruki kotao (loženje s jedne strane)
single force pojedinačna sila, pojedina sila
single pass condenser jednoprolazni kondenzator
single-pass sinuous header-type marine boiler brodski jednoprolazni kotao sa sekcijama, sekcioni kotao s jednim prolazom
single plate rudder jednolisno kormilo, jednoplošno kormilo, kormilo iz jedne ploče,
single reduction gears jednostepeni reduktor
single-riveted butt joint with single strap jednoredni zakovični sučeoni spoj s jednom vezicom
single-riveted lap joint jednoredni zakovični preklopni spoj
single screw ship jednovijčani brod, jednopropelerni brod, brod s jednim vijkom
single skin ship brod s jednostrukom oplatom
single-span stiffener ukrepa s jednim rasponom
single-stage centrifugal pump jednostepena centrifugalna pumpa
single-suction impeller jednoulazni rotor pumpe
single-suction pump jednousisna pumpa
single track crane dizalica za jedan kolosijek
singularity singularitet (matematički pojam)
sink (sank, sunk) uroniti, utonuti, potonuti
sink uleknuće; **the source and** ~ **in a fluid** izvor i ponor u tekućini
sinkage uron, utonuće; **parallel** ~ paralelni uron; **stern** ~ uron krme

sinking potonuće
sinuous sinusni, sinusoidni
sinusoidal wave sinusni val, sinusoidni val
size dimenzionirati
size veličina; **critical** ~ kritična veličina (dimenzija); **to be of large** ~ biti velikih dimenzija; **to be of medium** ~ biti srednjih dimenzija; **to be of small** ~ biti malih dimenzija
six-bladed propeller šesterokrilni brodski vijak
skate (boat skate) drveni bokobran (na čamcu za spasavanje)
sketch design skica, idejna skica
skew (skewback) zaostajanje, skju (pomak presjeka propelernog krila uzduž usponske uzvojnice)
skew angle kut zaostajanja
skew shafts mimosmjerne osovine, ukrštene osovine
skewed blade outlines srpasti oblik krila (brodskog vijka)
skilled worker kvalificirani radnik
skin vanjska oplata (broda); **double** ~ **ship** brod s dvostrukom oplatom; **inner** ~ **of a double skin ship** unutrašnje opločenje broda s dvostrukom oplatom; **single** ~ **ship** brod s jednostrukom oplatom
skin friction trenje na (vanjskoj) oplati (broda)
skin valve ventil na vanjskoj oplati broda
skipper zapovjednik broda
skylight vidnik, nadsvjetlo; **engine room** ~ vidnik strojarnice
slag troska, šljaka; **molten** ~ rastaljena troska
slam udar pramca o val
slam vibration(s) vibracije zbog udara pramca o valove
slamming udaranje pramca o valove, sleming; **bow-flare** ~ udaranje izbačene forme pramca o valove
slamming bending moment moment savijanja zbog udaranja pramca o valove
slamming force sila zbog udaranja pramca o valove
slamming stresses naprezanja zbog udaranja pramca o valove
slanting line kosa crta, kosa linija
slash kosa crta zagrade
sleeve košuljica
sleeve coupling cijevna spojka s kolčakom
sleeve pipe joint spoj cijevi kolčakom, muf-spoj
slenderness ratio (the length-diameter ratio) L/D omjer vitkosti
slewing okretanje u horizontalnoj ravnini, okretanje dizalice oko svoje osi
slewing arrangement uređaj za zaustavljanje i zakretanje broda pri otplovu
slewing derrick okretna samarica

slewing gear uređaj (mehanizam) za okretanje (dizalice)
slewing guy (US vang) brk (samarice)
slewing guy block kolotur brka samarice; **lower** ~ donji kolotur brka samarice
slewing guy deck eye plate palubna uška za skretni brk (samarice)
slewing guy lead block skretni kolotur brka samarice
slewing guy pendant uže stalne duljine na brku samarice
slewing luffing crane okretna dizalica s nagibnim krakom
slide (slid, slid) kliziti
slide dijapozitiv
slide down (slid down, slid down) the ground ways kliziti po saoniku
slide rule logaritamsko računalo
slide valve zasun; **automatic vent** ~ automatski odušni zasun; **vent** ~ odušni zasun
sliding klizanje
sliding bearings klizni ležajevi
sliding friction klizno trenje
sliding hatch beam klizna sponja grotla
sliding mount klizni montažni element
sliding ways saonice
sling petlja; **break bulk** ~ petlja za komadni teret
slip skliz, navoz (see **building slip**)
slip angle kut skliza
slip coat klizni premaz
slip off iskliznuti se
slip ratio omjer skliza; **apparent** ~ prividni omjer skliza; **real** ~ stvarni omjer skliza
slip stream mlaz vijka, brazda iza vijka
slip velocity brzina skliza
slipper klizni element, klizač
slipway navoz
slop talog
slop tank taložni tank (za tekući teret)
slope nagnuti se
slope nagib; **wave** ~ nagib vala
slope curve progibna krivulja, elastična krivulja, krivulja nagiba
(the) slope of the curve nagib krivulje
slow neutron spori neutron
slow running sporohodan (za motor, stroj), sporokretan
slowing-down area usporavajuća površina (u nuklearnoj tehnici)
slowing-down length usporavajuća duljina (u nuklearnoj tehnici)
sluice valve (vodonepropusni) zasun
small end (of the connecting rod) mala hvataljka, pesnica (na ojnici)
smith work kovački rad
smoke box dimna komora
smoke detection otkrivanje dima
smoke detector detektor dima; **automatic** ~ automatski detektor dima
smoke indicator pokazivač (indikator) dima; **visual** ~ vizualni pokazivač dima

smokestack dimnjak
smothering prigušenje, ugušenje; **fire** ~ prigušenje požara; **steam** ~ prigušenje (požara) parom
smothering line (fire smothering pipe line) cjevovod za prigušenje požara
sniped-end stiffener ukrepa s podrezanim krajevima
snug stowing anchor sidro koje dobro priliježe (prijanja) uz oplatu broda
soap sapun; **soft** ~ mekani sapun
sodium natrij (Na)
sodium-cooled reactor natrijem hlađen reaktor
soft mekan (za materijal)
soft soap mekani sapun
soft soldering meko lemljenje
softness mekoća (za materijal)
soil mechanics mehanika morskog dna, mehanička svojstva morskog dna
soil reactions reakcije morskog dna
soiled linen locker pretinac, sprema za prljavo rublje
solder lemiti
solder lem
soldered joint zalemljeni spoj
soldering lemljenje; **hard** ~ (see **brazing**) tvrdo lemljenje; **soft** ~ meko lemljenje
sole piece jedini, pojedinačni dio
solid krut (npr. teret, balast itd.)
solid krutnina
solid burnable poison kruti gorivi otrov (u reaktorskoj tehnici)
solid figure geometrijsko tijelo
solid floor puna rebrenica
solid fuel kruto gorivo
solid journal bearing jednodijelni osovinski ležaj
solution rješenje, otopina, rastopina, mješavina; **foam** ~ pjenasta mješavina (za gašenje požara)
solution of the equation rješenje jednadžbe
solution of the problem rješenje problema, rješenje zadatka
solution pump pumpa za pjenastu mješavinu za gašenje požara
solution spray raspršivač mješavine (za gašenje požara)
solve the equation riješiti jednadžbu
solve the problem riješiti problem, riješiti (matematički) zadatak
soot čađa
soot blower ispuhivač čađe
soot blowing ispuhavanje čađe
sorting equipment oprema za razvrstavanje (sortiranje) tereta
sound zvuk, šum, tjesnac
sound-attenuating box kutijasti prigušivač šuma, zvuka
sound attenuation prigušenje zvuka
sound attenuation box kutijasti prigušivač šuma, zvuka

sound attenuation and air volume control box uređaj za prigušenje šuma (zvuka) i regulaciju volumena zraka
sounding pipe sondna cijev, sonda
sounding tube sondna cijev, sonda
source izvor; **point** ~ točkasti izvor (zračenja)
source and sink (in a fluid) izvor i ponor (u tekućini)
space prostor; **damaged wing** ~ oštećen bočni prostor (na brodu); **store** ~ spremište; **wing** ~ bočni prostor (na brodu)
spaced razmaknut; **to be** ~ biti na razmaku od, biti razmaknut, imati razmak
spacing razmak; **angular** ~ kutni razmak
spade type of rudder sped (sabljasti) tip kormila
span raspon, širina aerodinamičkog profila; **bridge** ~ raspon mosta (općenito), raspon mosta (grede) okvirne ili mosne dizalice; **chord and** ~ duljina i širina aerodinamičkog profila (npr. propelernog krila); **midspan** polovica raspona
span block(s) kolotur klobučnice; **derrick head** ~ donji kolotur klobučnice; **mast head (masthead)** ~ gornji kolotur klobučnice
span rope (span) klobučnica; **fixed** ~ nepomična klobučnica
span winch vitlo klobučnice (vitlo s vlastitim pogonom)
spare anchor rezervno sidro
spare part rezervni dio, doknadni dio
spare pump rezervna pumpa
spark iskra
spark coil indukciona zavojnica, bobina
spark plug (sparking plug) svječica
spark plug points pipci na svječici
special equipment specijalna oprema
special roller chock zjevača s posebnim valjcima
specific heat specifična toplina
specific gravity specifična težina
specific power specifična snaga
specific weight specifična težina
specification specifikacija
specified specificiran, određen; **under** ~ **loads** pod određenim opterećenjima
spectrometer spektrometar; **beta-ray** ~ spektrometar beta-zraka; **gamma-ray** ~ spektrometar gama-zraka
spectrum (pl. spectra) spektar; **absorption** ~ apsorpcijski spektar; **atomic** ~ atomski spektar; **characteristic** ~ karakteristični spektar (npr. rendgenskog zračenja); **continuous** ~ kontinuirani spektar; **directional** ~ usmjereni spektar; **energy** ~ spektar energije; **fission** ~ fisioni spektar; **frequency** ~ frekvencijski spektar; **response** ~ spektar odziva; **sea** ~ spektar valova
speed brzina (**speed** skalarna veličina, **velocity** vektorska veličina; kod broda obično izražena u miljana na sat, čvorovima); **critical** ~ kritična brzina; **initial** ~ početna brzina; **maximum service** ~ maksimalna brzina u eksploataciji; **rotative** ~ brzina okretanja; **service** ~ brzina u eksploataciji, brzina u službi; **towing** ~ brzina tegljenja; **trial** ~ brzina na pokusnoj plovidbi; **uniform** ~ jednolika (jednolična) brzina; **variable** ~ promjenljiva brzina; **wake** ~ brzina sustrujanja; **wind** ~ brzina vjetra; **wave** ~ brzina vala
speed governor regulator brzine
speed-length ratio (V/√L) omjer brzine i duljine
speed log brzinomjer
speed of advance of the propeller brzina napredovanja brodskog vijka
speed of rotation brzina rotacije, okretanja, vrtnje
speed of rotation of the propeller brzina okretanja (vrtnje) vijka
speed of the ship brzina broda
speed range područje brzina, opseg brzina
speed up ubrzati
sphere kugla
spherical sferan
spindle vreteno (osovina); **valve** ~ vreteno ventila, ventilno vreteno
spindle guide vodilica vretena
spindle packing brtva vretena, brtva osovine
spiral spiralan, spiralni
spiral spirala
spiral bevel gears konični zupčanici sa zakrivljenim zubima
spiral duct spiralna cijev
spiral gears cilindrični zupčanici sa zavojnim zubima (kod ukrštenih osovina)
spirally wound (air) ducting spiralni zračni cjevovod
splash over zapljuskivati
split pin rascjepka
splitter (in the elbow) usmjerna lopatica (u koljenu zračnog kanala)
spontaneous fission spontana fisija
spray raspršiti
spray raspršen mlaz, raspršivač; **solution** ~ raspršivač mješavine (za gašenje požara)
spray nozzle mlaznica raspršivača
spray root ishodište prskanja vode (mora) pri udaranju broda
sprayer raspršivač
spread of the shafts razdvojenost osovina, divergentnost osovina, neparalelnost osovina
spread of water rasprostiranje vode/mora
spread of the ways razmak između (centra i centra) saonika
spreader razupora, distancir, greda za održavanje razmaka saonica; **crane-container-** ~ kontejnerski viseći zahvatač (može biti i podesiv i balansijer)
spring opruga

spring line spring (koso uže za vez broda koje sprečava uzdužni pomak broda)
spring washer podloška s oprugom
sprinkler raspršivač, prskalica; **water** ~ raspršivač vode, prskalica za vodu
spur gears cilindrični zupčanici s ravnim zubima, čelni zupčanici, čelnici
spur shore kosa upora
sq. in. (square inch) oznaka za kvadratni inč (palac)
square kvadrirati
square kvadrat, kvadratni profil; **T** ~ T--ravnalo
square thread kvadratni navoj
squat (see: **stern sinkage**) uron krme
stability stabilitet, stabilnost; **athwartship** ~ poprečni stabilitet; **damage** ~ stabilitet broda u oštećenom stanju, stabilitet oštećenog broda; **dynamic (dynamical)** ~ dinamički stabilitet; **gravitational** ~ gravitacijski (gravitacioni) stabilitet, stabilna ravnoteža zbog (kod) djelovanja sila težina; **initial** ~ početni stabilitet; **intact** ~ stabilitet neoštećenog broda; **longitudinal** ~ uzdužni stabilitet; **negative** ~ negativni stabilitet; **optimum** ~ optimalni stabilitet; **positive** ~ pozitivni stabilitet; **reserve of** ~ rezerva stabiliteta; **statical** ~ statički stabilitet; **transverse** ~ poprečni stabilitet; **unsatisfactory** ~ nezadovoljavajući stabilitet
stability columns stabilizacioni stupovi (kod platforme)
stability flooded stabilitet naplavljenog broda
stability in flooded condition stabilitet u naplavljenom stanju
stability is satisfactory stabilitet je zadovoljavajući
stability when grounded stabilitet nasukanog broda
stabilization stabilizacija; **roll** ~ stabilizacija ljuljanja; **ship** ~ stabilizacija broda
stabilizer stabilizator; **gyroscopic** ~ žiroskopski stabilizator
stabilizer tank stabilizacioni tank; **flume tanks** stabilizacioni tankovi s poprečnim kanalima, flum tankovi
stabilizing fins peraje za stabiliziranje
stable equilibrium stabilna ravnoteža
stack naslagati (npr. kontejnere) po visini, naslagati jedan na drugi
stack dimnjak; **smokestack** dimnjak
stacker uređaj za slaganje (tereta)
stacking containers two and three high slaganje kontejnera u dva i tri reda po visini
stage stupanj, stepen, faza
stage efficiency iskoristivost stepena (stupnja) turbine ili kompresora
staged compressor stepenasti kompresor
staged feedwater heating stupnjevano zagrijavanje napojne vode

staged refrigeration stepenasti sistem hlađenja (rashlađivanja)
stagger angle (stagger) kut nagiba profila s obzirom na aksijalni smjer
staging skela
stainless steel nerđajući čelik
stall odvajanje, uvjet rada krila ili aviona na napadnom kutu većem od onoga koji odgovara maksimalnom uzgonu. Ovaj je uvjet karakteriziran slomom ili odvajanjem strujanja.
stalling angle napadni kut nakon maksimalnog uzgona uz pojavu sloma strujanja
stanchion upora, stup
stand stalak; **steering** ~ stup kormilarskog kola
standby pump rezervna pumpa, pumpa spremna za preuzimanje opterećenja
standing balance statička ravnoteža (stroja)
standing ways saonik
starboard desna strana (broda)
starboard boiler desni kotao (na brodu)
starboard bow desna strana pramca
starboard bulwark linica (puna ograda) na desnoj strani broda
starboard quarter desna strana krme
starboard settling tank (settler) desni taložnik, desni taložni tank
starboard side desna strana broda, desni bok
starboard side shell oplata desnog boka
start uputiti, pokrenuti, staviti u pogon
start-up upućivanje, pokretanje, stavljanje u pogon
starter pokretač, starter
starting upućivanje, pokretanje, stavljanje u pogon
starting air distributor razvodnik zraka za upućivanje (stavljanje u pogon) (motora), razvodnik za upućivanje (stavljanje u pogon) (motora)
starting torque zakretni moment pri pokretanju
starting valve uputni ventil, ventil za upućivanje (pokretanje)
static statički
static angle of heel statički kut poprečnog nagiba
static balance statička ravnoteža
static efficiency stupanj djelovanja s obzirom na statički tlak na ulazu i izlazu
static equilibrium statička ravnoteža
static force statička sila
static friction statičko trenje
static head (pressure) statička visina tlaka (pritiska)
static heel statički poprečni nagib broda
static load statičko opterećenje
static loading statičko opterećenje
static pressure statički tlak (pritisak)
static waterline vodna linija statičkog položaja ravnoteže

statical stability statički stabilitet
statics statika
station stanica; **fire control** ~ protupožarna kontrolna stanica; **steering** ~ kormilarnica
station (station section) teoretsko rebro; **bow** ~ pramčano rebro; **even-numbered** ~ rebro s parnim brojem; **stern** ~ krmeno rebro
stationary stacionaran, nepokretan
stationary crane nepokretna dizalica
statistics statistika; **Bose-Einstein** ~ Bose-Einsteinova statistika; **Fermi-Dirac** ~ Fermi-Diracova statistika
stator stator
stay leto (uže koje nateže jarbol prema naprijed, prema pramcu)
staybolt sprežnjak; **drilled** ~ nabušeni sprežnjak
stay bolt pipe sprežna cijev
stayrod kotva, kotvena šipka
stay sail letno jedro
staytube kotvena cijev
stayed mast jarbol s priponama
steady heel stalni (konstantni) poprečni nagib broda
steady-state reactions stacionarne reakcije, konstantne reakcije
steam para, vodena para; **condensing** ~ kondenzirajuća para; **dry** ~ suha para; **exhaust** ~ ispušna para; **high-pressure** ~ visokotlačna para, para visokog tlaka; **high-pressure inlet** ~ visokotlačna para na ulazu; **inlet** ~ para na ulazu; **low-pressure** ~ niskotlačna para, para niskog tlaka; **saturated** ~ zasićena para; **superheated** ~ pregrijana para; **to raise the** ~ razviti paru, dignuti tlak pare; **wet** ~ vlažna para
steam and water drum parno-vodni bubanj
steam boiler parni kotao; **exhaust gas fired** ~ (parni) kotao na ispušne plinove, utilizator; **oil-fired** ~ (parni) kotao na loživo ulje
steam chest parna komora
steam coils (steam heating coils) parne cijevne vijuge (zagrijača), parna cijevna spirala (zagrijača)
steam condenser parni kondenzator, kondenzator pare
steam-condenser foundations temelji parnog kondenzatora
steam dome parni dom (na kotlu)
steam drum parni bubanj
steam duct heater kanalni parni zagrijač
steam energy energija pare
steam engine parni stroj; **multiple expansion** ~ višeekspanzioni parni (stapni) stroj; **reciprocating** ~ parni stapni stroj; **tripple expansion** ~ troekspanzioni parni (stapni) stroj
steam engine cylinder oil cilindarsko ulje parnog stroja

steam exhaust ispuh pare
steam finned-pipe heating element grijaći element s parnom rebrastom cijevi
steam fire extinguishing installation uređaj (instalacija) za gašenje požara parom
(the) steam flows (through the tubes) para struji (kroz cijevi)
steam gage (gauge) manometar
steam generator generator pare
steam-generating heavy water reactor (SGHWR) teškovodni reaktor s direktnom proizvodnjom pare
steam governing system parni regulacijski sistem, sistem za regulaciju pare
steam governor parni regulator, regulator pare
steam governor valve regulacioni parni ventil
steam heater parni zagrijač
(the) steam is formed (in the boiler) para se stvara (u kotlu)
(the) steam is generated (in the boiler) para se stvara (u kotlu)
steam line parovod; **main** ~ glavni parovod
steam main glavni dovod pare, glavni parni vod
steam nozzle parna mlaznica; **main** ~ glavna parna mlaznica
steam pipe cijev za dovod pare, parovod, parna cijev
steam piping parni cjevovod, parovod
steam plant parno postrojenje
steam power plant parno pogonsko postrojenje, termoelektrana
steam powered (anchor) windlass parno sidreno vitlo, sidreno vitlo na parni pogon
steam pressure tlak (vodene) pare
steam pump pumpa na parni pogon
steam reciprocating engine parni stapni stroj
steam ship parni brod
steam smothering prigušenje (požara) parom
steam stop valve parni zaporni ventil; **auxiliary** ~ pomoćni parni zaporni ventil; **main** ~ glavni parni zaporni ventil
steam supply dovod pare, parni dovod
steam turbine parna turbina; **high pressure (HP)** ~ visokotlačna parna turbina; **intermediate pressure (IP)** ~ srednjetlačna parna turbina; **low pressure (LP)** ~ niskotlačna parna turbina; **marine** ~ brodska parna turbina
steam turbine drive parnoturbinski pogon
steam valve parni ventil; **throttling** ~ prigušni parni (regulacijski) ventil
steam winch parno vitlo, vitlo na parni pogon
steam windlass parno sidreno vitlo, sidreno vitlo na parni pogon
steamer parobrod

steel čelik; alloyed ~ legirani čelik; cast ~ lijevani čelik; forged ~ kovani čelik; galvanized sheet ~ pocinčana čelična ploča (lim); hard ~ tvrdi čelik; heat resistance (resisting) ~ toplinskootporni čelik; high-strength ~ čelik visoke čvrstoće; higher strength ~ čelik povišene čvrstoće; higher yield strength ~ čelik visoke granice tečenja; low--carbon ~ niskougljični čelik; medium--carbon ~ srednjeugljični čelik; mild ~ meki čelik; nitrated ~ nitrirani čelik; rolled ~ valjani čelik; semi-killed ~ polusmireni čelik; semi-killed mild ~ polusmireni meki čelik; sheet ~ čelična ploča, čelični lim; ship ~ brodski čelik; silicon-killed ~ čelik smiren silicijem; stainless ~ nerđajući čelik; structural ~ konstrukcijski čelik; ultra-high strength ~ ultračvrsti čelik
steel alloy čelična slitina, čelična legura
steel erection podizanje (gradnja) čeličnih elemenata
steel forging kovanje čelika, čelični otkivak
steel furnace peć za dobivanje čelika
steel (galvanized) lifeboat čelični (pocinčani) čamac za spasavanje
steel-making procedure postupak za dobivanje čelika
steel mill čeličana
steel panel stiffener ukrepa čeličnog panela
steel pipe čelična cijev; seamless ~ bešavna čelična cijev
steel plate čelična ploča, čelični lim
steel plate shell oplata od čeličnih ploča (limova)
steel scraps čelični otpaci
steel ship čelični brod
steel shot sačma (za pjeskarenje)
steel stockyard skladište čelika (u brodogradilištu)
steel weight težina čelika
steel wire čelična žica
steel wire rope čelično uže, čelik čelo
steelworks čeličana
steep strm
steep wave strmi val
steepness strmina; wave ~ strmina (strmoća, strmost) vala
steer kormilariti
steering kormilarenje; manual ~ ručno kormilarenje
steering arrangement kormilarski uređaj
steering chain lanac za kormilarenje
steering column stup kormilarskog kola
steering engine kormilarski stroj
steering gear kormilarski uređaj; auxiliary ~ pomoćni kormilarski uređaj; elec-trohydraulic ~ elektrohidraulički kormilarski uređaj; hydraulic ~ hidraulički kormilarski uređaj; main ~ glavni kormilarski uređaj; mechanical ~ mehanički kormilarski uređaj

steering gear room prostor kormilarskog uređaja
steering gear stopper graničnik (stoper) kormilarskog uređaja
steering oar veslo za kormilarenje
steering stand stup kormilarskog kola
steering station kormilarnica
steering transmission kormilarski prijenos
steering transmitting gear kormilarski prijenosni uređaj
steering wheel kormilarski kotač, kormilarsko kolo
stem pramčana statva, stapka; raked ~ kosa pramčana statva; round ~ zaobljena pramčana statva; sharp ~ oštra pramčana statva; valve ~ vreteno ventila, struk ventila; vertical ~ vertikalna (ravna) pramčana statva
stem profile profil pramčane statve
step stepenasto oblikovati
step stepenasto oblikovanje, stepenica, korak, etapa (npr. proračuni se izvode u slijedećim etapama — the calculations are carried out in the following steps)
step back stepenasto smanjiti (neku konstrukciju)
step-back stepenasto smanjenje (neke konstrukcije)
Stephenson link valve gear Stephensonov razvodnik
stepped stepenasto oblikovan, stepeničast (npr. stepenasto oblikovana pregrada — a stepped bulkhead); to be ~ biti stepenasto oblikovan (npr. pregrada je stepenasto oblikovana — the bulkhead is stepped)
stepped bulkhead stepenasto oblikovana pregrada
stepped line stepeničasta linija
stern krma; cruiser ~ krstaška krma; overhanging ~ viseća krma; transom ~ zrcalna krma, odrezana krma, tranzomska krma
stern anchor krmeno sidro, sidro na krmi
stern block krmeni kolotur
stern fins krmena krilca, krmeni izdanci
sternframe krmeno rebro
stern line krmeno uže
sternpost krmena statva
stern rudder krmeno kormilo, kormilo na krmi
stern sinkage (see squat) uron krme
stern station krmeno (teoretsko) rebro
stern thruster propeller krmeni poprečni brodski vijak
sterntube (stern tube) statvena cijev, cijev za osovinu brodskog vijka
sterntube bearing ležaj statvene cijevi
stern tube hole izlaz osovine brodskog vijka, izlaz cijevi za osovinu brodskog vijka
stevedore istovarivač i slagač tereta
steward brodski konobar
stick (stuck, stuck) zaribati se

sticking zaribavanje
stiff krut
stiffen ukrutiti
stiffened ukrućen
stiffener ukrepa; **aluminium (aluminum) panel** ~ ukrepa aluminijskog panela; **bracketed** ~ ukrepa s koljenima; **bulkhead** ~ ukrepa pregrade; **cover** ~ ukrepa poklopca; **horizontal** ~ horizontalna ukrepa; **single-span** ~ ukrepa s jednim rasponom; **sniped-end** ~ ukrepa s podrezanim krajevima; **steel panel** ~ ukrepa čeličnog panela; **tank-top** ~ ukrepa pokrova dvodna; **tunnel side** ~ bočna ukrepa tunela; **two-span** ~ ukrepa s dva raspona; **vertical** ~ vertikalna ukrepa; **vertical web** ~ **of longitudinal bulkhead** vertikalna okvirna ukrepa uzdužne pregrade; **web** ~ okvirna ukrepa
stiffening ukrućenje, ukrućivanje
stiffness krutost, ukrućenje; **bending** ~ krutost pri savijanju; **hull** ~ ukrućenje trupa, krutost trupa; **shear** ~ krutost kod smika
still water mirna voda, mirno more, površina mora bez valova
still-water bending moment moment savijanja u mirnoj vodi
still-water bending stresses naprezanja od savijanja u mirnoj vodi
stock prečka (sidra); **rudder** ~ **(rudder-stock)** osovina kormila
stock anchor sidro s prečkom, sidro s kladom
stockless anchor sidro bez prečke, sidro bez klade
stockyard skladište (u brodogradilištu); **plate** ~ skladište limova (ploča); **steel** ~ skladište čelika
stoichiometric ratio stehiometrijski omjer
stop valve zaporni ventil; **auxiliary** ~ pomoćni zaporni ventil; **auxiliary steam** ~ pomoćni parni zaporni ventil; **main** ~ glavni zaporni ventil; **main steam** ~ glavni parni zaporni ventil; **saturated auxiliary** ~ pomoćni ventil za zasićenu paru
stopper (stop) graničnik, stoper, kratki konop; **rudder** ~ graničnik kormila, stoper kormila; **steering gear** ~ graničnik (stoper) kormilarskog uređaja
stopping device uređaj za zaustavljanje
storage uskladištenje, skladište
storage battery akumulator
storage tank (fuel oil storage tank) tank loživog ulja, goriva
store uskladištiti
store skladište, sprema (na brodu), spremište, zaliha; **general** ~ opće skladište
storekeeper skladištar
store space spremište
storm sea olujno more
stow uskladištiti (na brodu)
stowage tovarenje, uskladištenje

stowing uskladištenje
straddle carrier okvirna autodizalica (za kontejnere ili druge terete u unutrašnjem transportu)
straight bevel gears konični zupčanici s ravnim zubima
straight boom davit soha s ravnim krakom
straight line pravac, ravna linija
straighten ravnati (npr. ploču, lim)
strain produljiti, dužinski deformirati
strain dužinska deformacija, linijska deformacija, relativna jedinična deformacija, relativno produljenje; **elastic** ~ elastična deformacija; **plastic** ~ plastična deformacija; **thermal** ~ toplinska deformacija
strain gage mjerna otporna traka, ekstenzometar
strained produljen, dužinski deformiran
strainer (sitasti) pročistač, sito; **discharge** ~ tlačni pročistač; **duplex discharge strainers** dvostruki tlačni pročistač; **duplex suction strainers** dvostruki usisni pročistač; **suction** ~ usisni pročistač
strake voj (oplate); **bilge** ~ uzvojni voj, voj na uzvoju; **garboard** ~ dokobilični voj; **middle** ~ srednji voj; **sheer** ~ završni voj; **stringer** ~ voj (palubne) proveze
strand nasukati se
strand struk užeta; **chain** ~ komad lanca, (ukupna) duljina lanca
stranded nasukan
stranded ship nasukan brod
strap traka; **main deck** ~ traka na glavnoj palubi
stream struja, strujanje; **air** ~ strujanje zraka, struja zraka, zračna struja; **free** ~ neporemećeno (slobodno) strujanje; **gas** ~ strujanje plina, struja plina; **high pressure water** ~ visokotlačni mlaz vode; **slip** ~ (see **propeller race**) mlaz vijka, brazda iza vijka; **uniform** ~ jednoliko strujanje
stream anchor strujno sidro
streamline (stream line) strujnica
streamline flow strujničasto strujanje
streamlined strujničast, strujni
streamlined section strujni profil
streamlining strujničasto (strujno) oblikovanje, aerodinamičko oblikovanje
strength čvrstoća; **brittle** ~ čvrstoća krhkog loma; **buckling** ~ čvrstoća pri izvijanju (konstrukcije) (zbog gubitka stabilnosti); **crushing** ~ lomna čvrstoća; **fatigue** ~ zamorna čvrstoća; **longitudinal** ~ uzdužna čvrstoća; **structural** ~ čvrstoća konstrukcije; **tensile** ~ vlačna čvrstoća; **to provide the** ~ osigurati čvrstoću; **torsional** ~ torziona (torzijska) čvrstoća, čvrstoća pri uvijanju; **transverse** ~ poprečna čvrstoća; **ultimate** ~ konvencionalno uzeta maksimalna čvrstoća; **ultimate tensile** ~ maksimalna vlačna čvr-

stoća; **yield** ~ čvrstoća materijala kod granice tečenja (popuštanja)
strength curve krivulja čvrstoće; **longitudinal** ~ krivulja uzdužne čvrstoće
strength deck paluba čvrstoće; **upper** ~ gornja paluba čvrstoće
strength deck beam sponja palube čvrstoće
strength deck stringer proveza palube čvrstoće
strengthen pojačati
strengthening pojačanje
stress napregnuti
stress naprezanje; **additional** ~ dodatno naprezanje; **average** ~ prosječno naprezanje; **bending** ~ naprezanje zbog savijanja; **boundary** ~ rubno naprezanje; **buckling** ~ naprezanje zbog izvijanja (gubitka stabilnosti) konstrukcije; **compressive** ~ tlačno naprezanje, naprezanje zbog tlaka; **design** ~ dopušteno (dozvoljeno) naprezanje (naprezanje mjerodavno za dimenzioniranje); **flexural** ~ fleksiono naprezanje; **limit** ~ granično naprezanje; **linear** ~ linearno naprezanje; **longitudinal bending** ~ naprezanje zbog uzdužnog savijanja; **maximum** ~ maksimalno naprezanje; **maximum additional** ~ maksimalno dodatno naprezanje; **maximum unit** ~ maksimalno jedinično naprezanje; **normal** ~ normalno naprezanje; **racking stresses** naprezanja zbog smičnih deformacija poprečnog presjeka (prouzrokovanih ljuljanjem broda); **shear (shearing)** ~ smično naprezanje, naprezanje zbog smika; **slamming stresses** naprezanja zbog udaranja pramca o valove; **still-water bending stresses** naprezanja zbog savijanja u mirnoj vodi; **superstructure stresses** naprezanja u nadgrađu; **tangential** ~ tangencijalno naprezanje; **tensile** ~ vlačno naprezanje, naprezanje zbog vlaka; **thermal** ~ toplinsko naprezanje; **torsional** ~ torzijsko (torziono) naprezanje, naprezanje zbog uvijanja; **transverse bending** ~ naprezanje zbog poprečnog savijanja; **triaxial** ~ troosno naprezanje; **uniaxial** ~ jednoosno naprezanje; **uniform** ~ jednoliko (jednolično) naprezanje; **unit** ~ jedinično naprezanje; **vibration** ~ naprezanje zbog vibracija; **wave bending stresses** naprezanja zbog savijanja na valu; **yield** ~ naprezanje na granici popuštanja/tečenja (materijala)
stresses are set up naprezanja nastaju
stress concentration koncentracija naprezanja
stress patterns raspodjela naprezanja
stress relief popuštanje (unutrašnjih) napetosti
stress-strain curve dijagram naprezanja i deformacije
stressed napregnut; **to be** ~ biti napregnut
striking vessel brod koji je udario
string niz

stringer plate (stringer) proveza; **deck** ~ palubna proveza; **side** ~ bočna proveza; **strength deck** ~ proveza palube čvrstoće
stringer strake voj (palubne) proveze
strip posušiti, isušiti, ispumpati naftu kao teret dokraja
strip traka
stripping posušivanje, isušivanje, ispumpavanje nafte kao tereta iz tanka dokraja
stripping pump pumpa za posušivanje (pumpa za ispumpavanje nafte iz tanka dokraja)
stripping system sistem posušivanja (isušivanja), sistem ispumpavanja nafte iz tanka do kraja
stroke takt, stapaj, hod; **compression** ~ kompresioni takt; **exhaust** ~ ispušni takt; **expansion** ~ ekspanzioni takt; **firing** ~ eksplozioni takt; **idle** ~ jalovi takt; **intake** ~ usisni takt; **piston** ~ hod klipa; **power** ~ radni takt; **suction** ~ usisni takt; **working** ~ radni takt
strong čvrst
strontium stroncij (Sr)
struck vessel udareni brod, brod koji je udaren
structural strukturni, konstrukcijski
structural aluminium (aluminum) alloy konstrukcijska aluminijska legura, aluminijska legura kao konstrukcijski materijal
structural configuration struktura (konstrukcijska) konfiguracija
structural material konstrukcijski materijal
structural member konstrukcijski element, strukturni dio (element)
structural steel konstrukcijski čelik
structural strength čvrstoća konstrukcije, strukturna čvrstoća
structure struktura, konstrukcija; **atomic** ~ atomska struktura; **bolted** ~ vijčana konstrukcija, konstrukcija sa svornjacima; **riveted** ~ zakovična konstrukcija; **ship** ~ struktura broda, brodska struktura; **welded** ~ zavarena konstrukcija
structure izgraditi (sistem)
strum cjedilo, sito; **suction** ~ usisna košara
strut skrok; **propeller struts** skrokovi (brodskog) vijka; **shaft struts** skrokovi osovine
stud usadni vijak, privarak, zavareni svornjak; **hydraulic tightened** ~ hidraulički pritegnut usadni vijak
stud economizer ekonomajzer (predgrijač napojne vode) s privarcima
studding sail pobočno jedro
stuffing box brtvenica; **piston rod** ~ brtvenica stapajice; **rudder** ~ brtvenica kormila
stuffing-box gland očnica brtvenice

stuffing-box leakage propuštanje brtvenice
stumpy form zdepast oblik
sub-assemblies polumontažni elementi (sekcije)
sub-assembling predmontaža (sekcija broda)
subdivide dalje podijeliti
subdividion length duljina za nepropusnu podjelu broda, teoretski razmaci nepropusnih pregrada
subdivision load line teretna vodna linija za nepropusnu podjelu broda; **the deepest** ~ najdublja teretna vodna linija za nepropusnu podjelu broda
subindex (see **suffix, subscript**) index, donji indeks
subject podvrgnuti (se)
subjected podvrgnut
submarine podmornica; **submerged** ~ uronjena podmornica; **surfaced** ~ podmornica na površini
submarine reactor podmornički reaktor
submerge uroniti
submerged uronjen
submerged submarine uronjena podmornica
submergence uron, uranjanje; **bow** ~ uranjanje pramca
submerging uronjavanje; **expedite** ~ naglo uronjavanje
submersible podvodni, uronjiv
submersible barge uronjiva teglenica
submersible pump podvodna pumpa, uronjiva pumpa, uronjena pumpa
submit the plans for approval dati nacrte na odobrenje
subscript (see **suffix, subindex**) indeks, donji indeks
substance tvar, supstanca; **working** ~ radni medij
substitute uvrstiti, supstituirati (matematičku vrijednost)
substitution supstitucija
subtraction oduzimanje (matematička operacija)
subtrochoid subtrohoida
successive uzastopan
successive points uzastopne točke
suck usisati
suction usis, usisavanje; **condensate pump** ~ usis kondenzatne pumpe; **fuel oil** ~ usis loživog ulja, goriva
suction box usisna kutija
suction line usisni vod, usisna cijev
suction nozzle usisni otvor (kanal) (na pumpi)
suction pump usisna pumpa
suction strainer usisni pročistač; **duplex suction strainers** dvostruki usisni pročistač
suction stroke usisni takt
suction strum usisna košara
suction valve usisni ventil

suffix (see **subindex, subscript**) indeks, donji indeks
sulphur sumpor (S)
sum zbroj, suma
summation suma, (npr. suma vrijednosti — the summation of the values)
summer load waterline ljetna teretna vodna linija
summer waterline ljetna vodna linija
sump taložni tank, dno kartera
sun compass sunčani kompas
sun protection arrangement oprema za zaštitu od sunca
sunken ship potonuli brod
supercharger prednabijač (može biti kompresor, puhalo ili pumpa)
superheat pregrijavanje
superheated pregrijan (za paru)
superheated steam pregrijana para
superheater pregrijač (pare); **convection type** ~ konvektivni tip pregrijača; **integral type** ~ integralni tip pregrijača; **radiant type** ~ radijacijski tip pregrijača; **reheater type** ~ međuzagrijač; **separately fired type** ~ separatno (posebno) loženi tip pregrijača; **waste heat type** ~ tip pregrijača na otpadnu toplinu (na ispušne plinove)
superheater drain odvodnjavanje pregrijača (pare)
superheater header cijevna komora pregrijača (pare)
superheater inlet header ulazna cijevna komora pregrijača (pare)
superheater safety valve sigurnosni ventil pregrijača (pare)
superheater tube cijev pregrijača pare
superimpose superponirati
superimposed superponiran
superposition superpozicija; **the principle of** ~ princip superpozicije; **the theory of** ~ teorija superpozicije
supersonic nadzvučni
superstructure nadgrađe; **detached superstructures** odjeljna nadgrađa; **enclosed** ~ zatvoreno nadgrađe; **long** ~ dugo nadgrađe; **set-in** ~ stepenasto nadgrađe; **short** ~ kratko nadgrađe
superstructure deck paluba nadgrađa; **exposed** ~ izložena paluba nadgrađa
superstructure side plating bočna oplata nadgrađa
superstructure stresses naprezanja u nadgrađu
supplemental equipment dodatna oprema
supplier dobavljač
supply dovoditi, napajati
supply dovod, napajanje; **a. c. (alternating current)** ~ napajanje izmjeničnom (električnom) strujom; **air** ~ dovod zraka; **atmospheric air** ~ dovod atmosferskog zraka, dovod zraka iz atmosfere; **d. c. (direct current)** ~ napajanje istosmjernom (električnom) strujom; **electrical** ~

električno napajanje; **fresh air** ~ dovod svježeg zraka; **fuel** ~ dovod goriva, napajanje gorivom; **main air** ~ glavni dovod zraka; **seawater** ~ dovod morske vode; **steam** ~ dovod pare, parni dovod; **water** ~ dovod vode

supply pipe dovodna cijev; **petrol** ~ benzinska dovodna cijev

supply (air) system sistem dovoda (zraka)

support upora, potpora, potporanj, pridržač, podupiranje, **bearing** ~ potpora ležaja; **local** ~ lokalno podupiranje; **rail** ~ potporanj ograde; **tube** ~ pridržač cijevi

support the load nositi opterećenje

supported poduprt; **simply** ~ jednostavno poduprt

suppresion of oscillations potiskivanje oscilacija

surface ploviti na površini (npr. dok podmornica uronjava ili plovi na površini — while the submarine is submerging or surfacing)

surface površina; **heating** ~ ogrjevna površina; **molded (moulded)** ~ teoretska površina, površina određena vanjskim licem rebara; **molded (moulded) wetted** ~ teoretska oplakana (uronjena) površina; **helicoidal** ~ zavojna ploha; **warped** ~ izvitoperena površina, deformirana površina u tri smjera; **warped helicoidal** ~ vitopera opća zavojna ploha; **wave** ~ površina vala, valna površina uronjenog dijela trupa

surface blow otpjenjivanje (kod kotla)

surface blowoff scum pipe (scum pipe) cijev za otpjenjivanje (na kotlu)

surface blowoff valve (surface blow valve) ventil za otpjenjivanje (kod kotla)

surface forces površinske sile, sile koje djeluju zbog pritiska fluida na razne površine trupa

surface integral površinski integral

surface ship brod koji plovi na površini (za razliku od podmornice), površinski brod

surface trochoid površinska trohoida

surface wave površinski val

surfaced submarine podmornica kad plovi na površini

surge zastajati, pumpati (kod kompresora)

surge zastajanje, pomak pri zastajanju, pumpanje (kod kompresora)

surge line linija pumpanja (kod kompresora)

surging zastajanje, pumpanje (kod kompresora)

surging motion gibanje zastajanja

survey pregledati (brod)

survey pregled (broda); **annual** ~ godišnji pregled; **periodical** ~ periodički pregled

surveyor inspektor (klasifikacijskog društva)

swash bulkhead (wash bulkhead) pljuskača

swash plate lim pljuskače

sway zanositi

sway zanošenje, pomak pri zanošenju

swaying zanošenje

swaying motion gibanje zanošenja

sweat cooling hlađenje znojenjem (tekućinom)

sweep (swept, swept) prelijevati (morem)

swell mrtvo more

swimming pool bazen za plivanje; **shipboard** ~ brodski bazen za plivanje, bazen za plivanje na brodu

swiming-pool reactor bazenski reaktor

swing (swang, swung) njihati se

swing njihaj

swinging derrick boom okretna samarica

switch sklopka, prekidač; **ignition** ~ prekidač (za paljenje) motora; **oil** ~ uljna sklopka; **remote control** ~ prekidač daljinskog upravljanja

switchboard uklopna/rasklopna ploča (s električnim prekidačima)

switchboard fixture uklopni/rasklopni uređaj

switching equipment uklopni/rasklopni uređaj

swivel vrtuljak

symmetrical simetričan

symmetrical flooding simetrično naplavljivanje

symmetrical temperature simetričan (jednolik) raspored temperature

symmetry simetrija, simetričnost; **plane of** ~ ravnina simetrije; **temperature** ~ simetričnost rasporeda temperatura

synchrolift elevator sinhro-lift

synchrolift gang-powered elevator sinhro--lift

synchronism sinhronizam; **effect of** ~ učinak sinhronizma; **the ship rolls in** ~ **with the wave** — brod se ljulja u sinhronizmu s valom; **the waves and ship are in** ~ valovi i brod su u sinhronizmu

synchronization sinhronizacija, sinhroniziranja

synchronize sinhronizirati, biti u sinhronizmu sa

synchronized sinhroniziran

synchronizing device sinhronizatorski uređaj

synchronous sinhron

synchronous generator sinhroni generator; **shaft driven** ~ sinhroni generator izrav-

no spojen s glavnom pogonskom osovinom
synchronous motor sinhroni motor
synchronous pitching and heaving sinhrono posrtanje i poniranje
synchronous rolling of the ship sinhrono ljuljanje broda
synthetic line sintetičko uže
synthetic rope sintetičko uže
system sistem, sustav; **anchoring** ~ sidreni uređaj; **building** ~ sistem gradnje; **closed-cycle control** ~ zatvoreni upravljački sistem; **control** ~ upravljački sistem, kontrolni sistem; **feedback control** ~ sistem automatske regulacije; **fire** ~ protupožarni sistem; **fire detection** ~ uređaj za otkrivanje požara; **fire protection** ~ protupožarni sistem; **heating** ~ sistem grijanja; **hoisting** ~ sistem dizanja; **induction** ~ indukcioni sistem, sistem povlačenja zraka indukcijom; **navigation** ~ navigacijski sistem; **piping** ~ cjevovodni sistem, cjevovod; **pumping** ~ sistem pumpanja; **refrigeration** ~ rashladni sistem; **reheat** ~ sistem dogrijavanja; **stripping** ~ sistem posušivanja (isušivanja), sistem ispumpavanja nafte iz tanka dokraja; **valving** ~ ventilni sistem; **vent (venting)** ~ sistem otplinjavanja/odzračivanja tanka; **ventilating (ventilation)** ~ sistem ventilacije, ventilacijski sistem; **water-chilling** ~ sistem za rashlađivanje vode; **water spray (spraying)** ~ sistem raspršivanja vode; **wave** ~ sistem valova, valni sistem; **zone reheat** ~ sistem za dogrijavanje zone
system of building sistem gradnje (broda); **combination** ~ mješoviti (kombinirani) sistem gradnje; **longitudinal** ~ uzdužni sistem gradnje; **transverse** ~ poprečni sistem gradnje
system of ventilation ventilacijski sistem, način (sistem) ventilacije

T

T (draft) oznaka za gaz
T (tee) - bar T - profil
T (tee) - bulb bar T - bulb profil
T square T-ravnalo
table tablica, tabela
table of offsets tablica otčitanja (vodnih linija, profila krila itd.)
tabular form tabelarni (tablični) obrazac
tabulate tabelirati, staviti u tablicu (tabelu), tabelarno (tablično) prikazati, prikazati u tabeli
tabulated values tablične vrijednosti
tabulation tabelarni prikaz
tabulation of items tabelarni prikaz stavki
tabulation of the values tabelarni prikaz vrijednosti
tachometer tahometar (instrumenat za mjerenje brzine vrtnje)
tackle koloturje, paranak, kolabra; **derrick slewing guy** ~ koloturje brka samarice
tail of the airfoil section stražnji brid aerodinamičkog profila, izlazni brid profila
tail flaps zakrilca (na stabilizatoru)
tail shaft okrajak propelerske osovine, krajnji dio propelerske osovine izvan broda
tallow loj
tangent tangenta, tangens; **the line is drawn** ~ **to...** linija se crta kao tangenta na...
tangent line tangenta
tangential tangencijalan
tangential acceleration tangencijalna akceleracija; **maximum** ~ maksimalna tangencijalna akceleracija
tangential force tangencijalna sila
tangential inertia force tangencijalna komponenta inercijske sile; **resulting** ~ rezultantna tangencijalna komponenta inercijske sile
tangential stress tangencijalno naprezanje
tangentially tangencijalno
tank tank; **active anti rolling** ~ aktivni tank protiv ljuljanja; **antirolling** ~ tank protiv ljuljanja, tank za stabilizaciju; **ballast** ~ balastni tank; **bilge** ~ kaljužni tank; **breached** ~ probušen tank prodorom mora, tank sa slomljenom stijenom zbog prodora mora; **cargo** ~ tank za naftu kao teret; **centre (center)** ~ centralni tank; **deep** ~ duboki tank; **distilled water** ~ tank (rezervoar) destilirane vode; **double bottom** ~ tank dvodna, tank u dvodnu; **dry** ~ suhi tank; **end ballast** ~ krajnji balastni tank; **feed water** ~ **(feed** ~**)** tank za napojnu vodu, tank napojne vode, napojni rezervoar; **filter** ~ filtracioni tank; **flume stabilizer tanks** stabilizacioni tankovi s poprečnim kanalima; **fresh water expansion** ~ ekspanzioni tank za slatku vodu; **fuel** ~ tank za gorivo; **fuel oil** ~ tank za loživo ulje, tank za gorivo, tank za ulje kao gorivo; **fuel oil storage** ~ tank (rezervoar) za loživo ulje, gorivo; **lower wing** ~ donji bočni tank; **nonbreached** ~ tank sa cijelom stijenom u koji nije prodrlo more; **oil** ~ tank za ulje, uljni tank, tank za naftu; **passive antirolling** ~ pasivni tank protiv ljuljanja; **peak** ~ tank u piku; **petrol** ~ benzinski tank, rezervoar; **pressuriser relief** ~ kompenzator tlaka (volumena), spremnik za kompenzaciju tlaka u tanku; **reserve feed** ~ tank za rezervnu napojnu vodu; **settling** ~ taložni tank; **side** ~ bočni tank; **side ballast** ~ bočni balastni tank; **slop** ~ taložni tank; **stabilizer tanks** stabilizacioni tankovi; **storage** ~ tank za uskladištenje vode, ulja itd.; **towing** ~ tank za teglenje; **upper wing** ~ gornji (potpalubni) bočni tank; **water** ~ tank za vodu, vodni tank; **water ballast** ~ tank za vodeni balast; **wing** ~ bočni tank
tank bulkhead pregrada u tanku
tank cleaning opening otvor za čišćenje tanka
tank drain valve ispusni ventil tanka
tank safety valve sigurnosni ventil tanka, zaštitni ventil tanka
tank side bracket bočno koljeno u tanku
tank top pokrov tanka, pokrov dvodna
tank-top stiffener ukrepa pokrova dvodna
tank valve ventil na tanku
tankage ukupan broj tankova (na brodu)

tanker tanker; **crude oil** ~ tanker za sirovu naftu; **oil** ~ tanker za naftu (ulje); **products** ~ tanker za naftne derivate
tantalum tantal (Ta)
tap rezati unutrašnji navoj, urezivati navoj
tap pipac, alat za rezanje unutrašnjih navoja (ureznik), odvojak na transformatoru
tape vrpca, traka; **magnetic** ~ magnetska traka; **paper** ~ papirna traka; **punched**~ bušena traka, perforirana traka
tape recorder magnetofon
taper konus, konusni završetak
tapered thread konični navoj, konični narez
tapping rezanje unutrašnjih navoja, urezivanje navoja
tapping machine bušilica za rezanje unutrašnjih navoja
tarpaulin cerada, impregnirana (katranizirana) jedrenina
TCG (transverse center of gravity, the transverse location of the center of gravity) oznaka za položaj težišta sistema po širini
Tchebycheff's rules Čebičefljeva pravila
technical documentation tehnička dokumentacija
technical drawing tehničko crtanje
technitium tehnicij (Tc)
technological tehnološki
technological documentation tehnološka dokumentacija
technology tehnologija
tees T-profili
telegraph installation telegrafski uređaj
telemotor telemotor
telephone appliance telefonski aparat
telephone (installation) telefon, telefonski uređaj; **ship's** ~ brodski telefon
tellurium telurij (Te)
temper popuštati (u tehnologiji)
temperature temperatura; **absolute** ~ **(abs)** apsolutna temperatura; **asymmetric** ~ nesimetričan (asimetričan, nejednolik) raspored temperature; **maximum gas** ~ **(Tmax)** maksimalna temperatura plina; **operating** ~ radna temperatura; **shutdown** ~ temperatura kod isključenja zagrijavanja; **symmetric (symmetrical)** ~ simetričan (jednolik) raspored temperature; **total** ~ totalna temperatura; **transition** ~ prijelazna temperatura; **wet bulb** ~ temperatura vlažnog termometra
temperature and stress patterns raspored (raspodjela) temperature i toplinskih naprezanja
temperature gradient temperaturni gradijent
temperature recorder pisač temperature; **chart room** ~ pisač temperature u prostoriji za pomorske karte
temperature regulator regulator temperature

temperature rise porast temperature
temperature symmetry simetričnost raspoređa temperatura
tempering popuštanje (toplinska operacija nakon kaljenja)
template šablona
temporary deflection privremeni progib, privremena deformacija
tender matični brod
tensile vlačni
tensile strength vlačna čvrstoća; **ultimate** ~ maksimalna vlačna čvrstoća
tensile stress vlačno naprezanje, naprezanje zbog vlaka
tension vlak (u mehanici)
terbium terbij (Tb)
term izraz, član (u jednadžbi)
terminal kraj, završetak (cijevi, kanala, transporta), priključak (električni), luka, terminal; **containership** ~ luka za kontejnerske brodove; **oil** ~ luka za prekrcaj nafte
terminal container facilities tehnički uređaji (mogućnosti) u kontejnerskoj luci
terminus of the diagram završetak dijagrama; **the forward** ~ **(FT)** prednji kraj dijagrama; **the after** ~ **(AT)** stražnji kraj dijagrama
test ispitivati, testirati
test test, ispitivanje; **towing** ~ pokus teglljenja modela
testbed stol za ispitivanje, ispitni stol, probni stol
tetrachloride tetraklorid
texture tekstura
thallium talij (Tl)
theorem teorem; **Bernoulli's** ~ Bernoullijev teorem
theory teorija; **age** ~ starosna teorija; **basic** ~ osnovna teorija; **diffusion** ~ difuzijska teorija; **group** ~ grupna teorija (u nuklearnoj fizici); **multigroup** ~ višegrupna teorija; **refined** ~ razrađena teorija; **transport** ~ transportna teorija (u nuklearnoj fizici); **two-group** ~ dvogrupna teorija (u nuklearnoj fizici)
thermal termalni, toplinski, termički
thermal cross-section termalni udarni presjek (u nuklearnoj tehnici)
thermal deflection progib zbog toplinskih naprezanja
thermal deformation toplinska deformacija
thermal detection (of fire) otkrivanje požara zbog povišene temperature, termalno (toplinsko) otkrivanje požara
thermal (heat) detector toplinski detektor (požara), detektor koji radi na povišenim temperaturama
thermal diffusion termalna difuzija
thermal effectiveness stupanj djelovanja izmjenjivača topline
thermal efficiency termički stupanj djelovanja; **overall** ~ ukupni termički stupanj djelovanja

thermal electric power plant termoelektrana, termoenergana
thermal (heat) energy toplinska energija
thermal expansion toplinsko rastezanje, toplinska ekspanzija
thermal growth loads opterećenja zbog toplinskog porasta, porast toplinskih opterećenja
thermal neutron termalni neutron
thermal power plant toplinsko postrojenje
thermal reactor termalni reaktor
thermal shield toplinski (termalni) štit (u reaktoru)
thermal shock toplinski udar
thermal strain toplinska deformacija
thermal stress toplinsko naprezanje
thermalization termalizacija
thermocouple termo-par, termoelement
thermodynamics termodinamika; **engineering** ~ tehnička termodinamika
thermometer termometar, toplomjer; **panel mounted** ~ termometar (montiran) na ploči
thermonuclear termonuklearan
thermonuclear energy termonuklearna energija
thermonuclear reaction termonuklearna reakcija
thermosiphon termosifon, prirodna cirkulacija
thermostat termostat; **master** ~ glavni termostat; **room** ~ sobni termostat; **safety** ~ zaštitni (sigurnosni) termostat
thermostatic control termostatska regulacija
thermostatic trap termostatski odvajač kondenzata
thermostatical termostatski
thick debeo
thickness debljina; **blade** ~ debljina lista lopatice
thin tanak
Thomas converter Thomasov konvertor
Thomson scattering Thomsonovo raspršenje
thorium torij (Th)
thorium reactor torijski reaktor
thread navoj, narez; **buttress** ~ pilasti navoj; **female** ~ ženski navoj; **male** ~ muški navoj; **metric** ~ metrički navoj; **pipe threads** cijevni narezi; **square** ~ kvadratni navoj; **tapered** ~ konični navoj
three-bladed propeller trokrilni brodski vijak
three-pass boiler kotao s tri prolaza (plinova)
three-phase alternator (alternating current generator) trofazni generator izmjenične struje
three phase (electric) current trofazna (električna) struja
three-roller mooring chock zjevača s tri valjka

throat radius of the duct elbow polumjer, radijus koljena zračnog kanala
throttle prigušiti
throttle leptir (u rasplinjaču, karburatoru)
throttle valve prigušni ventil; **engine** ~ leptir (u rasplinjaču, karburatoru)
throttling steam valve prigušni parni (regulacioni) ventil
through-bolt stegnuti (pričvrstiti) prolaznim vijkom koji ima maticu
through-bolt prolazni vijak s maticom
throw koljeno s osnacem
thrust poriv; **astern** ~ poriv prema natrag; **forward** ~ poriv prema naprijed; **propeller** ~ poriv brodskog vijka (propelera)
thrust bearing odrivni ležaj
thrust block odrivni blok
thrust-deduction fraction koeficijent smanjenog poriva
thrust horsepower snaga poriva, porivna snaga
thrust loading coefficient koeficijent opterećenja poriva
thrustmeter mjerač poriva
thrust reaction reakcija zbog odriva, odrivna reakcija
thrust rudder poprečno kormilo
thrust recess reces za odrivni ležaj
thruster motor motor poprečnog brodskog vijka
thruster propeller poprečni brodski vijak; **bow** ~ pramčani poprečni brodski vijak; **stern** ~ krmeni poprečni brodski vijak
thulium tulij (Tm)
thwart poprečna klupa na otvorenom čamcu
tidal cycle mijena plime i oseke
tide plima
tie vezati
tie-in povezivanje (npr. palubne kućice sa trupom)
tie plate razdjelna ploča u tanku za naftu
tie to a buoy vezati za plutaču
tight nepropustan; **airtight** zračnonepropustan; **oiltight** uljnonepropustan; **watertight** vodonepropustan; **weathertight** otporan na atmosferilije
tight gasket nepropusna brtva
tighten pritegnuti, pritezati, stegnuti
tightened pritegnut, stegnut; **hydraulic(ally)** ~ hidraulički pritegnut
tightness nepropusnost; **air** ~ zračnonepusnost; **oil** ~ uljnonepropusnost; **water** ~ vodonepropusnost; **weathertightness** otpornost prema (na) atmosferilijama
tile work keramičko opločenje, opločenje pločicama
tiller rudo kormila
timber građevno drvo
time vrijeme; **de-ionization** ~ vrijeme deionizacije; **doubling** ~ vrijeme udvostručenja

time sharing sistem koji omogućuje paralelno izvođenje programa (na elektroničkom računalu)
timer programator, prekidač paljenja u benzinskom motoru
timing cam brijeg prekidača (paljenja u benzinskom motoru)
tin kalaj, kositar (Sn)
tinsmith limar
tip chord duljina ili tetiva profila na vrhu (krila, lopatice, vijka, kormila)
tip-clearance surfaces površine zračnosti kod vrha (brodskog) vijka
tip of the propeller blade vrh krila (brodskog) vijka
tip-vortex cavitation kavitacija vršnog vrtloga
tipping odizanje pramca pri posljednjoj fazi porinuća
titanium titan (Ti)
Tmax (maximum gas temperature) Tmax (oznaka za maksimalnu temperaturu plina)
toe of the weld korijen zavara
tolerance tolerancija, dozvoljeno odstupanje; **mean pitch** ~ srednja tolerancija uspona (brodskog) vijka; **pitch** ~ tolerancija uspona (brodskog) vijka
toll pristojba, taksa; **canal tolls** kanalske pristojbe, pristojbe za prolaz kanalom
ton (tonnage) tona, tonaža; **displacement ton(nage)** (disp. tn) deplasmanska tona, tona istisnine = net tonnage (nt. tn) = 35 ft^3 = 0,991 089 m^3; **long ton** (UK) (lg.t) = gross ton (gr. t) = shipping ton (shp(g) t) = tona nosivosti dead weight ton (DW(T)) = 2 240 lb = 1 016,05 kg; **metric register(ed) ton(nage)** (rt, Rt, reg. tn) brodska tona, registarska tona (metrička) = 2,832 m^3; **register(ed) tonnage** (reg. tn) = (reg. tn) = 100 ft^3 = = 2,831 68 m^3; **shipping tonnage** (US) (shp (g). tn) (US) = measurement ton(nage) (meas. tn) = freight ton(nage) (frt. tn) = 40 ft^3 = 1,132 67 m^3; **short ton** (US) (sh. t) = net ton (nt. t.) = 2 000 lb = 907,185 kg
tool alat; **cauking** ~ alat za podbijanje; **hand** ~ ručni alat; **machine** ~ alatni stroj
tool room alatnica
tooth (pl. teeth) zub (zupčanika)
top vrh, pokrov; **on** ~ **of** povrh, na vrhu; **tank** ~ pokrov tanka; **tunnel** ~ pokrov tunela
top bracing (topbracing) gornje ukotvljenje
top center (centre) gornja mrtva točka (kod hoda klipa)
top loading container kontejner za prekrcaj (pretovar) na gornjoj strani
topsail košno jedro
top side shell gornji dio bočne oplate

topping rope uže podizača samarice
topping winch vitlo klobučnice (nema vlastitog pogona) (upotrebljava se samo za podešavanje visine nagiba samarice kad nije pod opterećenjem)
topside weight težina na vrhu, težina na palubi
torpedo torpedirati
torpedo torpedo
torpedoboat torpedni čamac
torque zakretni moment, moment; **brake** ~ moment kočnice; **propeller** ~ moment (brodskog) vijka; **rudder** ~ zakretni moment kormila; **starting** ~ zakretni moment pri pokretanju
torque of the propeller moment vijka
torque reaction reakcija od zakretnog momenta
torque tube zakretna cijev
torsion torzija, uvijanje
torsional torzijski, torzioni
torsional moment torzijski (torzioni) moment, moment uvijanja
torsional rigidity torzijska (torziona) krutost
torsional strength torzijska (torziona) čvrstoća pri uvijanju
torsional stress torzijsko (torziono) naprezanje, naprezanje zbog uvijanja
torsionally torzijsko, torziono
torsionmeter torziometar
total bending moment ukupni moment savijanja
total cross-section ukupni udarni presjek (u nuklearnoj fizici)
total head efficiency stupanj djelovanja prema totalnom zaustavnom tlaku (statički i dinamički) na ulazu i izlazu
total head (pressure) totalna visina tlaka (pritiska)
total moment ukupni moment
total resistance ukupni otpor
total temperature totalna temperatura
total weight ukupna težina
tough žilav (za materijal)
toughness žilavost; **notch** ~ žilavost pri ispitivanju žilavosti pomoću epruvete sa zarezom
tow tegliti
towboat tegljač; **pusher** ~ gurač
tow hook kuka za tegljenje
towline (tow line) uže za tegljenje
towrope uže za tegljenje
tow-rope horsepower snaga tegljenja, teglena snaga
towing tegljenje
towing arrangement uređaj za tegljenje
towing basin bazen za tegljenje modela
towing bitt bitva za tegljenje
towing carriage kolica za tegljenje
towing dynamometer dinamometar za tegljenje

towing equipment oprema za tegljenje
towing gear tegleći uređaj; **push** ~ uređaj za guranje teglenica; **radial** ~ radijalni tegleći uređaj
towing hawser uže za tegljenje
towing hook kuka za tegljenje
towing pole stup za tegljenje
towing post stup za tegljenje
towing speed brzina tegljenja
towing tank tank za tegljenje modela
towing test pokus tegljenja modela
towing winch vitlo za tegljenje
TPI (tons per inch immersion) oznaka za jedinični zagažaj (tona po inču urona)
trace crtati, trasirati
tracing paper paus-papir
tracing point of the instrument šiljak na instrumentu za ucrtavanje (izvlačenje) linija
track tračnica
trackway staza
trade trgovina
trailer prikolica
trailing edge izlazni brid (kormila, vijčanog krila, strujnog profila lopatice)
train niz; **wave** ~ niz valova
train ferry prijevoznica (trajekt) za vlak
train of waves niz valova
tramp ship brod lutalica, tramper
transducer pretvarač; **vibration** ~ vibracijski pretvarač, pretvarač vibracija (uređaj za pretvaranje vibracija u električni signal)
transfer prenositi, prelaziti
transfer prijenos; **heat** ~ prijenos topline
transfer port dovodni kanal (na dvotaktnom benzinskom motoru)
transfer pump pumpa za pretakanje (goriva)
transfer truck kamion za vanjski transport
transfer valve prolazni ventil
transform transformirati (napon, struju), pretvoriti
transformation transformacija, transformiranje (napona, struje), pretvorba
transformer transformator (električni)
transformer sub-station transformatorska stanica, trafostanica
transistor (kovanica od **transfer resistor**) tranzistor
transition temperature prelazna temperatura
translation translacija, prijevod
translational velocity translatorna brzina
transmission prijenos; **electric** ~ električni prijenos; **foundation vibration** ~ prijenos vibracija temelja; **hydraulic** ~ hidraulički prijenos; **mechanical** ~ mehanički prijenos; **pneumatic** ~ pneumatski prijenos; **power** ~ prijenos snage; **steering** ~ kormilarski prijenos
transmission heat losses gubici pri prijenosu topline

transmission lines dalekovod (za prijenos električne energije)
transmission losses gubici zbog prijenosa; **shaft** ~ gubici osovinskog prijenosa
transmit prenositi (gibanje, snagu, električnu struju)
transmitter odašiljač, predajnik; **radio** ~ radio-odašiljač, radio-predajnik
transmitter installation uređaj za dojavljivanje na daljinu, odašiljački uređaj (instalacija)
transmitting gear prijenosni uređaj; **steering** ~ kormilarski prijenosni uređaj
transmitting mechanism prijenosni mehanizam
transmutation pretvorba; **atomic** ~ atomska pretvorba
transom tranzomska ploča
transom stern zrcalna krma, odrezana krma, tranzomska krma
transpiration cooling hlađenje znojenjem (zrakom)
transport prevoziti
transport prijevoz
transport cross-section transportni udarni presjek (u nuklearnoj fizici)
transport theory transportna teorija (u nuklearnoj fizici)
transportation prijevoz
transporter transporter; **roller** ~ transporter s valjcima
transverse poprečan
transverse poprečnjak; **bottom** ~ poprečnjak dna; **deck** ~ poprečnjak palube; **plate** ~ poprečni okvir; **side** ~ poprečnjak boka
transverse bar poprečni profil, poprečna prečka
transverse bending stress naprezanje zbog poprečnog savijanja
transverse bulkhead poprečna pregrada
transverse component poprečni građevni dio, poprečni konstrukcijski element
transverse deck beam poprečna palubna sponja
transverse frame poprečno rebro
transverse framing poprečno orebrenje
transverse hatchway coaming poprečna pražnica teretnog grotla
transverse line poprečna linija, poprečni pravac
transverse member poprečni dio, element (konstrukcije)
transverse metacenter poprečni metacentar
transverse metacentric height poprečna metacentarska visina
transverse moment of inertia poprečni moment inercije (tromosti)
transverse reference plane poprečna referentna ravnina
transverse righting arm poprečna poluga momenta stabiliteta
transverse section poprečni presjek

transverse stability poprečni stabilitet
transverse strength poprečna čvrstoća
transverse system of building poprečni sistem gradnje (broda)
transversely poprečno
transversely framed poprečno orebren; **the ship is** ~ brod je poprečno orebren
transveyor vrpčasti transporter
trap odvajač kondenzata; **float** ~ odvajač kondenzata s plovkom; **mechanical** ~ mehanički odvajač kondenzata; **thermostatic** ~ termostatski odvajač kondenzata
trapezoid trapez
trapezoidal trapezoidan
trapezoidal rule trapezno pravilo
travel (travelling) crane pokretna dizalica
traverse prolaziti (npr. brod prolazi kroz valove — a vessel traverses waves)
trawler kočar, ribarski brod s potegačom (povlačnom mrežom)
treat postupati, tretirati (npr. s proračunima o privjescima se postupa kao... — the calculations of appendages are treated as ...), obraditi
treatment postupak, obrada; **annealing** ~ postupak žarenja; **heat** ~ toplinska obrada; **mathematical** ~ matematički postupak u proračunu
treatment in the calculations postupak u proračunu
trend tendencija, trend
trial pokusna plovidba; **to run the trial** voziti pokusnu plovidbu
trial and error method metoda pokušavanja
trial speed brzina na pokusnoj plovidbi
triangle trokut; **equilateral** ~ istostraničan trokut; **irregular** ~ raznostraničan trokut; **isosceles** ~ istokračan trokut; **right-angled** ~ pravokutni trokut
triangle plate trokutasta ploča
triangular trokutast
triaxial stress troosno naprezanje
tricing lines užad za pridržavanje užadi za povlačenje lanaca, blokova itd. za smanjenje brzine otplova
tricing pendant uže podizača (kod samarice)
trigger stoper, otponac (pri porinuću); **hydraulic** ~ hidraulički stoper; **launching** ~ stoper kod porinuća; **mechanical** ~ mehanički stoper
trigger pit jama (u navozu) za stoper (otponac)
trigonometric trigonometrijski
trigonometry trigonometrija
trim imati trim, trimovati; **the vessel is trimming by the stern** brod je zatežan
trim trim (razlika između pramčanog i krmenog gaza), uzdužni nagib broda; **change in** ~ promjena trima; **initial** ~ početni trim; **optimum** ~ optimalni trim; **the ship is out of** ~ brod nije trimovan

trim aft zatega, trim na krmi, krmeni trim
trim by the bow pretega, trim na pramcu, pramčani trim
trim by the stern zatega, trim na krmi, krmeni trim
trim dive pokus trima
trim forward prednji trim, trim na pramcu, pramčani trim
trim line linija trima; **after** ~ linija trima na krmi; **forward** ~ linija trima na pramcu; **parallel** ~ linija paralelnog trima
trimmed trimovan, ima uzdužni nagib (npr. brod je trimovan, brod ima uzdužni nagib — the ship is trimmed)
trimmed by the head pretega, pretežan brod (pramčani gaz veći od krmenog)
trimmed by the stern zatega, zatežan brod (krmeni gaz veći od pramčanog)
trimmed displacement istisnina trimovanog broda
trimmed waterline trimovana vodna linija, vodna linija trimovanog broda, kosa vodna linija; **the slope of the** ~ nagib kose vodne linije
trimming hatchway dopunsko grotlo (za žitarice)
trimming moment moment trima
tripping bracket koljeno za ukrućenje
tripple expansion steam engine troekspanzioni parni (stapni) stroj
trochoid trohoida (npr. parametarske jednadžbe trohoide — the parametric equations of the trochoid); **subtrochoid** suptrohoida; **surface** ~ površinska trohoida
trochoidal theory of waves trohoidna teorija valova
trochoidal wave trohoidni val
trolley pokretni mačak (na dizalici)
trough žlijeb, dol; **wave** ~ dol vala, valni dol
truck kamion, kara, kolica; **fork lift** ~ viljuškar; **front fork lift** viljuškar s čeonim zahvatom; **side fork lift** ~ viljuškar s bočnim zahvatom; **transfer** ~ kamion za vanjski transport; **yard** ~ kamion za unutrašnji transport
trunk odvoditi (širokim) kanalom
trunk kanal, vod od metalnih ploča, kanal širokog otvora (presjeka), ventilacioni kanal, rov; **built-in** ~ ugrađeni glavni ventilacioni kanal; **exhaust** ~ ispušni kanal; **rudder** ~ kanal za osovinu kormila
trunked hatchways rov grotlo, vertikalno povezana grotla u jedno
try cock probni pipac
tube cijev (koja nije provodna), elektronska cijev; **accelerator** ~ akceleratorska cijev; **boiler** ~ kotlovska cijev; **circulating** ~ protočna (cirkulaciona) cijev; **condenser** ~ kondenzatorska cijev; **discharge** ~ elektronska cijev s plinskim izbo-

jem; **economizer** ~ cijev pregrijača pare, cijev ekonomajzera; **electronic** ~ elektronska cijev; **fire** ~ **(flame** ~**)** plamena cijev; **floor** ~ podna cijev; **flue** ~ plamenica (u kotlu); **generating** ~ **(evaporating** ~**)** isparna cijev, cijev isparivanja; **heat exchanger** ~ cijev izmjenjivača topline; **Pitot** ~ Pitotova cijev, pito cijev; **sounding** ~ sondna cijev; **staytube** kotvena cijev; **sterntube** statvena cijev, cijev za osovinu brodskog vijka; **superheater** ~ cijev pregrijača pare; **torque** ~ zakretna cijev; **trigger** ~ plinska cijev povezana s alarmom (uzbunom); **Venturi** ~ Venturijeva cijev; **voice** ~ doglasna cijev; **vortex** ~ vrtložna cijev; **waterwall** ~ vodocijevni ekran, ekranska cijev (kod kotla)
tube expander preša za uvaljivanje cijevi
tube leakage propuštanje cijevi
tube plate cijevna ploča (kotla), cijevna stijena
tube retarder cijevni retarder (kod kotla)
tube support pridržač, nosač cijevi
tubular cijevni, cjevast
tubular pillar cjevasta upora
tubular product cjevasti proizvod
tug tegljač, remorker
tumble-home upuštanje rebara iznad vodne linije, suženje trupa u poprečnom presjeku
tuned ugođen, podešen na frekvenciju
tuned to a particular frequency band ugođen, podešen na određeni frekvencijski pojas
tungsten volfram (W)
tuning ugađanje, usklađivanje, podešavanje na frekvenciju
tuning factor faktor ugađanja, usklađivanja, podešavanja
tunnel tunel; **shaft** ~ tunel za osovinu; **watertight** ~ vodonepropusni tunel; **wind** ~ aerodinamički tunel
tunnel side stiffener bočna ukrepa tunela
tunnel top pokrov tunela
turbine turbina; **aircraft (aero) gas** ~ avionska plinska turbina; **auxiliary** ~ pomoćna turbina; **compressor gas** ~ plinska turbina za pogon kompresora; **direct reversing gas** ~ direktno prekretna plinska turbina; **gas** ~ plinska turbina; **heavy duty marine gas** ~ brodska turbina za teške uvjete rada; **high pressure (HP, h-p) gas** ~ visokotlačna plinska turbina; **high pressure (HP, hp) steam** ~ visokotlačna parna turbina; **hydraulic** ~ hidraulička turbina; **impulse** ~ akciona turbina; **intermediate pressure gas (IP)** ~ srednjotlačna plinska turbina; **intermediate pressure (IP) steam** ~ srednjotlačna parna turbina; **low pressure (LP, l-p) gas** ~ niskotlačna plinska turbina; **low pressure (LP, l-p) steam** ~ niskotlačna parna turbina;

marine gas ~ brodska plinska turbina; **marine steam** ~ brodska parna turbina; **marinized aircraft (aero) gas** ~ marinizirana avionska plinska turbina; **marinized gas** ~ marinizirana plinska turbina; **multi-shaft** ~ višeosovinska turbina; **power gas** ~ pogonska plinska turbina; **propulsion** ~ propulzivna (porivna) turbina; **reaction** ~ reakciona turbina; **regenerative-cycle gas** ~ plinska turbina s izmjenjivačem topline; **reversing gas** ~ prekretna plinska turbina; **reversing steam** ~ prekretna parna turbina; **steam** ~ parna turbina; **twin-shaft gas** ~ **(two-shaft gas** ~**)** dvoosovinska plinska turbina, plinska turbina s dvije osovine; **water** ~ vodna turbina
turbine blade turbinska lopatica, lopatica turbine
turbine blading lopatice turbine, turbinske lopatice
turbine centrifugal pump centrifugalna turbopumpa
turbine drive turbinski pogon
turbine engine turbinski stroj
turbine generator turbogenerator
turbine pump turbinska pumpa; **vertical** ~ vertikalna turbinska pumpa
turbine propulsion plant turbinsko propulzivno (porivno) postrojenje
turboalternator (turbine and the alternating current generator) turboalternator (turbina s generatorom izmjenične struje)
turbo-blower turbopuhalo
turbocharger turbopuhalo
turbo-electric drive turboelektrični pogon
turbogenerator turbogenerator
turbulence turbulencija, turbulentnost
turbulent turbulentan
turbulent flow turbulentno strujanje
turbulent friction trenje turbulentnog strujanja, trenje zbog turbulencije strujanja
turbulent heat transfer turbulentan prijenos topline
turbulent resistance otpor zbog turbulentnog strujanja, otpor zbog turbulencije strujanja
turn of bilge zakrivljenost uzvoja broda
turning gear uređaj za okretanje
turning wheel kotač za okretanje
turnround time vrijeme potrebno za prekrcaj tereta; **port** ~ vrijeme potrebno za prekrcaj tereta u luci
turret toranj
'tween deck međupalublje
'tweendeck frame rebro u međupalublju
'tween derricks udvojene samarice
twin-screw ship dvovijčani brod, brod s dva vijka
twin-shaft (two-shaft) gas turbine dvoosovinska plinska turbina, plinska turbina s dvije osovine

twist uvijati se
twist uvijanje; **the axis of** ~ os uvijanja
twisting uvijanje
twisting force sila uvijanja
twisting loads opterećenja pri uvijanju
twisting moment moment uvijanja
two-bladed propeller dvokrilni brodski vijak
two-group theory dvogrupna teorija (u nuklearnoj fizici)
two-pass surface condenser dvoprolazni površinski kondenzator
two pintle rudder kormilo s dva štenca
two-span stiffener ukrepe s dva raspona
two-speed fan dvobrzinski ventilator
two-stage radial compressor dvostepeni radijalni kompresor
two-stroke diesel engine dvotaktni dizel--motor
two-stroke high pressure turbocharged, medium-speed crosshead marine diesel srednjohodni dvotaktni brodski dizel--motor s križnom glavom s visokim stupnjem prednabijanja
two-stroke marine diesel dvotakni brodski dizel
two-tiered deckhouse palubna kućica na dva kata
type tip, vrsta

U

ullage visina praznog dijela tanka
ultimate strength konvencionalno uzeta maksimalna čvrstoća
ultimate tensile strength maksimalna vlačna čvrstoća
ultra-high strength steel ultračvrsti čelik
ultrasonic ultrazvučni
ultrasonic probe ultrazvučni mjerni instrument
unbalance neuravnoteženost, neuravnoteženje; **mechanical** ~ mehanička neuravnoteženost
unbalanced forces neuravnotežene sile
unbalanced rudder nebalansno kormilo
uncoupled nespregnut
uncoupled equation nespregnuta jednadžba
uncoupled vibration nespregnute vibracije
undamaged neoštećen (npr. Brod je neoštećen — The ship is undamaged.)
undamped neprigušen
undamped vibration neprigušene vibracije
undamped vibration neutralizer vibracijski neutralizator bez prigušenja
underdeck girder palubna podveza, (uzdužni) potpalubni nosač
underestimate prenisko ocijeniti, prenisko procijeniti
underestimate preniska procjena
underhung rudder zavješeno kormilo
underhung (spade) rudder (spade rudder) zavješeno sped kormilo
underwater podvodni
underwater valve podvodni ventil
unduly prekomjerno
unfair plating neravno opločenje
unfairness neravnost, neizglađenost (npr. brodskih linija)
unflooded nenaplavljen
uniaxial jednoosni, po jednoj osi
uniaxial stress jednoosno naprezanje
uniform jednolik, jednoličan
uniform load jednoliko (jednolično) opterećenje
uniform motion jednoliko (jednolično) gibanje
uniform speed jednolika (jednolična) brzina
uniform stream jednoliko (jednolično) strujanje

uniform velocity jednolika (jednolična) brzina
uniform wake jednoliko (jednolično) sustrujanje
union holender matica
union purchase rig udvojeni (zajednički) rad samarice
unit jedinica; **atomic mass** ~ jedinica atomske mase
unit efficiencies pojedinačni stupnjevi djelovanja jedinica u postrojenju
unit heater grijaća jedinica
unit stress jedinično naprezanje; **maximum** ~ maksimalno jedinično naprezanje
unite sjediniti se, sjedinjavati se
unitization sjedinjeno pakiranje
unitized items sjedinjeni komadni teret
unitized package sjedinjeno slaganje tereta
unitizing sjedinjeno slaganje tereta
unity jedinična vrijednost
unknown nepoznanica (u matematici)
unload iskrcati, iskrcavati, istovariti
unloading iskrcaj, iskrcavanje, istovar
unmanned automatski upravljan (bez ljudske posade)
unplaness neravnost ravnine
unpowered winch vitlo bez pogona
unrestrained neupet
unship the rudder skinuti kormilo (s broda)
unsinkable nepotopiv
unstable equilibrium labilna ravnoteža
unstayed mast jarbol bez pripona
unstressed nenapregnut
unsymmetric (unsymmetrical) nesimetričan, asimetričan
unsymmetrical flooding nesimetrično naplavljivanje
upholstery tapetarija
upper deck gornja paluba
upper slewing guy block gornji kolotur brka samarice
upper strength deck gornja paluba čvrstoće
upper vang block gornji kolotur brka samarice

upper wing tank gornji (potpalubni) bočni tank
uppermost continuous deck najgornja neprekinuta paluba
upright uspravan
upright position of the ship uspravan položaj broda
upset the ship izbaciti brod iz ravnotežnog položaja, nagnuti brod
upsetting arm poluga prekretnog momenta
upsetting force prekretna sila
upsetting moment prekretni moment
uptake dimovod
upward force sila koja djeluje prema gore
uranium uran (U, Ur); **enriched** ~ obogaćeni uran; **natural** ~ prirodni uran
uranium reactor uranski reaktor
U. S. Coast Guard Rules for Subdivision and Damage Stability of Passanger Ships Pravila američke obalne straže za pregrađivanje i stabilitet putničkih brodova u oštećenom stanju

V

vacuum vakuum
vacuum pump vakuum pumpa
value vrijednost, matematička vrijednost; **mean** ~ srednja vrijednost; **mean of the values of** ~ srednje vrijednosti iz; **mean square** ~ srednja vrijednost kvadrata; **the tabulation of the values** tabelarni (tablični) prikaz vrijednosti; **tabulated values** tablične vrijednosti; **to assess the ~ of** odrediti (utvrditi) vrijednost nečega
(the) values are entered vrijednosti ulaze (npr. u prvu kolonu dijagrama ulaze vrijednosti... — in the first column of the diagram are entered the values of...)
(the) value corresponds. to vrijednost odgovara
(the) value is close to vrijednost se približava
(the) value is reduced to zero vrijednost se smanjuje na nulu
valve ventil; **air** ~ zračni ventil, ventil za zrak; **air circulation** ~ ventil za protok zraka; **air supply** ~ ventil za dovod zraka, dovodni ventil za zrak; **angle** ~ kutni ventil; **atmosphere** ~ atmosferski ventil; **automatic vent slide** ~ automatski odušni zasun; **auxiliary** ~ pomoćni ventil; **auxiliary steam stop** ~ pomoćni parni zaporni ventil; **auxiliary stop** ~ pomoćni zaporni ventil; **ballcheck** ~ ventil s kuglicom; **block** ~ zaporni ventil; **blowoff** ~ ispušni ventil (za paru); **bottom blow** ~ ventil za odmuljivanje kotla; **bottom blowoff** ~ ventil za odmuljivanje kotla; **bottom shutoff** ~ donji ventil za isključivanje; **burner** ~ ventil plamenika (gorionika); **butterfly** ~ leptirasti ventil; **change over** ~ prekretni ventil; **check** ~ nepovratni ventil, kontrolni ventil; CO_2 **manifold discharging** ~ ispusni ventil na razvodu za CO_2; CO_2 **metering** ~ mjerni ventil za CO_2; **delivery** ~ dobavni (dostavni) ventil; **discharging** ~ (discharge ~) ispusni (ispušni) ventil; **diverting air** ~ skretni zračni ventil, ventil za skretanje zraka; **duplex safety** ~ dvostruki sigurnosni (zaštitni) ventil; **engine throttle** ~ leptir (u rasplinjaču); **exhaust** ~ ispušni ventil; **feed stop and check** ~ napojni zaporno-nepovratni ventil, kombinirani napojni ventil; **feedwater regulator** ~ regulacioni napojni ventil, ventil za regulaciju napajanja; **flushing** ~ ventil za ispiranje; **foam solution** ~ dobavni (dostavni) ventil za pjenastu mješavinu (za gašenje požara); **fuel** ~ ventil za gorivo; **fuel injection** ~ ventil za ubrizgavanje (uštrcavanje) goriva; **fuel oil back pressure** ~ pretlačni (prekotlačni) ventil za gorivo; **gate** ~ zasun; **globe** ~ ravni ventil; **hand** ~ ručni ventil; **indicator** ~ indikatorski ventil, ventil indikatora; **inlet** ~ ulazni ventil; **main discharge** ~ glavni ispusni (ispušni) ventil; **main steam stop** ~ glavni parni zaporni ventil; **main stop** ~ glavni zaporni ventil; **master** ~ (master shutoff ~) glavni ventil za isključivanje; **metering** ~ mjerni ventil; **needle** ~ (needle point ~) igličasti ventil; **non return** ~ nepovratni ventil; **non return check** ~ nepovratni kontrolni ventil; **normal reducing** ~ obični redukcioni ventil; **one-way** ~ jednosmjerni ventil; **outlet** ~ izlazni ventil; **overhead** ~ viseći ventil; **piston** ~ stapni razvodni ventil; **pressure control** ~ ventil za regulaciju tlaka; **pressure reducing** ~ redukcioni ventil tlaka; **quick closing** ~ brzo zatvarajući ventil; **recirculating** ~ ventil za povrat (goriva); **(air) recirculation** ~ ventil za recirkulaciju, optok (zraka); **reducing** ~ redukcioni ventil; **reduction** ~ redukcioni ventil; **regulating** ~ regulacioni ventil; **relief** ~ odušni ventil, prestrujni ventil; **safety** ~ sigurnosni (zaštitni) ventil; **saturated auxiliary stop** ~ pomoćni ventil za zasićenu paru; **shutoff** ~ ventil za isključivanje; **side** ~ stojeći ventil; **skin** ~ ventil na vanjskoj oplati (broda); **slide** ~ zasun, plosnati razvodnik; **sluice** ~ zasun; **starting** ~ uputni ventil; **steam** ~ parni ventil; **steam governor** ~ parni regulacioni ventil; **steam stop** ~ parni zaporni ventil; **stop** ~ zaporni ventil; **suction** ~ usisni ventil; **superheater safety** ~

sigurnosni (zaštitni) ventil pregrijača pare; **surface blow** ~ ventil za otpjenjivanje (kotla); **surface blowoff** ~ ventil za otpjenjivanje (kotla); **tank** ~ ventil na tanku; **tank drain** ~ ispusni ventil tanka; **tank safety** ~ sigurnosni (zaštitni) ventil tanka; **throttle** ~ prigušni ventil (za regulaciju pare); **throttling steam** ~ prigušni parni (regulacijski) ventil; **top shutoff** ~ gornji ventil za isključivanje; **transfer** ~ prolazni ventil; **underwater** ~ podvodni ventil; **wedge gate** ~ klinasti zasun; **whistle** ~ ventil za pištaljku
valve disc pladanj ventila; **loose** ~ slobodni (labavi) pladanj ventila
valve face čelo ventila
valve gear ventilno polužje
valve housing kućište ventila, ventilno kućište
valve mechanism ventilni mehanizam
valve seating sjedište ventila
valve spindle vreteno ventila, ventilno vreteno
valve stem struk (vreteno) ventila
valving system ventilni sistem
valve tappet struk ventila
vanadium vanadij (V)
vane lopatica, krilo; **impeller** ~ lopatica impelera (na centrifugalnoj pumpi); **inlet guide** ~ usmjerivačka (skretna) lopatica (kompresora)
vang (see **slewing guy**) brk samarice
vang block kolotur brka samarice; **lower** ~ donji kolotur brka samarice; **upper** ~ gornji kolotur brka samarice
vapours (vapors) pare; **oil (fuel oil)** ~ pare loživog ulja
vapour pressure tlak para (vodenih ili drugih medija)
variable promjenljiv
variable varijabla
variable force promjenljiva sila
variable pitch promjenljiv korak, promjenljiv uspon brodskog vijka
variable speed promjenljiva brzina
variable wake promjenljivo sust.ujanje
varnish lak
vary inversely with mijenjati se obrnuto sa
VCB (vertical center of buoyancy) oznaka za položaj težišta istisnine po visini
VCG (vertical center of gravity, the vertical location of the center of gravity) oznaka za položaj težišta sistema po visini
vector zbrajati vektorski, sumirati vektorski (npr. sve tri sile zbrajaju se vektorski — all three forces are vectored together)
vector vektor
vector composition zbrajanje vektora
(the) vector is geared to vektor je (čvrsto) vezan za (npr. Taj vektor je (čvrsto) vezan na propelersku osovinu tako da rotira u smjeru kazaljke na satu s frekvencijom lopatice — This vector is geared to the propeller shaft so that it rotates clockwise at blade frequency)
vector quantity vektorska veličina
vectorial vektorski
vectorial increment vektorski prirast
vectorially vektorski (prilog)
velocity (V) brzina (kao fizikalna vektorska veličina, definirana apsolutnom vrijednošću i smjerom) (obično se izražava metrima u sekundi); **angular** ~ kutna brzina; **drift** ~ brzina zanašanja (morskom strujom); **duct** ~ brzina zraka u kanalu; **flow** ~ brzina strujanja; **induced** ~ inducirana brzina; **initial** ~ početna brzina; **orbital** ~ orbitalna brzina; **peripheral** ~ obodna brzina; **potential flow** ~ brzina potencijalnog strujanja; **rotational** ~ brzina okretanja, brzina vrtnje; **slip** ~ brzina skliza; **translational** ~ translatorna brzina; **uniform** ~ jednolika (jednolična) brzina; **uniform wave (celerity) (V_W)** jednolika (jednolična) brzina vala; **wave** ~ brzina vala; **wind** ~ brzina vjetra
velocity gradient gradient brzine
velocity head (pressure) dinamička visina tlaka
velocity of water brzina vode; **high** ~ velika brzina vode
velocity potential potencijal brzine
vent odušiti, otplinjavati, odzračiti
vent odušna cijev, odušnik; **gooseneck** ~ odušna cijev u obliku labuđeg vrata
vent condenser odušni kondenzator, kondenzator odušaka
vent pipe odušna cijev
vent slide (valve) odušni zasun; **automatic** ~ automatski odušni zasun
vent system (venting system) sistem otplinjavanja (odzračivanja) (tanka)
ventilate ventilirati
ventilated ventiliran
ventilated container ventilirani kontejner, zračeni kontejner
ventilating blower puhalo za ventilaciju, ventilacijsko (ventilaciono) puhalo
ventilating plant ventilacijsko (ventilaciono) postrojenje (uređaji)
ventilating system ventilacijski (ventilacioni) sistem; **ship's** ~ brodski ventilacijski (ventilacioni) sistem
ventilation ventilacija; **artificial** ~ umjetna ventilacija; **cargo** ~ ventilacija tereta; **cargo hold** ~ ventilacija teretnih skladišta; **forced** ~ ventilacija pod tlakom (pritiskom); **mechanical** ~ mehanička ventilacija; **natural** ~ prirodna ventilacija; **system of** ~ sistem ventilacije, ventilacijski (ventilacioni) sistem
ventilation duct gage (gauge) mjerni instrument (mjerač) u ventilacijskom (ventilacionom) kanalu
ventilation duct heating grijanje ventilacijskog (ventilacionog) kanala
ventilation opening otvor za ventilaciju

ventilation system ventilacijski (ventilacioni) sistem; **ship** ~ brodski ventilacijski (ventilacioni) sistem
ventilator ventilator; **electric** ~ električni ventilator
venting odušivanje, otplinjavanje, odzračivanje
Venturi tube Venturijeva cijev
verbal form (of technical information) tekstovni oblik (tehničke informacije); **non** ~ netekstovni oblik (dijagrami, formule itd.)
vertical vertikalan
vertical vertikala
vertical beam knee vertikalno koljeno sponje
vertical bending moment moment savijanja u vertikalnoj ravnini
vertical center of buoyancy (VCB) položaj težišta istisnine po visini
vertical center of gravity (VCG) položaj težišta sistema po visini
vertical force vertikalna sila
vertical fore-and-aft plane vertikalna uzdužna ravnina, ravnina simetrije (broda)
vertical inertia pitching force vertikalna komponenta inercijske sile zbog posrtanja
vertical line vertikalna linija, vertikalni pravac
vertical longitudinal bending moment uzdužni moment savijanja u vertikalnoj ravnini
vertical prismatic coefficient koeficijent vertikalne finoće istisnine
vertical pump vertikalna pumpa
vertical rolling force vertikalna komponenta sile (zbog) ljuljanja
vertical stem vertikalna (ravna) pramčana statva
vertical stiffener vertikalna ukrepa
vertical turbine pump vertikalna turbinska pumpa
vertical web plate vertikalno opločje okvira
vertical web stiffener of longitudinal bulkhead vertikalna okvirna ukrepa uzdužne pregrade
vertical winch vertikalno vitlo
vertical windlass vertikalno sidreno vitlo
vessel brod, plovni objekt, posuda; **colliding vessels** sudareni brodovi; **diesel-driven** ~ brod s pogonom na dizel-motor; **fishing** ~ ribarski brod; **naval** ~ ratni brod; **pressure** ~ tlačna posuda, posuda pod tlakom (pritiskom); **reactor** ~ reaktorska posuda; **sailing** ~ jedrenjak; **striking** ~ brod koji je udario; **struck** ~ brod koji je udaren, udareni brod; **war** ~ ratni brod
vessel of merchant type trgovački tip broda
vibrate vibrirati
vibrating ship brod koji vibrira
vibration(s) vibracije, vibriranje; **coupled** ~ spregnute vibracije; **damped** ~ prigušene vibracije; **forced** ~ prisilne vibracije; **free** ~ slobodne vibracije; **foundation** ~ vibracije temelja; **horizontal** ~ horizontalne vibracije; **hull** ~ vibracije trupa; **natural** ~ prirodne vibracije; **propeller-excited** ~ vibracije pobuđene (izazvane) brodskim vijkom; **resonant** ~ rezonantne vibracije; **rudder** ~ vibracije kormila; **self-excited** ~ samouzbudne vibracije; **self-excited rudder** ~ samouzbudne vibracije kormila; **ship** ~ vibracije broda; **shipboard foundation** ~ vibracije brodskih temelja; **slam** ~ vibracije zbog udaranja pramca o valove; **three-noded transverse** ~ tročvorne poprečne vibracije; **torsional** ~ torzijske vibracije; **transient** ~ tranzijentne vibracije; **transverse** ~ poprečne vibracije; **uncoupled** ~ nespregnute vibracije; **undamped** ~ neprigušene vibracije; **vertical** ~ vertikalne vibracije
vibration-free ship brod koji ne vibrira
vibration is excited vibracije su pobuđene (izazvane)
vibration neutralizer vibracijski neutralizator; **undamped** ~ vibracijski neutralizator bez prigušenja
vibration stress naprezanje zbog vibracija
vibration transducer vibracijski pretvarač (uređaj za pretvaranje vibracija u električni signal), pretvarač vibracija
vibrationless bez vibracija
vibratory bending moment moment savijanja zbog vibracija
vibratory motion vibracijsko gibanje
vibrograph vibrograf
view pogled; **bottom** ~ pogled odozdo; **end** ~ nacrt (kod broda); **front** ~ **(elevation)** nacrt (općenito); **plan** ~ tlocrt; **sectional** ~ presjek; **side** ~ bokocrt
virtual virtualan
virtual center (centre) of gravity virtualno težište sistema
virtual mass (added mass, hydrodynamic mass) virtualna masa
virtual metacentric height virtualna metacentarska visina
virtual rise of the center of gravity virtualno povišenje težišta sistema
viscosity viskoznost, viskozitet; **dynamic** ~ dinamička viskoznost; **kinematic** ~ kinematička viskoznost
viscous drag viskozni otpor, otpor zbog viskozne tekućine
viscous fluid viskozna tekućina (realna tekućina)
visual alarm indication vizualna alarmna najava
visual smoke indicator vizualni pokazivač dima
voice tube doglasna cijev
volt volt (jedinica za napon)
voltage napon
voltage drop pad napona

voltage regulator regulator napona
volume volumen; **displacement** ~ volumen istisnine
volume control damper zaklopka za regulaciju volumena zraka
volume integral volumni integral, trostruki integral
volume permeability volumenska naplavljivost
volumetric calculations proračun volumena, volumenski proračun
volumetric coefficient volumenski koeficijent (stepen vitkosti ispisnine)
volute voluta (krivulja), voluta (oblik rotorskih lopatica centrifugalne pumpe)
volute centrifugal pump centrifugalna volutna pumpa
volute casing volutno (spiralno) kućište pumpe
vortex (pl. vortices) vrtlog
vortex flow vrtložno strujanje
vortex blading uvijene lopatice (prema teoriji vrtloga)
vortex filament vrtložna nit
vortex motion strujanje vrtloga
vortex theory teorija vrtloga, cirkulacijska teorija vijčanog propelera
vortex tube vrtložna cijev
voyage plovidba; **coastwise** ~ obalna plovidba; **international** ~ međunarodna (internacionalna) plovidba

W

W (watt) oznaka za vat
waistcoat prsluk; **life saving (lifesaving)** ~ prsluk za spasavanje
wake sustrujanje; **average** ~ srednje sustrujanje; **average circumferential** ~ srednje obodno sustrujanje; **circumferential** ~ obodno sustrujanje; **effective** ~ efektivno sustrujanje; **forward** ~ sustrujanje prema naprijed; **frictional** ~ sustrujanje trenja; **irregular** ~ nepravilno sustrujanje; **negative** ~ negativno sustrujanje; **nominal** ~ nominalno sustrujanje; **positive** ~ pozitivno sustrujanje; **potential** ~ potencijalno sustrujanje; **sternward** ~ sustrujanje prema natrag; **uniform** ~ jednoliko (jednolično) sustrujanje; **variable** ~ promjenljivo sustrujanje; **wave** ~ sustrujanje valova
wake bearing force sila u ležajevima zbog (nepravilnog) sustrujanja
wake coefficient koeficijent sustrujanja
wake fraction (w) koeficijent sustrujanja
wake fraction (Froude) Froudov koeficijent sustrujanja
wake speed brzina sustrujanja
wall-sided imati vertikalni bok u blizini vodne linije — the ship is wall-sided in the vicinity of the waterline
wall-sidedness vertikalnost boka (npr. svaka promjena od vertikalnosti boka postaje zanemariva — any variation from wall-sidedness becomes negligible)
war rat
warlike ratni
warship ratni brod
war vessel ratni brod
warehouse uskladištiti u zatvoreno skladište (na obali)
warehouse zatvoreno skladište (na obali)
warehousing uskladištenje u zatvoreno skladište (na obali)
warehousing facilities tehnički uređaji u zatvorenim skladištima (na obali)
warm water pump pumpa za toplu vodu
warp pritezati brod, privlačiti brod
warp pritezno uže, uže za privlačenje broda

warped helicoidal surface vitopera opća zavojna ploha
warped surface izvitoperena površina, deformirana površina u tri smjera
warping vitoperenje (deformacija u tri smjera), pritezanje broda, privlačenje broda
warping line pritezno uže, uže za pritezanje broda
warping winch pritezno vitlo, uže za pritezanje broda
wash bulkhead (swash bulkhead) pljuskača
wash plate lim pljuskače
wash water pump pumpa za vodu za pranje
washer podloška, podložna pločica; **spring** ~ elastična podloška
waste heat boiler kotao na otpadnu toplinu, utilizacioni kotao, utilizator
waste heat superheater pregrijač na otpadnu toplinu
watch straža
water voda; **boiler feedwater** ~ kotlovska napojna voda; **chilled** ~ rashlađena voda; **cooling** ~ rashladna voda; **drilling** ~ voda za bušenje; **feedwater** napojna voda; **fresh** ~ slatka voda; **heavy** ~ teška voda (u nuklearnoj tehnici); **light** ~ normalna (obična) voda (H_2O) (za razliku od teške vode); **makeup (make-up)** ~ pripremljena voda (za kotao), dodatna voda; **nonpotable** ~ tehnička voda (za pranje, sanitarni uređaj), nepitka voda; **potable** ~ pitka voda; **seawater** morska voda, more; **still** ~ mirna voda, mirno more, površina mora bez valova
water ballast vodeni balast
water ballast tank tank za vodeni balast
waterborne (water-borne) u plovnom stanju
water-borne displacement istisnina (broda) u plovnom stanju
water-borne longitudinal center of buoyancy (LCB) položaj težišta istisnine po duljini broda u plovnom stanju
water-borne metacentric height (GM) metacentarska visina broda u plovnom stanju

water-borne ship brod u plovnom stanju; **fully** ~ brod u potpuno plovnom stanju; **partially** ~ brod u djelomično plovnom stanju
water-borne waterline (WL) plovna vodna linija
water box vodna komora
water chiller rashlađivač (pitke) vode
water-chilling system sistem za rashlađivanje (pitke) vode
water circulating pump pumpa za protočnu vodu, vodoprotočna pumpa, vodocirkulaciona pumpa, rashladna pumpa
water column stupac vode
water-cooled petrol engine vodom hlađen benzinski motor
water cooling hlađenje vodom
watercourse rupa za prolaz vode
water deflector štitni prsten za skretanje (usmjeravanje) vode (kod pumpe)
water distilling plant destilacijski uređaj, proizvodnja slatke vode
water drum vodni bubanj
water extinguisher uređaj za gašenje požara vodom/morem, ekstinkter
water fire extinguishing installation instalacija za gašenje požara vodom/morem
water gage (gauge) vodokaz
water gage glass (gage glass) vodokazno staklo
water head stupac vode
water jacket vodeni (vodni) plašt
waterline vodna linija; **baseline** osnovka, osnovica; **designed** ~ konstruktivna vodna linija; **designer's** ~ konstruktivna vodna linija; **equilibrium** ~ ravnotežna vodna linija; **even-keel** ~ horizontalna vodna linija; **flooded** ~ vodna linija naplavljenog broda, vodna linija broda u naplavljenom stanju; **inclined** ~ nagnuta vodna linija; **light** ~ laka vodna linija; **load** ~ teretna vodna linija; **molded (moulded) baseline** teoretska osnovka, osnovica; **static** ~ vodna linija statičkog položaja ravnoteže; **summer** ~ ljetna vodna linija; **summer load** ~ ljetna teretna vodna linija; **trimmed** ~ kosa vodna linija, trimovana vodna linija, vodna linija trimovanog broda; **water-borne** ~ plovna vodna linija; **winter load** ~ zimska teretna vodna linija; **zero** ~ nulta vodna linija
waterline coefficient koeficijent vodne linije
water pipe cijev za vodu; **low pressure** ~ cijev za niskotlačnu vodu
water piping cjevovod za vodu
waterplane ravnina vodne linije; **flooded** ~ ravnina vodne linije u naplavljenom stanju; **heeled** ~ bočno nagnuta ravnina vodne linije
waterplane coefficient (C_{WP}) koeficijent punoće vodne linije
water pressure vodni tlak (pritisak)

water pump pumpa za vodu; **chilled** ~ pumpa za rashlađenu (pitku) vodu; **circulating** ~ pumpa za protočnu vodu, pumpa za cirkulacijsku (cirkulacionu) vodu; **warm** ~ pumpa za toplu vodu; **wash** ~ pumpa za vodu za pranje
water-spray system (water spraying system) sistem raspršivanja vode
water sprinkler raspršivač vode, prskalica za vodu
water supply napajanje vodom, dovod vode
water supply installation vodovodna instalacija (za pitku vodu)
water tank tank za vodu, vodni tank, rezervoar vode; **distilled** ~ tank destilirane vode
watertight vodonepropustan; **non** ~ vodopropustan
watertight bulkhead vodonepropusna pregrada
watertight buoyancy (W. T. B.) uzgon nepropusnog volumena
watertight compartment vodonepropusno odjeljenje
watertight deck vodonepropusna paluba
watertight door vodonepropusna vrata
watertight envelope of the ship vodonepropusni omotač broda
watertight floor (watertight plate floor) vodonepropusna rebrenica
watertight rudder vodonepropusno kormilo
watertight side girder vodonepropusni bočni nosač
watertight tunnel vodonepropusni tunel
water tightness (watertightness) vodonepropusnost
watertube boiler vodocijevni kotao; **straight tube, cross drum** ~ ravnocijevni vodocijevni kotao s poprečnim bubnjem
waterwall tube vodocijevni ekran (kod kotla)
waterway odlivni kanal
watt vat (električna jedinica)
wave val; **divergent** ~ divergentan val; **flat** ~ ravan val; **harmonic** ~ harmonijski val; **irregular** ~ nepravilan val; **long-crested waves** dugo bregoviti valovi; **oblique** ~ kosi val; **ocean waves** oceanski valovi; **progressive waves** progresivni valovi; **regular** ~ pravilan val; **short-crested waves** kratkobregoviti valovi; **simple gravity** ~ jednostavni gravitacijski val; **sine** ~ sinusni val; **sinusoidal** ~ sinusoidalni val; **standing** ~ stojni val; **steep** ~ strm val; **surface** ~ površinski val; **train of waves** niz valova; **transverse** ~ poprečan val; **trochoidal** ~ trohoidni val; **two-dimensional** ~ dvodimenzionalni val
wave advance napredovanje vala
wave amplitude valna amplitura, amplituda vala

wave bending moment moment savijanja zbog valova, moment savijanja na valovima
wave bending stresses naprezanje zbog (kod) savijanja na valu
wave buoyancy uzgon u valu, uzgon vala
wave celerity (V_W) jednolika (jednolična) brzina vala
wave crest brijeg vala, valni brijeg
wave decay nestajanje valova
(the) waves die out valovi trnu, valovi nestaju
wave direction smjer napredovanja vala
wave disturbance valni poremećaj
wave elevation elevacija vala, valna elevacija, uzvišenje vala, valno uzvišenje
wave encounter susretanje valova
wave encounter frequency frekvencija susretanja vala, valova
wave encounter period period susretanja vala, valova
wave energy energija vala
wave force sila valova
wave form oblik vala, valni oblik
wave frequency band pojas valnih frekvencija
wave generation stvaranje (generiranje) valova
wave growth porast vala
wave height visina vala, valna visina; **significant** ~ značajna valna visina
wave hollow dol vala, valni dol
wave impact udar valova
wavelength valna duljina; **de Broglie** ~ de Broglijeva valna duljina; **Compton** ~ Comptonova valna duljina
wave-making resistance otpor valova
wave motion gibanje valova
wave number valni broj
wave period period vala
wave pressure tlak (pritisak) u valu
wave profile profil vala, valni profil
wave recorder valomjer; **shipborne** ~ brodski valomjer; **Tucker** ~ Tuckerov valomjer
wave reflection refleksija vala, odbijanje vala; **partial** ~ djelomična refleksija (odbijanje) vala
wave slope nagib vala
wave speed brzina vala
wave steepness strmina vala, strmoća vala, strmost vala
wave surface površina vala, valna površina
wave system valni sistem, sistem valova; **the decay of the** ~ nestajanje valnog sistema; **the generation of the** ~ stvaranje (generiranje) valnog sistema; **the maintenance of the** ~ održavanje valnog sistema
wave-to-course angle kut rasprostiranja vala/valova prema kursu broda
wave train niz valova
wave trough dol vala, valni dol
wave velocity brzina vala

wave wake sustrujanje valova
wax vosak
way put, način; **in** ~ **of** u području, kod (npr. u području (kod) odjeljenja — in way of compartments)
ways navoz; **building** ~ navoz; **ground** ~ saonik; **spread of the** ~ razmak između (centra i centra) saonika; **standing** ~ saonik
way end (the end of the ways) kraj (završetak) saonika
way-end pressure tlak na kraju saonika
weak slab (npr. materijal, spoj)
weapon oružje
wear (wore, worn) trošiti se, habati se
wear trošenje, habanje
wearing ring brtveni prsten, tijesnilo, žrtveni prsten
weather (atmosfersko) vrijeme, privjetrina, vjetrometina
weather deck izložena paluba
weather deck hatchway grotlo izložene palube
weather deck plating opločenje izložene palube
weathertight metal cover metalni pokrov nepropustan (za) (na) atmosferilije
weathertightness otpornost prema atmosferilijama
web beam okvirna sponja
web frame okvirno rebro; **deep transverse** ~ visoko poprečno okvirno rebro
web plate opločje okvira; **vertical** ~ vertikalno opločje okvira
web stiffener okvirna ukrepa; **vertical** ~ **of longitudinal bulkhead** vertikalna okvirna ukrepa uzdužne pregrade
wedge (kosi) klin; **adjusting wedges** klinovi za podešavanje visine potklada
wedge gate valve klinasti zasun
weight težina; **atomic** ~ atomska težina; **deadweight** nosivost; **estimated** ~ procijenjena težina; **increment of** ~ prirast težine; **light** ~ **of the ship** težina praznog opremljenog broda; **light** ~ **(wet)** težina praznog broda sa strojevima spremnim za pogon; **light-ship** ~ težina praznog broda; **machinery** ~ težina strojeva; **machinery** ~ **(wet)** težina strojeva spremnih za pogon; **molecular** ~ molekularna težina; **nominal** ~ nominalna težina; **off-center** ~ ekscentrični položaj težine; **offside** ~ ekscentrično smještena težina; **outfit** ~ težina opreme; **overweight** prekomjerna težina, prekoračena težina; **specific** ~ specifična težina; **steel** ~ težina čelika; **topside** ~ težina na palubi; **total** ~ ukupna težina
weight curve krivulja težine
weight distribution raspodjela težina
weight estimate procjena težina
weight margin rezerva težina
weight per unit of volume specifična težina, težina po jedinici volumena

weld zavariti
weld zavar, var; **the toe of the** ~ korijen zavara
welded zavaren
welded connection zavareni spoj
welded joint zavareni spoj; **butt-** ~ sučeono zavareni spoj; **lapped-** ~ preklopno zavareni spoj
welded pipe joint zavareni spoj cijevi
welded seam zavareni šav
welded structure zavarena konstrukcija
welding zavarivanje; **electric arc** ~ elektro-lučno zavarivanje; **electric resistance** ~ elektrootporno zavarivanje, zavarivanje električnim otporom; **fusion** ~ zavarivanje taljenjem; **gas** ~ autogeno zavarivanje; **induction** ~ indukciono zavarivanje; **manual** ~ ručno zavarivanje
welding machine stroj za zavarivanje
welding rod elektroda, šipka (žica) za zavarivanje
welding shrinkage stezanje (skupljanje) (materijala) pri zavarivanju
well zdenac, kaljuža pumpe, bušotina; **oil** ~ bušotina sirove nafte
well-deck ship brod sa zdencem
westerly ići prema zapadu, ležati zapadno
westerly zapadni vjetar
wet air ovlažen zrak, vlažan zrak
wet-air discharge ispuštanje (izbacivanje) ovlaženog (vlažnog) zraka
wet air fan ventilator za ovlaženi (vlažni) zrak
wet basin bazen za opremu
wet bulb temperature temperatura vlažnog termometra
wet deck zalivena paluba
wet foredeck zaliveni prednji dio palube
wet steam vlažna para
wetness mokrina, oplakanost; **deck** ~ prelijevanje mora preko palube
wetness of decks zalijevanje mora palube, prelijevanje mora preko paluba
wetted girth of hull oplakani (uronjeni) opseg rebra trupa
wetted surface oplakana površina uronjenog dijela trupa; **molded** ~ teoretska oplakana površina uronjenog dijela trupa
wharf izgrađena obala
wheel kotač, točak, kolo, disk s lopaticama (kod turbine); **steering** ~ kormilarlarsko kolo, kormilarski kotač; **turning** ~ kotač za okretanje (motora)
wheelhouse kormilarnica
whirl vir, vrtlog
whistle valve ventil za pištaljku
wide širok
width širina
winch vitlo; **automatic tensioned mooring** ~ automatsko pritezno vitlo; **boat** ~ vitlo za čamac; **cargo** ~ teretno vitlo; **chain gear** ~ vitlo s lančanim koturom, vitlo s lančanicom; **constant tension mooring** ~ pritezno vitlo konstantne sile; **deck** ~ palubno vitlo, vitlo na palubi; **electric** ~ električno vitlo; **hand** ~ ručno vitlo; **hydraulic** ~ hidrauličko vitlo; **lifeboat** ~ vitlo za čamac za spasavanje; **manual** ~ ručno vitlo; **mooring** ~ vitlo za vezivanje, privezno vitlo; **powered** ~ mehaničko vitlo, mehanički pokretano vitlo, vitlo na mehanički pogon; **span** ~ vitlo klobučnice, vitlo za uže podizača samarice; **steam** ~ parno vitlo, vitlo na parni pogon; **topping** ~ vitlo klobučnice (nema vlastitog pogona); **towing** ~ vitlo za teglenje; **unpowered** ~ vitlo bez pogona; **vertical** ~ vertikalno vitlo; **warping** ~ vitlo za privlačenje broda, pritezno vitlo
winch brake kočnica vitla
winch brake handle ručka kočnice vitla
winch case kućište vitla
winch drum bubanj vitla
winch hand crank ručka vitla
winch motor generator room prostor za pogonski motor vitala
wind vjetar; **ahead** ~ vjetar u pramac; **beam** ~ bočni vjetar; **head** ~ vjetar u pramac; **the relative** ~ **is on the beam** relativni vjetar je u bok
wind conditions uvjeti vjetra
wind dead ahead vjetar sasvim u pramac
wind force sila vjetra
(the) wind is nearly astern vjetar je gotovo u krmu
(the) wind is nearly head on vjetar je gotovo u pramac
wind load opterećenje od vjetra
wind off the bow smjer vjetra otklonjen od pramca
wind off the stern smjer vjetra otklonjen od krme
wind pressure tlak (pritisak) vjetra
wind resistance otpor vjetra
wind speed brzina vjetra
wind tunnel aerodinamički tunel
wind velocity brzina vjetra
windage area površina izložena vjetru
windage losses gubici ventilacije, ventilalacije, ventilacijski (ventilacioni) gubici (kod turbinskih lopatica)
windlass sidreno vitlo; **anchor** ~ sidreno vitlo; **horizontal** ~ horizontalno sidreno vitlo; **steam** ~ parno sidreno vitlo, sidreno vitlo na parni pogon; **steam powered** ~ parno sidreno vitlo, sidreno vitlo na parni pogon; **steam powered anchor** ~ parno sidreno vitlo, sidreno vitlo na parni pogon; **vertical** ~ vertikalno sidreno vitlo; **vertical shaft** ~ sidreno vitlo s vertikalnom osovinom
windlass foundation temelji sidrenog vitla
windsail zračni rukav (na brodu)
windward prema vjetru
windward side vjetrometina

wing bulkhead bočna pregrada
wing space bočni prostor; **damaged** ~ oštećen bočni prostor
wing tank bočni tank (na brodu); **lower** ~ donji bočni tank; **upper** ~ gornji (potpalubni) bočni tank
winter load waterline zimska teretna vodna linija
wiper čistač (na brodu)
wire žica; **aluminium** ~ aluminijska žica; **copper** ~ bakrena žica; **electric** ~ električna žica; **steel** ~ čelična žica
wire brushing žičanje, struganje žičanom četkom
wire fall čelično uže (čelik čelo) sveukupne duljine, ukupna duljina čeličnog užeta (čelik čela)
wire line čelično uže
wire rope čelično uže, čelik-čelo
wire rope mooring line čelično uže (čelik-čelo) za vez broda, privezno čelično uže
with reference to s obzirom na
with respect to s obzirom na
withdrawal of heat odvođenje topline
withstand (withstood, withstood) izdržati (npr. izdržati silu, tlak (pritisak), opterećenje, naprezanje — to withstand the force, the pressure, the load, the stress)
wood drvo
wood cover drveni poklopac; **portable** ~ pokretni (skidljivi) poklopac
wood sheathing oblaganje drvom, drvena obloga, pokrivanje drvom
wooden blocks drvene potklade
wooden ship drveni brod
word length duljina riječi (broj znamenki na elektroničkom računalu)
work raditi, obraditi (obrađivati) materijal; **cold** ~ hladno obraditi, obraditi u hladnom stanju; **hot** ~ toplo obraditi, obraditi u toplom stanju
work rad, obrada; **cold** ~ hladna obrada (obrada u hladnom stanju); **hot** ~ topla obrada (obrada u toplom stanju); **research** ~ znanstveni rad, naučni rad, istraživački rad
works tvornica; **aircraft (aviation)** ~ tvornica aviona; **engine** ~ tvornica (pogonskih) strojeva (dizel-motora); **ironworks** željezara; **steelworks** čeličana
work-hardened alloy hladno očvrsnuta legura (slitina)
work out razraditi (npr. razraditi nacrt — to work out a design), izračunati
work ratio efektivni stupanj djelovanja (turbine)
work upon razraditi (npr. proces je bio razrađen — the process has been worked upon)
worked obradiv, obrađen; **easily** ~ lako obradiv
worker radnik; **manual** ~ manuelni radnik, nekvalificirani radnik; **research** ~ znanstveni radnik, naučni radnik, istraživač; **skilled** ~ kvalificirani radnik
working (work) obrada (metala); **cold** ~ hladna obrada, obrada u hladnom stanju; **hot** ~ topla obrada, obrada u toplom stanju
working boat radni čamac
working cycle radni ciklus
working drawings radionički nacrti; **(reduced) scale** ~ radionički nacrti u umanjenom mjerilu
working fluid radni fluid
working stroke radni takt
working substance radna supstanca, radni medij
workmanship izrada
workshop radionica; **electrical** ~ elektroradionica; **engineers'** ~ mehanička radionica
workshop layout raspored radionice
worm puž
worm gears pužni prijenos
worm wheel pužno kolo
wrist pin osovinica klipa
W. T. B. (watertight buoyancy) oznaka za uzgon nepropusnog volumena

X

x x (nepoznanica)
x² (x squared) x², x na kvadrat
x³ (x cubed) x³, x na treću
x⁴ (x to the fourth, x to the power of 4) x⁴, x na četvrtu
x⁻¹ (x to the power of minus) x⁻¹, x na minus prvu
√x̄ (the second root of x, the square root of x) √x̄, drugi korijen iz x
$\sqrt[3]{x}$ (the third root of x, the cube root of x) $\sqrt[3]{x}$, treći korijen iz x
X-ray X-zraka, rendgenska zraka; **characteristic X-rays** karakteristične rendgenske zrake
xenon ksenon (Xe)

Y

yacht jahta
yard truck kamion za unutrašnji transport
yaw zaošijati
yaw zaošijanje, pomak pri zaošijanju
yaw-heel nagib zbog zaošijanja
yawing zaošijanje
yawing motion gibanje zaošijanja
yield dobiti (npr. dobiveni rezultati — yielded data), dati, davati (npr. dati rezultate — to yield the results), popuštati (za materijal)
yield doprinos, popuštanje, tečenje (materijala); **fission** ~ fisioni doprinos
yield point (of the material) granica (tečenja) popuštanja (materijala)
yield strength čvrstoća (materijala) kod granice (tečenja) popuštanja materijala
yield stress naprezanje na granici (tečenja) popuštanja materijala
YP (yield point) oznaka za granicu (tečenja) popuštanja (materijala)
ytterbium iterbij (Yb)
yttrium itrij (Y)

Z

zees Z-profili
zero-energy reactor nultoenergetski reaktor
zero datum nulta referentna točka
zero waterline nulta vodna linija
zinc cink (Zn)
zinc protector cinkov protektor (cink-protektor)
zinc wasting plate cinkova žrtvena ploča
zirconium cirkonij (Zr)
zone zona, **primary** ~ primarna zona
zone reheater dogrijač zone; **overhead-mounted** ~ stropni (stropno montiran) zonski dogrijač

TEHNIČKI RJEČNIK

BRODOGRANJE, STROJARSTVA I NUKLEARNE TEHNIKE
HRVATSKO - ENGLESKI

A

A-jarbol bipod mast
adaptor adapter
adijabatski (adijabatska, adijabatsko) adiabatic
adijabatska ekspanzija adiabatic expansion
adijabatska kompresija adiabatic compression
admiralsko sidro admirality anchor
adresa (u elektroničkom računalu) address
adsorpcija adsorption
adsorpcijski potencijal adsorption potential
aerodinamički (aerodinamička, aerodinamičko) aerodynamic, streamlined
aerodinamičko oblikovanje streamlining
aerodinamički profil airfoil
aerodinamički profil krila (brodskog vijka) propeller airfoil section
aerodinamički tunel wind tunnel
aerodinamika aerodynamics
ajnštajnij (E, Es) einsteinium
akceleracija (ubrzanje) acceleration; **maksimalna tangencijalna** ~ maximum tangential acceleration; **tangencijalna** ~ tangential acceleration
akceleracija zbog ljuljanja rolling acceleration
akceleracija zbog posrtanja pitching acceleration
akceleracijski (akceleracijska, akceleracijsko) accelerating + imenica
akceleracijski potencijal accelerating potential
akcelerator accelerator: **Cockroftov i Waltonov** ~ Cockroft and Walton accelerator; **elektrostatski** ~ electrostatic accelerator
akceleratorska cijev accelerator tube
akcelerirati (ubrzavati) accelerate. (speedup)
akcione lopatice impulse blading
akcioni radijus cruising radius
aksijalan (aksijalni, aksijalna, aksijalno) axial
aksijalno (prilog) axially
aksijalni kompresor axial compressor
aksijalni ležaj axial bearing
aksijalni moment tromosti rectangular moment of inertia
aksijalna pumpa axial flow pump

aksijalna zračnost axial clearance
aktinidi actinides
aktinij (Ac) actinium
aktivan (aktivni, aktivna, aktivno) active
(radio) aktivna materija (radio) active material
aktivni tank protiv ljuljanja active anti-rolling tank
aktivna zona reaktora (jezgra reaktora) core
aktiviranje activation
aktivnost activity
akumulator storage battery; **sigurnosni injekcijski** ~ (kod reaktora) safety injection accumulator
akumulatorska prostorija battery room
alarm (uzbuna) alarm
alarmni (alarmna, alarmno) alarm + imenica
alarmna najava alarm indication; **vizualna** ~ visual alarm indication; **zvučna** ~ audible alarm indication
alarmni uređaj alarm equipment
alarmno zvono alarm bell
alat tool; **ručni** ~ hand tool; **strojni** ~ machine tool
alat za podbijanje caulking tool, calking tool
alatnica tool room
albedo albedo
alfa-brojač alpha counter
alfa-čestica alpha-particle
alfa-emitent (u nuklearnoj tehnici) alpha emitter
alfa-komora alpha chamber
alfa-raspad alpha decay; **energija alfa-raspada** alpha decay energy
alfa- zračenje alpha radiation
alfa-zrake alpha rays
algebarski (algebarska, algebarsko) algebraic
algebarski (prilog) algebraically
algebarska suma (zbroj) algebraic sum
algebra algebra
algoritam (matematičkim simbolima opisan niz računskih operacija koje vode prema rješenju problema) algorithm
aluminij (Al) aluminium, aluminum (US)

aluminijski (aluminijska, aluminijsko) aluminium (aluminum) + imenica
aluminijska bronca aluminium bronze; **mangan-nikal** ~ manganese-nickel aluminium bronze; **nikal** ~ nickel aluminium bronze
aluminijska legura (slitina) aluminium alloy; **konstrukcijska** ~ structural aluminium alloy; **toplinski neobradiva** ~ non-heat-treatable aluminium bronze; **toplinski obradiva** ~ heat-treatable aluminium bronze
aluminijski lim aluminium sheet (plate)
aluminijska ploča aluminium plate
aluminijska žica aluminium wire
americij (Am) americium
amper ampere
amplituda amplitude; **valna** ~ wave amplitude
amplituda ljuljanja amplitude of roll
amplituda poniranja amplitude of heave
amplituda posrtanja amplitude of pitch
amplituda rezonantnih vibracija resonant amplitude
amplituda rezonantnih vibracija trupa resonant hull amplitude
amplituda vala wave amplitude
analitički (analitička, analitičko) analytical
analitički proračun analytical calculation(s)
analiza analysis (pl. analyses); **dimenzionalna** ~ dimensional analysis
analogija analogy
analogno digitalni pretvarač analog-to-digital converter
analogno računalo analog computer
anemometar (vjetromjer; sprava za mjerenje brzine i smjera vjetra) anemometer
anihilacija annihilation
anihilacijsko zračenje annihilation radiation
anodni efekt anode effect
anodna efikasnost (korisnost) anode efficiency
anodno napajanje anode feed
anodna struja anode current
anodno zasićenje anode saturation
antena antenna, aerial
anticiklotron anti-cyclotron
antičestica anti-particle
antifrikcioni (antifrikcijski) ležajevi (npr. kuglični i kotrljajući) anti-friction bearings
antikorozivna boja anticorrosive paint
antimon (stibij) (Sb) antimony
antineutron anti-neutron
antineutrino antineutrino
antiproton anti-proton
antivegetativna boja antifouling paint
aparat appliance
aparat za gašenje požara fire extinguisher; **ručni** ~ hand fire extinguisher; **prenosiv** ~ portable fire extinguisher

aproksimacija (približna procjena, približna vrijednost, približnost, približenje) approximation; **gruba** ~ rough approximation
aproksimirati odrediti približnu vrijednost (procjenu) approximate
apscisa abscissa
apsolutan (apsolutni, apsolutna, apsolutno) absolute
apsolutna nula (-273^0 C ili OK) absolute zero
apsolutna temperatura absolute temperature (abs)
apsolutna vlažnost (vlaga) absolute humidity
apsorbent absorber
apsorpcija absorption; **rezonantna** ~ resonance absorption
apsorpcijski (apsorpcijska, apsorpcijsko) absorption + imenica, absorbing + imenica
apsorpcijska doza absorbed dose
apsorpcijski koeficijent absorption coefficient
apsorpcijski spektar absorption spectrum
apsorpcijski štap absorbing rod
apsorpcijski udarni presjek (u nuklearnoj tehnici) absorption cross-section
argument prijenosne funkcije phase response operator
aritmetički (aritmetička, aritmetičko) arithmetic, arithmetical
aritmetički (prilog) arithmetically
aritmetička jedinica (u elektroničkom računalu) arithmetic unit
aritmetička sredina arithmetic mean
aritmetika arithmetics
armatura armature
armatura cjevovoda piping armature
armatura kotla boiler fittings, boiler mountings
armatura snasti jarbola rig armature
armiran(i) (armirana, armirano) reinforced
armirani beton reinforced concrete
armirani temelji reinforced foundations
arsen (As) arsenic
arsenal navy yard
asimetričan (asimetrični, asimetrična, asimetrično) asymmetrical
asimetričnost asymmetry
asimptota asymptote
asimptotski (asimptotska, asimptotsko) asymptotic
asimptotski (prilog) asymptotically
asimptotska vrijednost asymptotic value
asinhron(i) (asinhrona, asinhrono) isochronous
asinhrono ljuljanje isochronous rolling
asinhroni motor induction motor
astatin (At) astatine
atmosfera atmosphere
atmosferski (atmosferska, atmosfersko) atmospheric, atmosphere + imenica

atmosferska radiaktivnost atmospheric radioactivity
atmosferski tlak (pritisak) atmospheric pressure
atmosferski ventil atmosphere valve
atom atom; **Bohrov** ~ Bohr atom; **Bohr-Sommerfeldov** ~ Bohr-Sommerfeld atom; **radioaktivni** ~ radioactive atom; **uzbuđeni** ~ excited atom
atomski (atomska, atomsko) atomic
atomski apsorpcijski koeficijent atomic absorption coefficient
atomska bomba (popularni naziv za nuklearnu bombu) A-bomb, atomic bomb
atomski broj atomic number; **efektivni** ~ effective atomic number
atomska energija atomic energy
atomska frekvencija atomic frequency
atomska masa atomic mass; **jedinica atomske mase** atomic mass unit
atomska pretvorba atomic transmutation
atomski raspad atomic desintegration
atomsko raspršenje atomic scattering
atomski sat atomic clock
atomski spektar atomic spectrum
atomska struktura atomic structure
atomska težina atomic weight
atomska toplina atomic heat
atomska veza atomic bond
austenit austenite
austenitizirati (postići austenitnu strukturu) austenitize, austenize
austenitski (austenitska, austenitsko) austenitic
autogeno zavarivanje gas welding
automatiziran(i) (automatizirana, automatizirano) automated
automatski (automatska, automatsko) automatic
automatski detektor dima automatic smoke detector
automatski detektor požara automatic fire detector
automatski pilot autopilot; **elektronički** ~ electronic autopilot
automatsko pritezno vitlo automatic-tensioned warping winch
automatski radio-telegrafski alarmi radiotelegraph auto alarms
automatski rezni stroj s plamenicima automatic flame cutting machine
automatski stroj za zavarivanje automatic welding machine
automatski ubrizgač goriva automatic fuel injector
automatsko upravljanje (automatska regulacija) automatic control
automatsko upravljanje brodom automatic ship control
avion aeroplane, airplane, aircraft
avionska plinska turbina aircraft (aero) gas turbine; **marinizirana** ~ marinized aircraft (aero) gas turbine
Avogadrov broj Avogadro number
azimutni kvantni broj azimuthal quantum number

B

bajpas (obilazni cjevovod, mimovod) bypass
bakar (Cu) copper
bakling (reaktora) buckling
bakren(i) (bakrena, bakreno) copper+imenica
bakrena cijev copper pipe
bakrena legura (slitina) copper alloy
bakrena žica copper wire
balansiranje brodskog vijka propeller weight balance
balansiranje dizel-motora diesel-engine balance
balansiranje težine brodskog vijka propeller weight balance
balansno kormilo balanced rudder
balast ballast; **vodeni** ∼ water ballast
balastiran(i) (ispunjen balastom) (balastirana, balastirano) ballasted
balastiranje ballasting
balastni (balastna, balastno) ballast + imenica
balastni cjevovod ballast piping
balastni cjevovodni sistem ballast piping system, ballast piping
balastna pumpa ballast pump
balastni pumpni sistem ballast pumping system
balastni tank ballast tank; **bočni** ∼ side ballast tank; **krajnji** ∼ end ballast tank
Balmerova serija Balmer series
bananijer (brod za prijevoz banana) banana carrier
barij (Ba) barium
barijera barrier; **potencijalna** ∼ potential barrier
barn (10^{-28} m²) barn
bat ram; **hidraulički** ∼ hydraulic ram
baterija kotlova boilers in battery
Bayhurstova krivulja Bayhurst curve
bazen swimming pool, basin
bazen za opremu (broda) wet basin
bazen za plivanje swimming pool; **brodski** ∼ shipboard swimming pool
bazen za teglenje modela towing basin, towing tank
bazenski reaktor swimming-pool reactor
Becquerelove zrake Becquerel rays

benzin petrol, gasoline (US)
benzinski motor petrol engine, gasoline engine (US); **četverotaktni** ∼ four-stroke petrol (gasoline) engine; **dvotaktni** ∼ two-stroke petrol (gasoline) engine; **vodom hlađen** ∼ water-cooled petrol (gasoline) engine; **zrakom hlađen** ∼ air--cooled petrol (gasoline) engine
berilij (Be) beryllium
berkelij (Bk) berkelium
Bernoullijev teorem (jednadžba, zakon) Bernoulli's theorem, Bernoulli's law
beskonačna ploča (ploča neograničenih dimenzija) infinite plate
Bessemerova kruška Bessemer converter
bešavna čelična cijev seamless steel pipe
beta-čestica beta-particle
beta-detektor beta detector
beta-raspad beta decay; **energija beta-raspada** beta decay energy
beta-zrake beta rays
betatopik betatopic
betatron betatron
beton concrete; **armirani** ∼ reinforced concrete; **prednapregnuti** ∼ prestressed concrete
bez jarbola mastless, dismasted
bez obzira na irrespective of, regardless of
bez trenja frictionless
bez vibracija vibrationless
bezdimenzionalan (bezdimenzionalni, bezdimenzionalna, bezdimenzionalno) dimensionless, nondimensional; **učiniti bezdimenzionalnim** nondimensionalize
bezdimenzionalna značajka (broj) dimensionless number
bezvrtložno strujanje (strujanje tekućine pri kojem je rotor jednak nuli) irrotational flow, irrotational motion
bilanca balance; **neutronska** ∼ neutron balance
biljno ulje vegetable oil
binarni sistem binary system
binoda binode
binomna razdioba binominal distribution
biofizika biophysics
biološka doza (zračenja) biological dose

biološki otvor (u reaktoru) biological hole
biološko poluvrijeme biological half-life
biološki štit biological shield
biološka zaštita biological shielding
bipod jarbol bipod mast
biti pod pravim kutom to be at right angles
biti pod tlakom to be under pressure
biti približan (nekoj vrijednosti, veličini itd.) approximate
biti smješten to be placed, to be located, bear (bore, borne) (e. g. the keel bears fore and aft on the keel blocks — kobilica je smještena uzdužno na kobiličnim potkladama)
biti spojen (priključen) s cijevima na to be piped into
biti u dodiru s čvrstom podlogom aground
biti u fazi to be phased
biti u fazi sa to be in phase with
biti u istoj fazi sa to be in like phase with
biti u pogonu run (ran, run)
biti u protufazi to be in opposite phase
biti u redu (funkcionirati) to be in order
biti u savršenom redu to be in perfect order
biti u skladu s pravilima to be in accordance with the rules, to comply with the rules
biti u skladu s propisima to be in accordance with the regulations
biti u skladu sa zahtjevima to comply with the requirements
biti u stanju mirovanja to be at rest
biti unijet u tabelu (tablicu) to be entered in the table (e. g. the instrument readings are entered in the table — otčitavanja (čitanja) s instrumenata su unijeta u tabelu)
bitva bitt
bitva na obali bollard
bitva na obali za vez mooring bollard, bollard
bitva za tegljenje towing bitt
bitva za vez mooring bitt
bizmut (Bi) bismuth
bježanje vijka propeller racing
blanjalica planing machine, planer; **kratkohodna** ~ shaping machine, shaper
blisko se podudarati sa to be in close agreement with
blister (čelična konstrukcija dodatnih limova oplate za sprečavanje prodora mora/ /vode; najčešće kod ratnih brodova) blister
blizina proximity; **u blizini nečega** in proximity to; **u neposrednoj blizini** in close proximity to
blok block; **odrivni** ~ thrust block
bočni (bočna, bočno) lateral, side + imenica
bočno (prilog) broadside, sideways

bočni balastni tank side ballast tank
bočni dio krme quarter; **desni** ~ starboard quarter; **lijevi** ~ port quarter
bočne kobilične potklade side keel blocks
bočno koljeno u tanku tank side bracket
bočni nosač side girder; **interkostalni** (umenuti) ~ intercostal side girder; **vodonepropusni** ~ watertight side girder
bočni nosač dna bottom side girder; **interkostalni** (umetnuti) ~ intercostal bottom side girder
bočni nosač grotla hatch side girder
bočna oplata side plating, side shell; **donji dio bočne oplate** bottom side shell; **gornji dio bočne oplate** top side shell
bočna oplata nadgrađa superstructure side plating
bočna oplata trupa bez nadgrađa main hull side shell
bočna palubna podveza (bočni potpalubni nosač) deck side girder
bočno pasmo side keelson
bočno porinuće side launching
bočni potpalubni nosač vidi **bočna palubna podveza**
bočna pražnica side coaming
bočna pregrada wing bulkhead, side bulkhead
bočni prostor (na brodu) wing space; **oštećen** ~ damaged wing space
bočna proveza side stringer plate, side stringer
bočno rebro (rebro na boku) side frame
bočna samarica side derrick
bočna stijena (u nadgrađu) side bulkhead
bočni tank side tank, wing tank; **donji** ~ lower wing tank; **gornji** ~ upper wing tank
bočna traka (saonika za održavanje smjera pri porinuću) ribband
bočna ukrepa side stiffener
bočna ukrepa tunela tunnel side stiffener
bočno uže (sprečava odmicanje broda od obale) breast line
bočni vjetar beam wind
bočna vrata side port, side door
Bohr-Sommerfeldov atom Bohr-Sommerfeld atom
Bohrov atom Bohr atom
Bohrov magneton Bohr magneton
Bohrov polumjer Bohr radius
boja paint; **antikorozivna** ~ anticorrosive paint; **antivegetativna** ~ antifouling paint
bojni brod battle ship, combatant ship
bojni krstaš battle cruiser
bok broda ship side, side
bok uz bok (jedan pored drugog) abreast
bokobran fender; **viseći** ~ hanging fender
bokocrt side view
bokoštitnica fender

Boltzmannova konstanta Boltzmann's constant
Boltzmannov princip Boltzmann's principle
bomba bomb; **atomska** ~ (popularni naziv za nuklearnu bombu) atomic bomb, A-bomb; **fisiona** ~ fission bomb; **fuziona** ~ fusion bomb; **kobaltna** ~ cobalt bomb; **vodikova** (hidrogenska) ~ hydrogen bomb
bombardiranje bombardment
bombirana podnica (kotlovskog postrojenja) (sferično oblikovana podnica kotlovskog bubnja) dished head, dished end
Bonjeanove krivulje Bonjean curves
bor (B) boron
borbeni brod fighting ship
borna komora boron chamber
Bose-Einsteinova statistika Bose-Einstein statistics
bozon (u nuklearnoj fizici) boson
Brackettova serija Brackett series
Braggova krivulja Bragg curve
Braggov kut Bragg angle
Braggovo pravilo Bragg rule
Braggov zakon Bragg law
bravarska radionica locksmith shop
brazda iza vijka (mlaz vijka) propeller race, slip stream
bregasta osovina camshaft
bregasta osovina za upravljanje ispušnim ventilom exhaust operating camshaft
bregasta osovina za upravljanje usisnim ventilom inlet operating camshaft
Breit-Wignerova formula Breit-Wigner formula
brid edge; **prednji** ~ (aerodinamičkog profila) nose (of an airfoil section); **ulazni** ~ (strujnog profila, kormila, vijčanog krila) leading edge
brijeg (na bregastoj osovini) cam
brijeg (na bregastoj osovini) **pumpe za gorivo** fuel cam
brijeg (na bregastoj osovini) **za pogon indikatora** indicator cam
brijeg prekidača paljenja (u benzinskom motoru) timing cam
brijeg vala wave crest
britanska toplinska jedinica British Thermal Unit (BTU)
brk (samarice) guy, slewing guy, vang (US); **mehanički pokretani** ~ power operated guy
brk za teret (kod samarice) cargo slewing guy
brod ship, vessel, craft, boat (čamac); **bojni** ~ battleship, combatant ship; **čelični** ~ steel ship; **drveni** ~ wooden ship; **dvotrupi** ~ catamaran; **dvovijčani** ~ (brod s dva vijka) twin-screw ship; **invazioni** (invazijski) ~ (čamac) landing craft; **jednopalubni** ~ single deck ship;

jednovijčani ~ (brod s jednim vijkom) single-screw ship; **kočarski** ~ (kočar) trawler; **kontejnerski** ~ container ship; **linijski** ~ liner; **motorni** ~ motor ship; **nasukani** ~ stranded ship, grounded ship; **nuklearni** ~ nuclear ship; **OBO** ~ OBO ship; **parni** ~ steam ship; **potonuli** ~ sunken ship; **površinski** ~ (za razliku od podmornice) surface ship; **prazni** ~ (težina broda bez tereta) light ship, ship in light condition; **priobalni** (obalni) ~ coaster; **ratni** ~ warship, man of war, naval ship, naval vessel; **riječni** ~ river boat; **RO/RO** ~ RO/RO ship; **teretno-putnički** ~ cargo passenger ship; **trgovački** ~ merchant ship
brod je nagnut the ship is inlined
brod je nagnut bočno the ship is heeled, the ship is listed, the ship heels
brod je bočno nagnut u jednom smjeru the ship heels in one direction
brod je zatežan the ship is trimming by the stern
brod kao greda u plovnom stanju floating girder
brod koji ne vibrira vibration-free ship
brod koji vibrira vibrating ship
brod konstruiran s kosom kobilicom a ship with a designed drag
brod lutalica (tramper) tramp ship
brod na ravnoj kobilici an even keel ship
brod pokretan dizel-motorom (brod s dizel-pogonom) diesel-driven ship (vessel)
brod pune forme full-formed ship
brod radionica repair ship
brod s dva vijka twin-screw ship
brod s dvostrukom oplatom double skin ship
brod s jednim vijkom single-screw ship
brod s jednostrukom oplatom single skin ship
brod s nekoliko vijaka multi-screw ship
brod s podvodnim krilima hydrofoil craft
brod sa zdencem well-deck ship
brod u djelomično plovnom stanju partially water-borne ship
brod u dodiru sa čvrstom podlogom (kod dokovanja) grounded ship
brod u plovnom stanju (brod nošen uzgonom kad isplovi iz doka/navoza) a water-borne ship
brod u potpuno plovnom stanju fully water-borne ship
brod za gorivo fuel ship
brod (čamac) **za iskrcavanje** landing craft
brod za opći (generalni) **teret** general cargo ship
brod za pretovar (prekrcaj) **na kotačima** roll on / roll of ship, RO/RO ship

brod za prijelaz kanala cross-channel ship
brod za rasuti teret bulk-carrier
brod za rasuti teret i rudu bulk/ore carrier
brod za rudu ore carrier
brod za suhi teret dry cargo ship
brod za teglenice (na principu doka, sa sinhro liftovima) sea barge (ship), barge launching carrier
brod za teglenice (pretovar s okvirnom dizalicom) Lighter Aboard Ship, LASH
brod za voće fruit ship
brodovi na međunarodnim plovidbama vessels on international voyages
brodogradilište shipyard
brodograditelj shipbuilder
brodogradnja shipbuilding
brodograđevni inženjer naval architect
brodograđevni odjel (u brodogradilištu) shipbuilding department
brodograđevni odjel (na fakultetu) naval architecture department
brodski (brodska, brodsko) naval, marine + imenica, ship + imenica, ship's + imenica, shipboard + imenica
brodski bazen za plivanje shipboard swimming pool
brodski cjevovod ship's piping
brodski cjevovodni sistem ship's piping system
brodski časnik mate
brodski čelik ship steel; **srednjougljični** ~ medium carbon ship steel
brodski dimnjak funnel
brodska dizalica ship's crane, ship crane
brodski dizel-(motor) marine diesel; **četverotaktni** ~ four-stroke marine diesel; **dvotaktni** ~ two-stroke marine diesel; **dvotaktni sporohodni** ~ s križnom glavom i velikim stupnjem prednabijanja ~ two-stroke high pressure turbocharged, medium speed crosshead marine diesel
brodski dnevnik log book
brodska elektrana ship's electric power station
brodski električni kabel marine electrical cable
brodska instalacija ship installation
brodska klimatizacija marine air conditioning
brodski konobar steward
brodska konstrukcija ship construction
brodska kontejnerska dizalica ship container crane, shiptainer (skraćeni izraz)
brodski kotao marine boiler; **škotski** ~ Scotch marine boiler
brodska kuhinja galley
brodska mjed naval brass
brodska parna turbina marine steam turbine
brodska plinska turbina marine gas turbine
brodska plinska turbina za teške uvjete rada heavy duty marine gas turbine

brodsko pogonsko postrojenje marine power plant, ship's power plant
brodsko porivno postrojenje ship's propelling plant, ship's propulsion plant
brodska propulzija (poriv) marine propulsion
brodski proračun (proračun broda) ship calculations
brodska pumpa marine pump
brodski radio-uređaj ship's radio equipment, ship's wireless equipment
brodski reaktor marine reactor
brodski reaktor »rastrkanog tipa« dispersed marine reactor
brodski sat ship clock
brodski stroj marine engine
brodska struktura ship structure
brodski telefonski uređaj (instalacija) ship's telephone installation
brodski temelji shipboard foundations
brodski temelji (fundamenti) **motora** engine seating
brodski trup ship's hull, ship hull
brodski trup kao nosač (greda) ship hull girder, hull girder
brodski trup kao nosač (greda) **bez nadgrađa** main hull girder
brodski trup kao nosač (greda) **u plovnom stanju** floating girder
brodski valomjer shipborne wave recorder
brodski ventilacijski sistem ship's ventilating system, ship ventilation system
brodski vijak (propeler) ship's (ship) propeller, propeller; **četverokrilni** ~ four-bladed propeller; **desni** ~ starboard propeller; **desnokretni** ~ right hand propeller; **dvokrilni** ~ two-bladed propeller; **krmeni poprečni** ~ stern thruster propeller; **lijevi** ~ port propeller; **lijevokretni** ~ left hand propeller; **peterokrilni** ~ five bladed propeller; **pjevajući** ~ singing propeller; **potpuno kavitirajući** ~ fully-cavitating propeller; **poprečni** ~ thruster propeller; **pramčani poprečni** ~ bow thruster propeller; **prekretni** ~ reversible propeller; **šesterokrilni** ~ six-bladed propeller; **trokrilni** ~ three-bladed propeller
brodski vijak koji se okreće prema unutra inboard turning propeller
brodski vijak koji se okreće prema van outboard turning propeller
brodski vijak s malim omjerom debljine propeller of low thickness ratio
brodski vijak s podesivim krilima adjustable blade propeller
brodski vijak s prekretnim krilima controllable pitch propeller, adjustable-pitch propeller
brodski vijak s velikim omjerom debljine propeller of high thickness ratio
brodski vijčani propeler screw propeller

broj number, numeral; **atomski** ~ atomic number; **Avogadrov** ~ Avogadro number; **azimutni kvantni** ~ azymuthal quantum number; **bezdimenzionalni** ~ dimensionless number; **decimalni** ~ decimal number; **Froudeov** ~ Froude number (Fn) $(V/\sqrt{gL})$; **glavni** ~ cardinal number; **kvantni** ~ quantum number; **magični brojevi** magic numbers; **magnetski kvatni** ~ magnetic quantum number; **Machov** ~ Mach number; **maseni** ~ mass number; **neparni** ~ odd number; **Nusseltov** ~ Nusselt number; **neutronski** ~ neutron number; **orbitalni kvantni** ~ orbital quantum number; **parni** ~ even number; **Prandtlov** ~ Prandtl number; **redni** ~ ordinal number; **Reynoldsov** ~ Reynolds' number; **valni** ~ wave number
broj okreta brodskog vijka propeller revolutions
broj okreta u minuti revolutions per minute (rpm)
brojač counter; **alfa** ~ alpha counter; **Čerenkovljev** ~ Cherenkov counter; **elektromehanički** ~ electromechanical counter; **Geiger-Müllerov** ~ Geiger-Müller counter; **kristalni** ~ crystal counter
brojčanik dial
brojnik numerator
brom (Br) bromine
bronca bronze; **aluminijska** ~ aluminium bronze, aluminum bronze; **fosforna** ~ phosphor bronze; **mangan-nikal aluminijska** ~ manganese-nickel-aluminium bronze; **manganska** ~ manganese bronze; **nikal-aluminijska** ~ nickel-aluminium bronze; **nikal-manganska** ~ nickel-manganese bronze; **topovska** ~ gunmetal
Brownovo kretanje Brownian movement
brtva packing, sealing, seal, gasket; **labirintna** ~ labyrinth packing, labyrinth seal, labyrinth gland; **nepropusna** ~ tight gasket; **prirubnička** ~ flange gasket
brtva osovine (vretena) spindle packing
brtveni prsten sealing ring, wearing ring, clearance ring
brtvenica stuffing box
brtvenica kormila rudder stuffing box
brtvenica stapajice piston rod stuffing box
brtvilo (materijal za brtve) packing material, packing, gasket material
brtviti pack, seal
brtvljenje packing, sealing
brtvljenje cijevi (cjevovoda) pipe packing, pipe sealing, pipe tightening
brtvljenje osovine (vratila) shaft packing, shaft sealing
brusilica grinding machine
bruto-tona gross ton
bruto-tonaža gross tonnage
bruto-volumen gross volume

brz(i) (brza, brzo) fast, quick, rapid
brza fisija fast fission
brzi neutron fast neutron
brza reakcija fast reaction
brzi reaktor fast reactor
brzina speed (apsolutna vrijednost; najčešće izražena kod broda u miljama na sat, čvorovima), velocity (brzina kao fizikalna vektorska veličina definirana apsolutnom vrijednošću i smjerom), celerity, rapidity, rate; **inducirana** ~ induced velocity; **jednolika** ~ uniform velocity; **jednolika** ~ **vala** uniform wave velocity (V_W), celerity; **kritična** ~ critical speed; **kutna** ~ angular velocity; **obodna** ~ peripheral velocity; **orbitalna** ~ orbital velocity; **početna** ~ initial velocity, initial speed; **promjenljiva** ~ variable speed; **translacijska** ~ translational velocity
brzina broda speed of the ship
brzina doze (u nuklearnoj tehnici) dose rate
brzina eliminiranja (izotopa iz organizma) clearance rate
brzina na pokusnoj plovidbi trial speed
brzina napredovanja brodskog vijka speed of advance of the propeller
brzina okretanja speed of rotation, rotative speed
brzina okretanja (brodskog) **vijka** speed of rotation of the propeller
brzina potencijalnog strujanja potential flow velocity
brzina prijenosa topline rate of heat transfer
brzina promjene (derivacija po vremenu) rate, rate of change
brzina protoka plina (protok plina) rate of gas flow
brzina protoka zraka (protok zraka) rate of air flow
brzina rotacije speed of rotation
brzina rukovanja teretom cargo handling speed
brzina sklíza slip velocity
brzina strujanja flow velocity
brzina sustrujanja wake speed
brzina teglenja towing speed
brzina u eksploataciji (u službi) service speed; **maksimalna** ~ maximum service speed
brzina (zraka) **u kanalu** duct velocity
brzina vala wave speed, wave velocity
brzina vjetra wind speed, wind velocity
brzina vode water velocity, velocity of water
brzina vrtnje rotational velocity
brzina zanašanja drift velocity
brzinom od at the rate of (e. g. the shaft rotates at the rate of 3.600 rpm (revolutions per minute) — osovina se okreće brzinom od 3 600 okreta u minuti)
brzinomjer (za brod) log, speed log

brzozatvarajući ventil quick closing valve
brzohodni dizel-motor high-speed diesel engine
bubanj drum; **glatki** ~ smooth drum; **ožljebljen** ~ grooved drum; **parni** ~ steam drum; **vodni** ~ water drum; **vodno-parni** ~ water and steam drum
bubanj vitla winch drum
buknuti flash
bulb bulb
bulb-pramac bulb bow, bulbous bow
bulb-profil bulb bar
bunker (skladišni prostor za gorivo) bunker
bunker za pogonsko gorivo fuel oil bunker
bunker za tekuće gorivo oil fuel bunker
bunker za ugljen (ugljenarnica) coal bunker
bušena kartica (za elektroničko računalo) punched card
bušenje drilling
bušenje uz obalu offshore drilling
bušilica drilling machine
bušilica za rezanje unutrašnjih navoja tapping machine
bušiti drill, punch
bušotina sirove nafte oil well

C

Carnotov kružni proces Carnot cycle
cement cement
cementno mlijeko cement wash
cent (jedinica reaktivnosti reaktora) cent
centar vidi **središte**
centar mase centre (center) of mass
centralni (centralna, centralno) (središnji, središnja, središnje) central, centre (center) + imenica
centralni (simetralni) centreline + imenica, centerline + imenica
centralne (središnje) **kobilične potklade** centre (center) keel blocks
centralna kontrolna ploča central control panel
centralni (simetralni) **nosač dna** (hrptenica) bottom centreline (centerline) girder; **interkostalni** (umetnuti) ~ intercostal bottom centreline girder; **neprekinuti** ~ continuous bottom centreline girder
centralno (središnje) **odjeljenje** (na brodu) centre (center) compartment
centralna (simetralna) **palubna podveza** deck centreline girder
centralno pasmo centre keelson
centralna pregrada centreline (centerline) bulkhead
centralni (simetralni) **potpalubni nosač** vidi **centralna palubna podveza**
centralni procesor (u elektroničkom računalu) central processing unit (processor)
centraliziran(i) (centralizirana, centralizirano) centralised
centralizirani (zračno) **kanalni sistem** centralised single-duct system
centrifugalan (centrifugalni, centribugalna centrifugalno) centrifugal
centrifugalni kompresor centrifugal compressor
centrifugalni pročistač centrifugal purifier
centrifugalna pumpa centrifugal pump; **jednostepena** ~ single-stage centrifugal pump; **višestepena** ~ multi-stage centrifugal pump
centrifugalna sila centrifugal force
centrifugalna turbinska pumpa (turbopumpa) centrifugal pump
centriran(i) (centrirana, centrirano) aligned
centriranje (osovina, cijevi) alignment

centrirati align, line up
cerada tarpaulin
cerij (Ce) cerium
cezij (Cs) caesium
cezijev sat caesium clock
Chadwick-Goldhaberov efekt Chadwick-Goldhaber effect
cijeli (cijela, cijelo) entire, complete
cijev (usporedi sa **vod i cjevovod**) pipe (provodna), tube; **akceleratorska** ~ accelerator tube; **bakrena** ~ copper pipe; **bešavna** ~ seamless pipe; **bešavna čelična** ~ seamless steel pipe; **cirkulaciona** (cirkulacijska) (za vodu, paru itd.) circulating pipe, circulating tube; **čelična** ~ steel pipe; **dimovodna** ~ flue tube; **doglasna** ~ voice tube; **ekranska** ~ (vodocijevni ekran u kotlu) waterwall tube; **elektronska** ~ electron tube, electron valve, electronic tube; **elektronska** ~ **s plinskim izbojem** discharge tube; **isparna** ~ generating tube, evaporating tube; **ispušna** ~ (na kotlu) blowoff line, blow-off pipe; **ispušna** ~ exhaust pipe; **kočiona** ~ brake pipe; **kondenzatorska** ~ condenser tube; **kotlovska** ~ boiler tube; **kotvena** ~ staytube; **mjedena** ~ brass pipe; **niskotlačna** ~ **za vodu** low-pressure water pipe; **odušna** ~ vent pipe; **odvodna** ~ (za iskrcaj, istovar nafte kao tereta) discharge line; **odvodna** ~ **za vodu** (drenažna cijev) drain pipe; **Pitotova** ~ Pitot tube; **plamena** ~ flame tube, fire tube; **plinska** (elektronska) ~ gas tube; **plinska** (elektronska) ~ **povezana s alarmom** (uzbunom) trigger tube; **pocinčana** ~ galvanized pipe; **podna** ~ floor tube; **preljevna** ~ overflow pipe; **rashladna** ~ cooling pipe; **savitljiva** (platnena, armirana, gumena) ~ hose; **silazna** (padna) ~ downcomer; **sondna** ~ sounding tube; **sprežna** ~ stay bolt tube; **statvena** ~ sterntube; **uzlazna** ~ riser; **Venturijeva** ~ Venturi tube; **višepriključna** ~ manifold; **vrtložna** ~ vortex tube; **zakretna** ~ torque tube; **zračna** ~ air pipe
cijev brojača counter tube

cijev ekonomajzera (predgrijača vode) economizer tube
cijev isparivača (u kotlu) generating tube, evaporating tube
cijev izmjenjivača topline heat exchanger tube
cijev kondenzatora condenser tube
cijev pregrijača pare superheater tube
cijev s nekoliko ogranaka (priključaka) manifold
cijev sidrenog ždrijela hawse pipe
cijev za bušenje drill pipe
cijev za dovod benzina petrol (gasoline) pipe
cijev za dovod pare steam supply pipe
cijev za dovod vode water supply pipe
cijev za gorivo pod visokim tlakom fuel oil high-pressure pipe
cijev za osovinu brodskog vijka sterntube
cijev za otplinjavanje (kotla) surface blowoff scum pipe, scum pipe
cijev za paru (parovod) steam pipe
cijev za plin (plinovod) gas pipe
cijev za povratno strujanje (prestrujna cijev) return tube
cijev za rashladno ulje cooling oil pipe
cijev za separaciju vlage (cijev za suhu paru) dry pipe
cijev za vodu water pipe (provodna), water tube
cijev za zrak air pipe
cijevni (cijevna, cijevno) pipe + imenica (kod provodnih cijevi), tube + imenica
cijevni fiting (priključak) pipe fitting; T ~ (cijevni fiting u obliku slova T) pipe tee
cijevni fitinzi (spojnice, koljena, nazuvci, kolčaci itd.) pipe fittings
cijevna komora (cijevni razdjeljivač, cijevni sakupljač) header; izlazna ~ outlet header; prednja (čeona) ~ front header; stražnja ~ rear header
cijevna komora pregrijača pare superheater header; ulazna ~ superheater inlet header
cijevni kompenzator (ekspanzioni spoj) expansion joint
cijevni navoj (narez) pipe thread
cijevni ogranak branch line
cijevni retarder (kod kotla) tube retarder
cijevna sapnica pipe nozzle
cijevna slijepa prigušnica (prirubnica) line blind
cijevni snop bank
cijevni spoj pipe joint; vijčani ~ screwed-pipe joint; zavareni ~ welded pipe joint
cijevni spoj s kolčakom sleeve pipe joint
cijevni spoj s narezom screwed-pipe joint
cijevna spojka sleeve coupling, muff coupling
cijevna stijena (ploča) tube sheet, tube plate
cijevna stijena kotla boiler tube sheet; prednja ~ boiler front tube sheet

cijevne vijuge (spirale) (zmijolike cijevi) coils; parne ~ steam heating coils, steam coils
cikloida cycloid
ciklotron cyclotron; anticiklotron anti-cyclotron
ciklotronska frekvencija cyclotron frequency
ciklus cycle; radni ~ working cycle; ugljikov ~ carbon cycle; zatvoreni ~ closed cycle
cilindar cylinder; kočioni ~ brake cylinder
cilindar pumpe pump cylinder
cilindarska mazalica cylinder lubricator
cilindarsko ulje cylinder oil
cilindarsko ulje motora s unutrašnjim izgaranjem internal combustion cylinder oil
cilindarsko ulje za parni stroj steam cylinder oil
cilindarsko ulje zračnog kompresora air compresor cylinder oil
cilindričan (cilindrični, cilindrična, cilindrično) cylindrical
cilindrični zupčanici (čelnici, čeoni zupčanici) (s ravnim zubima) spur gears
cilindrični zupčanici s kosim zubima (s paralelnim osovinama) helical gears
cilindrični zupčanici sa zavojnim zubima (s ukrštenim osovinama) spiral gears
cink (Zn) zink
cinkov(i) (cinkova, cinkovo) zink + imenica
cinkov protektor zink protector
cinkova žrtvena ploča zink wasting plate
cirkonij (Zr) zirconium
cirkulacija circulation
cirkulacija zraka air circulation
cirkulacijski (cirkulacijska, cirkulacijsko, cirkulacioni, cirkulaciona, cirkulaciono) circulating, circulation + imenica
cirkulaciona cijev (za paru, vodu) circulating tube
cirkulacioni kanal (za teglenje modela) circulating water channel
cirkulacijska pumpa circulating pump; glavna ~ main circulating pump
cirkulacijsko strujanje circulation flow
cirkulacijska teorija vijčanog propelera circulation theory of screw propeller, vortex theory (by Lancaster)
cirkulirati circulate
cjevara (cjevarska radionica) pipe shop
cjevast(i) (cjevasta, cjevasto) tubular
cjevasti proizvod tubular product
cjevasta upora tubular pillar
cjevovod (usporedi sa cijev i vod) piping, piping system, pipe, pipes, pipeline, line, conduit, ducting, ductwork, pipework; balastni ~ ballast piping, balast piping system; dovodni ~ delivery line; glavni ~ main line, main pipeline; glavni napojni ~ main feed line, main feed; glavni protupožarni ~

fire main; **hidraulički** ~ hydraulic piping; **ispušni** ~ exhaust piping, exhaust gases conduit; **kaljužni** ~ bilge piping, bilge piping system; **naftni** ~ oil piping; **napojni** ~ feed line; **napojni** ~ **loživog ulja** fuel oil filling line, filling line; **obilazni** ~ (mimovod) by-pass, by-pass pipe (line); **parni** ~ steam piping; **pneumatski** ~ pneumatic piping; **pomoćni** ~ auxiliary piping; **pomoćni napojni** ~ auxiliary feed line, auxiliary feed; **rashladni** ~ cooling piping, cooling pipes; **teretni** ~ cargo piping; **unutrašnji napojni** ~ internal feed line; **visokotlačni** ~ high pressure pipework; **zračni** ~ (zrační kanali) air ducting, air ductwork, air ducts

cjevovod balasta ballast piping

cjevovod komprimiranog zraka compressed air piping

cjevovod kondenzata condensate piping

cjevovod plina gas conduits

cjevovod napojne (pojne) **vode** feed water piping

cjevovod rashladne vode cooling water piping

cjevovod strojarnice machinery piping, machinery installation piping system

cjevovod sirove nafte crude oil piping

cjevovod suhog zraka dry air piping

cjevovod tekućeg tereta cargo oil piping, cargo oil lines

cjevovod za zrak (zrační cjevovod) air ducting, air ductwork; **djelomično gibljiv** ~ partially flexible air ducting; **helikoidalni** ~ helical air ducting; **spiralni** ~ spirally wound air ducting

cjevovodna mreža pipe network, line network

cjevovodni sistem piping system, piping; **balastni** ~ ballast piping system, ballast piping; **brodski** ~ ship's piping system; **glavni** ~ main piping system; **kaljužni** ~ bilge piping system; **sanitarni** ~ sanitary system; **teretni** — cargo piping system

cjevovodni sistem slatke vode fresh water piping system

cjevovodni sistem strojarnice machinery (installation) piping system

cjevovodni sistem trupa hull piping system

cjevovodni sistem bunarske, zaronjene pumpe (u tanku) deep well pump piping system

Clusiusova kolona Clusius column

Cockroftov i Waltonov akcelerator Cockroft and Walton akcelerator

Comptonov efekt Compton effect

Comptonov odskočni elektron Compton recoil electron

Comptonova valna duljina Compton wavelength

Coriolisovi efekti Coriolis effects

Coulombova energija Coulomb energy

Coulombov potencijal Coulomb potential

Coulombovo raspršenje Coulomb scattering

Coulombova sila Coulomb force

Coulombov zakon Coulomb's law

crpka (sisaljka) suction pump

crtaća daska drawing board

crtaći stol drawing desk

crtano (npr. A', B') prime e. g. A' (prime), B' (prime)

crtanje drawing; **tehničko** ~ technical drawing

crtanje (brodskih) **linija** line drawing

crtaona drafting room

crtara (trasirnica) mold loft

crtati draw

crtati u mjerilu scale drawing

crtež drawing

crtkana (isprekidana) **krivulja** dashed curve

crtkana (isprekidana) **linija** (crta) broken line, dashed line

Č

čađa soot
čahura bushing; **redukciona** ~ reducer bushing
čamac boat; **radni** ~ working boat; **ribarski** ~ fishing boat; **torpedni** ~ torpedo-boat
čamac za nuždu emergency boat
čamac za spasavanje lifeboat; **vatrootporni** ~ non-inflammable lifeboat
čamac za veslanje rowing boat
čaša (šalica) ležaja bearing shell; **međusobno izmjenljive čaše** ~ mutually interchangeable bearing shells
čavao nail
Čebičefljeva pravila Tchebycheff's rules
čeličana steel works, steel mill, steel plant
čelični (čelična, čelično) steel + imenica
čelični brod steel ship
čelična cijev steel pipe; **bešavna** ~ seamless steel pipe
čelični dijelovi snasti jarbola rig armature of the mast
čelični lim (čelična ploča) steel sheet, steel plate; **pocinčani** ~ galvanized sheet steel
čelična legura (slitina) steel alloy
čelični otpadak steel scrap
čelična ploča steel plate
čelično uže steel wire rope, wire rope, wire line
čelično uže sveukupne duljine wire fall
čelično uže za učvršćenje jarbola (leto) (u smjeru simetrale broda) stay, fore-and-aft stay
čelično uže za vez (privezno čelično uže) wire rope mooring line
čelična žica steel wire
čelik steel; **brodski** ~ ship steel; **konstrukcijski** ~ structural steel; **kovani** ~ forged steel; **legirani** ~ alloyed steel; **lijevani** ~ cast steel; **meki** ~ mild steel, soft steel; **nerđajući** ~ stainless steel; **niskougljični** ~ low-carbon steel; **nitrirani** ~ nitrated steel; **polusmireni** ~ semi-killed steel; **silicijev smireni** ~ siliconkilled steel; **srednjougljični** (brodski) ~ medium-carbon (ship) steel; **temperaturno otporni** ~ heat resistance steel, heat resisting steel; **tvrdi** ~ hard steel; **ultra čvrsti** ~ ultra high strength steel; **valjani** ~ rolled steel

čelik čelo (čelično uže) steel wire rope, wire rope, wire line
čelik otporan na toplinu (temperaturu) heat resistance steel, heat resisting steel
čelik povišene čvrstoće higher strength steel
čelik visoke čvrstoće high-strength steel
čelik visoke granice tečenja higher yield strength steel
čelo ventila valve face
čeljusti (kliješta) jaws
čeoni zupčanici (čelnici) vidi **cilindrični zupčanici**
čep plug; **topivi** ~ fusible plug
čep za čišćenje kondenzatorske cijevi condenser tube plug
Čerenkovljev brojač Cherenkov counter
Čerenkovljevo zračenje Cherenkov radiation
čestica particle; **alfa** ~ alpha particle; **antičestica** antiparticle; **beta** ~ beta particle; **elementarna** ~ elementary particle
četka brush
četverokrilni brodski vijak four-bladed propeller
četverostraničan (četverostranični, četverostrana, četverostrano) quadrilateral, four-sided + imenica
četverotaktni benzinski motor four-stroke petrol (gasoline) engine
četverotaktni dizel-motor four-stroke diesel engine
četvrtast(i) (četvrtasta, četvrtasto) rectangular, square + imenica
četvrtasti kanal rectangular duct
četvrtasta šuplja upora hollow square pillar
četvrtasti zračni kanal rectangular air duct
čist(i) (čista, čisto) (kemijski) pure
čisti trup broda (bez izbočenih dijelova) fair main body of the ship
čistač (u strojarnici) wiper
čitač (kod elektroničkog računala) reader
čitač bušenih kartica punch card reader
čitač bušenih traka (vrpca) punched tape reader

član u jednadžbi term
čvor (pojam za definiranje oblika vibriranja) node
čvor (jedinica za broj milja na sat) knot
čvorasto uže za spuštanje (čamca) knotted life line
čvorna točka (pri obliku vibriranja) nodel point
čvrst(i) (čvrsta, čvrsto) strong
čvrstoća strength; **konvencionalno uzeta maksimalna vlačna** ~ ultimate tensile strength, ultimate strength; **lomna** ~ crushing strength; **poprečna** ~ (npr. kod broda) transverse strength; **prijelomna** ~ (npr. kod čeličnog užeta) breaking strength (e. g. of the wire rope); **uzdužna** ~ (npr. kod broda) longitudinal strength; **torzijska** ~ torsional strength; **vlačna** ~ tensile strength; **zamorna** ~ fatigue strength
čvrstoća (materijala) **kod granice tečenja** yield strength
čvrstoća kod izvijanja (konstrukcije) **zbog gubitka stabilnosti** buckling strength
čvrstoća kod uvijanja torsional strength
čvrstoća krtog (krhkog) **loma** (čvrstoća u području lomljivosti, npr. kod ispitivanja žilavosti pri niskim temperaturama) brittle strength

Ć

ćelija cell
ćelija (u skladišnom prostoru) cell

D

dahtati pant
daljinsko upravljanje remote control
Danforthovo sidro Danforth anchor
dati nacrte na odobrenje submit the plans for approval
dati (davati) **otpor** resist, drag
datiranje (starost) dating; **ugljikovo** ~ carbon dating
de Broglieova valna duljina De Broglie wavelength
debeo (debeli, debela, debelo) thick
debljina thickness
debljina krila (lista) **lopatice** blade thickness
Debyeva duljina Debye length
decimalni (decimalna, decimalno) decimal
decimalni broj decimal number
decimalni razlomak decimal fraction, decimal
defekt mase mass defect (decrement)
definicija definition
deformacija deformation; **elastična** ~ elastic deformation, elastic strain (prema dijagramu naprezanja i deformacija čelika); **plastična** ~ plastic deformation, plastic strain; **relativna jedinična** ~ (produljenje) strain; **toplinska** ~ thermal deformation, thermal strain
deformirati se deform
deionizacija de-ionization
dekadni skaler (u mjernoj tehnici) decade scaler
dekontaminacija decontamination
dekontaminacijski faktor decontamination factor
dekrement decrement; **logaritamski** ~ log decrement
demontaža disassembly, dismantling
demontiran(i) (rastavljen) (demontirana, demontirano) disassembled, dismounted
demontirati (rastaviti) disassemble, dismount
derivacija derivative; **izračunati derivaciju** to compute the derivative, to evaluate the derivative (to derive); **naći derivaciju** to find the derivative
deriviranje differentiation; **grafičko** ~ graphic (graphical) differentiation

derivirati differentiate, to compute (to find, to evaluate) the derivative
deskriptivna geometrija descriptive geometry
desni (desna, desno) (na brodu) starboard
desni brodski vijak starboard propeller
desna strana broda starboard side (of the ship)
desna strana krme starboard quarter
desna strana pramca starboard bow
desnokretni brodski vijak right hand propeller
desorpcija desorption
destilacijski uređaj za slatku vodu water distilling plant
detektor detector; **beta** ~ beta detector; **gama** ~ gamma detector; **kristalni** ~ crystal detector; **požarni** ~ fire detector
detektor dima smoke detector; **automatski** ~ automatic smoke detector
detektor požara fire detector; **automatski** ~ automatic fire detector; **optički** ~ optical detector; **svijetlosni** (radijacioni) ~ radiation detector; **toplinski** ~ (koji se aktivira pri povišenoj temperaturi) heat detector, thermal detector
detektor za otkrivanje napuknuća košuljice (gorivog elementa) burst-can detector
deuterij ($D = {}^2H$) deuterium
deuteron deuteron
devijacija deviation
diferencijal (matematički pojam) differential
diferencijalni (diferencijalna, diferencijalno) differential
diferencijalni apsorpcijski omjer differential absorption ratio
diferencijalna ionizacijska komora differential ionization chamber
diferencijalna jednadžba differential equation
diferencijalni račun differential calculus
diferencijalni vektorski operator differential vector operator
diferencijalni zupčanik (diferencijal) differential gear
diferenciranje differentiation
difuzija diffusion; **termalna** ~ thermal diffusion

difuzijski (difuzijska, difuzijsko) diffusion + imenica
difuzijska duljina diffusion length
difuzijska konstanta diffusion constant
difuzijsko postrojenje diffusion plant
difuzijska površina diffusion area
difuzijska teorija diffusion theory
difuzor diffuser; **zračni** ~ air diffuser
difuzor zraka air diffuser
difuzorski kanal (kod pumpe) (difuzor) diffusion casing
difuzorski prsten diffusion ring
digitalno (elektroničko) **računalo** digital computer
dijafragma diaphragm
dijagonala diagonal
dijagram diagram
dijagram naprezanja i deformacije stress--strain curve (diagram)
dijagram opterećenja load diagram
dijagramni list za istisninu (za krivulje istisnine) displacement sheet
dijapozitiv glass slide, slide
dilatacija dilatation, dilation; **poprečna** ~ transverse dilation; **vertikalna** ~ vertical dilation
dimenzija dimension
dimenzija (konstrukcijskog elementa) scantling
dimenzionalan (dimenzionalni, dimenzionalna, dimenzionalno) dimensional
dimenzionalna analiza dimensional analysis
dimenzionalna homogenost dimensional homogeneity
dimenzionirati size
dimna komora smoke box
dimnjača flue breeching
dimnjak stack, smokestack, funnel (na brodu)
dimovod uptake
dimovodna cijev flue tube, flue
dinamički (dinamička, dinamičko) dynamic, dynamical
dinamički (prilog) dynamically
dinamički moment savijanja (broda) (zbog djelovanja valova) dynamic bending moment
dinamičko održavanje položaja dynamically positioned
dinamičko opterećenje dynamic load
dinamička ravnoteža dynamic equilibrium, dynamic balance, running balance (kod stroja)
dinamička sila dynamic force
dinamički stabilitet dynamic stability
dinamički tlak (pritisak) dynamic pressure
dinamička viskoznost (viskozitet) dynamic viscosity
dinamički (aerodinamički/hidrodinamički) **uzgon** lift
dinamika dynamics
dinamo dynamo
dinamometar dynamometer

dinamometar za teglenje towing dynamometer
dio part, portion
dio krivulje portion of the curve; **početni** ~ initial portion of the curve
dio užeta (konopa ili lanca) **na koji djeluje sila podizanja** fall
diobena pregrada division bulkhead
dioksid dioxide; **ugljikov** ~ carbon dioxide
dipol dipole
dipolni moment dipole moment
Diracova konstanta Dirac's constant
disipacija (rasipanje) dissipation
disipacija energije energy dissipation
disipacija topline heat dissipation
disipativan (disipativni, disipativna, disipativno) dissipative
disk (pločica) disc
disk (turbine) disc
disk (brodskog vijka) (propeller) disc
diskontinuitet discontinuity
disproporcionalan (disproporcionalni, disproporcionalna, disproporcionalno) disproportional, disproportionate
distancir (razupora; greda za održavanje razmaka saonica) spreader
distribucioni (distributivni, distribucijski, razvodni) (distribuciona, distribuciono) distribution + imenica
distribucioni (razvodni) **kanalni sistem** (za zrak) distribution (air) ductwork system
distribuciona (razvodna) **mreža** distribution network
distribucioni (razvodni) **ogranci kanala** (npr. za zrak) distribution (air) branch ducts
distributor (razvodnik) **zraka** air distributor
divergentan (divergentni, divergentna, divergentno) divergent
divergentni val divergent wave
dizalica crane, jack; **brodska** ~ ship's crane, ship crane; **brodska kontejnerska** ~ ship container crane, shiptainer (skraćeno); **hidraulička** ~ hydraulic jack; **horizontalna/nagibna** ~ level luffing crane; **kontejnerska** ~ container crane; **konzolna** ~ cantilever crane; **lučka** ~ port crane; **lučka** (obalna) **kontejnerska** ~ port container crane, portainer (skraćeno); **lučka** (obalna) **kontejnerska** ~ **za dva kontejnera** container twin lift; **lučka** (obalna) **pokretna** ~ port mobile crane; **lučka** (obalna) **pokretna okvirna** ~ port mobile gantry crane; **mosna** ~ bridge crane; **nepokretna** ~ stationary crane; **obalna** ~ shore crane, quay crane; **okretna** ~ **s nagibnim krakom** slewing luffing crane; **okvirna** ~ (okvirna dizalica se sastoji od nogara, mosta i mačka) gantry crane; **poluportalna** ~ semi--portal crane; **portalna** ~ portal crane; **portalna** ~ **s nagibnim krakom** portal luffing crane

dizalica s krakom jib crane
dizalica s nagibnim krakom luffing crane
dizalica u doku dock crane
dizalica za čamce boat crane
dizalica za dva kolosijeka double track crane
dizalica za jedan kolosijek single track crane
dizalica za rukovanje kontejnerima container handling crane
dizalo elevator, lift; **sinhro** ~ synchrolift elevator, sinchrolift gang-powered elevator
dizanje lifting. hoisting, luffing (s nagibnim krakom)
dizati lift, hoist, raise (npr. za temperaturu)
dizati krakom samarice derrick
dizel-električni pogon diesel-electric drive
dizel-motor diesel engine; **brzohodni** ~ high-speed diesel engine; **četverotaktni** ~ four-stroke diesel engine; **dvotaktni** ~ two-stroke diesel engine; **dvotaktni srednjohodni s križnom glavom i velikim stupnjem prednabijanja** two-stroke, high-pressure turbocharged, medium speed crosshead diesel engine; **sporohodni** ~ low-speed diesel engine; **srednjohodni** ~ medium-speed diesel engine
dizel-pogon diesel drive, diesel propulsion
dizel-pogon s reduktorom geared-diesel drive (propulsion)
dizelsko ulje diesel oil
djelomičan (djelomični, djelomična, djelomično) partial
djelomično (prilog) partially, partly
djelomično odbijanje vala (djelomična refleksija vala) partial wave deflection
djelomična paluba partial deck
djelomična rebrenica partial floor
djelomično zaviješeno kormilo s jednim štencem partly underhung (simple pintle) rudder
djelotvoran effective
djelotvornost effectiveness
dno bottom
dno (broda) (ship's) bottom; **koso** ~ (kosina dna, kosa linija dna, visina kosine dna mjerena na boku broda) deadrise, rise of floor, rise of bottom
dno kartera sump
dobiti iz (izvesti) derive (e. g. the coefficient is derived from... koeficijent se dobiva iz...)
dobra goods; **rasuta** ~ bulk goods
dobro se slagati s proračunom dobivenim iz to give good agreement with the calculations from...
doći do zaključka to arrive at a conclusion
doći u stanje mirovanja to come to rest
dodatni (dodatna, dodatno) added, additional, additive
dodatna masa added mass

dodatno naprezanje additional stress
dodatna (pripremljena) voda (za kotao) make-up water
dodijeliti klasu assign a class
dodir contact
dodir broda s čvrstom podlogom (kod dokovanja) grounding
dodirni (dodirna, dodirno) contacting
dodirne površine contacting surfaces
dodirni strojni elementi (strojni elementi u dodiru) contacting machine members
dodirna točka tangente point of tangency
doglasna cijev voice tube
dogrijač reheater; **stropni** (stropno montirani) **zonski** ~ (zraka) overhead-mounted zone reheater; **toplovodni** ~ hot water reheater; **zonski** ~ (za zrak) zone reheater
dogrijač s vijugama (sa spiralnim cijevima, zmijolikim cijevima) reheater coil
dogrijač tople vode hot water reheater
dogrijati reheat
dok dock; **plovni** ~ floating dock; **suhi** ~ dry dock
dok-majstor dock master
dokobilični voj garboard strake
dokumentacija documentation; **tehnička** ~ technical documentation; **tehnološka** ~ technological documentation
dol vala wave hollow, wave trough
dolar (jedinica zakašnjele reaktivnosti) dollar
donji (donja, donje) lower, bottom + imenica (koji je na dnu)
donji bočni tank (na brodu) lower wing tank
donji dio oplate boka bottom side shell, bottom side plating
donji kolotur brka samarice lower slewing guy block, lower vang block (US)
donji kolotur klobučnice derrick head span block
donji kolotur teretnice lower cargo (purchase) block
donji ležaj ojnice (ležaj ojnice na koljenu) crank bearing
donja mrtva točka (kod hoda klipa) bottom centre (center)
donja paluba lower deck
Dopplerov efekt Doppler effect
doprinijeti čvrstoći contribute to the strength
doprinos yield; **fisioni** ~ fission yield
dopunsko grotlo (za žitarice) trimming hatchway
dopuštena doza (cijelog) **tijela** bone tolerance dose
dosljedan (dosljedni, dosljedna, dosljedno) consistent (e. g. the treatment in the calculations must be consistent — postupak u proračunu mora biti dosljedan)
dostignuće achievement; **najnovija dostignuća** the latest achievements
dotjerana krivulja fair curve

dotjerivanje krivulje fairing of the curve
dotjerivanje linije fairing of the line
dotjerivati (krivulju, liniju) to fair the curve, the line
dovod supply; **parni** ~ steam supply
dovod atmosferskog zraka atmospheric air supply
dovod goriva fuel supply
dovod morske vode seawater supply
dovod pare steam supply
dovod svježeg zraka fresh air supply
dovod vode water supply
dovod zraka air supply, air intake
dovod zraka iz atmosfere atmospheric air supply
dovoditi (dovesti) (medij) supply
dovodni (dovodna, dovodno) supply + imenica, delivery + imenica
dovodna cijev supply pipe; **benzinska** ~ petrol (gasoline) supply pipe
dovodni cjevovod delivery line
dovodni kanal (na dvotaktnom benzinskom motoru) transfer port
dovodni ventil supply valve, delivery valve
dovodni ventil za pjenastu mješavinu (za gašenje požara) foam solution delivery valve
dovođenje topline admission of heat, heat supply
doza dose; **apsorpcijska** ~ absorption dose; **biološka** ~ biological dose; **dopuštena** ~ (cijelog) **tijela** (čovjeka) bone tolerance dose; **dubinska** (unutrašnja) ~ (zračenja) depth dose; **kumulativna** ~ cumulative dose
dozimetar (mjerač doze) dosemeter
dozvoljen(i) (dopušten, dopustiv) (dozvoljena, dozvoljeno) permissible, allowed
dozvoljena duljina permissible length
dozvoljena duljina naplave floodable length
dozvoljeno naprezanje (naprezanje mjerodavno za dimenzioniranje) design stress
dozvoljeno opterećenje (za brod) safe working load (SWL)
drenaža drainage; **glavna** ~ (na brodu) main drain
drenaža cilindra cylinder drain(s)
drenažna cijev (odvodna cijev za vodu) drain pipe
drven(i) (drvena, drveno) wooden, wood + imenica
drveni brod wooden ship
drvena obloga (oblaganje) wood sheathing
drveni poklopac wood cover; **pokretni** (skidljivi) ~ portable wood cover
drvene potklade wooden blocks
držanje kursa (vožnje) coursekeeping
držati brod na površini to keep the ship afloat
držati stražu to keep watch
dubina depth
dubina prodiranja (u nuklearnoj tehnici) depth penetration

dubinomjer (ultrazvučni) echo sounder
dubinsko kormilo (na podmornici) depth rudder
dubok(i) (duboka, duboko) deep
duboki tank deep tank
dug(i) (duga, dugo) long
dugo nadgrađe long superstructure
dugačak (dugački, dugačka, dugačko) long
dugački kaštel long forecastle
dugobregoviti nepravilni valovi long-crested irregular waves
dugobregoviti valovi long crested waves, long crested seas
duljina length; **Debyeva** ~ Debye length; **difuzijska** ~ diffusion length; **dozvoljena** ~ permissible length; **dozvoljena** ~ **naplave** (naplavljivanja) floodable length; **efektivna** ~ effective length; **konstruktivna** ~ (broda) designer's length, length between perpendiculars (L_{pp}); **usporavajuća** ~ (u nuklearnoj tehnici) slowing-down length; **valna** ~ wavelength
duljina između perpendikulara (okomica) length between perpendiculars (L_{pp})
duljina na teretnoj vodnoj liniji load-waterline length
duljina preko svega length over all (L_{OA})
duljina (tetiva) (aerodinamičkog) **profila** chord
duljina (tetiva) **profila na korijenu** (krila, lopatice, kormila) root chord
duljina (tetiva) **profila na vrhu** (krila, lopatice, kormila) tip chord
duljina riječi (na računalu) word length (The number of digits is called the word length)
duljina za nepropusnu podjelu broda subdivision length
duljina za računanje istisnine length for displacement
duraluminij duralumin
dušik (N) nitrogen
dužina (geometrijski pojam) length
dužina na polovici (broda) at the mid-length (of the ship)
dužina vala wave length
dužinska (linijska) **deformacija** (relativno produljenje) strain
dvobrzinski (dvobrzinska, dvobrzinsko) two-speed + imenica
dvobrzinski ventilator two-speed fan (blower, ventilator)
dvodijelna matica half nut
dvodno (na brodu) double bottom
dvogrupna teorija (u nuklearnoj fizici) two-group theory
dvokanalni (zračni) **sistem** dual (air) duct system
dvokrilni brodski vijak two-bladed propeller
dvolisno (dvoplošno) **kormilo** (volumensko kormilo) double plate rudder
dvonožni (bipod) **jarbol** bipod mast
dvoosni (dvoosna, dvoosno) biaxial

dvoosovinska plinska turbina twin-shaft (two-shaft) gas turbine
dvoprolazni površinski kondenzator two-pass surface condenser
dvoradna parna stapna pumpa double acting reciprocating steam pump
dvostepeni ejektor two-stage ejector
dvostepeni radijalni kompresor two-stage radial compressor
dvostruk(i) (dvostruka, dvostruko) double, duplex
dvostruki beta-raspad double beta decay
dvostruka integracija double integration
dvostruki kotao (loženje s dvije strane) double-end boiler
dvostruka ploča doubler, doubling plate
dvostruki sigurnosni ventil duplex safety valve
dvostruki tlačni (sitasti) **pročistač** duplex discharge strainers
dvostruka zakrivljenost double curvature
dvotaktni benzinski motor two-stroke petrol (gasoline) engine
dvotaktni srednjohodni brodski dizel-motor s križnom glavom i velikim stupnjem prednabijanja two-stroke high pressure turbocharged, medium speed crosshead marine diesel
dvotrupi brod catamaran
dvovijčani brod (brod sa dva vijka) twin-screw ship

E

efekt effect; **anodni** ~ anode effect; **Chadwick-Goldhaberov** ~ Chadwick-Goldhaber effect; **Comptonov** ~ Compton effect; **Coriolisov** ~ Coriolis effect; **Dopplerov** ~ Doppler effect; **kanalni** ~ channelling effect; **kemijski vezni** ~ chemical binding effect
efekt membrane (pojava membranskih vlačnih naprezanja pri savijanju ploča) membrane effect
efekt prigušenja damping effect
efekt treptanja (pojava treptanja; kombinacija harmonijskih vibracija čije se frekvencije malo razlikuju) beat effect
efektivni (efektivna, efektivno) effective
efektivni atomski broj effective atomic number
efektivna duljina effective length
elektivno poluvrijeme (u nuklearnoj tehnici) effective half-life
efektivna površina klipa effective piston area (A)
efektivno sustrujanje effective wake
efektivni uspon (brodskog vijka) effective pitch
efikasan (efikasni, efikasna, efikasno) efficient
efikasnost efficiency; **anodna** ~ anode efficiency; **relativna biološka** ~ relative biological effectiveness
efikasnost brojača counter efficiency
egzoenergetski proces exoenergetic process
Einsteinova fotoelektrična jednadžba Einstein photoelectric equation
ejektor ejector; **dvostepeni** ~ two stage ejector; **jednostepeni** ~ single stage ejector; **zračni** ~ air ejector
ekonomajzer (predgrijač, zagrijač napojne vode) economizer
ekonomajzer s privarcima (sa zavarenim svornjacima) stud economizer
ekranska cijev (vodocijevni ekran u kotlu) waterwall tube
ekscentarska osovina eccentric shaft
ekscentricitet eccentricity
ekscentričan (ekscentrični, ekscentrična, ekscentrično) eccentric, excentric; off-centre (center) (US) + imenica, offside + imenica

ekscentrična naplava off-center flooding
ekscentrični položaj naplavljenog volumena off-center flooding
ekscentrični položaj središta off-center
ekscentrični položaj težine (kod broda) off-center weight
ekscentrični položaj težišta istisnine off-center location of the center of buoyancy
ekscentrični položaj težišta sistema off-center CG (center of gravity), off-center location of the center of gravity
ekscentrično smještena težina (pomaknuta težina) (kod broda) offside weight
ekspanzija expansion; **adijabatska** ~ adiabatic expansion; **politropska** ~ polythropic expansion; **toplinska** ~ thermal expansion
ekspanzioni (ekspanziona, ekspanziono) (ekspanzijski, ekspanzijska, ekspanzijsko) expansion + imenica
ekspanzioni luk (u cjevovodu) expansion bend
ekspanzioni spoj (cijevni kompenzator) expansion joint
ekspanzioni spoj (kod dugih palubnih kućica ili nadgrađa) expansion joint
ekspanzioni takt expansion stroke
ekspanzioni tank za slatku vodu fresh water expansion tank
eksperiment (pokus) experiment
eksperiment se vrši the experiment is conducted
eksperimentalno određivanje (nečega) the experimental determination of...
eksploatacija service
eksplodirati explode
eksplozija explosion
eksplozioni takt (takt ekspanzije) firing stroke
eksploziван (eksplozivna, eksplozivno) explosive
eksplozivna smjesa explosive mixture
eksponencijalni (eksponencijalna, eksponencijalno) exponential
eksponencijalno (prilog) exponentially
eksponencijalni reaktor exponential reactor
eksponent exponent
ekstrapolacija extrapolation

ekstrapolirati extrapolate
ekvivalentan (ekvivalentni, ekvivalentna, ekvivalentno) equivalent
ekvivalentni elektroni equivalent electrons
ekvivalentnost equivalence
elastičan (elastični, elastična, elastično) elastic. flexible (gibljiv)
elastična deformacija (materijala) elastic deformation
elastična deformacija (prema dijagramu naprezanja i deformacije (čelika) elastic strain
elastična (progibna) krivulja slope curve
elastična spojka flexible coupling
elastični sudar (sraz) elastic collision
elastična upetost elastic restraint
elastičnost elasticity; modul elastičnosti modulus of elasticity
elastičnost materijala elasticity of the material
elektrana electrical power plant; hidroelektrana hydroelectric power plant; nuklearna ~ nuclear power plant; termoelektrana steam power plant, thermal power plant
elektricitet electricity
električar electrician
električni (električki) (električna, električno) electric, electrical
električni (prilog) electrically
električni generator electric generator
električni kabel electrical cable; polaganje električnih kabela installation of electrical cables
električni (strujni) krug electric circuit
električni log (instrument za mjerenje brzine broda, brzinomjer) electric log
električni luk electric arc
električni mjerač razine nafte u tanku electric liquid level gauge (gage) (US)
električni motor (elektromotor) electric motor, electrical motor, motor; asinhroni ~ induction motor; serijski ~ series motor; serijski ~ istosmjerne struje series d. c. (direct current) motor; serijski ~ izmjenične struje series a. c. (alternating current) motor; sinhroni ~ synchronous motor
električna mreža power network, electrical network, network
električna oprema electrical equipment
električni otpor electric resistance, electrical resistance
električna (industrijska) peć electric furnace
električni pogon electric drive
električni prijenos electric transmission
električna snaga electric power, electrical power
električni strujni krug electric circuit, electrical circuit, circuit
električni strujni prekidač electric circuit breaker

električni ventilator electric ventilator, electrical fan, electrically driven fan
električno vitlo electric winch
električni vodič electrical conductor
električna vodljivost electrical conductivity
električno vođenje electrical conduction
električni zagrijač electric heater
električna žica electric wire
električno pokretan (pokretani, pokretana, pokretano) electrically operated, electrically actuated, electrically driven
električno pokretana zaklopka electrically actuated damper
elektroda electrode
elektrodinamički (elektrodinamička, elektrodinamičko) electrodynamic
elektroenergetski sistem electric power system
elektrohidraulički kormilarski uređaj electro-hydraulic steering gear
elektrolučno zavarivanje electric arc welding
elektromagnet electromagnet
elektromagnetska pumpa electromagnetic pump
elektromagnetski separator electromagnetic separator
elektromagnetsko zračenje electromagnetic radiation
elektromehanički brojač electromechanical counter
elektromehanička kočnica electro-mechanical brake
elektromehanička radionica (elektroradionica) electrical workshop
elektromotor electric motor, electrical motor
elektromotorna sila electromotive force (emf)
elektron electron; Comptonov odskočni ~ Compton recoil electron; K- ~ K-electron; L- ~ L-electron; M- ~ M-electron; N- ~ N-electron; O- ~ O-electron; P- ~ P-electron; pretvorbeni (konverzijski) ~ conversion electron; Q- ~ Q-electron
elektronički (elektronička, elektroničko) electronic, electron + imenica
elektronički automatski pilot electronic autopilot
elektronički krug (krug s elektroničkim elementima) electronic circuit
elektronički mjerač razine nafte u tanku electronic liquid level gauge (gage) (US)
elektroničko oko electronic eye
elektronička oprema electronic equipment
elektroničko računalo electronic computer, computer; analogno ~ analog computer; digitalno ~ digital computer
elektronički strujni krug (krug s elektroničkim elementima) electronit circuit
elektronika electronics
elektronski (elektronska, elektronsko) electronic, electron + imenica

elektronska cijev electron tube, electronic tube, electron valve (British)
elektronska cijev s plinskim izbojem gas discharge tube, discharge tube
elektronska emisija electron emission
elektronska ljuska electron shell
elektronski naboj electronic charge, electron charge
elektronski snop electron beam
elektronski zahvat electron capture
elektrootporno zavarivanje electric resistance welding
elektropozitivan (elektropozitivni, elektropozitivna, elektropozitivno) electropositive
elektrostatski (elektrostatički) (elektrostatska, elektrostatsko) electrostatic
elektrostatski akcelerator electrostatic accelerator
element element; **gorivi** ~ fuel element
element (konstrukcije) element, member, component, part; **strukturni** ~ structural element
element male težine lightweight component
element opreme fitting
element opreme (zračnog) **kanala** (air) duct fitting
elementaran (elementarni, elementarna, elementarno) elementary
elementarna čestica elementary particle
elevacija (uzvišenje) elevation; **valna** ~ wave elevation
elevacija (uzvišenja) **vala** wave elevation
elevator elevator
elipsa ellipse
elipsoid ellipsoid; **rotacijski** ~ ellipsoid of revolution
eliptičan (eliptična, eliptično) elliptical
eliptični nogari elliptical footings
eliptični valjak elliptical cylinder
elongacija (relativno produljenje) elongation

emisija emission; **elektronska** ~ electron emission
empirijska formula empirical formula
emitent (u nuklearnoj tehnici) emitter; **alfa** ~ alpha emitter
energetski nivo energy level
energetski pojas energy band
energetski reaktor (reaktor snage) power reactor
energija energy; **atomska** ~ (za razliku od nuklearne energije) atomic energy; **električna** ~ electrical energy; **fuziona** ~ fusion energy; **kinetička** ~ kinetic energy; **kulonova** ~ coulomb energy; **mehanička** ~ mechanical energy; **neutronska** ~ neutron energy; **nuklearna** ~ nuclear energy; **potencijalna** ~ potential energy; **termonuklearna** ~ thermonuclear energy; **vezna** ~ bond energy, binding energy; **vezna** ~ **elektrona** electron binding energy
energija alfa-raspada alpha energy decay
energija beta-raspada beta decay energy
energija gama-zraka gamma-ray energy
energija raspada desintegration energy
energija vala wave energy
energija vrtnje rotational energy
engleska tona (tonsa) long ton (1 016 kg)
envelopa envelope; **vodonepropusna** ~ **broda** watertight envelope of the ship
epikadmijski neutron epicadmium neutron
epitermalni neutron epithermal neutron
epoksidna smola epoxy resin
erbij (Er) erbium
erozija erosion; **kavitaciona** ~ cavitation erosion
etapa step (e. g. the calculations are carried out in the following steps — proračuni se izvode u slijedećim etapama)
europij (Eu) europium
evaporator (isparivač) evaporator

F

faktor factor; **dekontaminacijski** ~ decontamination factor; **multiplikacijski** ~ multiplication factor; **preračunski** ~ conversion factor; **Simpsonovi faktori** Simpson's multipliers
faktor nepropusne podjele (pregradni faktor) factor of subdivision
faktor obogaćenja (u nuklearnoj tehnici) enrichment factor
faktor povećanja magnification factor
faktor raspada decay factor
faktor sigurnosti factor of safety
faktor ugađanja (podešavanja na frekvenciju) tuning factor
faktorijel (produkt niza faktora u aritmetičkoj progresiji) factorial
faza phase; **biti u istoj fazi** to be in like phase; **biti u protufazi** to be in opposite phase; **biti u fazi sa** to be in phase with; **imati pomak u fazi** to be out of phase; **zaostajanje u fazi** phase lag
fazni kut phase angle
fazni pomak (zaostajanje u fazi) phase lag
Fermi-Diracova statistika Fermi-Dirac statistics
fermij (Fm) fermium
Fermijev raspad Fermi decay
Fermijeva starost (reaktorska teorija) Fermi age
fermion fermion
fiberglas fiberglass
Fickov zakon Fick's law
filtar filter; **zračni** ~ air filter
filtarska oprema (oprema za pročišćavanje) filtering equipment
filtarska pregrada (pregrada s filterima) filter bank
filtracioni tank filter tank
filtriran filtered
filtriranje filtration
filtriranje zraka air filtration; **trostepeno** ~ tripple-stage air filtration
filtrirati filter
fin (vitak) fine; **učiniti** (postati) **finijim** (oblik brodskog trupa) — to become finer
finalni proizvod final product, finished product

finoća (vitkost linija brodskog trupa) fineness; **koeficijent finoće** fineness coefficient
fisija fission; **brza** ~ fast fission; **nuklearna** ~ nuclear fission; **spontana** ~ spontaneous fission
fision(i) (fisiona, fisiono) fission + imenica
fisiona (nuklearna) **bomba** fission bomb
fisioni doprinos fission yield
fisiona komora fission chamber
fisioni neutron fission neutron
fisioni otrovi fission poisons
fisioni produkti fission products
fisioni spektar fission spectrum
fitilj blasting fuse
fizički (fizička, fizičko) physical
fleksibilan (fleksibilni, fleksibilna, fleksibilno) flexible
fleksibilno sastavljanje (fleksibilna montaža) flexible mounting
fleksibilnost flexibility
fleksiono naprezanje flexural stress
fleksiono opterećenje flexural loading
fluid (vidi također **tekućina**) fluid; **radni** ~ operating (working) fluid
fluid koji prenosi toplinu heat transfer fluid
fluks flux; **neutronski** ~ neutron flux
fluktuirajuća sila fluctuating force
fluktuirati fluctuate
flum tankovi vidi **stabilizacioni tankovi s poprečnim kanalima**
fluor (F) fluorine
fokus focus (pl. foci)
forma (oblik) form; **teoretska** ~ (kod broda) molded form
format format
formula formula; **Breit-Wignerova** ~ Breit-Wigner formula; **empirijska** ~ empirical formula; **matematička** ~ mathematical formula
formula se primjenjuje na the formula applies to, the formula is applied to
formular (obrazac) form
formulari za proračun trima, stanja krcanja i stabiliteta displacement sheet
fosfor (P) phosphorus
fosforna bronca phosphor bronze
fotoćelija photocell

fotoefekt photoeffect; **nuklearni** ~ nuclear photo-effect
fotoelektrični detektor (požara) photoelectric detector
fotoelektron photoelectron
fotoemisija photoemission
fotofisija photofission
foton photon
fotoneutron photoneutron
fotonuklearna reakcija photonuclear reaction
fotoproton photoproton
francij (Fr) francium
fregate frigate
frekvencija frequency; **atomska** ~ atomic frequency; **ciklotronska** ~ cyclotron frequency; **kružna** ~ circular frequency; **kutna** ~ angular frequency; **prirodna** (vlastita) ~ natural frequency
frekvencija krila brodskog vijka propeller-blade frequency, blade frequency
frekvencija lokalne strukture local structure frequency
frekvencija lopatice blade frequency
frekvencija susretanja valova wave encounter frequency
frekvencijsko područje frequency range
frekvencijski pojas frequency band, band of frequency
frekvencijski spektar frequency spectrum
Froudov broj Froude number (Fn) $(V/\sqrt{gL})$
Froudov zakon sličnosti Froude's Law of Comparison
funkcija function
funkcioniranje functioning; **ispravno** ~ proper functioning
funta pound, lb (453,59 g)
fuzija fusion; **nuklearna** ~ nuclear fusion
fuzion(i) (fuziona, fuziono) fusion + imenica
fuziona bomba fusion bomb
fuziona energija fusion energy

G

gadolinij (Gd) gadolinium
galij (Ga) gallium
galon Imperial gallon = 4,546 l (britanski), U. S. gallon = 3,785 l (američki)
galvanski (galvanska, galvansko) galvanic
gama-detektor gamma detector
gama-zračenje gamma radiation
gasiti (požar) extinguish
gašenje extinction; **krivulja gašenja** (ljuljanja) curve of extinction
gašenje požara fire extinguishing, fire extinction
gašenje požara pjenom foam extinguishing
gat pier
gaz draught, draft (US); **konstruktivni** ~ designed draft, designer's draft; **krmeni** ~ draft aft; **maksimalni** ~ maximum draft; **navigacijski** ~ navigational draft; **ograničeni** ~ limited draft; **pramčani** ~ draft forward; **proračunani** (izračunani) ~ calculated draft; **ravnotežni** ~ equilibrium draft; **srednji** ~ mean draft; **stvarni** ~ actual draft; **teoretski** ~ molded draft
gaz do donjeg brida kobilice keel draft
gaz na osnovi kojeg se vrši dimenzioniranje konstrukcijskih elemenata scantling draft
gaz pri izronjavanju emergence draft; **srednji** ~ mean emergence draft
gaz pri punom opterećenju full-load draft
gaziti (za brod) draw
Geigerove karakteristike Geiger characteristics
Gieger-Müllerov brojač Geiger-Müller counter
Geiger-Nuttallov odnos Geiger-Nuttall relationship
generator generator; **električni** ~ electric generator; **sinhroni** ~ synchronous generator
generator inertnog plina inert gas generator
generator istosmjerne struje d. c. (direct current) generator
generator izmjenične struje alternator, alternating current generator; **trofazni** ~ three-phase alternator
generator pare steam generator
generator pjene (za gašenje požara) foam generator
geometrija geometry; **deskriptivna** ~ descriptive geometry
geometrijski (geometrijska, geometrijsko) geometric, geometrical
geometrijski lik (geometrical) plane figure
geometrijska progresija geometrical progression
geometrijski sličan model (geosim model) geosim (geometrically similar) model
geometrijsko tijelo (geometrical) solid figure
geometrijski udarni presjek (u nuklearnoj tehnici) geometrical cross-section
germanij (Ge) germanium
gibak (gipki, gipka, gipko) flexible
gibanje motion; **jednoliko** ~ uniform motion; **količina gibanja** momentum; **krivocrtno** (krivolinijsko) ~ curvilinear motion; **kružno** ~ circular motion; **orbitalno** ~ (gibanje po putanji) orbital motion; **pravocrtno** (pravolinijsko) ~ rectilinear motion; **prisilno** ~ forced motion; **relativno** ~ relative motion; **rotacijsko** (rotaciono) ~ rotational motion, the motion of rotation, rotary motion; **stapno** (povratno) ~ reciprocating motion; **translacijsko** (translatorno) ~ translational motion, the motion of translation; **ubrzano** ~ accelerating motion; **usporeno** ~ decelerating motion; **vibracijsko** (vibraciono) ~ vibratory motion, the motion of vibration
gibanje ljuljanja rolling motion
gibanje po putanji orbital motion
gibanje poniranja heaving motion, heave motion
gibanje posrtanja pitching motion
gibanje valova wave motion
gibanje zanošenja (kod broda) swaying motion
gibanje zaošijanja yawing motion
gibanje zastajanja (kod broda) surging motion

gibati se po kružnoj putanji vidi **kružno se gibati**
gibati se sa sve manjim otklonima (umiriti se) settle (e. g. if no other forces are acting the ship will settle until the force of buoyancy equals the weight — ako ne djeluju neke druge sile, brod će se umiriti kad sila uzgona bude jednaka težini)
glatkost u linijama trupa fairness in the lines of the hull
glava cilindra cylinder head
glava kormila rudder head
glava samarice derrick head, boom head
glava sidra anchor head; **donji dio glave sidra** anchor crown
glavati vijak cap screw
glavina hub, boss
glavina brodskog vijka propeller hub, propeller boss
glavni (glavna, glavno) main, master
glavni cjevovod main line, main pipeline
glavni distribucijski (distribucioni, distributivni, razvodni) **ogranci kanala** (npr. za zrak) main branch ducts
glavni dovod pare steam main
glavni dovod pjene (za gašenje požara) solution main
glavni dovod vode za gašenje požara na brodu ship's water fire fighting main
glavni dovod zraka air main
glavni dovodni zračni kanal main air supply duct
glavna drenaža main drain
glavni ispuh main exhaust
glavni ispusni (ispušni) **ventil** main discharge valve
glavni jarbol mainmast, main mast
glavni kondenzator main condenser
glavni kormilarski uređaj main steering gear
glavni napojni cjevovod main feed line, main feed
glavni ogranci (zračnih) **kanala** main branch ducts
glavna oprema main equipment
glavna paluba main deck
glavni parni zaporni ventil main steam stop valve
glavni porivni (propulzivni) **strojevi** main propelling machinery, main propelling engines
glavni protupožarni cjevovod fire main
glavno rebro midship section
glavna sapnica main jet
glavni stroj main engine
glavni strojevi main engines, main machinery
glavni termostat master thermostat
glavni ventil za isključivanje master shutoff valve, master valve
glavni ventilacioni kanal (za ventilaciju) trunk; **ugrađeni** ~ in-built trunk
glavni vod main line

glavni zaporni ventil main stop valve, main stop
glavni zračni dovod air main
glavni zračni kanal main air duct
glicerin glycerine
gljivasto sidro mushroom anchor
glodanje milling
glodalo milling cutter
glodati mill
godina year; **posljednjih** ~ (u novije vrijeme) in recent years, of recent years (e. g. Of recent years gas turbines have been developed. — Posljednjih godina su se razvile plinske turbine.)
goli trup broda (bez privjesaka) fair main body of the ship
gorač burner
gorionik (plamenik) burner; **uljni** ~ oil burner
gorište fire point
goriv(i) (goriva, gorivo) fuel + imenica
gorivi element fuel element
gorivi element s malim bijegom fisionih produkata (u košuljici) burst slug
gorivi štap fuel rod
gorivo fuel, fuel oil (kod dizel motora); **kruto** ~ solid fuel; **nuklearno** ~ nuclear fuel; **plinovito** ~ gaseous fuel; **pogonsko** ~ propulsive fuel; **potrošno** ~ consumable fuel; **rasprašeno** ~ pulverized fuel; **tekuće** ~ liquid fuel
gornji bočni tank upper wing tank
gornji dio oplate boka top side shell, top side plating
gornji kolotur brka samarice upper slewing guy block (British), upper vang block (American)
gornji kolotur klobučnice mast head span block
gornji kolotur na samarici boom head block
gornji kolotur teretnice derrick head cargo block
gornja mrtva točka (kod hoda klipa) top center
gornji okov samarice derrick head fitting, boom head fitting
gornja paluba upper deck
gornja paluba čvrstoće upper strength deck
grabilica (za sipki/rasuti teret) grab
gradijent gradient; **temperaturni** ~ temperature gradient
gradijent brzine velocity gradient
gradijent tlaka (pritiska) pressure gradient; **suprotan** ~ adverse pressure gradient
graditelj builder
graditi (brod) build
gradnja building, erection
gradnja trupa hull building
građevno drvo timber
grafička integracija graphical integration
grafit graphite
grafit u pahuljicama flake graphite

grafitirana (grafitna) **maziva mast** graphite grease
grafitni reaktor graphite reactor
grananje branching
granica limit
granica (rezerva) margin
granica elastičnosti elastic limit
granica izdržljivosti (materijala) endurance limit
granica proporcionalnosti proportional limit
granica (točka) **tečenja** (materijala) yield point; **čvrstoća kod granice tečenja** (materijala) yield strength; **naprezanje na granici tečenja** (materijala) yield stress
granica zamora (materijala) fatigue limit
granični (granična, granično) boundary, margin + imenica, limit + imenica
granična linija urona margin line, limit line
granično naprezanje limit stress
granični sloj boundary layer
graničnik kormila (stoper kormila) rudder stop
gravitacija (sila teža) gravity
gravitacijski (gravitacioni) (gravitacijska, gravitacijsko) gravitational, gravity + imenica
gravitacijski (gravitacioni) **kotrljajući transporter** gravity roller conveyor
gravitacijski (gravitacioni) **sistem otjecanja nafte kao tereta** free-flow cargo oil system, free-flow tanker cargo system
gravitacijska (gravitaciona) **soha** gravity davit
gravitacijski (gravitacioni) **stabilitet** (stabilna ravnoteža zbog djelovanja sila težina) gravitational stability
greda beam; **jednostavno poduprta** ~ simply-supported beam
gredna kobilica bar keel
grijaći element heating element
grijaći element s parnom rebrastom cijevi steam finned-pipe heating element
grijaći element s toplovodnom rebrastom cijevi hot water finned pipe heating element
grijač heater
grijanje heating
grijanje rebrastim elementima finned element heating
grijanje s ventilacijskim sistemom heating with a ventilating system
grijanje ventilacijskog kanala ventilation duct heating
grijanje (zagrijavanje) **zrakom** air heating
grijati heat
grotlo hatchway, hatch; **dopunsko** ~ trimming hatchway; **kružno** ~ circular hatchway; **otvor grotla** hatch opening; **poklopac grotla** hatch cover; **pravokutno** ~ rectangular hatchway; **rov-** ~ (vertikalno povezana grotla u jedno) trunked hatchways; **sponja grotla** hatchway beam; **teretno** ~ cargo hatchway; **ugao grotla** hatch corner; **uljnonepropusno** ~ oiltight hatchway
grotlo izložene palube weather deck hatchway
grotlo za teret (teretno grotlo) cargo hatchway
gruba aproksimacija rough approximation
grupna teorija (u reaktorskoj tehnici) group theory
gubici losses
gubici osovinskog prijenosa shaft transmission losses
gubici pri prijenosu topline transmission heat losses
gubici (zbog) **prijenosa** transmission losses
gubici propuštanja leakage losses
gubici (mehaničkog) **reduktora** (mechanical reduction) gear losses
gubici (zbog) **trenja** friction losses
gubici ventilacije (kod turbinskih lopatica) windage losses
gubitak loss
gubitak snage power loss, power dissipation
gumeni čamac za spasavanje rubber dinghy
gurač (teglenica) pusher towboat
gustoća density
gustoća fluksa flux density
gustoća mase zraka mass density of air
gustoća naboja charge density
gustoća vode water density
gušenje ljuljanja extinction of roll

H

hafnij (Hf) hafnium
hala za predmontažu prefabrication shop
harmonijski (harmonijska, harmonijsko) harmonic
harmonijski val harmonic wave
harmonik harmonic
Hele-Shawova pumpa (za gorivo) Hele--Shaw (oil) pump
helij (He) helium
hermetički zatvoriti seal
hermetički zatvoren(i) (hermetički zatvorena, hermetički zatvoreno) sealed
hermetički zatvoreni rashladni sistem sealed refrigeration system
heterogen(i) (heterogena, heterogeno) (raznovrstan) heterogeneous
heterogeni reaktor heterogeneous reactor
hidrant (vodovodna priključnica) hydrant
hidrant za razvod pjene (za gašenje požara) foam grid hydrant
hidraulički (hidraulička, hidrauličko) hydraulic
hidraulički (prilog) hydraulically
hidraulički bat hydraulic ram
hidraulički cjevovod hydraulic piping
hidraulička dizalica hydraulic jack
hidraulička kočnica hydraulic brake
hidraulički kormilarski uređaj hydraulic steering gear
hidraulički pokretan hydraulically operated
hidraulička preša hydraulic press
hidraulički prijenos hydraulic transmission
hidraulički pritegnut usadni vijak hydraulic(ally) tightened stud
hidraulička reakcija hydraulic reaction
hidraulički regulator hydraulic governor
hidraulički stoper (otponac) **pri porinuću** hydraulic trigger
hidrauličko vitlo hydraulic winch
hidraulika hydraulics
hidroavion seaplane
hidrodinamički (hidrodinamička, hidrodinamičko) hydrodynamic
hidrodinamička inercija tekućine hydrodynamic inertia of the fluid
hidrodinamička masa hydrodynamic mass
hidrodinamičko odvajanje (vidi **odvajanje**) hydrodynamic stall
hidrodinamičko opterećenje hydrodynamic load
hidrodinamička sila hydrodynamic force
hidrodinamički tlak (pritisak) hydrodynamic pressure
hidroelektrana hydroelectric power plant
hidrokinetor hydrokineter
hidrostat humidistat
hidrostatički (hidrostatski) (hidrostatička, hidrostatičko) hydrostatic
hidrostatički moment hydrostatic moment
hidrostatičko opterećenje hydrostatic loading
hidrostatička sila hydrostatic force
hidrostatički tlak (pritisak) hydrostatic pressure
hidrostatički tlak (pritisak) **stupca vode** hydrostatic head
hidrostatička uzgonska sila (sila uzgona) buoyancy force, force of buoyancy, buoyant force
hiperbola hyperbola
hiperbolični navigacijski sistem hyperbolic navigation system
hipotenuza hypotenuse
histereza hysterisis
histogram histogram
hladan (hladni, hladna, hladno) cold
hladno očvrsnuta legura work-hardened alloy
hladna obrada (obrada u hladnom stanju) cold working, cold work
hladiti cool
hladnjak cooler, refrigerator; **zračni** ~ air cooler
hladnjak pregrijača (pare) desuperheater; **vanjski** ~ external desuperheater
hladnjak pregrijane pare desuperheater
hladnjak ulja za podmazivanje lubricating oil cooler; **glavni** ~ main lubricating oil cooler
hlađen(i) (hlađena, hlađeno) cooled, refrigerated
hlađeno (rashladno) **skladište za teret** refrigerated (cargo) hold
hlađeni teret refrigerated cargo, reefer cargo (cca $7^0 - 12^0$C).
hlađenje cooling; **međuhlađenje** intercooling; **zračno** ~ air cooling

hlađenje znojenjem (tekućinom) sweat cooling
hlađenje znojenjem (zrakom) transpiration cooling
hod (stapaj) stroke
hod klipa piston stroke
hodnik (na brodu) alley, alleyway
holender matica union
holmij (Ho) holmium
homogen(i) (homogena, homogeno) homogeneous
homogeni reaktor homogeneous reactor
homogenost homogeneity; **dimenzionalna** ~ dimensional homogeneity
horizontalan (vodoravan) (horizontalni, horizontalna, horizontalno) horizontal
horizontalno koljeno sponje horizontal beam knee
horizontalna komponenta inercijske sile zbog posrtanja horizontal inertia pitching force
horizontalna komponenta sile zbog ljuljanja horizontal rolling force
horizontalno kormilo na podmornici diving plane
horizontalna linija horizontal line
horizontalna nagibna dizalica level-luffing crane
horizontalna pumpa horizontal pump
horizontalna ravnina horizontal plane
horizontalno sidreno vitlo horizontal windlass
horizontalna ukrepa horizontal stiffener
horizontalna vodna linija even-keel waterline
horizontalni zračni kanal horizontal air duct
hrptenica (centralni nosač dna) bottom centerline (centreline) girder; **neprekinuta** ~ continuous centerline girder; **prekinuta** (umetnuta, interkostalna) ~ intercostal centerline girder
hvataljka gripe, grab
hvataljka obložena plastikom plastic-covered gripe
hvatište (sile) point of application (of the force)

I

I-profil I bar, I beam
ići (za kanale, cijevi) run (ran, run)
ići krmom (ići natrag) go astern
ići pramcem (ići naprijed) go ahead
idealna (neviskozna) **tekućina** nonviscous fluid
identitet identity
igličasti ventil needle valve, needle point valve
imati na umu (misliti na) to bear in mind
imati pomak u fazi to be out of phase
imati zategu drag
impuls impulse; **rotacijski** (kutni) ~ angular impulse
impulsna teorija rada (djelovanja) (brodskog) **vijka** momentum theory of propeller action
indeks index (e. g. the index of transverse stability — indeks poprečnog stabiliteta
indeks (donji) subindex, suffix, subscript
indiferentna ravnoteža indifferent equilibrium, neutral equilibrium
indij (In) indium
indikator (pokazivač) **saliniteta** salinity indicator
indikatorski ventil indicator valve
individualno sredstvo za spasavanje individual life-saving appliance
induciran(i) (inducirana, inducirano) induced
inducirana brzina induced velocity
inducirani otpor induced drag
inducirana (izazvana) **radioaktivnost** induced radioactivity
inducirani (uvedeni) **zrak** induced air
indukcija induction
indukcioni (indukcijski) (indukciona, indukciono) induction + imenica
indukcioni aparat induction unit, inductor unit
indukcioni sistem induction system
indukciona zavojnica induction coil, spark coil (u benzinskom motoru)
indukciono zavarivanje induction welding
induktor inductor
industrija industry; **brodograđevna** ~ shipbuilding industry; **pomorska** ~ marine industry

inercija inertia
inercijski (inercijska, inercijsko) inertial, inertia + imenica
inercijski navigacijski sistem inertial navigation system
inercijska opterećenja inertia loads
inercijska sila (sila inercije, sila tromosti) inertia force; **rezultirajuća tangencijalna komponenta inercijske sile** resulting tangential inertia force; **tangencijalna komponenta inercijske sile** tangential inertia force
inercijske sile zbog ljuljanja roll inertia forces, inertia rolling forces, inertia forces due to rolling
inercijske sile zbog poniranja heave inertia forces, inertia heaving forces, inertia forces due to heaving
inercijske sile zbog posrtanja pitch inertia forces, inertia pitching forces, inertia forces due to pitching; **horizontalna komponenta** ~ horizontal inertia pitching force; **vertikalna komponenta** ~ vertical inertia pitching force
inertni plin inert gas
infinitezimalan (beskonačno malen) (infinitezimalni, infinitezimalna, infinitezimalno) infinitesimal
infinitezimalno (beskonačno malo) (prilog) infinitesimally
infinitezimalni kut nagiba infinitesimal angle of inclination
infinitezimalni račun infinitesimal calculus
ingot ingot
injektor (mlazna pumpa) jet pump
inspektor (za brod) surveyor
instalacija installation; **brodska** ~ ship installation; **rasvjetna** ~ lighting installation; **topovska** ~ gun installation; **vodovodna** ~ (za pitku vodu) water supply installation; **vodovodna** ~ **pod tlakom** (pritiskom) (za pitku vodu) pressure water supply installation
instalacija cijevi pipe (piping) installation
instalacija za grijanje heating installation
instalacija za ispiranje sanitarnih uređaja sanitary scavenging installation
instalacija za izbacivanje projektila missile-launcher installation

instalirati install
instrument (sprava) instrument; **mjerni** ~ measuring instrument, (measuring) meter; **nautički** ~ nautical instrument; **osjetni** ~ (senzor) sensing instrument
instrumentacija instrumentation
integracija integration; **dvostruka** ~ double integration; **grafička** ~ graphical integration; **numerička** ~ numerical integration; **polarna** ~ polar integration; **provesti integraciju** (integrirati) to carry out integration
integraf integraph
integral integral; **krivuljni** ~ curvilinear integral; **površinski** ~ surface integral; **volumni** (trostruki) ~ volume integral
integralni račun integral calculus
integrator integrator; **mehanički** ~ mechanical integrator
integriran(i) (integrirana, integrirano) integrated
integrirani navigacijski sistem integrated navigation system
integrirani transportni sistem integrated total transportation system
integriranje integration; **pravilo integriranja** integration rule
integrirati (matematička operacija) integrate
intenzitet intensity
intenzitet zračenja radiation intensity, intensity of radiation
interakcija interaction
interkostalni (interkostalna, interkostalno) umetnuti (umetnuta, umetnuto) intercostal
interkostalno (umetnuto) (prilog) intercostally
interkostalni bočni nosač intercostal side girder
interkostalni (umetnuti) **bočni nosač dna** intercostal bottom side girder
interkostalni centralni (simetralni) **nosač dna** intercostal bottom centerline girder
interkostalno pasmo intercostal keelson
intermedijarni reaktor intermediate (epithermal) reactor
interpolacija interpolation
interpolaciona (interpolacijska) **krivulja** interpolation curve
interpretirati interpret; **krivo** ~ misinterpret
invazijski (invazioni) **brod** (čamac) landing craft
inženjer engineer; **elektroinženjer** electrical engineer; **strojarski** ~ mechanical engineer
ionizacija ionization
ionizacijski (ionizacijska, ionizacijsko) ionization + imenica
ionizacijska komora ionization chamber
ionizacijski potencijal ionization potential
ionizacijski udarni presjek (u nuklearnoj fizici) ionization cross-section

ionski (ionska, ionsko) ionic, ion + imenica
ionska izmjena ion exchange
ionska komora ionization chamber
ionski par ion pair
iridij (Ir) iridium
iscijediti drain off (e. g. to drain off the sump — iscijediti ulje iz kartera)
iscrtati (trasirati) **linije na podu crtare** (trasirnice) to lay down the lines
iscrtavanje (trasiranje) **linija na podu crtare** (trasirnice) laying down the lines, laying off the lines
ishodišna (početna) **oznaka pri mjerenju** bench mark
ishodište (početna točka) origin (e. g. the slope of the curve at the origin — nagib krivulje u ishodištu)
ishodište prskanja vode/mora pri udaranju broda spray root
iskliznuti (za uže) slip off
isključiti shut down (e. g. to shut down the boiler — isključiti kotao), shut off (e. g. to shut off the supply — isključiti dovod), rule out (e. g. this cannot be ruled out as a future development — ovo se ne može isključiti kao mogućnost budućeg razvoja)
iskoristivost (stupanj iskoristivosti) efficiency; **propulzivna** ~ propulsive efficiency
iskoristivost propulzije (poriva) propulsive efficiency
iskoristivost trupa hull efficiency
iskra spark
iskrcati (teret) unload
iskrcati se (za putnike) land, debark
iskrcavanje (putnika) landing, debarkation
iskrcavanje (tereta) unloading
ispad (vidi **raspad pogonskog sistema**) breakdown
isparivač (evaporator) evaporator
isparivač rashladnog sredstva cooling medium evaporator
isparna cijev (cijev isparivača) generating tube, evaporating tube
ispasti (iz sistema, pogona) breakdown (brokedown, brokendown)
ispitati examine, test
ispitivanje examination, testing, test
ispitivanje zamora materijala fatigue test
ispravak (korekcija u proračunu) adjustment; **izvršen je točan** ~ the proper adjustment has been made; **izvršiti ispravke u proračunu** to make adjustments in (to) the calculations
ispravan (ispravni, ispravna, ispravno) correct, proper (e. g. the proper selection of a device — ispravni izbor uređaja)
ispraviti correct (e. g. to correct a mistake — ispraviti pogrešku)
ispraviti izmjeničnu struju u istosmjernu to rectify the alternating current to direct current

ispraviti (korigirati) **vodnu liniju** to rectify the waterline
ispravljanje correction
ispravljanje izmjenične struje u istosmjernu the rectification of alternating current to direct current
ispravljanje (korigiranje) **vodne linije** the rectification of the waterline
ispravljene (korigirane) **vrijednosti** corrected (adjusted) values
ispravno funkcioniranje proper functioning (e. g. the proper functioning of the device — ispravno funkcioniranje uređaja)
ispravno funkcionirati (raditi) (npr. za uređaj, stroj itd.) to function properly, to work properly, to operate properly
isprazniti (medij) vidi **ispuštati**
ispred in front of, before (e. g. before the machinery space — ispred prostora strojarnice)
ispuh exhaust; **glavni** ~ main exhaust; **parni** ~ steam exhaust; **pomoćni** ~ auxiliary exhaust
ispuh pare steam exhaust
ispuhati blow out (blew out, blown out)
ispuhivač čađe soot blower, sootblower
ispuhivanje blowing, blow
ispuhivanje čađe soot blowing
ispupčen (npr. paluba koja ima preluk) cambered
ispusni (ispusna, ispusno) discharge + imenica, drain + imenica
ispusni ventil tanka tank drain valve
ispustiti vidi **ispuštati**
ispušni (ispušna, ispušno) exhaust + imenica, discharge + imenica, blow-off + imenica
ispušna cijev exhaust pipe
ispušna cijev (na kotlu) blow-off line
ispušni cjevovod exhaust piping
ispušni cjevovod za plinove exhaust gases conduit
ispušni kanal (velikih dimenzija) exhaust trunk
ispušni kanal (na dvotaktnom benzinskom motoru) exhaust port
ispušna para exhaust steam
ispušni plin exhaust gas
ispušni plinovi motora engine exhaust gases
ispušni raspori (na dvotaktnom dizel motoru) exhaust ports
ispušni takt exhaust stroke
ispušni tlak exhaust pressure
ispušni ventil exhaust valve
ispušni ventil (za paru) (steam) blowoff valve
ispušni ventil (za zrak) (air) exhaust valve, (air) discharge valve, (air) discharging valve
ispuštanje (medija) discharge, discharging
ispuštanje (izlijevanje) draining, drain, discharging, discharge
ispuštanje kondenzata condesate drain

ispuštati (ispustiti) discharge
ispuštati (izlijevati se) drain, discharge
istisnina displacement; **cijeli volumen istisnine** entire displacement volume; **dijagramni list za istisninu** (krivulje istisnine) displacement sheet; **volumen istisnine** displacement volume
istisnina (broda) **u plovnom stanju** water-borne displacement
istisnina privjesaka displacement of appendages
istisnina trimovanog broda trimmed displacement
istisninska pumpa displacement pump; **vijčana** ~ screw displacement pump
istisnut(i) (istisnuta, istisnuto) displaced
istisnuta voda displaced water
istisnuti displace
istokračan trokut isosceles triangle
istosmjerna (električna) **struja** direct current (dc. DC)
istostraničan trokut equilateral triangle
istovar (iskrcaj) unloading
istovariti (iskrcati) unload
istovarivač i slagač tereta stevedore
istraživač researcher
istraživački rad research work, work
istraživanje research, investigation
istraživati research, investigate
isturivost privjesaka projection of appendages
iterbij (Yb) ytterbium
itrij (Y) yttrium
iza behind, after, abaft (e. g. abaft the bow — iza pramca; abaft the machinery space — iza prostora strojarnice)
izazivati set up (set up, set up) (e. g. the waves set up rolling of the ship — valovi izazivaju ljuljanje broda)
izbaciti (ispustiti) (vodu, zrak itd.) discharge, eject
izbaciti brod iz ravnotežnog položaja to upset the ship
izbaciti vodu iz broda to bale out water
izbacivanje (ispuštanje) discharge
izbacivanje (ispuštanje) (vode) **preko palube** overboard discharge
izbacivanje rebara iznad vodne linije flare
izbacivanje vlažnog zraka wet-air discharge
izbačena forma pramca bow flare
izbijanje požara fire outbreak, outbreak of fire
izbočina (npr. u limu) bulge
izbočiti se bulge
izboj (plina) discharge
izbušena osovina bored shaft
izbušena rupa drilled hole, drilling
izdanak na krmi (za održavanje smjera dokovanja) deadwood
izdržati (silu, pritisak, opterećenje, naprezanje) to withstand (the force, the pressure, the load, the stress)

izdržljivost (materijala) endurance; **granlnica izdržljivosti** endurance limit
izdvajač extractor
izdvajač masnoća grease extractor
izentropski (izentropska, izentropsko) isenthropic
izgaranje combustion
izgaranje (fisionog goriva) burnup
izglađivanje linije fairing of the line
izgledni omjer (omjer širine krila brodskog vijka i duljine profila, omjer između visine i duljine kormila, omjer duljine krila turbinske lopatice prema širini) aspect ratio
izgoreni plinovi burnt gases
izgorivi otrovi burnable poisons
izgrađena obala wharf
izgubljena metacentarska visina lost metacentric height
izjednačenje equalization
izjednačiti equalize, even out
izjednačiti (u matematici) equate, to be equated
izjednačiti s nulom to be equated to zero
izlaz output; **snaga na izlazu** power output
izlaz (medija) outlet
izlaz rashladne vode cooling water outlet
izlazni (izlazna, izlazno) outlet + imenica, output + imenica
izlazni brid (kormila, vijčanog krila, strujnog profila) trailing edge
izlazna cijevna komora (cijevni razdjeljivač, sakupljač) outlet header
izlazni kut lopatice blade outlet angle
izlazni kut mlaza plina gas outlet angle
izlazni otvor osovine brodskog vijka stern tube hole
izlazna snaga power output
izlazni ventil outlet valve
izlijevati se discharge
izloženi(i) (izložena, izloženo) exposed
izloženo kućište exposed casing
izloženo kućište stroja exposed engine casing
izloženo nadgrađe exposed superstructure
izložena paluba weather deck, exposed deck
izložena paluba nadgrađa exposed superstructure deck
izložena paluba nadvođa exposed freeboard deck
izložiti expose
izljev discharge; **vanjski** ~ (vode) outboard disharge (za brod)
izljev na boku overboard discharge
izljev za vodu u ogradi freeing port
izljevna sapnica discharge nozzle
izmjena exchange; **ionska** ~ ion exchange
izmjena goriva (kod reaktora) refuel
izmjena naboja charge exchange
izmjenična (električna) **struja** alternating current (AC, ac)
izmjenjivač topline heat exchanger; **jednoprolazni** ~ **sa spiralnim cijevima** helical once through heat exchanger; **rebrasti** ~ finned heat exchanger; **regenerativni** ~ regenerative heat exchanger; **rekuperativni** ~ recuperative heat exchanger; **rotacijski** (rotacioni) ~ rotary heat exchanger

iznad (neke vrijednosti) in excess of; **brodski vijak radi** ~ **300 okreta u minuti** the propeller is operating in excess of 300 rpm (revolutions per minute)
izobara isobar, isobare
izohron(i) (izohrona, izohrono) isochronous
izohrono ljuljanje broda isochronous rolling of the ship
izolacija insulation; **toplinska** ~ heat insulation
izolacioni (izolacijski) (izolaciona, izolaciono) insulating
izolacioni materijal insulating material
izolator insulator; **stakleni** ~ glass insulator
izolirati insulate
izomera isomer, isomere
izotermički (izotermička, izotermičko) isothermal
izoton isotone
izotop isotope; **radioaktivni** ~ radioactive isotope
izotropan (izotropski) (izotropni, izotropna, izotropno) isotropic
izotropno zračenje isotropic radiation
izračunati calculate, compute; **ponovno** ~ recalculate, recompute; **prethodno** ~ precalculate
izračunati (izraditi, razraditi) work out
izračunati s dovoljnom točnošću to calculate with sufficient accuracy
izračunavanje calculation, computation
izrada workmanship (ručna izrada), fabrication (strojna izrada)
izrada opreme outfit fabrication
izraditi (na stroju) fabricate, make
izraditi proračun za... to make calculations for...
izraditi u grubim crtama rough out (e. g. Plans are roughed out. — Planovi su izrađeni u grubim crtama.)
izraz expression; **matematički** ~ mathematical expression
izrez cutout
izron emergence
izroniti emerge
izronjavanje emergence; **gaz pri izronjavanju** emergence draft
izvan simetrale off the centerline
izvedba arrangement
izveden(i) (u proračunu) (izvedena, izvedeno) derived from (e. g. the approximate moment to trim one inch is derived from... — približni moment jediničnog trima izveden je ili dobiven je iz...)
izvesti (urediti) arrange
izvesti (u matematici) derive (e. g. to derive a formula — izvesti formulu)

izvesti brod iz položaja ravnoteže upset the ship
izviđanje scouting
izvijanje (konstrukcije) **zbog gubitka stabilnosti** buckling
izvijati se (za konstrukciju) **zbog gubitka stabilnosti** buckle
izvijen (za konstrukciju) **zbog gubitka stabilnosti** buckled
izvitoperena površina (deformirana površina u tri smjera) warped surface
izvlačiti (žicu) draw (drew, drawn)
izvod (u matematici) derivation
izvoditi (izvesti) (u matematici) derive
izvoditi proračun to carry out calculations
izvođenje (u matematici) derivation (e. g. the derivation of the value of this function — izvođenje vrijednosti ove funkcije)
izvor source; **točkasti** ~ (zračenja) point source
izvor električnog napajanja electrical supply; **izmjenični** ~ a. c. (alternating current) supply; **istosmjerni** ~ d. c. (direct current) supply
izvor i ponor (u tekućini; u jednolikom strujanju) (matematički pojam) source and sink (in a fluid; in a uniform stream)
izvrstiti (obustaviti pogon) to shut down; **stroj je izvršten** the machine is shut down
izvrstiva spojka (kvačilo) clutch
izvršiti korekcije u proračunu za... to make adjustments to the calculations for..., to adjust the calculations for...
izvršiti proračun to make calculations, to carry out calculations
izvrštenje (obustavljanje pogona) shut-down

J

jahta yacht
jalovi takt idle stroke
jama u navozu za stoper (otponac) trigger pit
jama za pepeo ash pit
jaram kormila rudder crosshead
jarbol mast; **A-** ~ bipod mast; **bez jarbola** dismasted, mastless; **dvonožni** (bipod) ~ bipod mast; **glavni** ~ main mast; **prednji** ~ foremast, fore mast; **signalni** ~ signal mast
jarbol bez pripona unstayed mast
jarbol s priponama stayed mast
jarbol sa samaricom derrick mast
jaružar dredger
jedinica unit
jedinica atomske mase atomic mass unit
jedinični moment bočnog nagiba za jedan stupanj moment to heel one degree
jedinični moment trima (za engleske mjere) moment to trim one inch, moment to alter trim 1 inch
jedinični moment trima (za jedan stupanj) moment to trim one degree
jedinično naprezanje unit stress
jedinični paletizirani teret palletized cargo
jedinični zagažaj (za engleske jedinice) tons per inch immersion
jednadžba equation; **Bernoullijeva** ~ Bernoulli's law, Bernoulli's theorem; **Einsteinova fotoelektrična** ~ Einstein photoelectric equation; **nespregnuta** ~ uncoupled equation; **parametarske jednadžbe trohoide** parametric equations of the trochoid; **spregnuta** ~ coupled equation; **zadovoljiti jednadžbu** to satisfy the equation
jednak(i) (jednaka, jednako) equal
jednako (prilog) equally
jednako udaljen equidistant, equally distant
jednodijelni osovinski ležaj solid journal bearing
jednolik(i) (jednolika, jednoliko) jedničan (jednolični, jednolična, jednolično) uniform

jednolika brzina uniform speed, uniform velocity
jednolika brzina vala uniform wave velocity (V_W), wave celerity
jednoliko gibanje uniform motion
jednoliko opterećenje uniform load
jednoliko strujanje uniform flow, uniform stream
jednoliko sustrujanje uniform wake
jednolisno (jednoplošno) **kormilo** single plate rudder
jednoosni (po jednoj osi) (jednoosna, jednoosno) uniaxial
jednoosno naprezanje uniaxial stress
jednopalubni brod single deck ship
jednoprolazni izmjenjivač topline sa spiralnim cijevima helical once through heat exchanger
jednoprolazni kondenzator single pass condenser
jednoradni single acting
jednoredni zakovični preklopni spoj single-riveted lap joint
jednoredni zakovični sučeoni spoj single-riveted butt joint
jednosmjerni (jednosmjerna, jednosmjerno) one-way + imenica
jednosmjerni ventil one-way valve
jednostavan (jednostavni, jednostavna, jednostavno) simple
jednostavna teorija grede simple beam theory
jednostepen(i) (jednostepena, jednostepeno) single staged, single-stage + imenica
jednostepena centrifugalna pumpa single-stage centrifugal pump
jednostepeni reduktor single reduction gears
jednostruki kotao (loženje s jedne strane) single-end boiler
jednostruka samarica single derrick boom, single boom
jednostruka zakrivljenost single curvature
jednoulazna pumpa single suction pump
jednoulazni rotor (pumpe) single-suction impeller

jednovijčani brod (brod s jednim vijkom) single-screw ship

jedrenina (platno za jedra) canvas; **impregnirana** (katranizirana) ~ (cerada) tarpaulin

jedrenjak sailing ship, sailing vessel

jedrilica sailing boat

jedro sail; **letno** ~ stay sail; **pobočno** ~ studding sail; **prveno** ~ foresail

jezgra nucleus (pl. nuclei); **magnetska** ~ magnetic core; **neparno-neparna** (nn) ~ odd-odd nucleus; **neparno-parna** (np) ~ odd-even nucleus; **parno-neparna** (pn) ~ even-odd nucleus; **parno-parna** (pp) ~ even-even nucleus; **složena** ~ compound nucleus; **uzbuđena** ~ excited nucleus

jezgra reaktora (aktivna zona reaktora) core; **vodotlačna** ~ water pressurized core

jod (I) ionide

K

K (oznaka za stupanj Kelvina) K (degrees Kelvin)
K-elektron K-electron
K-ljuska K-shell
K-zahvat K-capture
kabel (vod) cable; **električni** ~ electrical cable; **visokonaponski** ~ high-voltage cable, high-tension cable
kabel (vod) **visokog napona** high-voltage cable, high-tension cable
kabelska mreža (sistem kablova) cabling
kadmij (Cd) cadmium
kalafatirati (šuperiti) caulk
kalaj (Sn) tin
kalcij (Ca) calcium
kalifornij (Cf) californium
kalij (K) potassium
kalkulant (materijala i cijena) estimator
kalorifer calorifier
kalup mould, mold (US); **metalni** ~ (kokila) metal mould, permanent mould; **pješčani** ~ sand mould
kalutron calutron
kaljuža (na brodu) bilge water, bilge
kaljuža osovinskog tunela (kaljuža tunela osovinskog voda) shaft alley bilge
kaljuža pumpe well
kaljuža strojarnice engine room bilge
kaljužni (kaljužna, kaljužno) bilge + imenica
kaljužni cjevovod bilge piping
kaljužni cjevovodni sistem bilge piping system, bilge system
kaljužna pumpa bilge pump
kaljužni pumpni sistem bilge pumping system
kaljužni pumpni uređaj bilge pumping arrangement
kaljužni tank bilge tank
kaljužna voda bilge water
kaljužni zdenac bilge well
kamion lorry, truck (US)
kamion za unutrašnji transport yard truck
kamion za vanjski transport transfer truck
kanal (geografski pojam) channel (prirodni), canal (umjetni)
kanal (za prolaz hladila u aktivnoj zoni reaktora) channel
kanal (tehnički pojam) duct; **četvrtasti** ~ rectangular duct; **koljeno kanala** duct elbow; **oblik kanala** duct shape; **ogranak kanala** duct branch, branch takeoff; **okrugli** ~ round duct, circular duct; **ovalni** ~ oval duct; **veličina kanala** duct size; **zračni** ~ air duct
kanal (vod) (usporedi sa **cjevovod** i **cijev**)
kanal (za zrak) vidi **zračni kanal**
kanali ducts, ducting; **ogranci kanala** ducting branches, branch takeoffs
kanal (na dvotaktnom benzinskom motoru) port; **dovodni** ~ transfer port; **ispušni** (izlazni) ~ exhaust port
kanal (na centrifugalnoj pumpi) nozzle; **izljevni** ~ discharge nozzle
kanal hladnog zraka cold air duct
kanal širokog presjeka (npr. kod ventilacije) trunk
kanal toplog zraka hot air duct, warm air duct
kanal za optočni (recirkulacioni, recirkulacijski) **zrak** recirculated air duct
kanal za razvod (distribuciju) **zraka** air distribution duct
kanalni efekt channelling effect
kanalni parni zagrijač steam duct heater
kanalni sistem (npr. za zrak) ductwork system, ductwork; **razvodni** (distribucioni, distribucijski, distributivni) ~ distribution ductwork (system)
kanalna zaklopka (npr. za zrak) duct damper
kanalske pristojbe (pristojbe za prolaz broda kroz kanal) canal tolls
kapa cap
kapa brodskog vijka propeller cap
kapak (metalni) **okna na brodu** deadlight
kapetanski most captain's bridge
kapica (poklopac) cap
kara (kolica) truck
karakterističan (karakteristični, karakteristična, karakteristično) characteristic
karakteristične rendgenske (X) **zrake** characteristic X-rays
karakteristični spektar (npr. rendgenskog zračenja) characteristic spectrum

karakteristika (obilježje) characteristic, feature; **Geigerove karakteristike** Geiger characteristics; **radne karakteristike** (stroja) performance, operational characteristics
karburator (rasplinjač) carburettor
karika sidrenog lanca shackle
Karmanova aleja vrtloga (Karmanovi vrtlozi) Karman vortex street, Karman vortices
kasar (krmica) poop; **kratki** ~ short poop
kaštel forecastle; **dugački** ~ long forecastle; **kratki** ~ short forecastle
katamaran (brod s dva trupa) catamaran
kation cation
katodna struja cathode current
katodna zraka cathode ray
kavitacija cavitation; **mjehurasta** ~ bubble cavitation; **slojasta** ~ sheet cavitation
kavitacija lica face cavitation
kavitacija naličja back cavitation
kavitacija vršnog vrtloga tip vortex cavitation
kavitaciona erozija cavitation erosion
kavitaciona (kavitacijska) **šupljina** cavity; **urušenje kavitacionih šupljina** the collapse of cavities
kavitirati cavitate
kazalo (na istrumentu) pointer
kemija chemistry
kemijski (kemijska, kemijsko) chemical
kemijski sastav chemical composition
kemijska veza chemical bond
kemijski vezni efekt chemical binding effect
keramički (keramička, keramičko) ceramic
keramički reaktor ceramic reactor
keramika ceramics
kerozin kerosene
keson caisson
kilovat kilowatt (kW)
kinematički (kinematička, kinematičko) kinematic
kinematički potporanj (omogućava toplinsku dilataciju) kinematic support
kinematička viskoznost (kinematički viskozitet) kinematic viscosity
kinematika kinematics
kinetički (kinetička, kinetičko) kinetic
kinetička energija kinetic energy
kinetički moment (moment količine gibanja) angular momentum
kinetika kinetics
kiri (3,7 puta 10^{10} raspada u sekundi) curie
kiselina acid
kisik (O) oxygen
klackalica rocker arm
klasa (za brod) class
klasično raspršenje classical scattering
klasificirati classify, class
klasifikacija classification
klasifikacijsko društvo classification society
klauzula (u zakonu ili dokumentu) provision

klima-ormar self-contained air conditioning unit, self-contained air conditioner
klima-postrojenje air conditioning plant, air condition plant
klima-uređaj air conditioning unit
klimatizacija air conditioning; **brodska** ~ marine air conditioning
klimatizacioni (klimatizacijski) **sistem** air conditioning system; **centralni** ~ central air conditioning system
klimatizacioni (klimatizacijski) **sistem s dogrijavanjem** reheat air conditioning system
klin wedge (kosi), key (za uklinjenje npr. osovine); **kvadratni** ~ square key; **okrugli** ~ pin; **plosnati** ~ flat key; **sedlasti** ~ saddle key; **upušten** ~ sunk key
klin (mala bitva) cleat
klinasti zasun wedge gate valve
klinovi za podešavanje visine potklada adjusting wedges
klip piston
klip (hidrauličke pumpe) ram
kliper clipper
klipni motor piston engine
klipni prsten piston ring
klizač (klizni element) slipper
klizanje sliding
klizanje kristalnih ravnina cleavage of crystal planes
kliziti (za klip) slide
kliziti po saoniku slide down the ground ways
klizni (klizna, klizno) sliding + imenica, slip + imenica
klizni ležaj sliding bearing
klizni montažni element sliding mount
klizne papuče guide shoes
klizne papuče od lijevanog čelika steel cast guide shoes
klizni premaz slip coat, slip coating
klizna sponja grotla sliding hatch beam
klizno trenje sliding friction
klobučnica span rope; **nepomična** (fiksna) ~ fixed span rope
klor (Cl) chlorine
klupa (poprečna) **na otvorenom čamcu** thwart
kobalt (Co) cobalt
kobaltna bomba cobalt bomb
kobilica keel; **brod na ravnoj kobilici** an even keel ship; **gredna** ~ bar keel; **ljuljna** ~ bilge keel; **plosna** ~ plate keel, keel plate, flat keel, flat-plate keel; **ravna** ~ even keel; **tunelska** ~ duct keel
kobilične potklade keel blocks; **bočne** ~ side keel blocks; **središnje** ~ centre (center) keel blocks
kocka cube
kočarski brod (kočar) (ribarski brod s kojeg se lovi s potegačom, kočama) trawler

kočenje braking
kočion(i) (kočiona, kočiono) brake+imenica
kočioni cilindar brake cylinder
kočiona poluga brake lever
kočnica brake; **elektromehanička** ~ electro-mechanical brake; **hidraulička** ~ hydraulic brake; **mehanička** ~ mechanical brake; **nožna** ~ foot brake; **ručna** ~ hand brake; **tarna** ~ friction brake; **zračna** ~ air brake
kočnica na kormilu rudder brake
kočnica vitla winch brake
kočno zračenje bremsstrahlung
kod code; **radni** ~ operation code
koeficijent coefficient; **apsorpcijski** ~ absorption coefficient; **atomski apsorpcijski** ~ atomic absorption coefficient; **pretvorbeni** (konverzijski) ~ conversion coefficient; **prizmatički** ~ (koeficijent uzdužne finoće istisnine) prismatic coefficient (C_P); **Simpsonovi koeficijenti** Simpson's multipliers; **volumenski** ~ (stupanj vitkosti istisnine) volumetric coefficient
koeficijent finoće (vitkosti brodskog trupa) fineness coefficient
koeficijent glavnog rebra midship section coefficient (C_M)
koeficijent iskoristivosti brodskog vijka propeller efficiency
koeficijent korisnosti (iskoristivosti, iskorištenja) coefficient of efficiency
koeficijent otpora resistance coefficient (C_R)
koeficijent opterećenja poriva thrust loading coefficient
koeficijent prigušenja damping coefficient
koeficijent punoće fullness coefficient
koeficijent punoće glavnog rebra midship area coefficient
koeficijent punoće istisnine block coefficient (C_B); **teoretski** ~ molded block coefficient
koeficijent punoće vodne linije waterplane coefficient (C_W)
koeficijent slabljenja (nuklearna tehnika) attenuation coefficient
koeficijent smanjenog otpora thrust deduction fraction
koeficijent sustrujanja wake coefficient, wake fraction, wake factor
koeficijent trenja frictional coefficient (C_F)
koeficijent uzdužne finoće istisnine (prizmatički koeficijent) prismatic coefficient (C_P)
koeficijent vertikalne finoće istisnine vertical prismatic coefficient (C_{VP})
koeficijent vodne linije waterline coefficient (C_W)
koferdam (pregradak) cofferdam

koks coke
kolčak muff coupling, coupling; **redukcioni** ~ reducing coupling
kolektivno (skupno) **sredstvo za spasavanje** collective life-saving device
kolektor (sabirnik) collector
kolica za tegljenje towing carriage
količina gibanja (kinetički moment) momentum; **moment količine gibanja** angular momentum
količina gibanja mlaza momentum of the race
količina (nečega) u jedinici vremena (derivacija po vremenu) rate
kolijevka cradle; **pramčani dio kolijevke** fore poppet
kolijevka za porinuće launching cradle
kolizijska pregrada (sudarna pregrada) collision bulkhead
kolizijski prostor collision space, peak; **prednji** ~ fore peak; **stražnji** ~ after peak
kolo wheel; **kormilarsko** ~ steering wheel; **turbinsko** ~ wheel
kolona column; **Clusiusova** ~ Clusius column
kolotur (kolotura) block; **krmeni** ~ stern block; **skretni** ~ lead block
kolotur brka samarice slewing guy block, vang block (US); **donji** ~ lower slewing guy block, lower vang block; **gornji** ~ upper slewing guy block, upper vang block; **skretni** ~ slewing guy lead block
kolotur klobučnice span block; **donji** ~ derrick head span block; **gornji** ~ mast head span block
kolotur na glavi samarice boom head block
kolotur teretnice cargo block, cargo purchase block; **donji** ~ lower cargo (purchase) block; **gornji** ~ derrick head cargo block; **skretni** ~ cargo runner derrick heel lead block
koloturje (paranak) tackle
koloturje brka samarice kojim se zakreće teret cargo slewing guy tackle
koljenast(i) (koljenasta, koljenasto) crank + imenica
koljenasti mehanizam crank mechanism
koljenasta osovina crankshaft
koljeno knee, bracket, arm; **uzvojno** ~ (koljeno na uzvoju broda) bilge knee; **visoko** ~ (na brodu) deep bracket
koljeno (u cjevovodu) elbow; **redukcijsko** (redukciono) ~ reducing elbow
koljeno kanala duct elbow
koljeno koje spaja rebro i ukrepu frame-to-stiffener bracket
koljeno koljenaste osovine cranked arm
koljeno s osnacem throw
koljeno sponje beam knee; **horizontalno** ~ horizontal beam knee; **vertikalno** ~ vertical beam knee
koljeno upore pillar bracket

koljeno za ukrućenje tripping bracket
komadni teret break-bulk
komadni toranj conning tower
kombinirani sistem gradnje (broda) combination system of building
komora chamber, chest, box; **alfa-** ~ alpha chamber; **borna** ~ boron chamber; **diferencijalna ionizacijska** ~ differential ionization chamber; **dimna** ~ smoke box; **fisiona** ~ fission chamber; **ionizacijska** (ionska) ~ ionization chamber; **kompresiona** ~ compression chamber; **maglena** ~ cloud chamber; **mjehurasta** ~ bubble chamber; **naplavna** ~ (kod rasplinjača) float chamber; **parna** ~ steam chest; **vodna** ~ water box; **zračna** ~ air chamber
komora izgaranja combustion chamber, combustor (US)
komora za izjednačenje aksijalnog tlaka (pritiska) (u pumpi) balancing chamber
komora za međuzagrijavanje reheat chamber
kompaundirani (kompaundni) **stroj** compounded engine
kompaundirano ulje compounded oil
kompenzacioni (ekspanzioni) **luk** (u cjevovodu) expansion bend
kompenzaciona (ekspanziona) **petlja** (u cjevovodu) expansion loop
kompenzaciona (pomoćna) **sapnica** compensating jet
komponenta component
kompresija compression; **adijabatska** ~ adiabatic compression; **politropska** ~ polythropic compression
kompresioni (kompresijski) (kompresiona, kompresiono) compression + imenica, pressure + imenica
kompresiona komora compression chamber
kompresioni omjer pressure ratio
kompresioni takt compression stroke
kompresor compressor; **aksijalni** ~ axial compressor; **centrifugalni** ~ centrifugal compressor; **dvostepeni radijalni** ~ two-stage radial compressor; **otvoreni** ~ open type compressor, open compressor; **rashladni** ~ refrigerating compressor; **stupnjevani** (stepenovani) ~ staged compressor; **zračni** ~ air compressor
kompresor rashladnog medija cooling medium compressor
kompresor za hlađenje refrigerating compressor
kompresor zraka air compressor
kompresorska stanica air compressor house
komprimirani zrak compressed air
komprimirati (stlačiti, sabijati) compress
kompjutor (elektroničko računalo) computer
kompjutorizirani stroj computer-aided machine
konačni (konačna, konačno) finite
konačni radijus finite radius

koncentracija naprezanja stress concentration
koncentrat concentrate
koncentrirati (se) concentrate
kondenzacija condensation
kondenzat condensate
kondenzatna pumpa condensate pump
kondenzator condenser; **dvoprolazni površinski** ~ two-pass surface condenser; **glavni** ~ main condenser; **jednoprolazni** ~ single pass condenser; **među** ~ inter condenser; **mlazni** ~ jet condenser; **odušni** ~ vent condenser; **parni** ~ steam condenser; **pomoćni** ~ auxiliary condenser; **površinski** ~ surface condenser; **rashladni** ~ refrigerating condenser
kondenzator (električni) capacitor
kondenzator pare steam condenser
kondenzatorska cijev condenser tube
kondenzirati condense
kondicionator zraka air conditioner; **samostalan** ~ (klima-ormar) self-contained air conditioner
kondicionirani prostor air conditioned space
kondicionirani zrak conditioned air
konfiguracija configuration; **strukturna** ~ structural configuration
konfiguracijska kontrola (npr. nuklearnog goriva, reflektora) configuration control
konformno preslikavanje conformal transformation
koničan (konični, konična, konično) conical, tapered
konični navoj (narez) tapered thread
konični zupčanici (stožni zupčanici, stožnici) bevel gears
konični zupčanici s ravnim zubima straight bevel gears
konični zupčanici sa zakrivljenim zubima spiral bevel gears
konkavna grba na krivulji otpora hollow in the resistance curve
konop (uže) line, rope
konopčić za vezivanje gasket
konstanta constant; **Boltzmannova** ~ Boltzmann's constant; **difuzijska** ~ diffusion constant; **Diracova** ~ Dirac's constant
konstanta raspada decay constant
konstanta slabljenja attenuation constant
konstantan (konstantni, konstantna, konstantno) constant, steady
konstantne reakcije steady-state reactions
konstantna sila constant force
konstantni tlak constant pressure
konstantni tlak (pritisak) **vode** constant water pressure, steady water pressure
konstantni uspon (vijka) constant pitch
konstruiran(i) (konstruirana, konstruirano) designed, constructed
konstruirati design, construct
konstrukcija structure, construction; **brodska** ~ ship construction; **vijčana** ~ (sa svornjacima) bolted structure; **zakovič**-

na ~ riveted structure; **zavarena** ~ welded structure
konstrukcija broda ship construction
konstrukcija podupirača (nosača) jezgre (u reaktoru) core support structure
konstrukcijski (konstrukcioni) (konstrukcijska, konstrukcijsko) constructional, structural
konstrukcijska aluminijska legura structural aluminium (aluminum) alloy
konstrukcijski čelik structural steel
konstrukcijski element structural member, structural component; **poprečni** ~ transverse structural member; **uzdužni** ~ longitudinal structural member
konstrukcijski materijal structural material
konstrukcioni ured design office
konstruktivan (konstruktivni, konstruktivna, konstruktivno) designed
konstruktivna duljina (broda) designer's length, length between perpendiculars (L_{pp})
konstruktivni gaz designed draft (US) (draught), designer's draft (draught)
konstruktivna vodna linija designed waterline
konstruktivna zatega designed trim by the stern, designed drag
kontejner container; **automobilski** ~ automobile container; **sklopiv** ~ collapsible container; **ventilirani** ~ ventilated container
kontejner s hlađenjem refrigerated container, reefer
kontejner za bočni prekrcaj side loading container
kontejner za prekrcaj na gornjoj strani top loading container
kontejner za prekrcaj na kraju end loading container
kontejnerizacija (slaganje tereta prema volumenskim standardima) containerization; **Komitet za** ~ Containerization Committee
kontejneriziran(i) (kontejnerizirana, kontejnerizirano) containerable
kontejnerizirani proizvodi containerable products
kontejnerski (kontejnerska, kontejnersko) container + imenica
kontejnerski brod container ship
kontejnerska dizalica container crane
kontejnerska luka container port
kontejnerska oprema container equipment
kontejnersko parkiralište container yard
kontejnerski sistem container system
kontejnerski viseći zahvatač (koji može biti i balansijer i podesiv) crane container spreader, spreader, container lift spreader
kontejnment (posuda za smještaj reaktora) containment
kontinuiran(i) (kontinuirana, kontinuirano) continuous

kontinuirani spektar continuous spectrum
kontinuitet (neprekinutost) (u prostornom smislu) continuity
kontrakcija contraction
kontrakcija mlaza vijka contraction of the race
kontrola control, check; **automatska** ~ automatic control; **konfiguracijska** ~ (npr. nuklearnog goriva, reflektora) configuration control
kontrolni (kontrolna, kontrolno) control + imenica, regulating + imenica, governing + imenica
kontrolna jedinica (u elektroničkom računalu) control unit
kontrolni sistem vidi **upravljački sistem**
kontura (obris) contour, outline
konusni završetak (konus) (npr. osovine) taper
konvekcija convection; **prijenos topline konvekcijom** heat transfer by convection
konveksan (konveksni, konveksna, konveksno) convex
konveksna grba na krivulji otpora hump in the resistance curve
konveksne i konkavne grbe na krivulji otpora humps and hollows in the resistance curve
konvektor convector
konvencijalno uzeta maksimalna čvrstoća ultimate strength
konvertorski (oplodni) **reaktor** converter reactor
konvolucija convolution integral
konzola cantilever, console; **kutna** ~ angle bracket
konzola vodilice teretnice (guide) roller bracket
konzolna dizalica cantilever crane
konzolna sponja cantilever beam
konjska snaga horsepower
konjska snaga na brodskom vijku propeller horsepower
koordinata coordinate; **polarna** ~ polar coordinate
koordinatni sustav co-ordinate system
korak pitch (kod brodskog vijka ili propelera) (vidi **uspon**)
korekcija adjustment, correction
korekcija (korektura) correction
korekcija zbog utjecaja slobodne površine (tekućine) free-surface correction
korektura mrtvog vremena (u nuklearnoj tehnici) dead-time correction
korijen root; $\sqrt{x}$ $\sqrt{x}$, the second root of x, the square root of x, root of x; $\sqrt[3]{x}$ $\sqrt[3]{x}$, the cube root of x, the third root of x
korijen krila brodskog vijka blade root of the propeller, root of the propeller blade
korijen zavara toe of the weld

korisnost usefulness; **anodna** ~ anode efficiency; **koeficijent korisnosti** coefficient of efficiency
koristan useful
kormilar helmsman
kormilarenje steering; **ručno** ~ manual steering; **veslo za** ~ steering oar
kormilariti steer
kormilarnica steering station, wheelhouse
kormilarsko kolo (kotač) steering wheel
kormilarski prijenos steering transmission
kormilarski prijenosni uređaj steering transmitting gear
kormilarski stroj steering engine
kormilarski uređaj steering gear; **elektrohidraulički** ~ electro-hydraulic steering gear; **glavni** ~ main steering gear; **hidraulički** ~ hydraulic steering gear; **mehanički** ~ mechanical steering gear; **pomoćni** ~ auxiliary steering gear
kormilo rudder; **balansno** ~ balanced rudder; **djelomično zavješeno** ~ **s jednim štencem** partly underhung (simple pintle) rudder; **dubinsko** ~ (na podmornici) depth rudder; **dvoplošno** (dvolisno) ~ double plate rudder; **jednoplošno** (jednolisno) ~ single plate rudder; **krmeno** ~ stern rudder; **nebalansno** ~ unbalanced rudder; **polubalansno** ~ semibalanced rudder; **poprečno** ~ thrust rudder; **pramčano** ~ bow rudder; **simpleks** ~ simplex rudder; **sped** ~ (sabljasti tip kormila) spade rudder; **vodonepropusno** ~ watertight rudder; **zavješeno** ~ underhung rudder; **zavješeno sped** ~ underhung spade rudder
kormilo s dva štenca two pintle rudder
kormilo s jednim štencem one pintle rudder
kormilo sapnica (kormilo sa sapnicom) nozzle rudder
korodirati corrode
korozija corrosion
korozivan (korozivni, korozivna, korozivno) corrosive
Kortova sapnica Kort nozzle
korugiran(i) (naboran) (korugirana, korugirano) corrugated
korugirana poprečna pregrada corrugated transverse bulkhead
korugirana pregrada corrugated bulkhead
korugirana uzdužna pregrada corrugated longitudinal bulkhead
korugiranje (naboravanje) corrugation
kos(i) (kosa, koso) slanting, oblique, bevel
kosinus cosine
koso (prilog) obliquely; **brod napreduje** ~ **na valove** the ship advances obliquely to the waves
koso dno (kosina dna, kosa linija dna, visina kosine dna mjerena na boku broda) deadrise, rise of floor, rise of bottom
kosa linija slanting line
kosa pramčana statva raked stem

kosi (skošen) **saonik u poprečnom smjeru** canted ways
kosa upora (za podupiranje broda) spur shore
koso uže za vez broda (sprečava uzdužni pomak broda) spring line
kosi val oblique wave
kosi valovi (valovi koso na brod) oblique waves, oblique seas
kosa vodna linija (trimovana vodna linija) trimmed waterline; **nagib kose vodne linije** the slope of the trimmed waterline
kosina (površine ili linije) bevel
kosina dna (kosa linija dna u nacrtu rebara) (koso dno) rise of bottom, rise of floor, deadrise
kositar (Sn) tin
košuljica sleeve, bushing
košuljica (gorivog elementa) cladding, can
košuljica cilindra cylinder liner
košuljica za štenae kormila rudder bushing
kotač wheel
kotangens cotangent
kotao boiler (vidi **generator pare**); **brodski** ~ marine boiler; **brodski jednoprolazni** ~ **sa sinusoidalnim sekcijama** (sinuous) header-type marine boiler; **cilindrični** ~ **s plamenicama** cylindrical flue-tube boiler; **desni** ~ (na brodu) starboard boiler; **dvostruki** ~ (loženje s dvije strane) double-end boiler; **jednostruki** ~ (loženje s jedne strane) single-end boiler; **lijevi** ~ (na brodu) port boiler; **lučki** ~ (kotao za rad u luci) donkey boiler; **parni** ~ steam boiler; **plamenocijevni** (vatrocijevni) ~ fire-tube boiler; **pogonski** ~ power boiler; **ravnocijevni vodocijevni** ~ **s poprečnim bubnjem** straight tube, cross drum watertube boiler; **škotski brodski** ~ Scotch marine boiler; **visokotlačni** ~ **sa savijenim cijevima** high pressure, bent tube boiler; **vodocijevni** ~ watertube boiler, water-tube boiler
kotao na ispušne plinove exhaust gas fired boiler
kotao na loživo ulje oil-fired boiler
kotao na otpadnu toplinu waste heat boiler
kotao s povratnim strujanjem return tubular boiler
kotao s tri prolaza plinova three-pass boiler
kotao s unutrašnjim loženjem internally fired boiler
kotlar boiler maker
kotlovi u bateriji boilers in battery
kotlovni kamenac scale
kotlovnica boiler room
kotlovska armatura boiler mountings, boiler fittings
kotlovska cijev boiler tube
kotlovska napojna voda boiler feedwater

kotlovsko odjeljenje (na brodu) boiler compartment
kotlovsko postrojenje boiler plant
kotlovski tlak boiler pressure
kotrljajući ležaj roller bearing
kotva armature
kotvena cijev (u kotlu) staytube
kotvena šipka (kotva u kotlu) stayrod
kovački rad smith work
kovani čelik forged steel
kovati forge
kozmičke zrake cosmic rays
kozmotron cosmotron
kraj (završetak) end, terminal, terminus
kraj otklona pri ljuljanju end of the roll
kraj (završetak) (npr. kod cijevi, kanala) end, terminal
kraj (završetak) **dijagrama** terminus of the diagram; **prednji** ~ **dijagrama** the forward terminus of the diagram; **stražnji** ~ **dijagrama** the after terminus of the diagram
kraj (završetak) **saonika** way end
krajevi tanka tank boundaries
krajnji (krajnja, krajnje) extreme, end + imenica, boundary
krajnji balastni tank end ballast tank
krajnje odjeljenje (na brodu) end compartment
krajnja pregrada boundary bulkhead
krajnji produkt radioaktivnog raspada (stabilni nuklid) end product
krajnje točke (linije) extremities
krak lever arm, arm
krak (dizalice) jib, boom; **podignut** ~ raised boom
krak samarice derrick boom
kratak (kratki, kratka, kratko) short
kratki bregoviti valovi short-crested seas
kratka bregovitost (vala) short-crestedness
kratka bregovitost olujnih valova short-crestedness of storm seas
kratki kasar (kratka krmica) short poop
kratki kaštel short forecastle
kratki most short bridge
kratko nadgrađe short superstructure
kratki spoj (u strujnom krugu) short circuit
kratki stup samarice kingpost
kratkohodna blanjalica shaping machine, shaper
krečnjak limestone
kretanje movement; **Browianovo** ~ Browian movement
krhak (krt) (krhki, krhka, krhko) brittle
krhki (krti) **lom** brittle fracture, brittle failure
krhki (krti) **lom** (s vrlo malom deformacijom) **po kliznim ravninama zrna** brittle-cleavage fracture
krhkost (krtost) brittleness
krilo blade, vane

krilo (brodskog) **vijka** propeller blade; **lice** ~ face of the propeller blade; **naličje** ~ back of the propeller blade
krilo ventilatora fan (ventilator) blade
kripton krypton
kristal crystal
kristalan (kristalni, kristalna, kristalno) crystalline, crystal + imenica
kristalni brojač crystal counter
kristalni detektor crystal detector
kristalna rešetka crystal lattice
kriterij criterion (pl. criteria); **ustanoviti** ~ to establish the criterion
kritičan (kritični, kritična, kritično) critical
kritična brzina critical speed
kritična masa critical mass
kritična veličina (dimenzija) critical size
kritičnost criticality; **zakašnjela** ~ delayed criticality
krivo interpretirati (tumačiti) misinterpret
krivo procijeniti mis-estimate
kriva procjena mis-estimate
krivocrtni (krivocrtna, krivocrtno), krivolinijski (krivolinijska, krivolinijsko) curvilinear
krivulja curve; **Bayhurstova** ~ Bayhurst curve; **Bonjeanove krivulje** Bonjean curves; **Braggova** ~ Bragg curve; **dotjerana** ~ fair curve; **elastična** (progibna) ~ slope curve; **interpolaciona** (interpolacijska) ~ interpolation curve; **iscrtkana** ~ dashed curve; **nagib krivulje** slope of the curve; **početni dio krivulje** initial portion of the curve; **progibna** ~ deflection curve; **sinusna** ~ (sinusoida) sine curve; **šiljak krivulje** cusp
krivulja čvrstoće strength curve
krivulja gašenja (ljuljanja) curve of extinction
krivulja interpolacije interpolation curve
krivulja istisnine buoyancy curve
krivulja momenata poprečnog nagiba heeling-arm curve
krivulja momenata savijanja bending moment curve
krivulja nagiba slope curve
krivulja opterećenja load curve
krivulja poluge momenta poprečnog nagiba (broda) heeling-arm curve
krivulja poluga momenta stabiliteta righting-arm curve
krivulja poluga stabiliteta cross-curves of stability
krivulja poprečnih sila shear curve
krivulja praznog opremljenog broda light-ship curve
krivulja progiba deflection curve
krivulja smičnih poprečnih sila i momenata savijanja shear and bending moment curves
krivulja težine trupa hull weight curve
krivulja učinka (motora) performance curve

krivulja uzdužne čvrstoće longitudinal strength curve
krivuljni integral curvilinear integral
križ (na jarbolu) cross trees
križna glava cross-head, crosshead
križna spregnutost cross coupling; **učinak križne spregnutosti** crosscoupling effect
krma stern; **bočni dio krme** quarter; **desna strana krme** starboard quarter; **krstaška ~ cruiser stern; lijeva strana krme** port quarter; **viseća ~** overhanging stern; **zrcalna** (odrezana, tranzomska) ~ transom stern
krmeni (krmena, krmeno) stern + imenica, aft, after
krmeni bokovi (broda) quarters
krmeni dio (broda) after end
krmeni dio kolijevke after poppet
krmeni gaz draft aft
krmeni gornji dio counter
krmena gornja paluba (krmena polupaluba) quarter deck; **uzdignuta ~** raised quarter deck
krmeni kolotur stern block
krmeno kormilo stern rudder
krmena krilca (krmeni izdanci) stern fins
krmena paluba poop deck
krmeni pik (stražnji kolizijski prostor) aft peak, after peak
krmeni plošni usporivač porinuća mask
krmeno pojačanje protiv dahtanja after peak panting arrangements
krmeni poprečni brodski vijak stern thruster propeller
krmeno rebro stern frame, sternframe, stern station (teoretsko)
krmeno sidro stern anchor
krmena soha after davit
krmena statva stern post, sternpost
krmeni trim (trim na krmi) trim by the stern, trim aft
krmeno uže stern line
krmica (kasar) poop
krom (Cr) chromium
kromiran hard-chrome plated
kronometar chronometer; **navigacijski ~** marine chronometer
krov palubne kućice deckhouse top
krstarenje cruise
krstarica cruiser
krstariti cruise
krstaš cruiser; **bojni ~** battlecruiser
krstaška krma cruiser stern
krt vidi **krhak**
krtost vidi **krhkost**
krug circle (geometrijski lik), circuit, cycle; **električni** (strujni) ~ electric circuit, electrical circuit; **elektronički ~** (krug s elektroničkim elementima) electronic circuit; **rashladni ~** refrigeration cycle; **zračni ~** air circuit
krut(i) (kruta, kruto) rigid (suprotno od elastičan: elastic), solid (npr. teret, balast, itd.), stiff (u smislu ukrućen)

kruto (prilog) rigidly
kruti balast lead
kruti gorivi otrov (u reaktorskoj tehnici) solid burnable poison
kruto gorivo solid fuel
kruto granulirano sušilo (sredstvo za sušenje) solid granular desiccant
kruto mazivo solid lubricant
kruta splav za spasavanje rigid liferaft
kruta spojka rigid coupling
kruti teret solid cargo, dense cargo
kruto upet rigidly constrained
krutnina solid
krutost stiffness (ukrućenje), rigidity (suprotno od elasticity — elastičnost); **torziona** (torzijska) ~ torsional rigidity
krutost pri savijanju bending stiffness
krutost kod smika shear stiffness
kružni (kružna, kružno) circular
kružna frekvencija circular frequency
kružno gibanje circular motion
kružno grotlo circular hatchway, circular hatch
kružni luk circular arc
kružni otvor circular opening
kružni presjek circular cross-section
kružni proces cycle; **Carnotov ~** Carnot cycle; **otvoreni ~** open cycle; **poluzatvoreni ~** semi-closed cycle; **zatvoreni ~** closed cycle
kružni valjak circular cylinder
kružno se gibati revolve (e. g. the water particles in waves revolve in orbits — čestice vode u valovima kružno se gibaju po putanjama)
kružnica circle
ksenon (Xe) xenon
kubični (kubična, kubično) cubic
kućice na otvorenoj palubi na silazima companionways
kućište casing, housing, case; **izloženo ~** exposed casing; **pumpno ~** pump casing, pump housing; **spiralno ~** (kod pumpe) volute casing; **ventilno ~** valve housing; **zaštićeno ~** protected casing
kućište bregaste osovine camshaft frame
kućište diferencijala differential casing
kućište osovine (karter) crankcase
kućište pumpe pump housing, pump casing
kućište stroja engine casing; **izloženo ~** exposed engine casing; **zatvoreno ~** protected engine casing
kućište vitla winch case
kućište vodilice ventila roller guide housing
kugla sphere
kuglični ležaj ball bearing
kuka hook
kuka (na kormilu) rudder horn
kuka za tegljenje tow hook, towing hook; **okretna ~** swivel towing hook
kuka za teret cargo hook, load hook
kuka za vez (vezivanje) kevel
kumulativna doza cumulative dose

kumulativna uzbuda cumulative excitation
kurij (Cm) curium
kut angle; **Braggov** ~ Bragg angle; **fazni** ~ phase angle; **napadni** ~ angle of attack, angle of incidence, incident angle, incidence; **oštri** ~ acute angle; **pravi** ~ right angle; **tupi** ~ obtuse angle; **vezni** ~ bond angle
kut mirovanja sipkih tereta angle of repose of bulk goods
kut nagiba angle of inclination; **infinitezimalan** ~ (beskonačno malen) infinitesimal angle of inclination
kut nagiba krila brodskog vijka rake, angle of propeller blade (K)
kut nagiba pri ljuljanju angle of roll
kut nagiba profila s obzirom na aksijalni smjer stagger angle, stagger
kut nagiba približava se nuli the angle of inclination approaches zero
kut otklona kormila (kut između simetrale kormila i simetrale broda) rudder angle
kut poniranja angle of heave
kut poprečnog nagiba (broda) angle of heel; **statički** ~ static angle of heel
kut posrtanja angle of pitch
kut rasprostiranja vala prema kursu broda wave-to-course angle
kut skliza slip angle
kut uspona (vijka) pitch angle
kut zakreta angle of twist
kut zanošenja prema zavjetrini leeway angle
kut zaostajanja skew angle
kutijasti nosač box girder
kutijasti prigušivač zvuka (šuma) sound attenuation box, sound-attenuating box
kutijasti uređaj za prigušenje zvuka (šuma) **i regulaciju volumena zraka** sound attenuation and air volume control box
kutni (kutna, kutno) angular, angle + imenica
kutna brzina angular velocity
kutna frekvencija angular frequency
kutni impuls (rotacijski impuls) angular impulse
kutna konzola angle bracket
kutna razdioba angular distribution
kutni razmak angular spacing
kutni ventil angle valve
kvačilo clutch
kvadrant quadrant
kvadrat square
kvadratičan (kvadratični, kvadratična, kvadratično) quadratic
kvadratni (kvadratna, kvadratno) square + imenica
kvadratni klin square key
kvadratni navoj square thread
kvadratni otvor square opening
kvadratni profil square shape, square
kvadratna vrijednost square value; **srednja** ~ mean square value
kvadratura quadrature; **biti u kvadraturi** (biti pomaknut u fazi za 90^0) to be in quadrature
kvadrirati square
kvantni broj quantum number; **azimutni** ~ azimuthal quantum number; **magnetski** ~ magnetic quantum number; **orbitalni** ~ orbital quantum number
kvar failure

L

L-elektron L-electron
L-ljuska L-shell
L-zahvat L-capture
labilan (labilni, labilna, labilno) unstable
labilna ravnoteža unstable equilibrium
labirintna brtva labyrinth packing, labyrinth seal, labyrinth gland
lagano sidro lightweight anchor, light anchor
lak varnish
laki (laka, lako) light
laki teretni uređaj (uređaj za lake terete) light cargo gear
laka vodna linija light waterline
laminarni (laminarna, laminarno) laminar
laminarni prijenos topline laminar heat transfer
laminarno strujanje laminar flow
laminat smole i staklene vune fibreglass resin laminate
lampa (svjetiljka) lamp; **Morseova** (signalna) ~ Morse lamp
lanac chain; **komad lanca** (ukupna duljina lanca) chain strand; **sidreni** ~ anchor chain, anchor cable, chain cable
lanac za kormilarenje steering chain
lančan(i) (lančana, lančano) chain + imenica
lančani dio zaputke (preventara) **brka** preventer guy chain
lančani prijenos pogona chain drive
lančana reakcija chain reaction
lančani roštilj (kod vodocijevnog kotla) chain-grate stoker
lančani zaustavljači (kod porinuća broda) chain drags
lančanik (spremište lanaca) chain locker
laser laser
lavrencij (Lw) lawrencium
ledolomac icebreaker
legiran(i) (legirana, legirano) alloyed
legirani čelik alloy steel
legirani metal alloyed metal
legirati alloy
legura (slitina) alloy; **aluminijska** ~ aluminium alloy, aluminum alloy; **bakrena** ~ copper alloy; **čelična** ~ steel alloy; **hladno očvrsnuta** ~ work-hardened alloy; **željezna** ~ ferrous alloy

legura (slitina) **na bazi bakra** copper-base alloy
lem solder
lemiti solder
lemljenje soldering; **meko** ~ soft soldering; **tvrdo** ~ brazing, hard soldering
lepeza (na brodu) gusset plate
leptir (u rasplinjaču, karburatoru) throttle, engine throttle
leptirasti ventil butterfly valve
letargija (neutrona) lethargy
leteći pepeo fly ash
letno jedro stay sail
leto (uže koje nateže jarbol prema naprijed) (prema pramcu) stay
letva za viziranje sighting batten
ležaj bearing; **aksijalni** ~ axial bearing; **antifrikcioni** (antifrikcijski) **ležajevi** (kotrljajući i kuglični) antifriction bearings; **jednodijelni osovinski** ~ solid journal bearing; **klizni** ~ sliding bearing; **kotrljajući** ~ roller bearing; **kuglični** ~ ball bearing; **odrivni** ~ thrust bearing; **osovinski** ~ **u tunelu** shaft tunnel bearing; **prednji ležajevi** front bearings; **radijalni** ~ radial bearing
ležaj bregaste osovine camshaft bearing
ležaj glave kormila rudderhead bearing
ležaj kormila rudder bearing
ležaj ojnice na koljenu crank bearing
ležaj osovine shaft bearing
ležaj osovinice klipa pin bearing
ležaj statvene cijevi sterntube bearing
ležajevi antifrikcioni anti-friction bearings
ležati (mirovati) rest (e. g. the ship rests on keel blocks — brod leži na kobiličnim potkladama
ležati usidren berth
lice (krila brodskog vijka) face (of a propeller blade); **kavitacija lica** cavitation face; **uspon lica** pitch face
ličenje (premazivanje bojom) painting
ličiti paint
lift (dizalo) elevator, lift; **sinhro** ~ synchrolift elevator, synchrolift gang-powered elevator
lijevi (lijeva, lijevo) (na brodu) port + imenica
lijevi brodski vijak port propeller

lijevi kotao (na brodu) port boiler
lijeva strana broda port side, port
lijeva strana krme port quarter
lijeva strana pramca port bow
lijevan(i) (lijevana, lijevano) cast+imenica
lijevani čelik cast steel
lijevano željezo cast iron; **nodularno** ~ nodular cast iron
lijevanje casting
lijevati cast
lijevokretni brodski vijak left hand propeller
lik figure; **geometrijski** ~ (geometrical) plane figure
lim vidi ploča
limar tinsmith
linearan (linearni, linearna, linearno) linear
linearno naprezanje linear stress
linica (palubna ograda s oplatom) bulwark
linica na desnoj strani broda starboard bulwark
linica na lijevoj strani broda port bulwark
linija line; **granična** ~ **urona** margin line; **horizontalna** ~ horizontal line; **horizontalna vodna** ~ even-keel waterline; **iscrtkana** (crtkana, isprekidana) ~ broken line, dashed line; **konstruktivna vodna** ~ designer's waterline; **kosa** ~ slanting line; **kosa vodna** ~ trimmed waterline; **laka vodna** ~ light waterline; **ljetna vodna** ~ summer waterline; **ljetna teretna vodna** ~ summer load waterline; **međusobno okomite linije** mutually perpendicular lines; **nagnuta vodna** ~ inclined waterline; **okomita** ~ (okomica) perpendicular line (perpendicular); **paralelna** ~ parallel line; **plovna vodna** ~ water-borne waterline; **poprečna** ~ transverse line; **progibna** ~ deflection line; **puna** ~ full line; **ravna** ~ (pravac) straight line; **ravnotežna vodna** ~ equilibrium waterline
linija kobilice keel line
linija kosine dna floor line
linija palube deck line
linija palubnog uzvoja (linija skoka) sheer line
linija paralelnog trima parallel trim line
linija pumpanja (kod kompresora) surge line
linija trima trim line
linija trima na krmi after trim line
linija trima na pramcu forward trim line
linijski brod liner; **putničko** ~ passenger liner
linijski brod hladnjača refrigerated cargo liner
linijska deformacija (dužinska deformacija, relativno produljenje) strain
linoleum linoleum
list kormila (ploča kormila) rudder plate, rudder blade
litij (Li) lithium
litina (taljevina za lijevanje) melt

Lloydov registar brodova Lloyd's Register of Shipping
log (brzinomjer) sprava za mjerenje brzine broda) log; **električni** ~ electric log; **pitometarski** ~ pitometer log; **propelerni** ~ propeller log, screw log
log-log nanošenje (npr. energije vala) log-log plot (e. g. of wave energy)
logaritam logarithm (log); **prirodni** ~ natural logarithm
logaritamski (logaritmički) (logaritamska, logaritamsko) logarithmic, logarithmical; **sve ljestvice su logaritamske** all scales are logarithmic
logaritamski (logaritmički) (prilog) logarithmically
logaritamski dekrement log decrement
logaritamsko računalo slide rule
logistika logistics
logistika teške vode D_2O logistics
loj tallow
lokalni (lokalna, lokalno) local
lokalna opterećenja local loads
lokalno podupiranje local support
lom break, rupture, fracture, failure; **krhki** (krti) ~ brittle fracture, brittle failure; **krhki** (krti) ~ (s vrlo malom deformacijom) **po kliznim ravninama zrna** brittle-cleavage fracture; **žilavi** ~ ductile fracture
lom zbog zamora fatigue cracking, fatigue failure
lomiti break (broke, broken)
lomljivost brittleness
lomljivost materijala pri ispitivanju žilavosti s epruvetom sa zarezom notch brittleness
lomna čvrstoća crushing strength
lopate sidra anchor flukes
lopatica blade, vane; **debljina lista lopatice** blade thickness; **izlazni kut lopatice** blade outlet angle; **rotorska** ~ moving (rotor) blade; **statorska** ~ stator blade, fixed blade, guide vane; **statorska** (na centrifugalnoj pumpi) diffusion vane; **turbinska** ~ turbine blade; **usmjerivačka** ~ inlet guide vane; **zakrivljenost lopatice** camber
lopatica impelera (rotora centrifugalne pumpe) impeller vane, impeller blade
lopatica za usmjerenje zraka (u kanalu) curved turning vane
lopatice blading; **akcione** ~ impulse blading; **reakcione** ~ reaction blading; **turbinske** ~ turbine blading
lopatičje blading
loše funkcioniranje malfunction
loše rukovanje mishandling
loše rukovati mishandle
ložač fireman
ložište furnace, fire box, fire room, fireroom; **prednja** (čeona) **strana ložišta** furnace front; **vrata ložišta** furnace door

ložiti fire
loživo ulje fuel oil
L-profil (uglovnica) angle bar
lučki (lučka, lučko) port + imenica, harbour + imenica
lučka dizalica port crane
lučki kotao (kotao za rad u luci) donkey boiler
lučka pokretna dizalica port mobile crane
lučka pokretna okvirna dizalica (okvirna se dizalica sastoji od nogara, mosta i mačka) port mobile gantry crane
lučke pristojbe harbour dues

luk arc; **električni** ~ electric arc; **kružni** ~ circular arc
luk (u cjevovodu) bend; **kompenzacioni** (ekspanzioni) ~ expansion bend
luk kanala (za zrak) duct bend
lukovi kanala ducting bends
luka port, harbour, harbor (US), terminal; **kontejnerska** ~ container port
luka za kontejnerske brodove containership terminal
luka za prekrcaj nafte oil terminal
lukobran (molo za zaštitu od valova) jetty
lutecij (Lu) lutecium

LJ

ljestve ladder
ljestve za ukrcavanje/iskrcavanje (ljudi) embarkation-debarkation ladder
ljetna teretna vodna linija summer load waterline
ljetna vodna linija summer waterline
ljevaonica foundry
ljudska snaga manpower
ljudstvo (personal) personnel
ljuljanje rolling, roll; **amplituda ljuljanja** amplitude of roll; **asinhrono** ∼ isochronous rolling; **gušenje ljuljanja** extinction of roll; **kraj ljuljanja** end of roll; **kut nagiba pri ljuljanju** angle of roll; **os ljuljanja** axis of roll; **period ljuljanja** period of roll; **povećanje ljuljanja** increment of roll, **prisilno** ∼ forced rolling; **rezonantno** ∼ resonant rolling; **sinhrono** ∼ synchronous rolling; **slobodno** ∼ free rolling; **smanjenje ljuljanja** decrement of roll, reduction of roll; **središte ljuljanja** centre (center) of roll; **žestoko** ∼ severe rolling
ljuljanje broda ship rolling, rolling of the ship
ljuljanje na mirnoj vodi rolling in still water
ljuljanje na valovima rolling among waves
ljuljna kobilica bilge keel
ljuska shell; **elektronska** ∼ electron shell; **K-** ∼ K-shell; **L-** ∼ L-shell; **M-** ∼ M-shell; **N-** ∼ N-shell; **O-** ∼ O-shell; **P-** ∼ P-shell; **Q-** ∼ Q-shell; **rotacijska** ∼ shell of revolution
ljuštenje scaling

M

M-elektron M-electron
M-ljuska M-shell
Machov broj Mach number
magični brojevi magic numbers
maglena komora cloud chamber
magnet magnet; **elektromagnet** electromagnet; **glavni** ~ (magnet polja) field magnet
magnet polja (glavni magnet) field magnet
magneton magneton; **Bohrov** ~ Bohr magneton
magnetski (magnetska, magnetsko) magnetic
magnetska jezgra magnetic core
magnetski kompas magnetic compass
magnetsko polje magnetic field
magnetski tok magnetic flux
magnetska vrpca (traka) magnetic tape
magnezij (Mg) magnesium
maksimalan (maksimalni, maksimalna, maksimalno) maximum + imenica
maksimalno dodatno naprezanje maximum additional stress
maksimalni gaz maximum draft
maksimalno jedinično naprezanje maximum unit stress
maksimalno naprezanje maximum stress
maksimalni progib maximum deflection
maksimalna snaga u kontinuiranom pogonu maximum continuous service rating
maksimalna širina (broda ili čamca) beam
maksimalna temperatura plina (Tmax) maximum gas temperature (Tmax)
maksimalna vlačna čvrstoća (konvencionalno uzeta) ultimate tensile strength
maksimalna vrijednost maximum (pl. maxima), maximum value
mala hvataljka (pesnica) (na ojnici) small end (of the connecting rod)
mali kotač zupčanika pinion
mala težina (lagan) lightweight; **element male težine** lightweight component
manevarski stalak (stol, konzola) manoeuvring stand
manevrirati manoeuvre
mangan (Mn) manganese
mangan-nikal aluminijska bronca manganese - nickel - aluminium bronze

manganska bronca manganese bronze; **nikal** ~ nickel manganese
manometar (za paru) steam gauge (gage)
manji postotak od... lesser percentage of, smaller percentage of
marinizirana avionska plinska turbina marinized aircraft (aero) gas turbine
marinizirana plinska turbina marinized gas turbine
masa mass; **atomska** ~ atomic mass; **dodatna** ~ added mass; **hidrodinamička** ~ hydrodynamic mass; **kritična** ~ critical mass; **povećana** ~ incremental mass; **virtualna** ~ virtual mass
maseni broj mass number
matematički (matematička, matematičko) mathematical
matematički izraz mathematical expression
matematički postupak mathematical procedure, mathematical treatment
matematička točnost mathematical exactness
materijal material; **izolacioni** ~ insulating material; **konstrukcijski** ~ structural material; **temperaturno** (toplinsko) **otporni** ~ heat resisting material; **vatrootporni** (vatrostalni) ~ refractory material, refractory
matica nut; **dvodijelna** ~ half nut; **holender** ~ union; **protumatica** jam nut
matica za učvršćenje brodskog vijka propeller lock nut
matični brod tender
matični brod za hidroavione seaplane tender
mazač (radnik koji vrši podmazivanje na brodu) oiler
mazalica lubricator; **cilindarska** ~ cylinder lubricator
mazalica cilindra cylindar lubricator
maziva mast (mast kao mazivo) grease; **grafitna** ~ graphite grease
mazivo lubricant; **kruto** ~ solid lubricant; **mast** ~ grease; **tekuće** ~ liquid lubricant
mazivo za zupčanike gear lubricant
međuhlađenje intercooling
međukondenzator inter condenser

Međunarodna konvencija o zaštiti ljudskih života na moru International Convention on Safety of Life at Sea
međunarodna plovidba international voyage; **brodovi na međunarodnim plovidbama** vessels on international voyages
međuosovina intermediate shaft
međupaluba (međupalublje) between deck, 'tween deck
međuproizvod intermediate product
međusobno izmjenljiv mutually interchangeable
međusobno okomit mutually perpendicular
međusobno okomite linije mutually perpendicular lines
međusobno spajanje cross connection
međusobno spojen cross-connected
međusobno spojiti cross connect
međuzagrijač reheater
međuzagrijavanje reheating
međuzagrijati reheat
mehanički (mehanička, mehaničko) mechanical
mehaničko (prilog) mechanically
mehanički gubici reduktora mechanical reduction gear losses
mehanički integrator mechanical intergrator
mehanička kočnica mechanical brake
mehanički kormilarski uređaj mechanical steering gear
mehanička neuravnoteženost mechanical unbalance
mehanički odvajač kondenzata mechanical trap
mehanička pjena (za gašenje požara) (pjena punjena zrakom i mješana vodom) mechanical foam
mehaničko pokretani brk (samarice) power operated guy
mehanički prijenos mechanical transmission
mehanička radionica engineers' workshop
mehanički roštilj (u kotlu) mechanical stoker
mehanička snaga mechanical power
mehanička soha mechanical davit
mehanički stoper (otponac) **kod porinuća** mechanical trigger
mehanički svojstva morskog dna soil mechanics
mehanička ventilacija mechanical ventilation
mehaničko vitlo (mehanički pokretano vitlo) powered winch
mehanika mechanics; **tehnička** ∼ engineering mechanics
mehanizacija mechanization
mehanizam mechanism; **koljenasti** ∼ crank mechanism; **pogonski** ∼ driving mechanism; **prijenosni** ∼ transmitting mechanism; **upravljački** ∼ control mechanism; **ventilni** ∼ valve mechanism
mehanizam upravljačkih štapova (kod reaktora) control rod mechanism
mehanizam za okretanje (dizalice) slewing gear
mehanizirano rukovanje materijalom (mehanizirani industrijski transport) mechanical handling
mehanizirana samarica derrick crane
mek(i) (meka, meko) soft, mild
meki čelik mild steel, soft steel; **polusmireni** ∼ semi-killed mild steel
meko lemljenje soft soldering
mekoća (za materijal) softness
membrana membrane
membranski efekt (pojava membranskih vlačnih naprezanja pri savijanju ploča) membrane effect
memorija (u elektroničkom računalu) memory
mendelevij (Mv, Md) mendelevium
metacentar metacenter; **poprečni** ∼ transverse metacenter; **uzdužni** ∼ longitudinal metacenter
metacentar se nalazi the metacenter is located
metacentarski (metacentarska, metacentarsko) metacentric
metacentarska visina metacentric height; **izgubljena** ∼ lost metacentric height; **početna** ∼ initial metacentric height; **poprečna** ∼ transverse metacentric height; **preostala** ∼ residual metacentric height; **uzdužna** ∼ longitudinal metacentric height; **virtualna** ∼ virtual metacentric height; **zahtijevana** ∼ required metacentric height
metacentarska visina broda u plovnom stanju water-borne metacentric height
metacentarska visina neoštećenog broda intact metacentric height
metacentarski radijus metacentric radius
metal metal; **legirani** ∼ alloyed metal
metalni (metalna, metalno) metal | imenica
metalni kalup (kokila) metal mould (mold), permanent mould (mold)
metalurgija metallurgy
metalurški (metalurška, metalurško) metallurgical
metoda method
metoda je prikladna the method is appropriate
metoda klinova method of wedges
metoda konačnih elemenata finite element method
metoda pokušavanja trial and error method
metrički (metrička, metričko) metric
metrički navoj (narez) metric thread
metrička tona metric ton (1 000 kg)

mezonsko polje meson field
migracija migration
migracijski (migracijska, migracijsko) migration + imenica
migracijska površina migration area
mijena plime i oseke tidal cycle
mijenjati se obrnuto sa (npr. matematička vrijednost) to vary inversely with
mimosmjerne osovine skew shafts
mimovod (obilazni cjevovod) by-pass pipe, by-pass
mina mine
mineralno ulje mineral oil
minimalan (minimalni, minimalna, minimalno) minimum + imenica
minimalna vrijednost minimum value, minimum (pl. minima)
minimalizacija (minimizacija) minimization
minimizirati (svesti na minimum) minimize
minolovac mine sweeper
minska cijev mine chute
miran (mirni, mirna, mirno) calm, still
mirno more calm sea
mirna voda still water
mirovanje rest; **biti u stanju mirovanja** to be at rest; **doći u stanje mirovanja** to come to rest
mirovati rest, to be at rest
mjed brass; **brodska** ~ naval brass
mjedena cijev brass pipe
mjehurasta komora bubble chamber
mjehuričasta kavitacija bubble cavitation
mjera measure
mjere za kontrolu oštećenja damage-control measures
mjerač (mjerni instrument) gauge, gage (U. S.); **električni** ~ **razine nafte u tanku** electrical liquid level gauge; **elektronički** ~ **razine nafte u tanku** electronic liquid level gauge (gage)
mjerač brzine doze dose ratemeter
mjerač debljine beta-zračenjem beta thickness gauge (gage)
mjerač poriva thrustmeter
mjerač u zračnom kanalu ventilation duct gauge (gage)
mjerenje measurement
mjerilo scale; **umanjeno** ~ reduced scale; **u mjerilu 1:1** (prirodna veličina) full size scale
mjerilo po duljini scale of length
mjerilo po visini scale of height
mjerilo u prirodnoj veličini full-size scale
mjerilo za površinu scale of area
mjeriti measure
mjerni (mjerna, mjerno) measuring, metering
mjerni instrument measuring instrument, (measuring) meter

mjerna otporna traka strain gauge (gage)
mjerni uređaj measuring installation
mjerni ventil metering valve
mjerni ventil za CO_2 CO_2 metering valve
mjesto place
mješavina mixture; **pjenasta** ~ (za gašenje požara) foam solution
mlaki zdenac hot well
mlaz jet (raspršen), stream
mlaz vijka (brazda iza vijka) propeller race, slip stream; **količina gibanja mlaza** momentum of the race; **kontrakcija mlaza** contraction of the race; **nema vrtnje u mlazu** there is no rotation in the race; **tlak u mlazu** pressure in the race
mlaz vode water stream, water jet; **visokotlačni** ~ high pressure water stream
mlazni (mlazna, mlazno) jet + imenica
mlazni motor jet engine
mlazni pogon jet propulsion
mlazna pumpa (injektor) jet pump
množitelj multiplier
modul modulus (pl. moduli)
modul elastičnosti modulus of elasticity
modul prijenosne funkcije response amplitude operator (RAO)
mogućnost kontejnerizacije containerization capability
mol (jedinica za količinu plina) mol
molekularna težina molecular weight
molibden (Mo) molybdenum
moment moment; **dipolni** ~ dipole moment; **hidrostatički** (hidrostatski) ~ hydrostatic moment; **kinetički** (moment količine gibanja) angular momentum; **nagibni** ~ (kod broda) heeling moment; **prekretni** ~ upsetting moment; **ukupni** ~ total moment; **zakretni** ~ torque; **žiroskopski** ~ (spreg sila) gyroscopic couple
moment brodskog vijka torque of the propeller
moment inercije (moment tromosti) moment of inertia; **aksijalni** ~ rectangular moment of inertia; **polarni** ~ polar moment of inertia; **poprečni** ~ transverse moment of inertia; **uzdužni** ~ longitudinal moment of inertia
moment inercije (površine) **presjeka** section moment of inertia, sectional moment of inertia
moment kočnice brake torque
moment koji uzrokuje pregib (negativni progib) hogging moment
moment koji uzrokuje progib sagging moment
moment količine gibanja (kinetički moment) angular momentum
moment kormila rudder moment
moment na upetim krajevima (grede) fixed end moment

moment nagiba inclining moment, heeling moment
moment otpora poprečnog presjeka trupa hull section modulus
moment otpora poprečnog presjeka uzdužnih veza trupa hull girder section modulus
moment početnog stabiliteta righting moment
moment poprečnog nagiba (broda) heeling moment; **poluga** (krak) **momenta poprečnog nagiba** heeling arm; **krivulja momenata poprečnog nagiba** heeling-arm curve
moment (poprečnog) **nagiba za jedan stupanj** moment to heel one degree
moment poremećaja (prekretni moment) upsetting moment
moment premještanja (tekućine) moment of transference
moment premještanja slobodne tekućine moment of transference of free liquid
moment prevrtanja motora guide force moment
moment savijanja bending moment; **dinamički** ~ (uslijed djelovanja valova) dynamic bending moment; **ukupni** ~ total bending moment; **uzdužni** ~ longitudinal bending moment; **uzdužni** ~ **u vertikalnoj ravnini** vertical longitudinal bending moment; **zaostali** ~ (zbog zaostalih naprezanja u materijalu za vrijeme gradnje) built-in bending moment
moment savijanja koji uzrokuje progib sagging bending moment
moment savijanja na valu koji uzrokuje pregib (negativni progib) hogging wave bending moment
moment savijanja na valu koji uzrokuje progib sagging wave bending moment
moment savijanja u horizontalnoj ravnini lateral bending moment
moment savijanja u horizontalnoj ravnini na glavnom rebru amidship lateral bending moment
moment savijanja u mirnoj vodi still-water bending moment
moment savijanja u vertikalnoj ravnini vertical bending moment
moment savijanja zbog udaranja pramca o valove slamming bending moment
moment savijanja zbog valova (moment savijanja na valovima) wave bending moment
moment savijanja zbog vibracija vibratory bending moment
moment se stvara the moment is generated
moment sile uzgona hydrostatic moment

moment težine moment of weight
moment trima trimming moment
moment trima za jedan stupanj moment to trim one degree
moment u polju (raspona) field moment
moment uvijanja torsional moment
moment volumena moment of volume
monitor monitor; **protočni** ~ effluent monitor; **zračni** ~ (uređaj za mjerenje zračenja u nuklearnoj tehnici) air monitor
montaža (sastavljanje elemenata) assembly, assembling; **predmontaža** (polumontaža) sub-assembly, sub-assembling
montažni element mount; **klizni** ~ sliding mount
montirati (postaviti element) mount
montirati (sastaviti elemente) assemble
more sea; **mirno** ~ calm sea; **mrtvo** ~ swell; **olujno** ~ storm sea; **uzburkano** (nemirno) ~ rough sea; **žestoko** (veliko) ~ severe sea
more u bok beam seas
more u krmu (valovi u krmu) following seas
mornarica marine; **ratna** ~ navy; **trgovačka** ~ merchant navy
mornarsko platno canvas
Morseova (signalna) **svjetiljka** Morse lamp
morski (morska, morsko) sea + imenica
morska obala sea coast, sea shore
morski put seaway
mosna dizalica bridge crane; **pokretna** ~ mobile bridge crane
most bridge; **dugački** ~ long bridge; **kapetanski** ~ captain's bridge; **kratki** ~ short bridge
motka pole, rod (šipka), bar
motka vodilice (kod dizel-motora) guidebar
motor engine; **benzinski** ~ petrol engine, gasoline engine (US); **brzohodni dizel** ~ high-speed diesel engine; **četverotaktni** ~ four-stroke engine; **četverotaktni benzinski** ~ four-stroke petrol (gasoline) engine; **četverotaktni dizel** ~ four-stroke diesel engine; **dizel-** ~ diesel engine; **dvotaktni benzinski** ~ two-stroke petrol (gasoline) engine; **dvotaktni dizel** ~ two-stroke diesel engine; **glavni** ~ main engine; **klipni** ~ piston engine; **mlazni** ~ jet engine; **pogonski** ~ driving engine; **oto-** ~ Otto engine; **sporohodni dizel** ~ low-speed diesel engine; **srednjohodni dizel-** ~ medium-speed diesel engine
motor (elektromotor, električni motor) electric motor, electrical motor, motor; **asinhroni** ~ induction motor; **serijski** ~ series motor; **serijski** ~ **istosmjerne struje** series d. c. (direct current) motor; **serijski** ~ **izmjenične struje** series a. c. (alternating current) motor; **sinhroni** ~ synchronous motor

motor istosmjerne struje direct current (d. c.) motor
motor poprečnog brodskog vijka thruster motor
motor s unutrašnjim izgaranjem internal combustion engine
motor ventilatora fan motor
motorni (motorna, motorno) motor + imenica
motorni brod motor ship
motorni čamac motor boat
motorna pumpa motor driven pump, motor pump
mreža net (ribarska), network; **cjevovodna** ~ pipe network; **distributivna** (razvodna) ~ distribution network; **električna** ~ power network, electrical network, network
mrtvi kraj teretnice cargo runner dead end
mrtvo more swell
mrtvo vrijeme (u nuklearnoj tehnici) dead time
mrtvo vrijeme brojača counter recovery time
muf-spoj muff joint, sleeve pipe joint
multiplikacijski (multiplikacijska, multiplikacijsko) multiplication + imenica
multiplikacijski faktor multiplication factor
mulj mud; **taložnik mulja** mud drum
municija ammunition
muški navoj (narez) male thread

N

N-elektron N-electron
N-ljuska N-shell
na brodu on board, aboard
na mjestu (u području) in way of (e. g. in way of the damage — na mjestu oštećenja)
na osnovi nečega on the basis of
na sredini midway
na sredini između (dviju točaka) midway between (two points)
nabijati charge
naboj charge; **elektronski** ~ electronic charge; **nevezan** ~ charge-independent; **nosilac naboja** charge carrier; **površinski** ~ (vezni naboj na površini) bound charge
naborana (korugirana) **pregrada** corrugated bulkhead
naboravanje (nabiranje, korugiranje) corrugation
nabušeni sprežnjak, drilled staybolt
nacrt design, plan, drawing; **radionički nacrti** working drawings; **razraditi** ~ to work out the design
nacrt cjevovoda piping plan
nacrt instalacija installation drawing
nacrt rebara body plan
nacrt u (umanjenom) **mjerilu** scale drawing
nacrt uzdužnica (nacrt vertikala) sheer plan, sheer drawing, profile drawing, profile
nacrt vanjskih dimenzija outline drawing
nacrt vodnih linija half-breadth plan
način rada (način pogona) mode of operation
načini navigacije methods of navigation
nadgradnja (palubnih kućica, nadgrađa) erection; **aluminijska** ~ aluminium (aluminum) erection; **čelična** ~ steel erection; **djelomično efikasna** ~ partially effective erection; **potpuno efikasna** ~ fully effective erection; **struktura nadgradnje** erection structure
nadgradnje (zbirni termin za nadgrađe i palubne kućice) erections
nadgrađe superstructure; **dugo** ~ long superstructure; **izloženo** ~ exposed superstructure; **kratko** ~ short superstructure; **odjeljena** (odvojena) **nadgrađa** detached superstructures; **stepenasto** ~ set-in superstructure; **zatvoreno** ~ enclosed superstructure
nadoknaditi make up (for)
nadvođe freeboard; **visina nadvođa** freeboard depth
nadzor inspection
nadzvučni (nadzvučna, nadzvučno) supersonic
nafta (sirova) (neprerađena) crude oil, crude petroleum
naftni cjevovod oil piping
nagib inclination, slope; **kut nagiba** angle of inclination
nagib (broda) inclination, list; **kut nagiba** angle of inclination; **kut poprečnog nagiba** angle of heel; **poprečni** ~ heel, list, atwartship inclination; **prekomjerni poprečni** ~ excessive heel; **stalni** (konstantni) **poprečni** ~ steady heel; **statički kut poprečnog nagiba** static angle of heel; **statički poprečni** ~ static heel; **uzdužni** ~ longitudinal inclination, trim
nagib kose vodne linije the slope of the trimmed waterline
nagib krila brodskog vijka rake of the propeller blade
nagib krila (brodskog) **vijka** (prema) **naprijed** forward rake of the propeller blade
nagib krila (brodskog) **vijka** (prema) **natrag** aft rake of the propeller blade
nagib krivulje slope of the curve
nagib zbog zaošijanja yaw
nagib vala wave slope
nagibanje (broda) listing
nagibanje kraka dizalice luffing
nagibni moment (kod broda) heeling moment
nagibna sila (kod broda) heeling force
nagibna soha luffing davit
naginjati se (nagnuti se) (za brod) heel, list, incline; **brod se naginje u jednom smjeru** the ship heels in one direction; **brod se naginje do 5^0** the ship is heeled to 5^0
nagla promjena abrupt change (e. g. in thickness — u debljini; in ship form — u brodskoj formi)

nagli uron pramca pri porinuću dipping, dip
nagnut(i) (nagnuta, nagnuto) inclined, listed; **brod je** ~ the ship is inclined, the ship is listed, the ship is heeled
nagnuti položaj broda the inclined position of the ship
nagnuta vodna linija inclined waterline
najava indication; **zvučna alarmna** ~ audible alarm indication; **vizualna alarmna** ~ visual alarm indication
najdonja paluba lowest deck
najgornja neprekinuta paluba uppermost continuous deck
najmanji zajednički višekratnik least common multiple
najnovija dostignuća the latest achievements
naličje krila brodskog vijka back of the propeller blade
nametanje (djelovanje silom) imposition
nametnuti (djelovati silom) impose (e. g. as the water strikes the ship dynamic forces are imposed on the ship — kako more (valovi) udara o brod dinamičke sile djeluju (su nametnute) na brod
nanositi (npr. brodske linije) lay off
naoružanje armament
napa (ekshaustora) hood
napad attack
napadni (napadna, napadno) incident
napadni kut angle of attack, angle of incidence, incidence, incident angle
napadni spreg sila forcing couple
napadno strujanje incident flow
napajanje feed; **anodno** ~ anode feed
napajanje gorivom fuelling
napajati (dovesti medij) feed, supply
naplava flooding
naplaviti flood
naplavljen(i) (naplavljena, naplavljeno) flooded
naplavljiv(i) (naplavljiva, naplavljivo) floodable, flooding + imenica
naplavljiva duljina broda između nepropusnih pregrada floodable length
naplavljiva voda flooding water
naplavljivi volumen odjeljenja flooding capacity of compartment
naplavljivanje flooding; **nesimetrično** (asimetrično) ~ unsymmetrical flooding; **simetrično** ~ symmetrical flooding
naplavljivost permeability, floodability; **volumenska** ~ volume permeability
naplavna komora (kod rasplinjača) float chamber
napojni (koji napaja) (napojna, napojno) feed + imenica
napojni cjevovod feed line, feed; **glavni** ~ main feed, main feed line; **pomoćni** ~ auxiliary feed, auxiliary feed line; **unutrašnji** ~ internal feed line
napojni cjevovod loživog ulja fuel oil filling line, filling line

napojna pumpa feed pump
napojna pumpa kotla boiler feed pump
napojna pumpa za vodu feed water pump
napojna sapnica feed nozzle
napojni vod feed line
napojni vod istosmjerne (električne) **struje** d. c. (direct current) supply line
napojni vod izmjenične (električne) **struje** a. c. (alternating current) supply line
napojna voda feed water; **kotlovska** ~ boiler feed water
napojni zapornonepovratni ventil (kombinirani napojni ventil) feed stop and check valve
napon voltage
napor (trud) effort
napor (trud) **je uložen** the effort is expended
naprava device, appliance, apparatus
naprava (sredstvo) **za dizanje** lifting appliance
naprava za spasavanje life-saving apparatus
napraviti proračun make calculations
napredovanje broda ship's heading
napredovati advance (e. g. the propeller advances through the water — brodski vijak napreduje kroz more/vodu)
napregnut(i) (napregnuta, napregnuto) stressed; **biti** ~ to be stressed
naprezanje stress; **dodatno** ~ additional stress; **dopušteno** (dozvoljeno) ~ (naprezanje mjerodavno za dimenzioniranje) design stress; **fleksiono** ~ flexural stress; **granično** ~ limit stress; **jedinično** ~ unit stress; **jednoosno** ~ uniaxial stress; **linearno** ~ linear stress; **maksimalno** ~ maximum stress; **maksimalno dodatno** ~ maximum additional stress; **maksimalno jedinično** ~ maximum unit stress; **normalno** ~ normal stress; **rubno** ~ boundary stress; **smično** ~ shearing stress, shear stress; **srednje** ~ average stress; **tangencijalno** ~ tangential stress; **tlačno** ~ compressive stress; **toplinsko** ~ thermal stress; **torzijsko** (torziono) ~ torsional stress; **troosno** ~ triaxial stress; **vlačno** ~ tensile stress
naprezanje mjerodavno za dimenzioniranje (dopušteno, dozvoljeno naprezanje) design stress
naprezanje na granici tečenja (materijala) yield stress
naprezanja nastaju stresses are set up
naprezanja u nadgrađu superstructure stresses
naprezanje zbog izvijanja (gubitka stabilnosti) **konstrukcije** buckling stress
naprezanja zbog poprečnog savijanja transverse bending stress
naprezanje zbog savijanja bending stress
naprezanja zbog savijanja na valu wave bending stresses

naprezanja zbog savijanja u mirnoj vodi still-water bending stresses
naprezanja zbog smičnih deformacija poprečnog presjeka (prouzrokovanih ljuljanjem broda) racking stresses
naprezanje zbog smika (smično naprezanje) shearing stress, shear stress
naprezanje zbog tlaka (tlačno naprezanje) compressive stress
naprezanja zbog udaranja pramca o valove slamming stresses
naprezanje zbog uvijanja (torzijsko naprezanje) torsional stress
naprezanje zbog uzdužnog savijanja longitudinal bending stress
naprezanja zbog vibracija vibration stresses
naprezanje zbog vlaka (vlačno naprezanje) tensile stress
naprijed (pramcem) ahead; **ići** ~ (pramcem) to go ahead
naredbe instructions, orders
narez vidi **navoj**
naručiti order
naslaga deposit
nastati arise (arose, arisen); **poteškoća nastaje** the difficulty arises; **problem nastaje** the problem arises
nastati (stvarati se) set up (set up) (e. g. the force is set up by the orbital motion — sila nastaje zbog obodnog gibanja; the stresses are set up — naprezanja nastaju)
nasukan(i) (nasukana, nasukano) stranded, grounded
nasukan brod stranded ship, grounded ship
nasukanje grounding
nasukati se ground, strand
natezač lanca chain tightener
natrij (Na) sodium
natrijem hlađen reaktor sodium-cooled reactor
natkrit palubom (pokriven palubom) decked
natrag (krmom) astern; **ići** ~ to go astern
nautički instrument nautical instrument
navigacijski (navigacioni) (navigacijska, navigacijsko) navigational, navigation + imenica
navigacijski gaz navigational draft
navigacijski kronometar marine chronometer
navigacijska oprema navigational equipment
navigacijski sistem navigation system, navigational system; **hiperbolički** ~ hyperbolic navigation system; **inercijski** ~ inertial navigation system; **integrirani** ~ integrated navigation system
navigacijski uređaj navigation installation
navoj (narez) thread; **cijevni** ~ pipe thread; **konični** ~ tapered thread; **kvadratni** ~ square thread; **metrički** ~ metric thread; **muški** ~ male thread; **pilasti** ~ buttress thread; **ženski** ~ female thread

navoz building slip, slip, building berth, berth, slipway, building ways, ways
nazivnik denominator
nazuvak nipple
nearmiran(i) (nearmirana, nearmirano) non-reinforced
nebalansno kormilo unbalanced rudder
nečist(i) (nečista, nečisto) impure
nedostatak (je) **s druge strane** on the debit side
neelastičan (neelastični, neelastična, neelastično) inelastic
neelastični sudar inelastic collision
negativan (negativni, negativna, negativno) negative
negativni progib vidi **pregib**
negativno sustrujanje negative wake
negativni uzgon negative buoyancy (Arhimedov)
neizotropan (neizotropni, neizotropna, neizotropno) anisotropic
nejednolik (nesimetričan) **raspored temperature** asymetric temperature
nekondenzirajuća para non-condensing steam
nelinearan (nelinearni, nelinearna, nelinearno) nonlinear
nenaplavljen(i) (nenaplavljena, nenaplavljeno) unflooded
nenapregnut(i) (nenapregnuta, nenapregnuto) (u kojem nema naprezanja) unstressed
neodim (Nd) neodymium
neon (Ne) neon
neoštećen(i) (neoštećena, neoštećeno) undamaged (e. g. the ship is undamaged — brod je neoštećen), intact (e. g. intact spaces — neoštećeni prostori)
neparni broj odd number
neparno-neparna jezgra (nn) odd-odd nucleus
neparno-parna jezgra (np) odd-even nucleus
nepokretan (stacionaran) (nepokretni, nepokretna, nepokretno) stationary
nepokretna dizalica stationary crane
nepomičan (nepomični, nepomična, nepomično) fixed
nepomična (fiksna) **klobučnica** fixed span rope
neporemećeno strujanje free stream
nepotopiv(i) (nepotopiva, nepotopivo) unsinkable
nepovratni ventil non return valve, non return check valve, check valve; **napojni zaporno** ~ (kombinirani napojni ventil) feed stop and check valve
nepoznanica (u matematici) unknown
nepravilan (nepravilni, nepravilna, nepravilno) irregular
nepravilni olujni valovi (nepravilni valovi za vrijeme oluje) irregular storm seas
nepravilno sustrujanje irregular wake
nepravilni val irregular wave

nepravilni valovi irregular waves, irregular seas
nepravilni valovi u bok irregular beam seas
nepravilni valovi u pramac irregular head seas
neprekinut(i) (konstrukcijski element, konstrukcija) (neprekinuta, neprekinuto) continuous
neprekinuto (prilog) continuously
neprekinuti centralni (simetralni) **nosač dna** continuous bottom centerline girder
neprekinuta paluba continuous deck; **najgornja** ~ uppermost continuous deck
neprekinuta palubna podveza continuous deck girder
neprekinuto pasmo continuous keelson
neprekinuti plosnati profil continuous flat bar
neprekinutost (kontinuitet) continuity
neprigušen(i) (neprigušena, neprigušeno) undamped
neprigušene vibracije undamped vibration(s)
neprimjenljiv(i) (neprimjenljiva, neprimjenljivo) inapplicable
nepromjenljiv(i) (nepromjenljiva, nepromjenljivo) unchangeable, unvarying, fixed, constant
nepromjenljiva opterećenja fixed loads
nepromjenljiva sila unvarying force, constant force
nepropusnost tightness; **vodonepropusnost** watertightness, water-tightness; **uljnonepropusnost** oiltightness, oil-tightness
nepropustan (nepropusni, nepropusna, nepropusno) tight; **metalni pokrov** ~ **za atmosferilije** weathertight metal cover; **vodonepropustan** watertight; **uljnonepropustan** oiltight; **zračnonepropustan** airtight
nepropusna brtva tight gasket
neptunij (Np) neptunium
neravnost (neizglađenost) (linije) (line) unfairness
neravnost (nepravilnost) irregularity
neravnosti (nepravilnosti) **kobilice** keel irregularities
neravnost (plohe) unplaness
nerđajući čelik stainless steel
nerezonantan (nerezonantni, nerezonantna, nerezonantno) nonresonant
nesimetričan (nesimetrični, nesimetrična, nesimetrično) asymmetric, asymmetrical, unsymmetrical
nesimetrično naplavljivanje unsymetrical flooding
nesimetričan (nejednolik) **raspored temperature** asymmetric temperature
nesimetričnost asymmetry
nespregnut(i) (nespregnuta, nespregnuto) uncoupled
nespregnuta jednadžba uncoupled equation
nespregnute vibracije uncoupled vibration(s)
nestabilnost strujanja (npr. u turbokompresoru) stalling
nestajanje valnog sistema the decay of the wave system
nestajanje valova wave decay
nestlačiv(i) (nestlačiva, nestlačivo) incompressible
nestlačiva tekućina incompressible liquid
nesuglasnost (neslaganje) non-compliance
netočnost inaccuracy
netočnost izvedbe brodskog vijka propeller inaccuracy
neupet(i) (neupeta, neupeto) unstrained
neuravnotežen(i) (neuravnotežena, neuravnoteženo) unbalanced
neuravnotežene sile unbalanced forces
neuravnoteženost (neuravnoteženje) unbalance; **mehanička** ~ mechanical unbalance
neutralan (neutralni, neutralna, neutralno) neutral
neutralna os neutral axis
neutralni uzgon neutral buoyancy (Arhimedov)
neutralizator neutralizer; **vibracijski** ~ **bez prigušenja** undamped vibration neutralizer
neutralizator s rotirajućom masom rotating weight neutralizer
neutralizirati neutralize
neutrino (vrsta čestice) neutrino
neutron neutron; **antineutron** antineutron; **brzi** ~ fast neutron; **epikadmijski** ~ epicadmium neutron; **epitermalni** ~ epithermal neutron; **fisioni** ~ fission neutron; **spori** ~ slow neutron; **termalni** ~ thermal neutron; **trenutni** (trenutačni) ~ (emitiran prije fisije) prompt neutron; **zakašnjeli** ~ delayed neutron
neutronski (neutronska, neutronsko) neutron + imenica
neutronski apsorpcijski udarni presjek neutron absorption cross-section
neutronska bilanca neutron balance
neutronski broj neutron number
neutronska energija neutron energy
neutronski fluks neutron flux
neutronski radioaktivni zahvat neutron radiation capture
nevezan naboj charge-independent
neviskozna (idealna) **tekućina** nonviscous fluid
Newtonovi zakoni Newton's laws
Newtonovi zakoni gibanja Newton's laws of motion
nezapaljiv(i) (nezapaljiva, nezapaljivo) non-inflamable
nikal (nikl) (Ni) nickel
nikal-aluminijska bronca nickel-aluminium bronze
nikal-manganska bronca nickel-manganese bronze

nimonik (trgovačko ime materijala za plinskoturbinske lopatice i plamenice) nimonic (trade name of a range of nickel-chromium alloys widely used for gas-turbine blades and flame tubes)
niobij (Nb) niobium
niskofluksni reaktor low-flux reactor
niskotlačan (niskotlačni, niskotlačna, niskotlačno) low-pressure + imenica
niskotlačna para low-pressure steam
niskotlačna parna turbina low-pressure (LP) steam turbine
niskotlačna plinska turbina low pressure (LP) gas turbine
niskougljični čelik low carbon steel
nitrirani čelik nitrated steel
nivo (razina) level; **energetski** ~ energy level
niz valova the train of waves
niz zupčanika gear train
nizak (za trup broda) shallow
nodularno lijevano željezo nodular cast iron
nogari gantry (kod okvirne dizalice), footings; **eliptični** ~ elliptical footings; **pojedinačni** ~ individual footings
nogavice osovinskog voda bossings
nogostupna prečka (na sizu) cleat
nominalni (nazivni) (nominalna, nominalno) nominal, rated (e. g. the propeller is operating at the rated rpm (revolutions per minute) — brodski vijak radi pri nominalnom broju okreta u minuti)
nominalno sustrujanje nominal wake
nominalna težina (npr. broda) nominal weight
nominalna (nazivna) **vrijednost** rating
normala (okomica) normal
normaliziranje (postupak pri toplinskoj obradi) normalising, normalizing (US)
normalizirati (pri toplinskoj obradi) normalize
normalno naprezanje normal stress
normalni oblici vibriranja trupa normal modes of hull vibration
nosač girder, carrier, bearer; **bočni** ~ side girder; **bočni** ~ **dna** bottom side girder; **bočni** ~ **grotla** hatch side girder; **bočni potpalubni** ~ (bočna palubna podveza) deck side girder; **brodski trup kao** ~ (greda) ship hull girder; **brodski trup kao** ~ (greda) **bez nadgrađa** main hull girder; **brodski trup kao** ~ (greda) **u plovnom stanju** floating girder; **centralni** (simetralni) ~ **dna** (hrptenica) bottom centerline girder, center girder; **centralni** (simetralni) **potpalubni** ~ (centralna palubna podveza) deck centerline girder; **interkostalni** (umetnuti) **centralni** (simetralni) ~ **dna** intercostal bottom centerline girder; **interkostalni** (umetnuti) **bočni** ~ intercostal side girder; **interkostalni** (umetnuti) **bočni** ~ **dna** intercostal bottom side girder; **kutijasti** ~ box girder; **neprekinuti** ~ continuous girder; **nepropusni** ~ watertight girder; **stropni** ~ deckhead girder; **visoki** (teški) ~ deep girder
nosač aviona (vrsta broda) airplane carrier, aircraft carrier
nosač dna bottom girder; **bočni** ~ bottom side girder; **centralni** (simetralni) ~ (hrptenica) bottom centerline girder; **interkostalni** (umetnuti) **centralni** (simetralni) ~ intercostal centerline girder; **interkostalni** (umetnuti) **bočni** ~ intercostal bottom side girder
nosač grotlenih poklopaca hatch cover girder
nosač kormila rudder carrier
nosač kotla boiler bearer
nosači (ležajevi) **sponja grotla** (nosači grotlenih sponja) hatchway beam carriers
nosač (uzdužni) **vanjske oplate** shell girder
nosilac (električnog) **naboja** charge carrier
nositi opterećenje support the load
nositi težinu bear the weight
nosivost deadweight
nožna kočnica foot brake
nuklearan (nuklearni, nuklearna, nuklearno) nuclear
nuklearni brod nuclear ship
nuklearna elektrana nuclear power plant
nuklearna energija nuclear energy
nuklearna fisija nuclear fission
nuklearni fotoefekt nuclear photoeffect
nuklearna fuzija nuclear fusion
nuklearno gorivo nuclear fuel
nuklearno postrojenje nuclear power plant
nuklearna reakcija nuclear reaction
nuklearni reaktor nuclear reactor
nuklearna sila nuclear force
nuklearna snaga nuclear power
nula zero; **apsolutna** ~ (-273^0C) ili O K) absolute zero
nultoenergetski reaktor (reaktor nulte energije) zero-energy reactor
nulta referentna točka (podatak) zero datum
numerički (numerička, numeričko) numerical
numerički (prilog) numerically
numerička integracija numerical integration
numerički upravljani stroj numerically controlled machine
nusproizvod (sporedni proizvod) (nusprodukt) by-product

NJ

njihaj swing

O

O-elektron O-electron
O-ljuska O-shell
obala coast, shore, bank (riječna); **izgrađena** ~ wharf; **morska** ~ sea coast, sea shore; **opremna** ~ fitting out quay; **riječna** ~ river bank
obala za pristajanje broda (gat, pristanište) pier
obalni (obalna, obalno) coastal, coast + imenica, shore + imenica, quay + imenica
obalna dizalica quay crane, shore crane
obalna (lučka) **kontejnerska dizalica** port container crane, portainer (skraćeno od port container crane) (25—35 Ton)
obalna (lučka) **kontejnerska dizalica za dva kontejnera** portainer (port container crane) - twin lift
obalna plovidba coastwise voyage
obalna (lučka) **pokretna dizalica** port mobile crane
obalna straža coast guard
običan (obični, obična, obično) common, ordinary, normal
obična pregrada (za razliku od korugirane) ordinary bulkhead
obično rebro (za razliku od okvirnog) ordinary frame
obični redukcijski (redukcioni) **ventil** normal reducing valve
obično sidro common anchor
obična voda (za razliku od teške vode) light water
obilazak (bajpas) bypass
obilaziti (za cijev, cjevovod) by-pass
obilazni cjevovod (mimovod) by-pass pipe, by-pass
obiti letvicama batten
oblici vibriranja trupa modes of hull vibration; **normalni** ~ normal modes of hull vibration; **osnovni** ~ basic modes of hull vibration; **prirodni** ~ natural modes of hull vibration
oblik shape, form; **brodski** ~ ship's form; **valni** ~ wave form
oblik broda bez vanjske oplate molded form
oblik brodskog vijka propeller form
oblik kanala duct shape

oblik poprečnog vibriranja transverse mode (of vibration)
oblik torzijskog vibriranja torsional mode (of vibration); **jednočvorni** ~ one-noded torsional mode
oblik uzdužnog vibriranja longitudinal mode (of vibration); **jednočvorni** ~ one-noded longitudinal mode
oblik vala wave form
oblik vertikalnog vibriranja vertical mode (of vibration); **dvočvorni** ~ two-noded vertical mode; **četveročvorni** ~ four-noded vertical mode; **tročvorni** ~ three-noded vertical mode
oblik vibriranja mode (of vibration)
oblikovan(i) (oblikovana, oblikovano) shaped, formed
oblikovanje shaping, forming
oblikovanje u hladnom stanju (npr. savijanje) cold-forming
oblikovati shape, form
obloga (oblaganje) sheathing; **drvena** ~ wood sheathing
obložena paluba (drvom) sheathed deck
obložiti (staviti oblogu) line
OBO brod (za tekući teret, rasuti teret i rudu) OBO (oil, bulk and ore) ship
obod periphery
obodni (obodna, obodno) circumferential, peripheral
obodna brzina peripheral velocity
obodno sustrujanje circumferential wake; **srednje** ~ average circumferential wake
obogaćeni uran enriched uranium
obogaćeni uranski reaktor enriched uranium reactor
obogaćenje enrichment
obrada work, working, treatment; **hladna** ~ (obrada u hladnom stanju) cold work, cold working; **topla** ~ (obrada u toplom stanju) hot work, hot working; **strojna** ~ machining; **toplinska** ~ heat treatment
obrada (npr. limova, profila) fabrication (of plates, sections)
obrada metala metal working, metal work
obrada u hladnom stanju cold working, cold work

obrada u toplom stanju hot working, hot work
obraditi metal work; **strojno** ~ machine; **toplinski** ~ heat-treat
obradiv(i) (obradiva, obradivo) worked; **lako** ~ easily worked
obraštanje fouling
obrazac (formular) form; **tabelarni** ~ tabular form
obris (kontura) outline
obrubni (obrubna, obrubno) boundary
obrubni spojevi (pregrada) boundary connections (of bulkheads); **vodonepropusni** ~ watertight boundary connections
obustavljanje pogona shutdown
obzir consideration, regard; **s obzirom na** with reference to, with respect to, with regard to, by consideration of, considering, in referring to
oceanograf oceanographer
oceanski valovi ocean waves
očisťiv(i) (očistiva, očistivo) (koji se dade očistiti) cleanable
očitati vrijednost (s instrumenta, dijagrama) read
očitavanja (vodnih linija, profila krila itd.) offsets; **tabela** ~ table of offsets
očitavanje vrijednosti (s instrumenta, dijagrama) reading
očnica gland
očnica brtvenice stuffing-box gland
odabrati nacrt select a design
odašiljač transmitter; **radio** ~ (radio--predajnik) radio transmitter
odbijanje (matematičke vrijednosti) deduction
odbijanje vala (refleksija vala) wave reflection; **djelomična** ~ partial wave reflection
odbijati (matematičku vrijednost) deduct
odbojnik buffer, rubbing bar (zaštitni profil)
odizanje pramca u posljednjoj fazi porinuća tipping
odjel department; **brodograđevni** ~ (na fakultetu) naval architecture department; (u brodogradilištu) shipbuilding department; **strojarski** ~ (na fakultetu) mechanical engineering department·
odjeljenje compartment (na brodu), section; **kotlovsko** ~ boiler compartment; **krajnje** ~ (na brodu) end compartment; **protupožarno** ~ fire section; **središnje** ~ (na brodu) centre (center) compartment; **strojarsko** ~ (na brodu) machinery compartment; **uljnonepropusno** ~ oiltight compartment; **vodonepropusno** ~ watertight compartment
odjeljenje na gornjoj palubi upper-deck compartment
odjeljenje na uzvoju bilge compartment
odjeljenje za popravke (remont) repair department

odljev s palube deck drain
odljevak casting
odljevni kanal na rubu palube deck waterway
odmuljivanje (kod kotla) bottom blow
odmuljivanje vodokaznog stakla gauge (gage) glass blow down
odnos relation, relationship; **Geiger-Nuttallov** ~ Geiger-Nuttall relationship
odnos istisnine i duljine (broda) displacement length ratio
odnos površine brodskog vijka propeller area ratio
odobriti projekt approve the design
odrediti položaj locate
odrediti približnu vrijednost (aproksimirati) approximate
odrediti vrijednost nečega to assess the value of something, to determine the value of something
odrez vidi **smik**
odrezana krma (zrcalna krma, tranzomska krma) transom stern
odrivni (odrivna, odrivno) thrust + imenica
odrivni blok thrust block
odrivni ležaj thrust bearing
odrivna osovina thrust shaft
odrivna osovina od kovanog čelika steel forged thrust shaft
odrivna reakcija thrust reaction
održavanje maintenance
održavanje valnog sistema the maintenance of the wave system
održavati maintain
odstupanje departure (e. g. departures from the estimated values — odstupanja od procijenjenih vrijednosti), deviation (e. g. the deviation from the mean value — odstupanje od srednje vrijednosti)
odstupanje (skretanje) deviation
odstupanje od pravca deviation from a straight line
odstupiti od pravca kursa sheer
odstupiti od pravila to depart from the rule
odušiti (otplinjavati) (odstraniti, ispustiti zrak ili plin) vent
odušivanje (otplinjavanje) venting
odušni (odušna, odušno) vent + imenica
odušna cijev vent pipe, vent
odušna cijev u obliku labuđeg vrata gooseneck vent
odušni kondenzator vent condenser
odušni ventil relief valve
odušni zasun vent slide (valve); **automatski** ~ automatic vent slide (valve)
odušnik vent
oduzimanje (matematička operacija) subtraction
oduzimanje pare (iz turbine) bleeding
oduzimati paru (iz turbine) bleed (bled, bled)

odvajač kondenzata trap; **mehanički** ~ mechanical trap; **termostatski** ~ thermostatic trap
odvajač kondenzata s plovkom float trap
odvajanje (uvjet rada krila vijka ili kormila na napadnom kutu većem od onoga koji odgovara maksimalnom uzgonu. Taj uvjet karakterizira slom ili odvajanje strujanja.) stall; **hidrodinamičko** ~ hydrodynamic stall
odvlažen(i) (odvlažena, odvlaženo) dehumidified
odvlaženi zrak dehumidified air
odvlažiti zrak (smanjiti postotak vlage u zraku) dehumidify
odvlaživač (zraka) dehumidifier
odvlaživanje (zraka) dehumidification
odvod discharge; **sanitarni** ~ sanitary discharge
odvoditi (kanalom) **dolje** duct down
odvodna cijev (za iskrcaj nafte kao tereta) discharge line
odvodna cijev za vodu (drenažna cijev) drain pipe
odvodniti drain
odvodnjavanje drain, drainage
odvodnjavanje pregrijača pare superheater drain
odvođenje topline withdraval of heat
odvojak (na transformatoru) tap
odziv response; **operator odziva** response operator; **operator amplitude odziva** response amplitude operator (RAO); **operator faze odziva** (argument prijenosne funkcije) phase response operator; **snimak odziva broda** the ship response record
odziv broda na komponente valova the ship's response to the component waves
odziv na pravilne valove response to the regular waves
odzivati se respond
odzračiti vidi **odušiti, otplinjavati**
odzračivanje vidi **odušivanje, otplinjavanje**
oficirske nastambe officers' quarters
ograda (na palubi) rail; **puna** ~ (ograda s oplatom, linica) bulwark, bulwarks
ogranak branch, branch line, branch pipe
ogranak kanala duct branch
ogranci kanala (npr. za zrak) branch ducts, ducting branches, branch take-offs; **distribucijski** (distribucioni, razvodni) ~ distribution branch ducts; **glavni** ~ main branch ducts
ograničeni gaz limited draft
ograničenje (u gibanju) restraint, constraint
ograničiti (u gibanju) restrain, constrain
ojnica connecting rod
oklop armor
oko na osovini kormila rudder eye
oko za teglenje bullnose
oko za vez pad eye, eye plate, lug plate
okomica perpendicular

okomit(i) (okomita, okomito) perpendicular, normal; **međusobno** ~ mutually perpendicular
okomita linija perpendicular line; **međusobno okomite linije** mutually perpendicular lines
okomita površina na krmenom dijelu za održavanje smjera deadwood
okomita ravnina perpendicular plane
okov jarbola mast's armature
okov pete samarice boom heel fitting
okov uške klobučnice mast head span eye fitting
okrajak propelerske osovine (koji je izvan broda) tail shaft
okrenut od vjetra (u zavjetrini) leeward
okret revolution
okretanje revolution; **os okretanja** (broda) axis of revolution
okretanje (dizalice) **u horizontalnoj ravnini** (okretanje dizalice oko svoje osi) slewing
okretni (okretna, okretno) (npr. samarica, soha, dizalica itd.) slewing + imenica, swivel + imenica
okretna dizalica s nagibnim krakom slewing luffing crane
okretna kuka za tegljenje swivel towing hook
okretna samarica swinging derrick boom
okretna soha rotary davit, pivot davit
okretna točka (točka koju promatrač na brodu zamišlja pri okretu; udaljena je od pramca za 1/3 do 1/6 duljine broda — centar gravitacije kod kruženja broda) pivot point
okrugao (okrugli, okrugla, okruglo) round, circular (kružni)
okruglo grotlo round hatchway
okrugli profil round bar; **okrugli profili** round bars, rounds
okrugli prozor na boku broda port hole
okrugli zračni kanal round air duct, circular air duct
oksidirati oxidize
okujina mill scale
okvir frame
okvir (okvirna konstrukcija) web; **visoki** (teški) ~ deep web
okvir pregrade bulkhead web
okvir sohe davit frame
okvir uzdužne pregrade longitudinal bulkhead web
okvirna autodizalica (za kontejnere ili druge terete u unutrašnjem transportu) straddle carrier
okvirna dizalica (sastoji se od nogara, mosta i mačka) gantry crane; **lučka** (obalna) **pokretna** ~ port mobile gantry crane; **pokretna** ~ mobile gantry crane
okvirno rebro web frame; **visoko** ~ deep web frame; **visoko poprečno** ~ deep transverse web frame

okvirna rebrenica bracket floor
okvirna sponja web beam
okvirna sponja grotla hatch end beam
okvirna ukrepa web stiffener
okvirna ukrepa uzdužne pregrade web stiffener of longitudinal bulkhead; **vertikalna** ~ vertical web stiffener of longitudinal bulkhead
olakšana rebrenica plate floor
olovni minij red lead
olovnica deep sea lead
olovo (Pb) lead
olujno more storm sea
oljuštiti kamenac scale
omča (užeta za vezivanje) eye splice
omča teretnice cargo runner dead end
omeđen(i) (omeđena, omeđeno) bounded
omeđiti bound, circumscribe (e. g. the member circumscribing the opening — element koji omeđuje otvor)
omjer ratio; **diferencijalni apsorpcijski** ~ diferencijalni absorption ratio; **kompresioni** ~ pressure ratio; **oplodni** ~ breeding ratio; **Poissonov** ~ Poisson's ratio; **stehiometrijski** ~ stochiometric ratio
omjer brzine prema duljini (broda) speed-length ratio (V $\sqrt{L}$)
omjer duljine broda prema širini length-beam ratio (L/B)
omjer duljine krila lopatice prema širini aspect ratio
omjer duljine lanca prema dubini sidrenja scope
omjer istisnine broda prema duljini displacement-length ratio
omjer naboj-masa charge-mass ratio
omjer skliza slip ratio; **prividni** ~ apparent slip ratio; **stvarni** ~ real slip ratio
omjer širine broda prema gazu beam-draft ratio (B/T), beam-to-draft ratio
omjer širine profila krila brodskog vijka i duljine aspect ratio
omjer visine kormila prema duljini aspect ratio
omjer vitkosti slenderness ratio
omjer vitkosti krila brodskog vijka aspect ratio
omjer zupčanika gear ratio
omotač (od oplodnog materijala) blanket
onečišćen(i) (onečišćena, onečišćeno) (kemijski) impure
opadanje decrement
opadanje (slabljenje) attenuation
opadanje tlaka (pritiska) pressure attenuation
opadati (slabiti) attenuate
opasnost od požara fire risk
opći teret (generalni teret) general cargo
opći zakon mehaničke sličnosti general law of mechanical similitude
opća zavojna ploha helicoidal surface; **vitoperna** ~ warped helicoidal surface
opeka brick; **vatrootporna** (šamotna) ~ firebrick, high temperature firebrick, refractory brick
operator amplitude odziva response amplitude operator (RAO)
operator faze odziva phase response operator
operator odziva response operator
opisati (geometrijski pojam) circumscribe (e. g. the circumscribing rectangle- pravokutnik koji opisuje ...)
oplakan morem awash (e. g. the deck edge is awash — rub palube oplakan je morem)
oplakani (uronjeni) **opseg rebra trupa** wetted girth of hull
oplakana površina uronjenog dijela trupa wetted surface; **teoretska** ~ molded wetted surface
oplakanost wetness
oplata (kod čeličnih brodova) (steel) plating; **neravna** ~ unfair plating; **vanjska** ~ outside plating; **vanjska** ~ **dna** bottom plating, bottom shell; **vanjska** ~ **dvodna** outer bottom plating
oplata (kod drvenih brodova) planking; **vanjska** ~ outside planking
oplata boka (bočna oplata) side shell, side plating; **gornji dio oplate boka** top side shell; **donji dio oplate boka** bottom side shell
oplata broda shell plating, skin, shell
oplata desnog boka starboard side shell
oplata dna bottom plating, bottom shell
oplata dvodna double bottom plating; **unutrašnja** ~ (unutrašnje opločenje dvodna, opločenje pokrova dvodna) inner bottom plating, inner bottom shell, tank top; **vanjska** ~ outer bottom plating, bottom shell
oplata lijevog boka port side shell
oplata nadgrađa superstructure plating; **bočna** ~ superstructure side plating
oplata od čeličnih limova steel plate shell
oplata trupa hull plating
oplata trupa bez nadgrađa main hull plating, main hull shell; **bočna** ~ main hull side shell
opločenje (kod čeličnih brodova) (steel) plating; **neravno** ~ unfair plating; **unutrašnje** ~ **broda s dvostrukom oplatom** inner skin of a double skin ship; **unutrašnje** ~ **dvodna** inner bottom plating, inner bottom shell, tank top
opločenje izložene palube weather deck plating
opločenje keramičkim pločicama tile work
opločenje kotla boiler plating
opločenje palube deck plating
opločenje pokrova dvodna inner bottom plating, tank top, inner bottom shell
opločenje pregrade bulkhead plating
opločenje unutrašnje stijene palubne kućice deckhouse bulkhead plating
opločenje vanjske stijene palubne kućice deckhouse side plating

opločje okvira web plate (plating); **vertikalno** ~ vertical web plate (plating)
oplodni omjer breeding ratio
oplodni (nuklearni) reaktor nuclear breeder
oplodni (brider) reaktor breeder reactor
opravdati justify; **primjena je opravdana** the application is justified
oprema equipment, outfit, fitting (element opreme); **dodatna** ~ supplemental equipment; **električna** ~ electrical equipment; **elektronička** ~ electronic equipment; **filtarska** ~ filtering equipment; **glavna** ~ main equipment; **kontejnerska** ~ container equipment; **navigacijska** ~ navigation equipment, navigational equipment; **pomoćna** ~ auxiliary equipment; **pripadajuća** ~ associated equipment; **protupožarna** ~ fire protection equipment, fire protecting equipment, fire equipment; **rashladna** ~ (oprema za hlađenje) cooling equipment; **ronilačka** ~ diving equipment; **specijalna** ~ special equipment; **strojna** ~ (oprema strojeva) machinery equipment; **uklopna, rasklopna električna** ~ switching equipment; **zaštitna** ~ safety equipment, protecting equipment; **zaštitna** ~ **od radijacije** radiation safety equipment
oprema cjevovoda (cijevni fitinzi; spojnice, koljena, nazuvci, kolčaci itd.) piping fittings, pipe fittings
oprema strojeva machinery equipment
oprema za gašenje požara fire equipment
oprema za klimatizaciju air conditioning equipment
oprema za mehanizirano rukovanje (teretu) mechanized handling equipment
oprema za odvlaživanje zraka dehumidification equipment
oprema za predgrijavanje preheating equipment
oprema za poriv (propulziju) **broda** propulsion equipment
oprema za proizvodnju pjene (za gašenje požara) foam making equipment
oprema za razvrstavanje (sortiranje) (tereta) sorting equipment
oprema za rukovanje čamcima boat handling equipment
oprema za rukovanje kontejnerima container handling equipment
oprema za rukovanje teretom cargo handling equipment
oprema za spasavanje life saving equipment, salvage equipment
oprema za teglenje towing equipment
oprema za utovar loading equipment
oprema za zaštitu od požara (protupožarna oprema) fire protection equipment, fire protecting equipment, fire equipment
oprema za zaštitu od sunca sun protection arrangement
oprema za zaštitu od zračenja (radijacije) (zaštitna oprema od radijacije) radiation safety equipment
opremanje fitting out, outfitting
opremanje broda sa snasti (oputom) rigging
opremiti equip, fit out, rig (sa snasti, oputom itd.)
opremljen(i) (opremljena, opremljeno) equipped, fitted, fitted out, rigged (sa snasti, oputom itd.)
opremna obala fitting out quay
opruga spring
opseg (kruga) circumference
opseg polovice rebra (do određene vodne linije) half-girth of the section
opseg rebra trupa (opseg trupa mjeren na bilo kojem rebru) (hull) girth; **oplakani** (uronjeni) ~ wetted girth of hull
opseg užeta rope circumference
opterećen(i) (opterećena, opterećeno) loaded
opterećenje load, loading; **dinamičko** ~ dynamic load; **dozvoljeno** ~ safe working load (SWL); **fleksiono** ~ flexural loading; **hidrodinamičko** ~ hydrodynamic load; **hidrostatičko** ~ hidrostatic load; **inercijska opterećenja** inertia loads; **jednoliko** ~ uniform load; **lokalna opterećenja** local loads; **nepromjenljiva opterećenja** fixed loads; **potpuno** ~ full load; **preopterećenje** overload, overloading; **reaktivna opterećenja** reaction loads; **rezultantna opterećenja** resultant loads; **statičko** ~ static load, static loading; **tlačno** ~ compressive load; **udarno** ~ shock loading, impact; **toplinsko** ~ heating load, thermal load
opterećenja koja uzrokuju zamor materijala fatigue loadings
opterećenje od vjetra wing load
opterećenja temelja foundation loads
opterećenje zbog inercijskih sila inertia loads
opterećenje zbog leda icing load
opterećenja zbog ljuljanja rolling loads
opterećenja zbog porasta temperature thermal growth loads
opterećenja zbog posrtanja pitching loads
opterećenje zbog vlastite težine dead load
opteretiti load; **preopteretiti** overload
optički (optička, optičko) optical
optički detektor (požara) optical detector
optika optics
optimalan (optimalni, optimalna, optimalno) optimum + imenica
optimalni trim optimum trim
optimalna vrijednost optimum value, optimum (pl. optima)
optimizacija (optimalizacija) optimization
optimizirati (optimalizirati) optimize
optočni zrak recirculated air
optok zraka air recirculation
orbita orbit
orbitalan (orbitalni, orbitalna, orbitalno) orbital

orbitalna brzina orbital velocity
orbitalno gibanje orbital motion
orbitalni kvantni broj orbital quantum number
ordinata ordinate
orebren framed; **poprečno** ~ transversely framed; **uzdužno** ~ longitudinally framed
orebrenje framing; **poprečno** ~ longitudinal framing; **uzdužno** ~ transverse framing
orebrenje krmenog pika after peak framing
organski reaktor organic reactor
oružje weapon
os axis (pl. axes); **neutralna** ~ neutral axis
os ljuljanja axis of roll
os okretanja (broda) axis of revolution
os rotacije axis of rotation
os uvijanja axis of twist
os x x-axis, axis x
os y y-axis, axis y
oscilacije oscillation(s); **prirodni period oscilacija** natural period of oscillation; **prisilne** ~ forced oscillation(s); **slobodne** ~ free oscillation(s)
oscilacije broda ship oscillations
oscilirati oscillate
osciloskopski prikaz oscilloscope display
osigurač (električni) fuse
osigurač (kod vijka) locking device
osiguranje insurance; **pomorsko** ~ marine insurance
osigurati insure (policom), ensure
osigurati čvrstoću ensure the strength, provide the strength
osjetiti (za uređaj) sense
osjetni instrument (senzor) sensing instrument
osloboditi (otpustiti) release
osloboditi (kolotur) fleet
oslonac (nosač) (kotla) lug
osmij (Os) osmium
osnac glavnog (osnovnog) **ležaja** main bearing pin
osnac (lakat) **koljena** (koljenaste osovine) crank pin
osnova (baza) basis (pl. bases) (apstraktni smisao); **na osnovi nečega** on the basis of
osnovka (osnovica, osnovna linija) base line, baseline; **teoretska** ~ molded baseline
osnovni (osnovna, osnovno) basic, fundamental
osnovno (prilog) basically
osnovni oblici vibriranja trupa basic modes of hull vibration
osnovna teorija basic theory
osovina (vratilo) shaft (napregnuta na torziju i na savijanje), axle (napregnuta na savijanje), spindle (na alatnim strojevima); **bregasta** ~ camshaft; **ekscentarska** ~ eccentric shaft; **izbušena** ~ bored shaft; **koljenasta** ~ crankshaft; **međuosovina** intermediate shaft; **mimosmjerne osovine** skew shafts; **odrivna** ~ thrust shaft; **pogonska** ~ driving shaft; **pogonjena** ~ driven shaft; **propelerna** ~ propeller shaft; **puna** ~ solid shaft
osovina brodskog vijka propeller shaft
osovina kormila rudder stock, rudder axle
osovina s velikom brzinom vrtnje (s velikim brojem okreta, visokoturažna osovina) high-speed shaft
osovinica klipa gudgeon, wrist pin
osovinski ležaj shaft bearing
osovinski ležaj u tunelu shaft tunnel bearing
osovinski skrokovi shaft struts, shaft brackets
osovinski tunel shaft tunnel, shaft alley
osovinski vod (osovinski sistem) shafting, line shaft
ostatak tekućine (npr. u tanku za naftu) residue
oštar (oštri, oštra, oštro) sharp
oštri kut acute angle
oštra pramčana statva sharp stem
oštri val sharp wave
oštećen(i) (oštećena, oštećeno) damaged
oštećeni bočni prostor (na brodu) damaged wing space
oštećenje damage, failure
oštećenje pri izvijanju konstrukcije (zbog gubitka stabilnosti) buckling failure
otjecanje (vode) (odvodnjavanje, drenaža) drainage
otjecati (za vodu) drain
otkivak forging
otklon deflection
otklon kuta (kutni otklon) angular deflection
otkloniti deflect
otkriti (detektirati) detect
otkrivač vidi **detektor**
otkrivanje detection
otkrivanje dima smoke detection
otkrivanje požara fire detection; **automatsko** ~ automatic fire detection
otkrivanje požara pomoću svjetlosne radijacije light cell detection, radiation detection
otkrivanje požara zbog povišene temperature thermal detection
oto-motor Otto engine
otopina solution
otpadak scrap; **čelični** ~ steel scrap
otpjenjivanje (kotla) surface blow
otplinjač deaerator; **toplinski** ~ deaerating heater
otplinjavanje de-aeration, deaeration
otplinjavati de-aerate, deaerate
otpor resistance (pretežno se upotrebljava u brodskoj hidrodinamici), drag (pretežno se upotrebljava u aerodinamici i za

uronjena hidrodinamička tijela); **električni** ~ electric resistance, electrical resistance; **inducirani** ~ induced drag; **preostali** ~ residuary resistance; **ukupni** ~ total resistance; **vrtložni** ~ eddy drag; **viskozni** ~ viscous drag
otpor forme form drag, form resistance
otpor golog trupa (bez privjesaka) bare-hull resistance
otpor na smik shearing resistance
otpor trenja frictional resistance, frictional drag
otpor valova wave-making resistance
otpor virova eddy resistance, eddy-making resistance
otpor vjetra wind resistance
otpor zbog odvajanja (vidi **odvajanje**) separation drag, separation resistance
otpor zbog turbulentnog strujanja (otpor zbog turbulencije strujanja) turbulent resistance
otpor zbog viskozne tekućine viscous drag
otpor zraka air resistance
otporni (otporna, otporno) (koji daje otpor) resisting
otporne sile resisting forces
otpornost prema atmosferilijama weathertightness
otprema delivery
otpremljen brodom shipped
otrov poison; **fisioni otrovi** fission poisons; **izgorivi otrovi** burnable poisons; **kruti gorivi** ~ solid burnable poison
otvor opening, orifice, port, aperture, hole; **biološki** ~ (u reaktoru) biological hole; **kružni** ~ circular opening; **kvadratni** ~ square opening; **pravokutni** ~ rectangular opening; **usisni** ~ suction nozzle (na pumpi)
otvor brodskog vijka propeller aperture
otvor grotla hatch opening
otvor na palubi deck opening
otvori na ždrijelu hawse holes
otvor (prozor) (brtvljeni) **s poklopcem na brodu** flush scuttle
otvor sidrenog ždrijela (sidrene cijevi) hawsepipe opening
otvor u oplati shell opening
otvor za čišćenje tanka tank cleaning opening
otvor (na kotlu) **za nadzor** peep hole
otvor za olakšanje (npr. na rebrenici) lightening hole
otvor za osovinu kormila rudder hole, rudder trunk
otvor (na palubi) **za otjecanje vode** (za drenažu) scupper, drain hole, freeing port
otvor za punjenje benzina (u rezervoaru) petrol filler
otvor za punjenje ulja oil filler
otvor za snop (npr. u štitu reaktora) beam hole

otvor za ulaz u strojni prostor machinery space opening
otvor za ventilaciju ventilation opening
otvoren(i) (otvorena, otvoreno) open
otvoreni kružni proces open cycle
otvoreni rashladni sistem open-type refrigeration system
otvoreni (električni) **strujni krug** open circuit
otvorena zjevača open chock
otvorena zjevača s valjcima roller open chock
ovalan (ovalni, ovalna, ovalno) oval
ovalni kanal oval duct
ovalni zračni kanal oval air duct
ovlažiti (zrak) humidify
označiti mark, mark out, designate, indicate
oznaka designation mark, mark, designation; **Plimsollova** ~ **gaza** Plimsoll mark
oznaka za broj okreta u minuti rpm (revolutions per minute)
oznaka za broj titraja u sekundi (herc, Hz), cps (cycles per second)
oznaka za duljinu L (length)
oznaka za duljinu između perpendikulara L_{PP} (length between perpendiculars)
oznaka za duljinu preko svega L_{OA} (length overall)
oznaka za duljinu vodne linije L_{WL}
oznaka za Froudeov broj Fn Froude number) $(V/\sqrt{gL})$
oznaka za gaz T (draft, draught)
oznaka za istisninu Δ (delta) (displacement)
oznaka za jedinični zagažaj (TPI tons per inch immersion)
oznaka za koeficijent glavnog rebra C_M (midship section coefficient)
oznaka za koeficijent istisnine C_B (block coefficient)
oznaka za koeficijent otpora C_R (resistance coefficient)
oznaka za koeficijent punoće vodne linije C_{WP} (waterplane coefficient)
oznaka za koeficijent trenja C_F (frictional coefficient)
oznaka za koeficijent uzdužne finoće istisnine (oznaka za prizmatički koeficijent) C_P (prismatic coefficient)
oznaka za konstruktivnu vodnu liniju DWL (D. W. L.) (designer's waterline)
oznaka za konjsku snagu HP, hp horse-power)
oznaka za (drugi) **korijen sume** (zbroja) **kvadrata srednjih vrijednosti** RMS (root mean square)
oznaka za krmeni (stražnji) **perpendikular** AP (after perpendicular)
oznaka za Laplaceov operator (nabla) (Laplacian operator)

oznaka za metacentarski radijus $\overline{BM}$
oznaka za metacentarsku visinu $\overline{GM}$ (metacentric height)
oznaka za modul prijenosne funkcije RAO (response amplitude operator)
oznaka za moment jediničnog trima MTI (moment to trim one inch)
oznaka za omjer duljine i širine L/B (length-beam ratio)
oznaka za operator amplitude odziva RAO (response amplitude operator)
oznaka za oplakanu površinu S (wetted surface)
oznaka za otpor trenja R_F (frictional resistance)
oznaka za položaj metacentra po visini (od teoretske osnovice) $\overline{KM}$ (the height of the metacenter above the molded baseline)
oznaka za položaj težišta istisnine po duljini LCB (longitudinal center of buoyancy)
oznaka za položaj težišta istisnine po visini VCB (vertical center of buoyancy)
oznaka za položaj težišta sistema po duljini LCG (longitudinal center of gravity)
oznaka za položaj težišta sistema po širini TCG (transverse center of gravity)
oznaka za položaj težišta sistema po visini VCG (vertical center of gravity)
oznaka za polugu momenta stabiliteta $\overline{GZ}$ (righting arm)

oznaka za pramčani (prednji) **perpendikular** FP (forward perpendicular)
oznaka za **predanu snagu** (vijku) dhp (delivered horse power)
oznaka za **Reynoldsov broj** Rn (Reynolds number)
oznaka za **simetralu broda** CL (centerline)
oznaka za **širinu broda** B (beam, breadth)
oznaka za **teoretsku osnovicu** BL (molded baseline)
oznaka za **težište nagnute vodne linije** CF (center of floatation)
oznaka za **težište nagnute vodne linije po duljini** LCF (longitudinal center of floatation)
oznaka za **težište sistema** CG (center of gravity)
oznaka za **udaljenost težišta istisnine po visini** (od teoretske osnovice) $\overline{KB}$ (the height of the center of buoyancy above the molded baseline)
oznaka za **udaljenost težišta sistema od teoretske osnovice** $\overline{KG}$ (the height of the center of gravity above the molded baseline)
oznaka za **uzdužnu simetralnu ravninu broda** L
oznaka za **uzgon nepropusnog volumena** W. T. B. (watertight buoyancy)
oznaka za **vertikalni prizmatički koeficijent** C_{VP} (vertical prismatic coefficient)
oznaka za **visinu broda** D (depth)
ožljebljen bubanj grooved drum

P

P-elektron P-electron
P-ljuska P-shell
pad drop; **toplinski** ~ heat drop
pad napona voltage drop
pakiranje packaging; **sjedinjeno** ~ unitization
paladij (Pd) palladium
paleta (dvodimenzionalna platforma za teret) pallet; **pneumatska** ~ air pallet
paletizacija (standardizacija slaganja tereta na dvodimenzionalnoj platformi) palletizing
paletizirani (jedinični) **teret** palletized cargo
paluba deck; **djelomična** ~ partial deck; **donja** ~ lower deck; **glavna** ~ main deck; **gornja** ~ upper deck; **gornja** ~ **čvrstoće** upper strength deck; **izložena** ~ weather deck; **izložena** ~ **nadgrađa** exposed superstructure deck; **izložena** ~ **nadvođa** exposed freeboard deck; **krmena** ~ (krmica) poop deck; **krmena gornja** ~ (potpaluba) quarter deck; **međupaluba** (međupalublje) between deck, 'tween deck; **najdonja** ~ lowest deck; **najgornja neprekinuta** ~ uppermost continuous deck; **neprekinuta** ~ continuous deck; **obložena** ~ sheathed deck; **polupaluba** half-deck; **pregradna** ~ bulkhead deck; **teretna** ~ cargo deck; **uzdignuta krmena gornja** ~ raised quarter deck; **vodonepropusna** ~ watertight deck; **zaštitna** ~ protective deck
paluba čamaca (paluba za čamce) boat deck
paluba čvrstoće strength deck; **gornja** ~ upper strength deck
paluba kaštela forecastle deck
paluba krmice (kasara) poop deck
paluba mosta bridge deck
paluba nadgrađa superstructure deck; **izložena** ~ exposed superstructure deck
paluba nadvođa freeboard deck; **izložena** ~ exposed freeboard deck
palubni (palubna, palubno) deck + imenica
palubna dizalica deck crane
palubna kućica deckhouse; **krov palubne kućice** deckhouse top; **oplaćenje vanjske stijene palubne kućice** deckhouse side plating; **vanjska stijena palubne kućice** deckhouse side; **zatvorena** ~ enclosed deckhouse
palubna kućica na dva kata two-tiered deckhouse
palubna ograda s oplatom (linica) bulwark, bulwarks
palubna podveza (potpalubni nosač) deck girder, underdeck girder; **bočna** ~ deck side girder; **centralna** (simetralna) ~ deck centerline girder; **neprekinuta** ~ continuous deck girder
palubna proveza deck stringer plate, stringer plate
palubni rub deck edge
palubna sponja deck beam; **poprečna** ~ transverse deck beam
palubni strojevi deck machinery
palubne trenice deck planking
palubna uška za skretni brk slewing guy deck eye plate
palubno vitlo deck winch
paljba iz oružja fire
paljenje (u motoru) ignition
panel (ukrućena ploča) plate panel
paneli sastavljeni od ploča s ukrepama plating panels
pantokarene izokline cross-curves of stability
papir paper; **paus-** ~ tracing paper
papirna traka (vrpca) paper tape
par pair; **ionski** ~ ion pair
para (vodena) steam, water vapour (vapor); **dignuti tlak pare** raise the steam; **ispušna** (izlazna) ~ exhaust steam; **niskotlačna** ~ low-pressure steam; **pregrijana** ~ superheated steam; **suha** ~ dry steam; **ulazna** ~ (para na ulazu) inlet steam; **visokotlačna** ~ high-pressure steam; **vlažna** ~ wet steam; **zasićena** ~ saturated steam
pare (ostalih medija osim vode) vapours, vapors (US), fumes
pare loživog ulja fuel oil vapours (vapors), oil vapours (vapors)
para pod niskim tlakom low-pressure steam

para pod visokim tlakom high-pressure steam
para se stvara (u kotlu) (the) steam is generated (in the boiler), (the) steam is formed (in the boiler)
para struji (kroz cijev) (the) steam flows (through the tubes)
para visokog tlaka na ulazu high-pressure inlet steam
parabola parabola
parabola drugog reda (drugog stupnja) second order parabola, second degree parabola
parabola petog reda (petog stupnja) fifth order parabola, fifth degree parabola
paraboličan (parabolični, parabolična, parabolično) parabolic
paralelan (usporedan) (paralelni, paralelna, paralelno) parallel
paralelna linija parallel line
paralelna ravnina parallel plane
paralelno spojen (u strujnom krugu) parallel connected, connected in parallel
paralelni srednjak parallel middle body, parallel midbody
paralelni strujni krug parallel circuit
paralelni uron parallel sinkage
parametar parameter
parametarski (parametarska, parametarsko) parametric
parametarske jednadžbe trohoide parametric equations of the trochoid
parni (parna, parno) steam + imenica
parni brod steam ship
parni broj even number
parne cijevne vijuge (parne zmijolike cijevi, parne spiralne cijevi) steam coils, steam heating coils
parni cjevovod steam piping
parni dom (na kotlu) steam dome
parni dovod steam supply
parni ispuh (ispuh pare) steam exhaust
parna komora steam chest
parni kondenzator steam condenser
parni kotao steam boiler
parni kotao na ispušne plinove (utilizator) exhaust gas fired (steam) boiler
parni kotao na loživo ulje oil-fired (steam) boiler
parno-neparna jezgra even-odd nucleus
parno-parna jezgra even-even nucleus
parno pogonsko postrojenje steam power plant, steam engine plant
parno postrojenje steam plant
parni regulacijski (regulacioni) **ventil** steam governor valve
parni regulator steam governor
parna sapnica steam nozzle; **glavna** ~ main steam nozzle
parno sidreno vitlo steam windlass, steam powered windlass, steam powered anchor windlass
parni stapni stroj reciprocating steam engine; **troekspanzioni** ~ triple expansion steam engine; **više ekspanzioni** ~ multiple expansion steam engine
parni stroj steam engine
parna turbina steam turbine; **brodska** ~ marine steam turbine; **niskotlačna** ~ low pressure (LP) steam turbine; **srednjotlačna** ~ intermediate pressure (IP) steam turbine; **visokotlačna** ~ high pressure (HP) steam turbine
parnoturbinski pogon steam turbine propulsion, steam turbine drive
parnoturbinsko postrojenje steam turbine plant
parno vitlo steam winch
parni zagrijač steam heater
parni zagrijač sa spiralnim cijevima (sa cijevnim vijugama, sa zmijolikim cijevima) steam coil heater
parni zaporni ventil steam stop valve; **pomoćni** ~ auxiliary steam stop valve; **glavni** ~ main steam stop valve
parobrod steamer
parovod steam line
pasivni tank protiv ljuljanja passive anti-rolling tank
pasmo keelson; **bočno** ~ side keelson; **centralno** ~ centre keelson; **interkostalno** ~ intercostal keelson; **neprekinuto** ~ continuous keelson
patentno sidro patent anchor
patentna štipaljka patent clip
patrola patrol; **protupožarna** ~ fire patrol
Paulijev princip isključenja Pauli exclusion principle
paus-papir tracing paper
peć (industrijska) furnace; **električna** ~ electric furnace; **Siemens-Martinova** ~ open-hearth furnace; **visoka** ~ blast furnace
pepeo ash; **leteći** ~ fly ash
peraje (na brodu) fins
peraje protiv ljuljanja anti roll fins
peraje protiv posrtanja anti pitch fins
peraje za stabilizaciju stabilizing fins
period ljuljanja period of roll
period susretanja valova wave encounter period
period vala wave period
periskop periscope
perpendikular (okomica) perpendicular; **prednji** ~ (pramčana okomica) forward perpendicular; **stražnji** ~ (krmena okomica) aft perpendicular
pesnica (velika hvataljka na ojnici) big end (on the connecting rod)
peta heel
peta krmene statve heel of the stern post
peta samarice derrick heel, boom heel (US)
peta statve brodskog vijka heel of the propeller post
peterokrilni brodski vijak five-bladed propeller
petlja sling

petlja (u cjevovodu) loop; **kompenzaciona** (ekspanziona) ~ expansion loop
petlja za komadni teret break bulk sling
pik (kolizijski prostor) peak; **krmeni** ~ (stražnji kolizijski prostor) aft peak; **pramčani** ~ (prednji kolizijski prostor) fore peak
pilasti navoj (narez) buttress thread
pilot pilot; **automatski** ~ autopilot; **elektronički automatski** ~ electronic autopilot
pilot (temeljni stup) pile
pilotirati (postavljati pilote) pile
pipa (slavina) tap
pipac cock; **probni** ~ try cock
pipac salinometra salinometer cock
pipac za ispuštanje taloga mud cock
pipac za odzračivanje air cock
pipci na svjećici spark plug points
piramida pyramid
pirometar pyrometer
pisač (snimač) recorder
pisač temperature temperature recorder
pitka voda potable water
pitometarski log (instrument za mjerenje brzine broda) pitometer log
Pitotova cijev Pitot tube
pjena foam; **brzoekspandirajuća** ~ high-expansion foam; **mehanička** ~ (za gašenje požara) (pjena punjena zrakom i miješana vodom) mechanical foam; **protupožarna** ~ fire fighting foam; **tekuća** ~ (za gašenje požara) liquid foam
pjena za gašenje požara fire fighting foam
pjenasta mješavina (za gašenje požara) foam solution
pješčani kalup sand mould (mold) (US)
pjevajući brodski vijak singing propeller
pladanj ventila valve disc
plamen flame
plamena cijev flame tube, fire tube
plamenica furnace, flue tube
plamenik (gorionik) burner; **uljni** ~ oil burner
plamenocijevni kotao firetube boiler, fire-tube boiler
plamište flash point
plan plan
plan dokovanja docking plan
plan razvoja oplate shell expansion plan
planimetar planimeter
planiranje planning
planuti flash
plastici (materijali) plastics
plastičan (plastični, plastična, plastično) plastic
plastična deformacija (materijala) plastic deformation
plastična deformacija (prema dijagramu naprezanja i deformacija čelika) plastic strain
plastična deformacija zdjelastog oblika plastic dish

plašt jacket, shell, skirt; **rashladni** ~ cooling jacket; **vodeni** ~ water jacket
plašt kondenzatora condenser shell
plašt kotla boiler shell
platforma platform; **proizvodna** ~ production platform
platforma (dio palube, npr. u strojarnici, skladištima) platform deck
platforma na nepomičnim nogama fixed-pile platform
platforma za bušenje drilling rigs
platice planking
platice boka side planking
platice dna bottom planking
platice ograde bulwark planking
platina (Pt) platinum
platinska dugmad (kontakti prekidača kod sistema paljenja) contact points
platno linen; **jedreno** ~ (jedrenina) canvas; **šatorsko** ~ (cerada) tarpaulin; **voštano** ~ oilskin, oil-cloth
platno za jedra (jedrenina, jedreno platno) canvas
plazma plasma
plima tide
Plimsollova oznaka gaza Plimsoll mark
plin gas; **inertni** ~ inert gas; **ispušni** ~ exhaust gas; **izgoreni plinovi** burnt gases; **rashladni** ~ refrigerant gas
plin prolazi (the) gas passes
plin struji (the) gas flows
plinom hlađen reaktor gas-cooled reactor (GCR)
plinovit(i) (plinovita, plinovito) gaseous
plinovito gorivo gaseous fuel
plinovod gas conduit
plinski (plinska, plinsko) gas + imenica
plinska (elektronska) **cijev** gas tube
plinska (elektronska) **cijev povezana s alarmom** (uzbunom) trigger tube
plinski stroj gas engine
plinska turbina gas turbine; **avionska** ~ aircraft (aero) gas turbine; **brodska** ~ marine gas turbine; **brodska ~ za teške uvjete rada** heavy duty marine gas turbine; **direktno prekretna** ~ direct reversing gas turbine; **dvoosovinska** ~ twin-shaft (two shaft) gas turbine; **marinizirana** ~ marinized gas turbine; **marinizirana avionska** ~ marinized aircraft (aero) gas turbine; **niskotlačna** ~ low pressure (LP) gas turbine; **pogonska** ~ power gas turbine; **prekretna** ~ reversing gas turbine; **srednjotlačna** ~ intermediate pressure (IP) gas turbine; **visokotlačna** ~ high pressure (HP) gas turbine; **višeosovinska** ~ multi-shaft gas turbine
plinska turbina niskog tlaka low pressure (LP) gas turbine
plinska turbina s izmjenjivačem topline regenerative-cycle gas turbine
plinska turbina srednjeg tlaka intermediate (IP) pressure gas turbine

plinska turbina visokog tlaka high pressure (HP) gas turbine
plinska turbina za pogon kompresora compressor gas turbine
plinskoturbinski pogon gas turbine propulsion, gas turbine drive
plinskoturbinsko postrojenje gas-turbine plant
plitak (plitki, plitka, plitko) shallow
ploča plate, sheet, panel (ukrućena); **aluminijska** ~ (aluminijski lim) aluminium (aluminium) plate; **beskonačna** ~ (ploča neograničenih dimenzija infinite plate; **centralna kontrolna** ~ central control panel; **cijevna** ~ (kod kotla) tube plate, tube sheet; **cinkova žrtvena** ~ zink wasting plate; **čelična** ~ (čelični lim) steel plate; **dvostruka** ~ (dvostruki lim) doubler, doubling plate; **podna** ~ floor plate; **potporna** ~ bracket plate; **prednja cijevna** ~ (kod kotla) front tube sheet; **skretna** ~ (za paru u kotlu) steam baffle plate, baffle plate, baffle; **stropna** ~ (na vrhu povratne komore škotskog kotla) crown sheet; **temeljna** ~ bedplate; **tranzomska** ~ transom plate; **trokutasta** ~ triangle plate, delta plate; **umetnuta** ~ insert plate; **završna** ~ **dvodna** (rubni lim dvodna) margin plate
ploča konačnih dimenzija finite plate
ploča kormila (list kormila) rudder plate
ploča neograničenih dimenzija (beskonačna ploča) infinite plate
ploča (lim) **pljuskače** swash plate, wash plate
ploča za krivljenje rebara bending slab
ploha uspona (brodskog vijka) pitch face
plosna kobilica plate keel, keel plate, flat-plate keel, flat keel
plosnat(i) (plosnata, plosnato) flat
plosnati klin flat key
plosnati profil flat bar, flat; **neprekinuti** ~ continuous flat bar
plosnati profili flat bars, flats
plotiranje (ucrtavanje) plotting
ploveći trup floating hull
plovidba voyage; **obalna** ~ coastwise voyage; **međunarodna** ~ international voyage
plovidbenost broda sea-going qualities of a ship
ploviti na površini surface (e. g. while the submarine is submerging or surfacing — dok podmornica uronjava ili plovi na površini)
plovni (plovna, plovno) floating
plovna dizalica floating crane
plovni dok floating dock
plovni objekt vessel, craft
plovna vodna linija waterborne waterline
plovnost (sposobnost plovljenja) seaworthiness
plutača buoy
plutača (usidrena) **za vez** (vezivanje) mooring buoy
plutajući (koji se drži na površini mora) afloat
plutanje floatation
plutati float
plutonij (Pu) plutonium
plutonijski reaktor plutonium reactor
pljuskača wash bulkhead, swash bulkhead; (US) **ploča** (lim) **pljuskače** swash plate, wash plate
pneumatski (pneumatska, pneumatsko) pneumatic, air + imenica
pneumatski (prilog) pneumatically
pneumatski cjevovod pneumatic piping
pneumatska paleta (za teret) air pallet
pneumatski pokretan (na pneumatski pogon) pneumatically operated, pneumatically actuated
pneumatski pokretana zaklopka pneumatically actuated damper
pneumatska preša air pressure machine
pneumatski prijenos pneumatic transmission
pneumatska regulacija pneumatic control
pobočno jedro studding sail
pobuda excitation
pobuditi excite; **vibracije su pobuđene brodskim vijcima** the vibration is excited by the propellers; **sile pobuđuju vibriranje trupa** the forces excite vibration in the hull
pobuđivač exciter
pocinčana cijev galvanized pipe
pocinčani čelični lim galvanized sheet steel
početni (početna, početno) initial, original
početna brzina initial speed, initial velocity
početni dio krivulje initial portion of the curve
početna metacentarska visina initial metacentric height
početni položaj (broda) original position
početna ravnoteža original equilibrium
početni stabilitet initial stability
početni trim initial trim
podaci data; **tehnički** ~ technical data
podbijanje caulking, calking (US)
podesiti adjust
podesiv(i) (podesiva, podesivo) adjustable
podešavanje adjustment
podešen adjusted; **ne biti** ~ to be out of adjustment, not to be adjusted
podići tlak pare to raise the steam
podizač ventila (kod oto-motora) push rod
podizanje gradnje (konstrukcijskih elemenata ili sekcija) erection
podizanje gradnje čeličnih elemenata steel erection
podizati gradnju (konstrukcijskog elementa ili sekcije) erect
podloška (metalna) (npr. u ležaju) shim
podloške (drvene na navozu) packing, fillings

podložna pločica (podloška) washer
podložna pločica (podloška) **s oprugom** spring washer
podmazan lubricated
podmazivanje lubrication
podmazivati (podmazati) lubricate
podmornica submarine; **uronjena** ~ submerged submarine
podmornica kad plovi na površini surfaced submarine
podmornički reaktor submarine reactor
podna cijev (kotla) floor tube
podna ploča floor plate
podnica (na brodu) garboard
podnica (kotlovskog bubnja) boiler head, boiler end, head, end; **bombirana** ~ (sferično oblikovana podnica) dished head, dished end
područje field, range; **frekvencijsko** ~ frequency range, range of frequency; **inženjersko** ~ engineering field; **tehničko** ~ technical field; **u području** (kod) (e. g. in way of compartments — u području odjeljenja, kod odjeljenja
područje brzina (opseg brzina) speed range
područje frekvencija frequency range, range of frequency
područje malih snaga low-power ranges
područje snage power range
područja srednjih snaga intermediate power ranges
područje (stupanj) **tvrdoće** range of hardness
područja velikih snaga high-power ranges
podudaranje (slaganje) agreement
podudarati se (slagati se) agree with, to be in agreement with (e. g. this is in agreement with theoretical work — to se podudara s teoretskim radom); **blisko se podudarati sa...** — to be in close agreement with; **dobro podudara se s proračunom dobivenim iz...** to give good agreement with the calculations of...
podupiranje support; **lokalno** ~ local support
poduprt(i) (poduprta, poduprto) supported; **jednostavno** ~ simply supported
podveza (potpalubni nosač) deck girder, underdeck girder; **centralna palubna** ~ deck centerline girder
podvodni (podvodna, podvodno) underwater
podvodni dio trupa underwater part of the hull
podvodna krila hydrofoils
podvodna (uronjiva) **pumpa** submersible pump
podvodni ventil underwater valve
podvostručenje kod palubnih otvora doubling at deck openings
podvrgnuti subject
pogasiti (požar) extinguish
pogled view

pogled odozdo bottom view
pogodan vidi **prikladan**
pogon drive, propulsion (poriv); **dizel-** ~ diesel drive; **dizel-** ~ **s reduktorom** geared-diesel drive, geared diesel propulsion; **dizel-električni** ~ diesel-electric drive, diesel-electric propulsion; **električni** ~ electric drive; **mlazni** ~ jet propulsion; **parni** ~ steam drive; **parnoturbinski** ~ steam turbine drive, steam turbine propulsion; **plinskoturbinski** ~ gas turbine drive, gas turbine propulsion; **turbinski** ~ turbine drive; **turboelektrični** ~ turboelectric drive, turbo-electric propulsion
pogoniti (pokretati) drive, power, propel (za brod)
pogonski (pogonska, pogonsko) driving, operating, propellent, propulsive (propulzivni, porivni), power + imenica
pogonsko gorivo propulsive fuel
pogonski kotao power boiler
pogonski mehanizam driving mechanism
pogonski motor driving motor (električni), driving engine
pogonsko opterećenje (snaga) (udio pogonskog opterećenja od nominalnog) rating
pogonska osovina driving shaft
pogonska plinska turbina power gas turbine
pogonsko postrojenje power plant, propulsion plant, propelling plant; **brodsko** ~ marine power (propulsion) plant, ship's power (propulsion) plant; **parno** ~ steam power plant, steam engine plant
pogonska potrošnja propellent consumption
pogonski stroj driving engine
pogonski strojevi driving machinery, propelling machinery
pogonski (radni) **uvjeti** operating conditions
pogonjen(i) (pogonjena, pogonjeno) driven
pogonjena osovina driven shaft
pogreška (u računanju) error; **zanemariva** ~ negligible error
Poissonov omjer Poisson's ratio
pojačanje reinforcement, strengthening
pojačati reinforce, strengthen
pojačivački prsten reinforcing ring
pojas band; **frekvencijski** ~ frequency band; **energetski** ~ energy band
pojas frekvencija frequency band, band of frequencies; **povećani** ~ incremental band of frequencies
pojas valnih frekvencija band of wave frequencies, wave frequency band
pojas za spasavanje lifebelt, (ring) life buoy (obruč za spasavanje)
pojedina stavka nečega (u proračunu) item
pojedinačni (pojedinačna, pojedinačno) single, individual
pojedinačni nogari individual footings
pojedinačna sila (jedna sila) single force
pokazivač indicator

pokazivač dima smoke indicator; **vizualni** ~ visual smoke indicator
pokazivač mjernih veličina measuring values indicator
pokazivač otklona kormila rudder angle indicator
pokazivač saliniteta salinity indicator
pokazivač smjera (kod plovidbe) course indicator
pokazivački uređaj indicator apparatus
poklopac cover, closure (e. g. deck openings are provided with closures — palubni otvori imaju poklopce); **drveni** ~ wood cover; **pokretni drveni** ~ portable wood cover
poklopac grotla hatchway cover, hatch cover
poklopac pontona pontoon cover
poklopac provlake manhole plate, manhole cover
pokost varnish
pokrenuti (uputiti) **sistem** to start the system, to get the system started, to actuate the system
pokretan(i) (pokretana, pokretano) operated; **hidraulički** ~ (na hidraulički pogon) hydraulically operated; **pneumatski** ~ (na pneumatski pogon) pneumatically operated; **ručno** ~ (na ručni pogon) manually operated
pokretanje (upućivanje) starting, start-up
pokretljivost mobility
pokretni (pokretna, pokretno) mobile, movable, portable
pokretna dizalica mobile crane, travelling crane, travel crane; **obalna** (lučka) ~ port mobile crane
pokretni (skidljivi) **drveni poklopac** portable wood cover
pokretni mačak (na dizalici) trolley
pokretna mosna dizalica mobile bridge crane
pokretna okvirna dizalica (okvirna dizalica sastoji se od nogara, mosta i mačka) mobile gantry crane
pokretna (skidljiva) **sponja** portable beam
pokretna (skidljiva) **sponja grotla** portable hatch beam
pokrov top
pokrov dvodna double bottom plating, tank top
pokrov tanka tank top
pokrov tunela tunnel top
pokrovni sloj za prigušenje požara fire smothering blanket
pokus experiment, test
pokus ljuljanja sallying
pokus nagiba inclining experiment
pokus teglenja modela towing test
pokus trima trim dive
pokusna plovidba trial; **voziti** ~ to run the trials
pol pole
polagač mina (vrsta broda) mine layer

polaganje električnih kabela installation of electrical cables
polagati kobilicu to lay the keel
polaritet polarity
polarni (polarna, polarno) polar
polarna integracija polar integration
polarna koordinata polar coordinate
polarni moment inercije (tromosti) polar moment of inertia
politropski (politropska, politropsko) polythropic
politropska ekspanzija polythropic expansion
politropska kompresija polythropic compression
polonij (Po) polonium
polovica otklona pri ljuljanju/posrtanju broda the midpoint of the ship roll/pitch
polovica visine vala midheight of wave
položaj position (e. g. position of the center of gravity — položaj težišta sistema), location, locus; **početni** ~ (broda) original position; **pomaknuti** ~ (od početnog) displaced position; **uspravni** ~ (broda) upright position
položaj kormila rudder setting
položaj težišta istisnine po duljini broda longitudinal center of buoyancy
položaj težišta istisnine po duljini broda u plovnom stanju water-borne longitudinal center of buoyancy (LCB)
položaj težišta istisnine po visini broda vertical center of buoyancy (VCB)
položaj težišta sistema po duljini broda longitudinal center of gravity (LCG), the longitudinal position of the center of gravity
položaj težišta sistema po širini broda transverse center of gravity (TCG), the transverse position of the center of gravity
položaj težišta sistema po visini broda vertical center of gravity (VCG), the vertical position of the center of gravity
položiti place, embed (e. g. the camshaft is embedded in the camshaft frame — bregasta osovina položena je u kućište bregaste osovine)
polu- semi-, half-
poluaksijalna pumpa mixed flow pump
polubalansno kormilo semibalanced rudder
poludebljina half-thickness
polukrug semicircle
polumjer (vidi **radijus**) radius
polupaluba half-deck
poluportalna dizalica semi-portal crane
poluproizvod semifinished product
polusmireni čelik semi-killed steel
polusmireni meki čelik semi-killed mild steel
polusponja (konzolna sponja) half-beam
polusponja (kod grotla) hatch end beam

poluuronjiv(i) (poluuronjiva, poluuronjivo) semisubmersible
poluvijek half-life
poluvrijeme half-life; **biološko** ~ biological half-life; **efektivno** ~ effective half-life
poluzatvoreni kružni proces semi-closed cycle
poluga lever, arm; **kočiona** ~ brake lever
poluga akscentra eccentric rod
poluga (krak) momenta poprečnog nagiba (broda) heeling arm
poluga momenta stabiliteta righting arm (GZ); **poprečna** ~ transverse righting arm; **stvarna** ~ actual righting arm
poluga prekidača (kod sistema paljenja) breaker arm
poluga prekretnog momenta upsetting arm
poluga razvodnika (kod sistema paljenja) distributor arm
polužje leverage, linkage
polužje pumpe pump gear
polje field; **magnetsko** ~ magnetic field; **mezonsko** ~ meson field
pomak shift; **fazni** ~ (zaostajanje u fazi) phase lag
pomak prema dolje pri poniranju downward heave
pomak prema dolje pri posrtanju downward pitch
pomak prema gore pri poniranju upward heave
pomak prema gore pri posrtanju upward pitch
pomak pri poniranju heave
pomak pri posrtanju (posrtaj) pitch
pomak pri zaošijanju yaw
pomak pri zastajanju surge
pomak težišta sistema the shift of the center of gravity
pomaknut(i) pomaknuta, pomaknuto) shifted, moved off, offset, displaced
pomaknut od simetrale broda moved off the centerline
pomaknuti položaj (od početnog položaja) displaced position
pomaknuto težište sistema displaced center (centre) of gravity
pomaknuti offset (offset, offset) (e. g. the center of buoyancy is offset — težište istisnine je pomaknuto)
pomaknuti se od simetrale broda to move off the centerline
pomicati teret to shift the load
pomoćni (pomoćna, pomoćno) auxiliary
pomoćni brod auxiliary ship, auxiliary
pomoćni ispuh auxiliary exhaust
pomoćni kondenzator auxiliary condenser
pomoćni kormilarski uređaj auxiliary steering gear
pomoćni napojni cjevovod auxiliary feed line, auxiliary feed
pomoćna oprema auxiliary equipment

pomoćni parni zaporni ventil auxiliary steam stop valve
pomoćni stroj auxiliary engine, auxiliary machine
pomoćni strojevi auxiliary machinery, auxiliary engines
pomoćna turbina auxiliary turbine
pomoćni uređaji auxiliary units, auxiliary fittings, auxiliaries, accessories
pomoćni ventil za zasićenu paru saturated auxiliary stop (valve)
pomoćni zaporni ventil auxiliary stop valve, auxiliary stop
pomoću by means of, in terms of (e. g. the right-hand side of the equation can be expressed in terms of sines and cosines as functions of time — desna strana jednadžbe može se izraziti pomoću sinusa i kosinusa kao funkcija vremena)
pomorac seaman
pomorski (pomorska, pomorsko) maritime, marine
pomorska nacija maritime nation
pomorsko osiguranje marine insurance
pomorska svojstva broda vidi **plovidbenost broda**
pomorstvenost seakeeping
pomorstvenost broda sea-keeping qualities of a ship
ponašanje broda na pravilnim valovima ship behavior (behaviour) in regular waves
ponašanje broda na valovima ship behavior (behaviour) in waves
poniranje heaving, heave; **amplituda poniranja** amplitude of heave; **kut poniranja** angle of heave; **pomak pri poniranju** heave; **pomak prema dolje pri poniranju** downward heave; **pomak prema gore pri poniranju** upward heave
ponirati heave (hove, hove)
poništiti nullify, null, to be nulled (e. g. the vibration of the model was nulled — vibracije modela su bile poništene (su iščeznule)
ponovno (iz)računati recompute, recalculate
ponovno zagrijati reheat
ponton pontoon
popravak repair; **generalni** ~ generai overhaul, overhaul
popraviti repair
poprečan (poprečni, poprečna, poprečno) transverse
poprečno (prilog) transversely
poprečni brodski vijak thruster propeller; **krmeni** ~ stern thruster propeller; **pramčani** ~ bow thruster propeller
poprečna čvrstoća transverse strength
poprečni (konstrukcijski) element transverse (structural) member, transverse (structural) component

poprečno kormilo thrust rudder
poprečna linija transverse line
poprečni metacentar transverse metacenter
poprečna metacentarska visina transverse metacentric height
poprečni moment inercije transverse moment of inertia
poprečni nagib (broda) heel, list, athwartship inclination; **kut poprečnog nagiba** angle of heel; **prekomjerni** ~ excessive list; **stalni** (konstantni) ~ steady heel; **statički** ~ static heel; **statički kut poprečnog nagiba** static angle of heel
poprečno nagibanje (broda) listing
poprečni okvir (poprečna okvirna konstrukcija) plate transverse
poprečno orebren transversely framed
poprečno orebrenje transverse framing
poprečna palubna sponja transverse deck beam
poprečna poluga momenta stabiliteta transverse righting arm
poprečna pražnica grotla transverse hatchway coaming
poprečna pregrada transverse bulkhead; **korugirana** (naborna) ~ corrugated transverse bulkhead; **visoka** ~ (u nadgrađu) deep transverse bulkhead
poprečni presjek transverse section, cross-section
poprečna ravnina transverse plane, arthwartship plane
poprečno rebro transverse frame
poprečni sistem gradnje transverse system of building
poprečni stabilitet transverse stability, athwartship stability
poprečni tok cross-flow
poprečni val transverse wave
poprečnjak boka side transverse
poprečnjak palube deck transverse
poprijeko (preko, unakrst) across
poprijeko broda athwartships
popustiti (za materijal) fail
popuštanje (neizdržljivost) (materijala ili konstrukcije) failure
popuštanje (toplinska operacija nakon kaljenja čelika) tempering, temper
popuštanje (lom) **materijala zbog zamora** fatigue failure
popuštanje (unutrašnjih) **napetosti** stress relief
popuštanje puzanjem (vijaka) relaxation
porast increase, rise, gain, growth
porast metacentarske visine GM (metacentric height) gain
porast opterećenja load increase, load growth
porast temperature temperature rise
porast težine weight increase, increase of weight
porast toplinskih opterećenja thermal growth loads
porast vala wave growth

poredan u liniju (centriran) aligned
poredanje u liniju (centriranje) alignment
poremećaj disturbance; **valni** ~ wave disturbance
porinuće (broda) launching; **bočno** ~ side launching; **uzdužno** ~ end launching
porinuti (brod) launch
poriv propulsion, thrust
poriv brodskog vijka propeller thrust
poriv prema naprijed forward thrust
poriv prema natrag astern thrust
porivno postrojenje propelling plant, propulsion plant; **brodsko** ~ ship's-propelling plant, ship's propulsion plant
porivna (konjska) **snaga** (snaga poriva) thrust horsepower
porivni strojevi (propulzivni strojevi) propelling machinery, propelling engines; **glavni** ~ main propelling machinery, main propelling engines
porivna turbina propulsion turbine
portalna brodska dizalica portal ship's crane
portalna dizalica portal crane
portalna dizalica s nagibnim krakom portal luffing crane
posada (na brodu) crew
posljednjih godina vidi **u novije vrijeme**
posrtanje (broda) pitching, pitch; **amplituda posrtanja** amplitude of pitch; **kut posrtanja** angle of pitch; **pomak pri posrtanju** (posrtaj) pitch; **pomak prema dolje pri posrtanju** downward pitch; **pomak prema gore pri posrtanju** upward pitch; **sinhrono** ~ synchronous pitching; **težište** (središte) **posrtanja** center of pitching
posrtati (za brod) pitch
postaviti place, locate
postaviti (montirati) mount
postaviti (ugraditi) (npr. konstrukcijski element) fit
postaviti (utvrditi) **granicu** to set a limit
postaviti (čamac) **u ležište** (kolijevku) cradle
postaviti u ravnotežni položaj poise
postavljanje placement
postavljanje (montaža) **elementa** mounting of a component; **fleksibilno** ~ flexible mounting; **kruto** ~ rigid mounting
postavljenje (utvrđivanje) **granica** the setting of limits
postići vrijednost to attain the value (e. g. this value is easily attained — ova se vrijednost lako postiže
posto per cent
postolje base, bed, bedplate, seating
postolje samarice derrick stool
postolje sidra anchor bed, billboard
postolje stroja engine seating
postotak percentage; **manji** ~ **od** smaller percentage of, lesser percentage of
postran(i) (bočni) (postrana, postrano) lateral

postrojenje plant; **brodsko pogonsko** ~ marine power plant, ship's power plant; **brodsko porivno** ~ ship's propelling plant, ship's propulsion plant; **difuzijsko** ~ diffusion plant; **klima** ~ air conditioning plant, air condition plant; **kotlovsko** ~ boiler plant; **nuklearno** ~ nuclear plant; **parno** ~ steam plant; **parno pogonsko** ~ steam power plant, steam engine plant; **parnoturbinsko** ~ steam turbine plant; **plinskoturbinsko** ~ gas-turbine plant; **pogonsko** ~ power plant; **porivno** (propulzivno) ~ propelling plant, propulsion plant; **rashladno** ~ cooling plant, refrigeration plant, refrigerating plant; **turbinsko porivno** (propulzivno) ~ turbine propulsion plant; **ventilacijsko** (ventilaciono) ~ ventilating plant
postrojenje za evaporaciju (isparavanje) evaporating plant
postrojenje za izmjenu goriva (reaktora) refuelling installation
postrojenje za klimatizaciju air-condition plant, air-condition apparatus
postrojenje za prekrcaj tekućeg tereta cargo oil pumping plant
postrojenje za pripremu pitke vode distilling plant
postupak treatment, procedure; **matematički** ~ mathematical treatment (procedure)
postupak dobivanja čelika steel-making procedure
postupak (u proračunu) **mora biti dosljedan** the treatment (in the calculations) must be consistent
postupak žarenja annealing treatment
postupati treat (e. g.) the calculations of appendages are treated as... s proračunima o privjescima postupa se kao ...)
posuda vessel; **tlačna** ~ pressure vessel; **reaktorska** ~ reactor vessel
posuda pod pritiskom pressure vessel
posušiti (ispumpati naftu iz tanka do kraja) strip
posušivanje (ispumpavanje nafte iz tanka dokraja) stripping
potencija (matematički pojam) power; x^2, x squared; x^3 x cubed; x to the third: x^{-1} x to the power of minus 1
potencijal potential; **adsorpcijski** ~ adsorption potential; **akceleracijski** ~ accelerating potential; **Coulombov** ~ coulomb potential; **ionizacijski** ~ ionization potential
potencijal brzine velocity potential
potencijalni (potencijalna, potencijalno) potential
potencijalna barijera potential barrier
potencijalna energija potential energy
potencijalno strujanje potential flow
potencijalno sustrujanje potential wake
potenciranje exponentiation
poteškoća nastaje the difficulty arises

potiskivanje suppresion
potiskivanje oscilacija the suppression of oscillations
potklada block
potklade blocks; **bočne** ~ side blocks; **bočne kobilične** ~ side keel blocks; **drvene** ~ wooden blocks; **kobilične** ~ keel blocks; **središnje kobilične** ~ centre (center) keel blocks
potklade ispod uzvoja bilge blocks
potklade s promjenljivom visinom collapsible blocks
potklađivanje blocking
potomak (produkt) **raspada** daughter product
potonuće sinkage, sinking
potonuli brod sunken ship
potonuti sink (sank, sunk)
potpalubni bočni tank upper wing tank
potpalubni nosač vidi **palubna podveza**
potpora support
potpora ležaja bearing support
potpore za galeriju (u strojarnici) gallery brackets
potporanj support; **kinematički** ~ (omogućava toplinsku dilataciju) kinematic support
potporanj ograde rail support
potporna ploča (potporni lim) bracket plate
potpun(i) (potpuna, potpuno) complete, full
potpuno (prilog) completely, fully
potpuno kavitirajući brodski vijak fully--cavitating propeller
potpuno opterećenje full load
potpuno upet completely restrained
potrošač električne energije electrical consumer
potrošno gorivo consumable fuel
potrošnja consumption; **pogonska** ~ propellent consumption
potrošnja benzina petrol consumption
potrošnja goriva fuel consumption
potrošnja električne energije electric consumption
potrošnja snage power consumption
potrošnja ulja oil consumption
potvrda confirmation; **eksperimentalna** ~ experimental confirmation
potvrditi (eksperimentalno) to confirm (experimentally), bear out (bore, borne) (e. g. this is borne out by experiments — to je potvrđeno eksperimentima)
pouzdan (u radu) reliable
pouzdanost (npr. rada stroja) reliability
povećan(i) (povećana, povećano) increased, augmented, incremental
povećana masa increased mass
povećan pojas frekvencija incremental band of frequencies
povećana površina increased area
povećanje increase, augmentation
povećanje duljine increase in (of) length
povećanje ljuljanja increase of roll

povećanje mase increase in (of) mass
povećanje snage (sile) boost
povećanje težine increase in (of) weight
povećati increase, augment
povećati snagu, silu boost
povisiti increase
povisiti tlak (pritisak) (to) increase the pressure, boost
povisivač tlaka goriva fuel oil booster
povišenje increase, rise
povišenje težišta sistema rise of the centre (center) of gravity; **virtualno** ~ virtual rise of the centre of gravity
povišenje tlaka (pritiska) increase of pressure, boost
povlačenje zraka aeration
povlačenje zraka zbog indukcije induction
povlačiti (povući) entrain (e. g. the mass of water entrained by the ship — masa vode povučena brodom)
povlačiti zrak zbog indukcije induce
povlak pull
povlak užadi (užeta) line pull
povoljniji (u prednosti) advantageous (e. g. this mathematical procedure is advantageous — ovaj matematički postupak je povoljniji)
povrat plamena flareback
povratno gibanje reciprocating motion
povratno raspršenje back scatter
povratna sila (kod broda) restoring force
povratna veza feedback
povratni zrak return air
povratno se gibati reciprocate
površina surface, area; **difuzijska** ~ diffusion area; **dodirne površine** contacting surfaces; **izvitoperena** ~ (deformirana u tri smjera) warped surface; **migracijska** ~ migration area; **povećana** ~ increased area; **teoretska** ~ (površina određena vanjskim licem rebara) molded surface; **usporavajuća** ~ slowing-down area; **valna** ~ wave surface
površina izložena vjetru windage area
površina kondenziranja condensing surface
površina kormila rudder area
površina određena vanjskim licem rebara (teoretska površina) molded surface
površina poprečnog presjeka cross sectional area
površina presjeka sectional area
površina vala wave surface
površina vodne linije area of waterplane
površina zagrijavanja heating surface
površinski (površinska, površinsko) surface + imenica
površinski brod (brod koji plovi po površini za razliku od podmornice) surface ship
površinski kondenzator surface condenser; **dvoprolazni** ~ two-pass surface condenser

površinski integral surface integral
površinski naboj (vezni naboj na površini) bound charge
površinske sile surface forces
površinska trohoida surface trochoid
površinski val surface wave
pozitivan (pozitivni, pozitivna, pozitivno) positive
pozitivno sustrujanje positive wake
pozitivni uzgon positive buoyancy (Arhimedov)
pozitivna zraka positive ray
pozitron positron
požar fire
požarni detektor fire detector
požarna štrcaljka fire monitor
prag sill
pramac bow; **desna strana pramca** starboard bow; **izbačena forma pramca** bow flare; **lijeva strana pramca** port bow; **udaranje izbačene forme pramca o valove** bow-flare slamming; **uranjanje** (uron). **pramca** bow submergence
pramac s bulbom bulb bow, bulbous bow
pramac s bulbom koji se proteže ispred pramčanog perpendikulara ram bow
pramcobran bow fender
pramčan(i) (pramčana, pramčano) bow + imenica, fore, forward
pramčani dio (broda) forebody, fore end
pramčani dio kolijevke fore poppet
pramčani gaz draft forward
pramčano kormilo bow rudder
pramčani pik (prednji kolizijski prostor) fore peak
pramčani poprečni brodski vijak bow thruster propeller
pramčano sidro bower anchor
pramčana statva stem; **kosa** ~ raked stem; **oštra** ~ sharp stem; **vertikalna** (ravna) ~ vertical stem; **zaobljena** ~ round stem
pramčani trim (trim na pramcu) trim by the bow, trim forward
pramčano uže bow line
praonica rublja laundry
pravac straight line
pravac djelovanja (sile) line of action (of the force)
pravčasta zavojna ploha helical surface
pravi kut right angle; **biti pod pravim kutom** to be at right angles; **koji ima pravi kut** (koji je pod pravim kutom) right angled
pravilan (pravilni, pravilna, pravilno) regular
pravilni val regular wave
pravilni valovi regular waves, regular seas
pravilni valovi u pramac regular head seas
pravilo rule; **Braggovo** ~ Bragg rule; **Čebičefljeva pravila** Tchebycheff's rules; **trapezoidno** ~ trapezoidal rule; **u skladu s pravilima** in accordance with the rules

pravilo integriranja integration rule
pravocrtni (pravocrtna, pravocrtno) (pravolinijski, pravolinijska, pravolinijsko) rectilinear, linear
pravocrtno (pravolinijsko) **gibanje** translation, the motion of translation, translational motion, linear motion
pravokutan (pravokutni, pravokutna, pravokutno) rectangular
pravokutno grotlo rectangular hatchway
pravokutni otvor rectangular opening
pravokutni trokut right-angled triangle
pravokutnik rectangle
pravolinijski rectilinear
prazan brod (zbroj, suma brodskih težina, težina broda bez tereta) light ship, ship in light condition; **krivulja praznog opremljenog broda** light-ship curve; **težina praznog broda** light-ship weight, light weight of the ship
prazni hod (rad u praznom hodu) idling
prazeodim (Pr) praseodymium
pražnica coaming; **bočna** ~ side coaming; **prirubna** ~ flanged coaming
pražnica grotla hatch coaming, hatchway coaming; **poprečna** ~ transverse hatchway coaming; **uzdužna** ~ longitudinal hatchway coaming
prečistač vidi **pročistač**
prečka transverse bar, cross tie (u tanku), stock (na sidru)
predajnik (odašiljač) transmitter
predana snaga delivered power
predana snaga (vijku) delivered horsepower (dhp) (at the propeller)
predati impart (e. g. to impart the pressure, acceleration etc. — predati pritisak, akceleraciju itd.)
predati snagu to deliver the power (e. g. the power is delivered to the shaft — snaga je predana osovini)
predgrijač preheater
predgrijač (zagrijač) **napojne vode** economizer
predgrijač (zagrijač) **napojne vode s privarcima** (sa zavarenim svornjacima) stud economizer
predgrijač sa spiralnim cijevima preheater coil
predgrijač zraka air preheater
predgrijan(i) (predgrijana, predgrijano) preheated
predgrijati preheat
predmontaža (polumontaža) prefabrication, sub-assembly (e. g. of sections — predmontaža sekcija), sub-assembling (e. g. of sections — predmotaža sekcija)
predmontažni elementi sub-assemblies, prefabricated.members
prednabijanje pressure charging
prednabijen(i) (prednabijena, prednabijeno) supercharged

prednapregnuti beton prestressed concrete
prednosti (nečega) the merits of, the advantages of
prednji (prednja, prednje) front, fore, forward
prednja (čeona) **cijevna komora** (cijevni razdjeljivač, sakupljač) front header
prednja cijevna stijena (ploča) **kotla** boiler front tube sheet, boiler front tube plate
prednji dio palube foredeck; **zaliveni** ~ wet foredeck
prednji jarbol foremast, fore mast
prednji kolizijski prostor fore peak
prednji ležajevi front bearings
prednji perpendikular (pramčana okomica) forward perpendicular
prednja ramena forward shoulders
predviđen(i) (predviđena, predviđeno) anticipated
predviđeni radni uvjeti anticipated operating (working) conditions
predviđen za appropriated to (e. g. spaces appropriated to cargo, coal, oil, stores, accomodations, machinery etc. — prostori predviđeni za teret, ugljen, naftu, spremišta, nastambe, strojarnicu itd.)
predznak (u matematici) sign; **biti suprotnog predznaka** (imati suprotni predznak) to be opposite in sign
predznak je obrnut the sign is reversed
prefabriciran(i) (prefabricirana, prefabricirano) prefabricated
prefabricirana (predmontažna, polumontažna) **sekcija** prefabricated section
prefabrikacija (predmontaža, polumontaža) prefabrication
pregib (pretičak uzgona u sredini) (negativni progib) hog, hogging; **brod ima** ~ the ship is hogging; **brod u stanju pregiba** (brod s pretičkom uzgona na sredini) the ship in a hogged condition; **brodska kobilica je savijena na** ~ the ship keel is deflected in hog; **imati** ~ to hog
pregibati se (savijati se) flex
pregled (broda) survey; godišnji ~ annual survey; **periodički** ~ periodical survey
pregrada (na brodu) bulkhead; **bočna** ~ side bulkhead, wing bulkhead; **bočna** ~ (stijena u nadgradnji) side bulkhead; **centralna** ~ centreline (centerline) bulkhead; **diobena** ~ division bulkhead; **kolizijska** (sudarna) ~ collision bulkhead; **korugirana** (naborana) ~ corrugated bulkhead; **korugirana poprečna** ~ corrugated transverse bulkhead; **korugirana uzdužna** ~ corrugated longitudinal bulkhead; **krajnja** ~ boundary bulkhead; **nepropusna** ~ watertight bulkhead; **obična** ~ ordinary bulkhead; **poprečna** ~ transverse bulkhead; **ravna** ~ plane bulkhead; **skretna** ~ (za paru u kotlu) steam baffle

wall, baffle wall, baffle; **stepeničasta** (stepenasto oblikovana) ~ stepped bulkhead; **uljnonepropusna** ~ oiltight bulkhead; **udubljena** ~ recessed bulkhead; **uljnopropusna** ~ non-oiltight bulkhead; **uzdužna** ~ longitudinal bulkhead; **uzdužna korugirana** ~ longitudinal corrugated bulkhead; **uzdužna simetralna** ~ (centralna) centreline (centerline) bulkhead; **visoka poprečna** ~ (stijena) **u nadgrađu** deep transverse bulkhead; **vodonepropusna** ~ watertight bulkhead; **vodopropusna** ~ non-watertight bulkhead
pregrada bunkera bunker bulkhead
pregrada dubokog tanka deep tank bulkhead
pregrada koferdama cofferdam bulkhead
pregrada krmenog pika (krmena kolizijska pregrada, stražnja sudarna pregrada) after peak bulkhead
pregrada mosta bridge bulkhead
pregrada pika (pregrada u piku) peak bulkhead
pregrada s udubljenjem recessed bulkhead
pregrada u tanku tank bulkhead
pregrada uzdužnog prolaza fore-and-aft passage bulkhead
pregradak (koferdam) cofferdam
pregradni faktor (faktor nepropusne podjele) factor of subdivision
pregradna paluba bulkhead deck
pregrijač (pare) superheater; **konvektivni tip pregrijača** convection type superheater; **radijacijski tip pregrijača** radiant type superheater; **separatno loženi** ~ separately fired superheater
pregrijač na otpadnu toplinu waste heat superheater
pregrijan(i) (pregrijana, pregrijano) superheated
pregrijana para superheated steam
pregrijavanje (pare) superheat
prejak overstrong
prekidač (strujni) switch, circuit breaker
prekidač (programator) (paljenja u benzinskom motoru) timer
prekidač daljinskog upravljanja remote control switch
prekidač (ključ) **motora** ignition switch
prekidač telekomande remote control switch
prekinuti (umetnuti, interkostalni) **centralni** (simetralni) **nosač dna** intercostal centerline (centreline) girder
preklop overlap
preklopni (preklopna, preklopno) lapped, lap + imenica
preklopni spoj lap joint, lapped joint
preklopni zavareni spoj lapped-welded joint
prekomjerni poprečni nagib (broda) excessive heel
prekomjerna težina overweight

prekretni (prekretna, prekretno) reversible, reversing, upsetting, change over + imenica
prekretni brodski vijak reversible propeller
prekretni moment upsetting moment
prekretna plinska turbina reversing gas turbine; **direktno** ~ direct reversing gas turbine
prekretna sila upsetting force
prekretni stroj reversing engine
prekretna turbina reversing turbine
prekretni (preklopni) **ventil** change over valve
prelaziti exceed (e. g. to exceed the length — prelaziti duljinu), transfer (e. g. the heat is transferred — toplina prelazi)
prelijevanje mora preko palube shipping of water, shipping water, deck wetness, the wetness of decks
prelijevati (morem) sweep (swept, swept)
prelit morem awash (e. g. the deck edge is awash — rub palube prelit je morem)
prelomiti (se) break (broke, broken)
prelomna čvrstoća breaking strength (e. g. the breaking strength of the wire rope — prelomna čvrstoća čeličnog užeta)
preluk (poprečno ispupčenje palube) camber
preluk profila (propelernog) **krila** camber of a blade section
preljevna cijev overflow pipe
prema tome thus, hence, accordingly
prema vjetru windward
premaz coat, coating; **klizni** ~ slip coat; **temeljni** ~ base coat
premjestiti (premještati) shift (e. g. to shift the load — premjestiti/premještati teret)
premještaj shift (e. g. the shift of weights — premještaj težina; the shift of the load — premještaj tereta)
prenisko procijeniti underestimate
preniska procjena underestimate
prenositi transmit (npr. za gibanje, snagu, električnu struju), transfer (npr. za toplinu)
prenosiv(i) (prenosiva, prenosivo) portable
prenosiv dio portable part, portable section
prenosiva dizalica portable jack
prenosiv uređaj (aparat) **za gašenje požara** (ekstinkter) portable fire extinguisher
preopterećenje overload, overloading
preopteretiti overload
preostali (preostala, preostalo) residual (e. g. residual stability after flooding — preostali stabilitet poslije naplave), residuary (e. g. residuary resistance — preostali otpor)
preostala metacentarska visina residual metacentric height
preostali otpor residuary resistance
prepust (pramčani ili krmeni) cantilever
preračunski faktor conversion factor
prerada processing

prerazmjestiti (preurediti, srediti) rearrange (e. g. to rearrange the equation — prerazmjestiti/preurediti/srediti jednadžbu)
presjeći (ravninom) intersect
presjek cross-section, section, sectional view; **apsorpcijski udarni** ~ absorption cross-section; **geometrijski udarni** ~ geometrical cross-section; **ionizacijski udarni** ~ ionization cross-section; **kružni** ~ circular cross-section; **neutronski apsorpcijski udarni** ~ neutron absorption cross-section; **poprečni** ~ transverse section; **strujni** ~ streamlined section; **termalni udarni** ~ thermal cross-section; **transportni udarni** ~ transport cross-section; **udarni** ~ (u nuklearnoj fizici) cross-section; **udarni** ~ **raspršenja** scattering cross-section; **ukupni udarni** ~ total cross-section; **uzdužni** ~ longitudinal section
presjek glavnog rebra (u sredini broda) midship section
preša (tijesak) press; **hidraulička** ~ hydraulic press
preša za uvaljivanje cijevi tube expander
prešati press
pretega (pretežan brod; pramčani gaz veći od krmenog) trim (trimmed) by the head
prethladnjak precooler
prethodno izračunat precalculated
prethodno (iz)računati precalculate
pretičak uzgona na krajevima vidi **progib**
pretičak uzgona u sredini vidi **pregib**
pretlačni (prekotlačni) ventil za gorivo (ložulje) fuel oil back pressure valve
pretlak over-pressure
pretvarač converter, transducer; **analogni digitalni** ~ analog-to-digital converter; **vibracijski** ~ vibration transducer (uređaj za pretvaranje vibracija u električne impulse)
pretvarač električne energije electric energy converter
pretvarač vibracija vibration transducer
pretvorba conversion, transmutation; **atomska** ~ atomic transmutation; **unutrašnja** ~ internal conversion
pretvorbeni (konverzijski) **elektron** conversion electron
pretvorbeni koeficijent (konverzijski koeficijent) conversion coefficient
pretvoriti convert
preventer (zaputka, uzda) preventer
prevjes overhang; **imati** ~ overhang (overhung, overhung)
prevozilo za bočni pretovar kontejnera side loader carrier
prevoziti carry (e. g. to carry the load — prevoziti teret), transport (e. g. to transport the passengers — prevoziti putnike)
prevrnuće (broda) capsizing
prevrnuti se (za brod) capsize

prezagrijavanje (prejako zagrijavanje) overheating
približan (približni, približna, približno) approximate; **postati** (biti) ~ to approximate (e. g. if this curve approximates a parabola... — ako je ova krivulja približna paraboli...)
približno (prilog) approximately
približna vrijednost approximate value
približavati se approach (e. g. the angle of inclination approaches zero — kut nagiba se približava nuli)
približenje (aproksimacija) approximation
priboj (bočna letva skladišta) cargo batten
pribor accessory
pričvrsni vijak holding-down bolt
pričvrstiti attach, fasten
pričvršćen(i) (pričvršćena, pričvršćeno) attached, fastened
pridržač support
pridržač cijevi tube support, pipe support
pridržavati se pravila comply with the rules
prigušen(i) (prigušena, prigušeno) damped
prigušena sila damped force
prigušene vibracije damped vibration(s)
prigušenje damping, attenuation
prigušenje šuma (zvuka) sound attenuation
prigušenje zbog trenja frictional damping
prigušiti throttle, choke, damp (oscilacije), attenuate (zvuk, šum)
prigušivač damper
prigušivač (buke) silencer
prigušivanje choking
prigušni (prigušna, prigušno) damping, throttling
prigušni parni (regulacijski) **ventil** throttling steam valve
prigušna sila (sila prigušenja) damping force
prigušni uređaj damping device
prigušni ventil (za regulaciju pare) throttle valve
prigušna zaklopka (ventil) throttle valve
prijanjanje ulja na površinu tanka oil clinging to the tank surface
prijelaz krila (brodskog vijka) **u glavinu** fillet
prijelom vidi **lom**
prijelomna čvrstoća breaking strength
prijemnik receiver; **radio-** ~radio receiver
prijenos transmission; **električni** ~ electrical transmission; **hidraulički** ~ hydraulic transmission; **kormilarski** ~ steering transmission; **lančani** ~ (pogona) chain drive; **mehanički** ~ mechanical transmission; **pneumatski** ~ pneumatic transmission
prijenos topline heat transfer, the transfer of heat; **laminarni** ~ laminar heat transfer; **turbulentni** ~ turbulent heat transfer
prijenos topline konvekcijom heat transfer by convection

prijenos topline vođenjem heat transfer by conduction
prijenos topline zračenjem heat transfer by radiation
prijenos vibracija temelja foundation vibration transmission
prijenosan (prijenosni, prijenosna, prijenosno) transmitting
prijenosni mehanizam transmitting mechanism
prijenosna vrpca (traka) conveyer belt
prijevoz transport, carriage, transportation
prijevoznica (trajekt) ferry, ferryboat
prijevoznica (trajekt) **za automobile** car ferry
prijevoznica (trajekt) **za vlak** train ferry
prikaz display; **osciloskopski** ~ oscilloscopic display
prikladan (podesan, pogodan) (prikladni, prikladna, prikladno) suitable, convenient, appropriate
prikladniji vidi **povoljniji**
priključak connecting member (part), connection; **T-** ~ (T cijevni fiting) pipe tee
priključak (električni) terminal, lead
priključci na kotlu boiler attachments
priključci vode za kondenzator condenser water connections
priključni prsten za vodu (na pumpi) lantern ring
prikolica trailer
primar (primarna zavojnica) primary (primary coil, primary winding)
primaran (prvenstven) (primarni, primarna, primarno) primary
primarni rashladni krug primary refrigeration cycle
primarna sisaljka primary pump
primarna zona primary zone
primarni zrak primary air
primijeniti apply
primjena application
primjena je opravdana application is justified
primjenljiv(i) (primjenljiva, primjenljivo) applicable (e. g. applicable rules — primjenljiva pravila)
princip (načelo) principle; **Boltzmannov** ~ Boltzmann's principle; **Paulijev** ~ **isključenja** Pauli exclusion principle
princip rada operating principle, principle of operation
princip vrijedi the principle applies
priobalni (priobalna, priobalno) coastal
priobalni brod (obalni brod) coaster
pripadajuća oprema associated equipment
pripona (uže koje zateže, npr. jarbol prema boku) shroud
pripremiti nacrt prepare a design
pripremljena voda (dodatna voda za kotao) make-up water
prirast increment; **vektorski** ~ vectorial increment

prirast duljine increment of length, incremental length
prirast kuta nagiba increment in (of) inclination
prirast ljuljanja increment of roll
prirast mase increment of mass, incremental mass
prirast površine increment of area, incremental area
prirast težine increment of weight, incremental weight
prirodan (prirodni, prirodna, prirodno) natural
prirodna (vlastita) **frekvencija** natural frequency
prirodni logaritam natural logarithm
prirodni oblici vibriranja trupa natural modes of hull vibration
prirodni period oscilacija natural period of oscillation
prirodni propuh natural draft
prirodni uran natural uranium
prirodnouranski reaktor natural-uranium reactor
prirodna veličina (kod mjerila) full size (scale)
prirodna ventilacija natural ventilation
prirubni (prirubna, prirubno) (prirubnički, prirubnička, prirubničko) flanged, flange + imenica
prirubna brtva flange gasket
prirubna pražnica flanged coaming
prirubni (prirubnički) **spoj** flange joint, flanged connection
prirubna spojka flange coupling
prirubnica flange; **slijepa** ~ blind; **zaštitna** ~ safety flange
prisilan (prisilni, prisilna, prisilno) forced
prisilno gibanje forced motion
prisilno ljuljanje forced rolling
prisilne oscilacije forced oscillations
prisilni (umjetni) **propuh** forced draft
prisilne vibracije forced vibration
pristanište pier, quay
pristati na vezu u luci berth
pristojbe (tarife) charges, tolls, dues; **lučke** ~ harbour dues; **kanalske** ~ canal tolls
pristojbe za dokovanje drydock charges
pristojbe za prolaz kroz kanal canal tolls
pristup approach (e. g. the approach to the problem — pristup problemu), access (e. g. the access to the machinery — pristup strojevima)
pristup (ulaz) **u lančanik** access to chain-locker
pristupni otvor access hole
pritegnuti (stegnuti) tighten (e. g. to tighten the nut — pritegnuti maticu)
pritezanje (broda) warping
pritezati warp, haul on (e. g. to move a vessel by hauling on a line — privući brod pritezanjem užeta)

pritezno vitlo warping winch
pritezno uže warp
pritezna zjevača warping chock
pritisak vidi tlak
pritjecanje inflow (e. g. the inflow of water — pritjecanje vode)
privarak (zavareni svornjak) stud
privezati (brod) moor
privezivanje broda na obalu ili dok mooring to a pier or dock
privezivanje broda za plutaču mooring to a buoy
privezno čelično uže (čelično uže za vez) wire rope mooring line
privezno uže na pramcu čamca boat painter, painter
privezno vitlo (vitlo za vez) mooring winch; automatsko ~ automatic-tensioned mooring winch
privezno vitlo (vitlo za vez) konstantne sile constant tension mooring winch
privezna zjevača mooring chock
prividan (prividni, prividna, prividno) apparent
prividni omjer skliza apparent slip ratio
privjesak (na trupu broda) appendage
privjetrina (vjetrometina) windward side
privredni kapacitet earning power
privremen(i) (privremena, privremeno) temporary
privremeni progib temporary deflection
prizmatički (prizmatička, prizmatičko) prismatic
prizmatički koeficijent (koeficijent uzdužne finoće istisnine) prismatic coefficient (C_P)
probijačica (stroj za probijanje) punching machine
probiti (probušiti) punch
problem problem
problem nastaje the problem arises
probni pipac try cock
probušeni tank prodorom mora breached tank
probušena vrpca (traka) (za elektroničko računalo) punched tape
probušenost (strukture) prodorom mora/vode breach
probušiti (perforirati) perforate
probušiti (strukturu) prodorom mora/vode breach
proces process; egzoenergetski ~ exoenergetic process
procesor (u elektroničkom računalu) processing unit; centralni ~ central processing unit (processor)
procijeniti estimate, evaluate; krivo ~ mis-estimate; prenisko ~ underestimate
procijeniti djelovanje evaluate the effect
procijeniti numerički evaluate
procijeniti (učin) rate (e. g. marine engines are not all rated on the same basis — učin svih strojeva se ne procijenjuje na istoj osnovi)

procijeniti vrijednost evaluate
procijenjen(i) (procijenjena, procijenjeno) (prema prototipu) estimated
procijenjeni stabilitet estimated stability
procijenjena težina (broda) (prema prototipu) estimated weight
procjena estimate, evaluation; detaljna ~ detailed estimate; konačna ~ final estimate; kriva ~ mis-estimate; preliminarna ~ preliminary estimate; preniska ~ underestimate
procjena težina weight estimate
procjena težišta sistema (prema prototipu) center of gravity estimate, center of weight estimate
procjena utjecaja (nečega) evaluation of effect
procjena vrijednosti (nečega) evaluation
procjena vrijednosti stabiliteta (proračun stabiliteta) evaluation of stability
procjenitelj (kalkulant) (materijala i cijena) estimator
pročistač purifier, filter; centrifugalni ~ centrifugal purifier
pročistač (sitasti) strainer; dvostruki tlačni ~ duplex discharge strainers; dvostruki usisni ~ duplex suction strainers; tlačni ~ discharge strainer; usisni ~ suction strainer
pročistač ulja oil filter
pročistač zraka air filter
pročistiti purify, filter
pročistiti (dotjerati tekst) refine (e. g. this tentative formulation can be refined and improved - ova pokušajna formulacija se može pročistiti i poboljšati)
pročišćavanje filtration
pročišćavanje zraka air filtration; trostepeno ~ tripple-stage air filtration
pročišćena (dotjerana) teorija refined theory
pročišćenje (dotjerivanje teksta) refinement
prodiranje mora u brod do potonuća foundering
prodor (mora/vode) penetration; duboki ~ deep penetration; maksimalni ~ maximum penetration; plitki ~ shallow penetration; umjereni ~ moderate penetration
produkt product; fisioni ~ fission product; krajni ~ radioaktivnog raspada (stabilni nuklid) end product
produkt izgaranja combustion product
produkt raspada decay product
produljenje vidi deformacija
produljiti elongate
profil bar, section, shape, profile; aerodinamički ~ airfoil; bulb ~ bulb bar; I ~ I-bar, I beam; kvadratni ~ square shape; neprekinuti plosnati ~ continuous flat bar; okrugli ~ round bar; okrugli profili round bars, rounds; plosnati ~ flat bar; plosnati profili flat bars, flats; T ~ T-bar, Tee bar; T bulb ~ T-bulb

bar; **U ~ channel bar**; **valni ~ wave profile**; **valjani ~ rolled shape**; **zaštitni ~ (odbojnik) rubbing bar**
profil krila brodskog vijka s kružnim presjekom propeller with circular back section
profil pramčane statve stem profile
profil vala wave profile
progib deflection; **maksimalni ~** maximum deflection; **privremeni ~** temporary deflection; **stalni ~** permanent deflection
progib (pretičak uzgona na krajevima) sag, sagging; **biti u stanju progiba** to be in a sagged condition; **brod ima ~** the ship is sagging; **brod je savijen na ~** the ship is deflected, the ship is in sag; **imati ~** to sag; **u progibu** sagged
progib na polovici raspona midspan deflection
progib zbog savijanja bending deflection
progib zbog smičnih sila (naprezanja) shear deflection
progib zbog toplinskih naprezanja thermal deflection
progibati se (poprimiti progib, imati progib) deflect, sag
progibna krivulja deflection curve
progibna linija deflection line
program za elektroničko računalo (kompjutorski program) computer program
programer programmer
programiranje (na elektroničkom računalu) programming
progresija progression; **geometrijska ~** geometrical progression
progresivan (progresivni, progresivna, progresivno) progressive
progresivni valovi progressive seas
proizlaziti arise (arose, arisen) (e. g. the stress arises from a fixed strain — naprezanje proizlazi zbog stalne deformacije)
proizvod product; **cjevasti ~** tubular product; **finalni** (završni) **~** final product; **među ~** intermediate product; **poluproizvod** semifinished product; **završni ~** finished product, final product
proizvoditi make, produce, manufacture, generate (npr. električnu energiju, paru itd.)
proizvodna platforma production platform
proizvodnja production, generation (npr. električne energije, pare itd.)
projekt design
projekt za kontejnerizaciju containerization project
projekcija projection
projektant designer
projektiran(i) (projektirana, projektirano) designed
projektirana zatega designed trim by the stern

projektirati design
projektni ured design office
projicirati se project
prolaz passageway, alley
prolaz cijevi kroz pregrade pipe penetration through bulkheads
prolaz za osovinu shaft alley
prolaziti pass (npr. za pravac, liniju itd.) transverse (e. g. the vessel transverses waves — brod prolazi kroz valove)
prolazni ventil transfer valve
prolazni vijak s maticom through-bolt
prometij (Pm) promethium
promjena change; **nagla ~** abrupt change (e. g. abrupt change in thickness — nagla promjena u debljini; abrupt change in ship form — nagla promjena u brodskoj formi); **značajna ~** marked change
promjena u trimu change in trim
promjena veličine u jedinici vremena (derivacija po vremenu) rate
promjenljiv(i) (promjenljiva, promjenljivo) varying, variable
promjenljiva brzina variable speed
promjenljiva sila variable force, varying force
promjenljivo sustrujanje variable wake
promjenljivi uspon (brodskog vijka) variable pitch
promjer diameter
promjer (provrt) (cilindra) bore
promjer užeta rope diameter
propeler vidi **brodski vijak**
propelerni log (sprava za mjerenje brzine broda) propeller log
propelerna osovina propeller shaft
propelerna pumpa propeller pump
propis regulation; **u skladu s propisima** in accordance with the regulations
propisi o radio-komunikacijama radio regulations
proporcija proportion
proporcionalan (proporcionalni, proporcionalna, proporcionalno) proportional, proportionate
proporcionirati proportion
propuh draught, draft (US); **prirodni ~** natural draft; **prisilni** (umjetni) **~** forced draft
propuhivanje (ispiranje) scavenging
propulzija (poriv) propulsion; **brodska ~** marine propulsion; **s vlastitom propulzijom ~** self-propelled
propulzijski (propulzijska, propulzijsko) propulsion + imenica, propelling, propulsive
propulzijski reaktor propulsion reaktor
propulzivan (propulzivni, propulzivna, propulzivno) propulsive, propelling, propulsion + imenica
propulzivna iskoristivost propulsive efficiency

propulzivni strojevi propelling machinery, propulsion machinery; **glavni** ~ main propelling machinery
propustan (propusni, propusna, propusno) leaky, non water-tight
propustan dio broda non-watertight portion of the ship
propuštanje (npr. vode) leakage
propuštanje brtvenice stuffing-box leakage
propuštanje cijevi tube leakage
propuštati leak
proračun calculation(s); **analitički** ~ analytical calculation(s); **brodski** ~ ship calculations; **izvoditi** ~ to carry out calculations; **napraviti** ~ to make calculations; **vršiti** ~ to perform calculations; **volumenski** ~ volumetric calculation(s)
proračun broda ship calculations
proračun kratkog spoja short circuit calculations
proračuni krivulja poluga stabiliteta cross curve calculations
proračun naplavljivosti permeability calculations
proračun oštećenog stabiliteta damaged--stability calculations
proračun stabiliteta stability calculations
proračun stabiliteta oštećenog broda damage stability calculations
proračun volumena (volumenski proračun) volumetric calculation(s)
proračunati calculate, evaluate
proračunati (izračunati) **gaz** calculated draft
proračunska količina (potroška) **goriva** fuel rating
proračunska (nominalna) **snaga** power rating
proračunski tlak design pressure
proračunska točka (na krivulji radnih karakteristika) design point
prosječan (prosječni, prosječna, prosječno) mean, average
prosječni slobodni put (npr. čestice) mean free path
prosječni vijek (trajanja) average life, mean life
prostor space, room; **bočni** ~ wing space; **oštećeni bočni** ~ (na brodu) damaged wing space
prostor iznad (npr. kotla) **koji omogućava prolaz** headroom, headway
prostor kormilarskog uređaja steering gear room
prostor strojarnice machinery space
prostor za pogonski motor vitala winch motor generator room
prostor za smještaj accommodation space
prostor za teret cargo space
prostor za ventilacione uređaje fan room
prostorija room

prostorija s uređajem za kondicioniranje zraka air treatment unit room
prostorija za CO_2 CO_2 room
prostorija za čisto rublje clean linen room
prostorija za (pomorske) **karte** chart room
prostorija za žiro-motor gyro room
prostorni kapacitet (prostornost) (stupanj zauzimanja prostora) capacity rating
prostranstvo vjetra fetch (the distance over which the wind blows)
protaktinij (Pa) protactinium
protezati se (za konstrukcijski element, cijev itd.) run
protočni monitor effluent monitor
protočna pumpa (cirkulacijska pumpa) circulating pump
protok flow
protok mase mass flow
protok zraka airflow, air circulation
proton proton; **antiproton** anti-proton
protumatica jam nut
protupožarni aparat (aparat za gašenje požara) fire extinguisher, extinguisher; **ručni** ~ hand fire extinguisher; **prenosiv** ~ portable fire extinguisher
protupožarni aparat za gašenje požara vodom water extinguisher
protupožarni aparat za gašenje požara suhom kemikalijom dry chemical extinguisher
protupožarna instalacija za gašenje požara pjenom foam fire fighting installation
protupožarna kontrolna stanica fire con- control station
protupožarno odjeljenje fire section
protupožarna oprema fire extinction equipment, fire equipment
protupožarna patrola fire patrol
protupožarna pjena (pjena za gašenje požara) fire fighting foam
protupožarna pumpa (vatrogasna pumpa, pumpa za gašenje požara) fire pump
protupožarni sistem fire protection system, fire system
protupožarni sistem gašenja požara pjenom foam extinguishing system
protupožarno sredstvo extinguishing medium, extinguishant, fire fighting medium
protupožarni top fire monitor
protupožarni uređaj fire extinguishing installation
protupožarni uređaj za uzbunu fire alarm installation
protupožarna zaštita fire protection
proturebro reverse frame bar
protutežni utezi (mase) counteractive weights
protutok contra-flow
protuuteg counterweight
provesti integraciju (integrirati) to carry out integration

proveza stringer plate, stringer; **bočna** ~ side stringer plate, side stringer; **palubna** ~ deck stringer plate
proveza palube čvrstoće strength deck stringer
provlaka manhole
provoditi ispitivanje (test) to conduct a test
provoditi pokus (eksperiment) to conduct an experiment
provođenje topline heat conduction
provrt bore
provrt (promjer) **cilindra** cylinder bore
prsluk za spasavanje life saving waistcoat
prsten ring; **brtveni** ~ (tijesnilo) sealing ring, wearing ring, clearance ring; **difuzorski** ~ diffusion ring; **klipni** ~ piston ring; **pojačivački** ~ reinforcing ring; stapni ~ piston ring
prsten kugličnog ležaja race
prsten za pojačanje reinforcing ring
prsten strugača ulja (prsten koji struže ulje) oil scraper ring
prstenasta rebrenica ring floor
prstenasto rebro ring frame
psihrometar psychrometer
pucanje (nastajanje pukotine) cracking
pucanje (lom) **materijala zbog zamora** fatigue-cracking
puhalo blower; **turbopuhalo** turbo blower; **ventilaciono** ~ ventilating blower; **visokotlačno** ~ forced-draft blower
puhalo za ventilaciju ventilating blower
puhati blow (blew, blown)
puknuće rupture, fracture
puknuti (pući) (za materijal) crack
pukotina crack
pukotina zbog zamora materijala fatigue crack
pulverizirano (raspršeno) **gorivo** pulverized fuel
pulzirati pulsate
pumpa pump; **aksijalna** ~ axial flow pump; **balastna** ~ ballast pump; **brodska** ~ marine pump; **centrifugalna** ~ centrifugal pump; **centrifugalna turbinska** ~ turbine centrifugal pump; **cirkulacijska** ~ circulating pump; **crpna** ~ (crpka, sisaljka) suction pump; **dvoradna parna stapna** ~ double acting reciprocating steam pump; **dvoulazna** ~ double suction pump; **elektromagnetska** ~ electromagnetic pump; **glavna cirkulacijska** (protočna) ~ main circulating pump; **Hele-Shawova** ~ (za gorivo) Hele-Shaw (oil) pump; **horizontalna** ~ horizontal pump; **istisninska** ~ displacement pump; **jednostepena centrifugalna** ~ single-stage centrifugal pump; **jednoulazna** ~ single suction pump; **kaljužna** ~ bilge pump; **kondenzatna** ~ condensate pump; **mlazna** ~ (ejektor, injektor) jet pump; **motorna** ~ motor driven pump, motor pump; **napojna** ~ feed pump; **napojna** ~ **kotla** boiler feed pump; **podvodna** ~ submersible pump; **poluaksijalna** ~ mixed flow pump; **propelerna** ~ propeller pump; **protočna** (cirkulacijska) ~ circulating pump; **protupožarna** (vatrogasna) ~ fire pump; **rezervna** ~ spare pump, standby pump; **rotacijska** ~ rotary pump; **sanitarna** ~ sanitary pump; **stapna** ~ reciprocating pump; **tlačna** ~ force pump; **turbopumpa** turbine pump; **uljna** ~ oil pump; **usisna** ~ suction pump; **vertikalna** ~ vertical pump; **vertikalna turbinska** ~ vertical turbine pump; **vijčana** ~ screw pump; **vijčana istisninska** ~ screw displacement pump; **višestepena centrifugalna** ~ multistage centrifugal pump; **vodna** ~ water pump; **vodocirkulaciona** (rashladna) ~ water circulating pump; **zaronjena** (bunarska) ~ **u tanku** deep-well pump; **zračna** ~ air pump; **zupčasta** ~ gear pump
pumpa mlakog zdenca hot well pump
pumpa na parni pogon steam pump
pumpa na zračni pogon air-driven pump
pumpa vode za pranje wash water pump
pumpa za cirkulacionu vodu water circulating pump
pumpa za gašeje požara (vatrogasna) fire pump
pumpa za gorivo fuel pump, fuel oil pump, fuel oil service pump
pumpa za pojnu vodu feed water pump
pumpa za pjenastu mješavinu (za gašenje požara) solution pump
pumpa za posuševanje (nafte iz tanka; ispumpavanje nafte iz tanka do kraja) stripping pump
pumpa za pretakanje goriva fuel transfer pump, transfer pump
pumpa za rashlađenu vodu chilled water pump
pumpa za teretnu naftu cargo pump
pumpa za toplu vodu warm water pump
pumpa za ubrizgavanje (uštrcavanje) **goriva** fuel injection pump
pumpa za ulje (naftu) oil pump
pumpa za vodu water pump
pumpanje pumping, surging (kod kompresora); **linija pumpanja** surge line (kod kompresora)
pumpati (crpsti) pump
pumpni (pumpna, pumpno) pumping + imenica, pump + imenica
pumpna kućica pump house
pumpno kućište pump casing
pumpni sistem pumping system; **balastni** ~ ballast (pumping) system; **kaljužni** ~ bilge (pumping) system

pumpni sistem za pitku vodu fresh water pumping system
pumpna stanica pump house
pumpni uređaj pumping arrangement; **kaljužni ~** bilge pumping arrangement
puna linija full line
puna ograda (linica) bulwark
puna osovina solid shaft
puna rebrenica solid floor
punoća fullness; **povećati punoću broda** to increase the fullness of the ship; **promjene u punoći broda** changes in the fullness of the ship; **smanjiti punoću broda** to decrease the fullness of the ship

punoća linija fullness of the lines
punjenje (nuklearnog goriva u reaktoru) charge
put path; **prosječni slobodni ~** (npr. čestice) mean free path
putanja orbit; **gibanje po putanji** orbital motion
putnički brod passenger ship
putnički linijski brod passenger liner
puzanje (kod materijala) creep
puž worm
pužno kolo worm wheel
pužni prijenos worm gears

Q

Q-elektron Q-electron
Q-ljuska Q-shell

R

račun calculus (pl. calculi); **diferencijalni** ~ differential calculus; **infinitezimalni** ~ infinitesimal calculus; **integralni** ~ integral calculus
računanje calculation, computation
računati (izračunati) calculate, compute; **ponovno** ~ recalculate, recompute; **prethodno** ~ precalculate
račvati se (za cjevovod) branch off
rad work; **stolarski** ~ joiner work; **znanstveni** ~ research work, research, research paper, paper (u pismenom obliku)
rad (stroja, uređaja) operation
rad na popravcima repair work
rad u crtari lofting work
radar radar
radarski uređaj radar installation
radijacija radiation
radijacijski (radijacijska, radijacijsko) radiant
radijacijski tip pregrijača radiant type superheater
radijalan (radijalni, radijalna, radijalno) radial
radijalno (prilog) radially
radijalni ležaj radial bearing
radijalna soha radial davit
radijalni teglećí uređaj radial towing gear
radijan radians
radijator radiator
radijus (polumjer) radius; **akcioni** ~ cruising radius; **Bohrov** ~ Bohr radius; **konačni** ~ finite radius; **metacentarski** ~ metacentric radius
radijus brodskog vijka propeller radius
radijus (polumjer) **elektrona** electron radius
radijus kruga koji opisuje trohoidni val radius of tracing circle
radijus kruga koji se odvaljuje po pravcu pri stvaranju trohoidnog vala radius of rolling circle
radijus (polumjer) **otvora koljena** (zračnog kanala) throat radius of the elbow
radijus tromosti (kvadratni korijen iz omjera momenta tromosti mase i mase tijela) radius of gyration, gyradius
radijus tromosti mase broda radius of gyration of the mass of the ship (k)
radijus uzvoja bilge radius
radioaktivan (radioaktivni, radioaktivna, radioaktivno) radioactive
radioaktivni atom radioactive atom
radioaktivni izotop radioactive isotop
radioaktivni raspad radioactive decay
radioaktivna ravnoteža radioactive equilibrium
radioaktivna serija radioactive series
radioaktivnost radioactivity; **atmosferska** ~ atmospheric radioactivity; **inducirana** (izazvana) ~ induced radioactivity; **umjetna** ~ artificial radioactivity
radio-goniometar radiodirection finder
radio-odašiljač (radio predajnik) radio transmitter
radio-prijemnik radio reciver
radio-telefonski uređaj radiotelephone installation
radio-uređaj radio equipment, wireless equipment; **brodski** ~ ship's radio (wireless) equipment
radionica workshop, shop; **bravarska** ~ locksmith shop; **cjevasta** ~ pipe shop; **elektromehanička** ~ (elektroradionica) electrical shop; **mehanička** ~ engineer's workshop; **stolarska** ~ joiner's shop
radionica za obradu limova (ploča) plate shop
radionica (hala) **za obradu limova i profila** fabrication shop
radionica za održavanje maintenance shop
radionica za popravke (remont) repair shop
radionički nacrti working drawings
radionički nacrti u umanjenom mjerilu scale working drawings
raditi (za uređaj, stroj) operate, work
radni (radna, radno) operational, operating + imenica, working + imenica
radni ciklus working cycle
radni čamac working boat
radni dio (npr. stroja, uređaja) operational part
radni fluid working fluid
radne karakteristike performance, operational characteristics (e. g. the operational characteristics of the engine — radne karakteristike stroja)

radni medij working substance
radni takt working stroke, power stroke
radna tekućina (fluid) operating fluid, working fluid
radna temperatura operating temperature, working temperature
radni uvjeti operating conditions, working conditions; **predviđeni** ~ anticipated operating conditions
ramena shoulders; **naglašena** ~ **u vodnim linijama** pronounced shoulders in the waterlines; **prednja** ~ forward shoulders; **stražnja** ~ after shoulders; **valni sistem prednjih** ~ (sistem valova zbog ramena na pramčanim vodnim linijama) fore shoulder (wave) system; **valni sistem stražnjih** ~ (sistem valova uslijed ramena na krmenim vodnim linijama) aft shoulder (wave) system
rampa ramp
rascjepka split pin
rashladni (rashladna, rashladno) cooling + imenica, refrigerating + imenica, refrigeration + imenica
rashladni cjevovod cooling pipe, cooling pipes, cooling piping
rashladni kompresor refrigerating compressor
rashladni kondenzator refrigerating condenser
rashladni krug refrigeration cycle; **primarni** ~ primary refrigeration cycle; **sekundarni** ~ secondary refrigeration cycle
rashladna oprema (oprema za hlađenje) cooling equipment
rashladni plašt cooling jacket
rashladni plin refrigerant gas
rashladno postrojenje refrigeration plant, refrigerating plant, cooling plant
rashladna rebra cooling fins
rashladni sistem cooling system, refrigeration system; **hermetički zatvoreni** ~ sealed refrigeration system; **otvoreni** ~ open-type refrigeration system; **vodorashladni** ~ water-cooling system; **zračnorashladni** ~ air cooling system
rashladne spiralne cijevi cooling coil
rashladno sredstvo coolant, cooling medium, refrigerating medium, refrigerant
rashladni stroj refrigerating machine
rashladno ulje cooling oil
rashladni umetak cooling insert
rashladni vod (cijev) cooling pipe
rashladna voda (voda za hlađenje) cooling water
rashladnik cooler
rashladnik sa spiralnim cijevima cooling coil
rashlađen(i) (rashlađena, rashlađeno) chilled
rashlađeni teret chilled cargo (cca —5⁰ do +5⁰ C)
rashlađena voda chilled water

rashlađivač chiller
rashlađivač vode water chiller
rashlađivanje refrigeration; **stupnjevani sistem rashlađivanja** staged refrigeration
rasklopna (uklopna) **ploča** switchboard
rasklopni uređaj switching equipment, switchboard fixture
raspad decay, desintegration; **alfa** ~ alpha decay; **atomski** ~ atomic desintegration; **beta** ~ beta decay; **dvostruki beta** ~ double beta decay; **energija alfa raspada** alpha decay energy; **Fermijev** ~ Fermi decay; **radioaktivni** ~ radioactive decay
raspad organske tekućine (pod djelovanjem zračenja) organic liquid breakdown
raspad pogonskog sistema (zaustavljanje stroja zbog preopterećenja) breakdown
rasplinjač (karburator) carburettor
rasplinjavanje carburation
raspodjela distribution
raspodjela momenata moment distribution
raspodjela naprezanja stress distribution
raspodjela (slika) **strujanja** flow pattern
raspodjela težina weight distribution
raspodjela tlaka (pritiska) pressure distribution
raspodjela (razdioba) **tlaka unutar vala** pressure wave distribution
raspoloviti (npr. geometrijski lik) bisect
raspon span, range (e. g. speed range, temperature range etc. — raspon brzina, temperatura, itd.)
raspon u kojem se kreće pogreška zbog približnog proračuna margin for error
raspon u položaju težišta sistema po visini margin in VCG (vertical center of gravity)
raspored layout (e. g. the workshop layout — raspored radionice), disposition (e. g. the disposition of structural members — raspored konstrukcijskih elemenata; the disposition of the material — raspored materijala)
raspored (raspodjela) **temperatura i toplinskih naprezanja** temperature and stress patterns
rasporediti dispose (e. g. the material must be disposed in the best possible way — materijal mora biti raspoređen na najbolji mogući način)
raspori (okna) **za propuhivanje** (ispiranje) scavenging ports
raspraseno (pulvizirano) **gorivo** pulverized fuel
rasprostiranje vode/mora spread of water
raspršenost scatter; **povratna** ~ back scatter
raspršenje scattering, scatter; **atomsko** ~ atomic scattering; **Coulombovo** ~ Coulomb scattering; **klasično** ~ classical scattering; **Thomsonovo** ~ Thomson scattering

rasprišiti (raspršivati) (npr. gorivo) atomize
raspršivač sprayer, spray
raspršivač mješavine (za gašenje požara) solution spray
raspršivač vode (prskalica za vodu) water sprinkler
raspršivanje (npr. goriva) atomization
rastaliti se (topiti se) melt
rastaljen(i) (rastaljena, rastaljeno) molten
rastaljena troska molten slag
rastaviti (silu, brzinu) **na dvije ili više komponenata** resolve
rastegljiv(i) (rastegljiva, rastegljivo) (za materijal) ductile
rastegljivost (za materijal) ductility
rastezanje expansion; **toplinsko** ~ thermal expansion
rastezati (za materijal) expand
rasuta dobra (roba) bulk goods
rasuti teret bulk goods, bulk freight, bulk cargo
rasvjetna instalacija (rasvjetni uređaj) lighting installation
rašljasti dimovodni spoj breeching
rat war
ratni (ratna, ratno) warlike, belligerent
ratni brod warship, man of war, naval ship, naval vessel
ratna mornarica navy
ravan (ravni, ravna, ravno) straight, even, flat (plosnat) plane + imenica
ravna kobilica even keel; **brod na ravnoj kobilici** an even keel ship
ravna (nekorugirana) **pregrada** plane bulkhead
ravni val flat wave
ravni ventil globe valve
ravnati (lim) straighten (the plate)
ravnina plane; **horizontalna** ~ horizontal plane; **okomita** ~ perpendicular plane; **paralelna** ~ parallel plane; **poprečna** ~ transverse plane, athwartship plane (kod broda); **referentna** ~ reference plane; **simetralna** ~ (ravnina simetrije) centerline (centreline) plane, plane of symmetry; **uzdužna** ~ longitudinal plane, fore--and-aft plane (kod broda); **vertikalna** ~ vertical plane; **vertikalna simetralna** ~ vertical centerline (centreline, fore--and-aft) plane
ravnina vodne linije waterplane; **bočno nagnuta** ~ heeled waterplane
ravnina vodne linije u naplavljenom stanju flooded waterline
ravnoteža equilibrium, balance; **dinamička** ~ dynamic equilibrium, dynamic balance, running balance (kod motora); **indiferentna** ~ neutral balance; **labilna** ~ unstable equilibrium; **početna** ~ original equilibrium; **radioaktivna** ~ radioactive equilibrium; **sekularna** ~ secular equilibrium; **stabilna** ~ stable equilibrium; **statička** ~ static equilibrium, static balance, standing balance (za motor)
ravnotežan (ravnotežni, ravnotežna, ravnotežno) equilibrium + imenica
ravnotežni gaz equilibrium draft (draught)
ravnotežna vodna linija equilibrium waterline
razarač destroyer
razdioba (vidi **raspodjela**) distribution; **binomna** ~ binomial distribution; **kutna** ~ angular distribution
razdioba tlaka unutar vala pressure wave distribution
razgranati se (za cjevovod) branch off
razina (vidi **nivo**)
razina mora sea level
razina palube deck level
razina ulja oil level
razina vode water level
razlika difference; **za razliku od** as contrasted to, as opposed to, in contrast to, by way of contrast, in distinction to; **značajna** ~ appreciable difference
razlomak fraction, vulgar fraction; **decimalni** ~ decimal fraction, decimal
razmak spacing; **kutni** ~ angular spacing
razmak između (centra i centra) **saonika** spread of the ways
razmaknut(i) (razmaknuta, razmaknuto) spaced; **biti** ~ to be spaced
razmjestiti arrange
razmještaj arrangement
raznostraničan trokut irregular triangle
razraditi nacrt work out a design
razupora (greda za održavanje razmaka saonica) (distancir) spreader
razvijanje površine expansion of surface
razvijati (razviti) develop
razvijen(i) (razvijena, razvijeno) developed
razvijena snaga developed power
razvodna cijev smjese (benzina i zraka) inlet manifold
razvodni kanalni sistem (za zrak) distribution (air) ductwork system
razvodna komora za paru steam chest
razvodnik (npr. paljenja) distributor
razvodnik (razvodna cijev pare, vode, itd.) manifold
razvodnik (distributor) **zraka** air distributor
razvodnik zraka za upućivanje (stavljanje u pogon) (motora) starting air distributor
razvrstati (se) classify, to fall into classification
razvrstavanje (kontejnera) marshalling
razvrstavanje (kontejnera) **prema prijevozniku** outbound marshalling
razvrstavanje (kontejnera) **prema skladištu** inbound marshalling
razvrtač reamer
razvrtan(i) (razvrtana, razvrtano) reamed
razvrtati ream

razvrtavanje reaming
rđa rust
reakcija reaction; **brza** ~ fast reaction; **fotonuklearna** ~ photonuclear reaction; **hidraulička** ~ hydraulic reaction; **konstantna** ~ (u odnosu na vrijeme) steady-state reaction; **nuklearna** ~ nuclear reaction; **odrivna** ~ thrust reaction; **termonuklearna** ~ thermonuclear reaction; **žiroskopska** ~ gyroscopic reaction, gyro reaction
reakcija od zakretnog momenta torque reaction
reakcija zbog odriva thrust reaction
reakcija zbog žiroskopskog efekta gyroscopic reaction, gyro reaction
reakcije morskog dna soil reactions
reakcioni (reakcijski) (reakciona, reakciono) reaction + imenica, resisting + imenica
reakcione lopatice reaction blading
reakcioni spreg sila resisting couple
reaktiviranje (reaktivacija) reactivation
reaktivirati reactivate
reaktivna opterećenja reaction loads
reaktor reactor; **bazenski** ~ swimming-pool reactor; **brodski** ~ marine reactor; **brodski** ~ »rastrkanog« **tipa** dispersed type marine reactor; **brzi** ~ fast reactor; **energetski** ~ (reaktor snage) power reactor; **epitermalni** ~ epithermal reactor; **eksponencijalni** ~ exponential reactor; **grafitni** ~ graphite reactor; **heterogeni** ~ heterogeneous reactor; **homogeni** ~ homogeneous reactor; **intermedijarni** ~ intermediate reactor; **keramički** ~ ceramic reactor; **konvertorski** (oplodni) ~ converter reactor; **natrijem hlađen** ~ sodium-cooled reactor; **niskofluksni** ~ low-flux reactor; **nuklearni** ~ nuclear reactor; **nultoenergetski** ~ (reaktor nulte energije) zero-energy reactor; **obogaćeni uranski** ~ enriched-uranium reactor; **oplodni** (brider) ~ breeder reactor, production reactor; **organski** ~ organic reactor; **plinom hlađen** ~ gas-cooled reactor (GCR); **plutonijski** ~ plutonium reactor; **podmornički** ~ submarine reactor; **prirodno uranijski** ~ natural-uranium reactor; **propulzijski** ~ propulsion reactor; **termalni** ~ thermal reactor; **teškovodni** ~ heavy-water reactor (HWR); **teškovodni** ~ **s direktnom proizvodnjom pare** steam-generating heavy water reactor (SGHWR); **torijski** ~ thorium reactor; **uranijski** ~ uranium reactor; **usavršeni plinom hlađeni** ~ advanced gas-cooled reactor (ADGCR); **visokofluksni** ~ high-flux reactor; **visokotemperaturni** ~ high-temperature reactor; **vodni** ~ **s izgorivim otrovima** burnable poison water reactor (BPWR); **vodključajući** ~ boiling water reactor (BWR); **vodotlačni** ~ pressurized water reactor (PWR)

reaktor moderiran s organskom tekućinom organic liquid moderated reactor (OLMR)
reaktor s protočnim gorivom circulating-fuel reactor
reaktorska posuda reactor vessel
rebrasti izmjenjivač topline finned heat exchanger
rebrenast(i) (rebrenasta, rebrenasto) costal
rebrenica floor; **djelomična** ~ partial floor; **okvirna** ~ bracket floor; **olakšana** ~ plate floor; **otvorena** ~ open floor; **prstenasta** ~ ring floor; **puna** ~ solid floor; **uljnonepropusna** ~ oiltight floor; **uljno-propusna** ~ non-oiltight floor; **vodonepropusna** ~ watertight floor; **vodopropusna** ~ non-watertight floor
rebro frame, station (teoretsko), fin; **bočno** ~ side frame; **glavno** ~ midship section; **krmeno** ~ stern frame, stern station; **obično** (za razliku od okvirnog) ordinary frame; **okvirno** ~ web frame; **poprečno** ~ transverse frame; **pramčano** ~ bow frame, bow station; **proturebro** reverse frame bar; **prstenasto** ~ ring frame; **rashladna rebra** cooling fins; **teoretsko** ~ station, station section; **visoko okvirno** ~ deep web frame; **visoko poprečno okvirno** ~ deep transverse web frame
rebro (krmice) **kasara** poop frame
rebro kormila rudder frame
rebro s parnim brojem even-numbered station
rebro sohe davit frame
rebro u međupalublju 'tween deck frame
rebro u piku peak frame
reces recess
recipročan (recipročni, recipročna, reciprono) reciprocal
recipročna vrijednost reciprocal value, reciprocal
recirkulacija (optok) **zraka** air recirculation
recirkulacioni (recirkulacijski, optočni) (recirkulaciona, recirkulaciono) recirculating + imenica, recirculation + imenica
recirkulacioni (recirkulacijski) **ventil** recirculation valve
recirkulacioni (optočni) zrak recirculated air
recirkulirati re-circulate
red order; **biti u redu** to be in order; **ne biti u redu** (za uređaj, stroj) not to be in order
redukcioni (redukcijski) (redukciona, redukciono) reducing + imenica, reduction + imenica
redukciona čahura reducer bushing
redukcioni kolčak reducing coupling
redukciono koljeno (u cjevovodu) reducing elbow

redukciona spojnica (redukcioni kolčak) reducing coupling
redukcioni ventil reducing valve, reduction valve, pressure reducing valve; **obični** ~ normal reducing valve
redukcioni (redukcijski) zupčanici reduction gears; **dvostruko** ~ double reduction gears
reduktor reduction gears, reduction gearing; **dvostepeni** ~ double reduction gears; **jednostepeni** ~ single reduction gears; **mehanički** ~ mechanical reduction gears (gear installation)
referentna ravnina reference plane; **horizontalna** ~ horizontal reference plane; **poprečna** ~ transverse reference plane
reflektor reflector, search light
regenerativan (regenerativni, regenerativna, regenerativno) regenerative
regenerativni izmjenjivač topline regenerative heat exchanger; **rotacijski** (rotacioni) ~ rotary regenerative heat exchanger
regenerativno zagrijavanje napojne vode regenerative feedwater heating
regenerator regenerator
regenerirati regenerate
registar register
registarski (registarska, registarsko) register + imenica
regulacija regulation, control; **automatska** ~ automatic control; **pneumatska** ~ pneumatic control; **termostatska** ~ thermostatic control
regulacija dogrijača (zraka) reheater control
regulacija ventilatorskog motora fan motor control
regulacija zraka (regulator zraka) air control
regulacijski (regulacijska, regulacijsko) regulating + imenica, regulator + imenica, governor + imenica, control + imenica
regulacijski sistem na parnom postrojenju governing system
regulacijski uređaj regulator installation, governor installation
regulacioni ventil regulating valve; **parni** ~ steam governor valve
regulator governor (na parnom postrojenju) regulator, control; **hidraulički** ~ hydraulic governor; **parni** ~ steam governor
regulator brzine (npr. kod turbine) speed governor
regulator konstantnog volumena (zraka) costant volume regulator
regulator kotlovskog napajanja boiler feedwater regulator; **automatski** ~ automatic boiler feedwater regulator
regulator napona voltage regulator

regulator rashladnog uređaja cooling governor gear, cooling regulator
regulator temperature temperature regulator
regulator tlaka pressure regulator
regulirati regulate
rekuperativni izmjenjivač topline recuperative heat exchanger
relacija relation, relationship
relacija vrijedi the relationship holds, the relationship holds good, the relationship holds true
relaksacija (aproksimativno približenje; matematički pojam) relaxation
relativan (relativni, relativna, relativno) relative
relativna biološka efikasnost relative biological effectiveness
relativno gibanje relative motion
relativno produljenje (dužinska deformacija) strain
relativna vlažnost (vlaga) relative humidity
relej relay
remen belt
remenica pulley; **stepenasta** ~ cone pulley
remorker (tegljač) tug, tugboat, towboat
remorker gurač pusher tug
rendgenska (X) **zraka** X-ray; **karakteristična** ~ characteristic X-ray
renij (Re) rhenium
rešetka grid, grill, grille, grate, grating; **kristalna** ~ crystal lattice, lattice
rešetke roštilja grate bars
rešetkasti otvor (žaluzije) louvre (louver) (US)
rešetkasti podupirač jezgre (u reaktoru) core support grid
Reynoldsov broj (značajka) Reynolds number (Rn)
rez cut
rezanje cutting
rezanje unutrašnjih navoja tapping
rezati (lim, profil, itd.) cut (cut, cut)
rezati unutrašnji navoj tap
rezerva reserve
rezerva (tolerancija) margin
rezerva nadvođa reserve of freeboard
rezerva snage power margin
rezerva stabiliteta reserve of stability
rezerva težine weight margin
rezervni (rezervna, rezervno) spare, stand-by + imenica
rezervni dio spare part
rezervna pumpa spare pump, standby pump
rezervno sidro spare anchor
rezervoar reservoir, tank
rezervoar benzina petrol tank
rezervoar kondenzatora hot well
rezervoar za napojnu vodu feed water tank

rezidualno ulje residual oil
rezni stroj cutting machine; **automatski ~ s plamenicima** automatic flame cutting machine
rezonanca resonance
rezonantan (rezonantni, rezonantna, rezonantno) (u rezonanciji sa) resonant (e. g. rudder vibration resonant with blade frequency can be excited by... — vibracije kormila u rezonanciji s frekvencijom krila vijka mogu biti pobuđene sa...)
rezonantna apsorpcija resonance absorption
rezonantno ljuljanje resonant rolling
rezonantne vibracije resonant vibration(s)
rezonantni zahvat resonance capture
rezultanta resultant
rezultantan (rezultantni, rezultantna, rezultantno) resultant
rezultantna opterećenja resultant loads
rezultantna sila resultant force
rezultantna tangencijalna komponenta inercijske sile resulting tangential inertia force
rezultat result; **dobiti ~ to** obtain the result; **iznijeti** (iznesti) **~ to** set forth the result; **pokazati ~ to** show the result; **prikazati ~ to** represent the result
rezultat je dobiven (se dobiva) the result is obtained
rezutat je potvrđen pokusima the result is confirmed by experiments
rezultati su detaljno iznijeti the results are set forth in detail
rezultati su pokazani na (u) dijagramu the results are shown in the diagram
rezultati su prikazani na (u) dijagramu the results are represented in the diagram
rezultirajući (rezultirajuća rezultirajuće) resulting
rezultirajuća sila resulting force (e. g. the resulting tangential inertia force — rezultirajuća tangencijalna komponenta inercijske sile)
rezultirati result
ribarski brod fishing vessel
ribarski čamac fishing boat
riječni brod river boat
riječna obala river bank
riječna teglenica inland barge
riješiti jednadžbu to solve the equation
riješiti problem (zadatak) to solve the problem
rješenje jednadžbe the solution of the equation
rješenje problema (zadatka) the solution of the problem
rodij (Rh) rhodium
rog kormilara rudder horn
ronilačka oprema diving equipment

rosište dew point
roštilj za vatru fire grate
rotacija (vrtnja) rotation, the motion of rotation; **brzina rotacije** the speed of rotation, rotational velocity
rotacija (vrtnja, okretanje) **brodskog vijka** propeller rotation
rotacijski (rotacioni) (rotacijska, rotacijsko) rotational, rotary, rotating
rotacijski elipsoid ellipsoid of revolution
rotacijsko (rotaciono) **gibanje** rotational motion, the motion of rotation, rotary motion
rotacijski impuls (kutni impuls) angular impulse
rotacijska ljuska shell of revolution
rotacijska (rotaciona) **pumpa** rotary pump
rotacijski strojevi rotating machinery
rotacijski strojevi s velikim brojem okreta high-speed rotating machinery
rotirajući (koji rotira) rotating
rotirajući element (element koji rotira) rotating element
rotor rotor
rotor (pumpe, ventilatora) impeller; **jednoulazni ~** (pumpe) single-suction impeller
rotorska lopatica moving blade
rov trunk
rov-grotlo (vertikalna povezana grotla u jedno) trunked hatchways
rub edge; **palubni ~** deck edge
rub vanjske oplate shell edge
rubidij (Rb) rubidium
rubni (rubna, rubno) boundary
rubni lim dvodna (završna ploča dvodna) margin plate
rubno naprezanje boundary stress
ručka handle, crank
ručka kočnice vitla winch brake handle
ručka vitla winch hand crank
ručni (ručna, ručno) manual, hand + imenica
ručno (prilog) manually, by hand
ručni alat hand tool
ručni dubinomjer (za plitke vode) hand load
ručna kočnica hand brake
ručno kormilarenje manual steering
ručno pokretan (na ručni pogon) manually operated
ručno pokretanje vijka (čamca) polugama hand-operated propeller, boat-propeller gear
ručna teretna kolica hand cart
ručni uređaj (aparat) **za gašenje požara** hand fire extinguisher
ručni ventil hand valve
ručno vitlo hand winch, manual winch
ručno zavarivanje hand welding, manual welding
ruda ore; **željezna ~** iron ore
rudo kormila (rudder) tiller, (rudder) helm

rukavac (osovinski) journal
rukohvat bočnog nogostupa bilge grab rail
rukovanje handling; **loše** ~ mishandling
rukovanje kontejnerima container handling
rukovanje općim (generalnim) **teretom** general cargo handling
rukovanje rasutim teretom bulk cargo handling
rukovanje teretom cargo handling
rukovati handle; **loše** ~ mishandle
rupa hole
rupe za olakšavanje (na rebrenici) lightening holes (in the floor)
rupa za prolaz vode limber hole, watercourse
rupa za svornjak bolt hole; **izdužena** ~ elongated bolt hole; **proširena** ~ enlarged bolt hole
rutenij (Ru) ruthenium

S

s boka abeam (e. g. waves that are directly abeam — valovi koji dolaze s boka)
s obzirom na with reference to, with regard to, by consideration of, considering, in referring to
s vlastitom propulzijom self-propelled
sabijanje compression
sačma (za pjeskarenje) steel shot
sačmarenje (pjeskarenje) shot blasting
sadržati (sadržavati) (pojmovno obuhvatiti) comprise
sakupiti (sakupljati) **podatke** ammas the data
salinitet salinity; **indikator** (pokazivač) **saliniteta** the indicator of salinity
salinometar salinometer
samarica derrick beam, derrick, boom; **bočna** ~ side derrick; **jednostruka** ~ single derick boom, single boom; **laka** ~ light derrick; **mehanizirana** ~ derrick crane; **okretna** ~ swinging derrick boom, slewing derrick; **stup samarice** derrick post; **teška** ~ heavy derrick, heavy lift derrick; **udvojene samarice** tween derricks, paired derricks
samarica izvan broda outboard derrick
samarica u brodu inboard derrick
samarica za lake terete light derrick
samarica za teške terete heavy derrick, heavy lift derrick boom, heavy lift boom
samarij samarium
samica (udubina) gudgeon
samoapsorpcija self-absorption
samoraspršenje self-scattering
samostalan (samostalni, samostalna, samostalno) independent, self-contained (npr. za uređaj)
samostalan kondicionator zraka self-contained air conditioner
samostalno stvarati tlak self-pressurize
samouzbuda self-excitation
samouzbudni (samouzbudna, samouzbudno) self-excited
samouzbudne vibracije kormila self-excited rudder vibration(s)
sanitarni cjevovodni sistem sanitary system
sanitarni odvod sanitary discharge
sanitarna pumpa sanitary pump
saobraćaj (promet) traffic, communication
saonice (ispod trupa broda) sliding ways
saonik ground ways, standing ways
sapnica nozzle, jet; **cijevna** ~ pipe nozzle; **de Lavalova** (nadzvučna) ~ high-velocity jet; **glavna** ~ main jet; **glavna parna** ~ main steam nozzle; **kompenzaciona** ~ compensating jet; **Kortova** ~ Kort nozzle; **napojna** ~ feed nozzle; **parna** ~ steam nozzle; **usisna** ~ suction nozzle; **uštrcna** ~ jet, nozzle
sapnica brodskog vijka propeller nozzle
sapnica za gorivo fuel nozzle
sapnica za prazan hod (sapnica za regulaciju smjese kod praznog hoda) pilot jet
sastav composition; **kemijski** ~ chemical composition
sastavni element component
sasvim bodily (e. g. the ship will rise and sink bodily — brod će se podići i sasvim uroniti
sat clock; **atomski** ~ atomic clock; **brodski** ~ ship clock; **cezijev** ~ caesium clock
savijanje bending, flexure (oblik deformacije konstrukcije); **valjci za** ~ bending rolls
savijanje limova plate bending
savijanje rebara frame bending
savijanje u hladnom stanju cold bending
savijanje u toplom stanju hot bending
savijanje u uzdužnom smjeru longitudinal bending
savijati se bend (bent, bent)
savijati se (pregibati) flex
savitljiv(i) (savitljiva, savitljivo) flexible
savitljiva cijev (platnena, armirana, gumena) (savitljivo crijevo) hose
savitljivost flexibility
savladati overcome (overcame, overcome) (e. g. to overcome the force — savladati silu; to overcome the difficulty — savladati poteškoću)
sedlasti klin saddle key
segment pravca intercept
sekcija (broda) section
sekstant sextant
sekundar (sekundarna zavojnica) secondary (secondary winding)

sekundarni (sekundarna, sekundarno) secondary
sekundarni rashladni krug secondary refrigeration cycle
sekularna ravnoteža secular equilibrium
selen (Se) selenium
separator separator; **elektromagnetski** ~ electromagnetic separator; **uljni** ~ oil separator
serija series; **Balmerova** ~ Balmer series; **Brackettova** ~ Brackett series; **radioaktivna** ~ radioactive series
serijski (serijska, serijsko) series + imenica
serijski istosmjerni motor series d. c. (direct current) motor
serijski izmjenični motor series a. c. (alternating current) motor
serijski motor series motor
serijski motor istosmjerne struje series d. c. (direct current) motor
serijski motor izmjenične struje series a. c. (alternating current) motor
serijsko-paralelni strujni krug series-parallel circuit
serijski spojen (u strujni krug) connected in series
serijski strujni krug series circuit
sferni (sferna, sferno) spherical
sidreni (sidrena, sidreno) anchor + imenica
sidrena dizalica anchor crane
sidreni lanac anchor chain, anchor cable, chain cable
sidrena soha anchor davit
sidreni uređaj anchoring system
sidreno vertikalno vitlo anchor capstan
sidreno vitlo anchor windlass, windlass; **horizontalno** ~ horizontal windlass; **parno** ~ steam windlass, steam powered windlass, steam powered anchor windlass; **vertikalno** ~ (sidreno vitlo s vertikalnom osovinom) vertical shaft windlass, anchor windlass
sidreno ždrijelo (sidrena cijev) hawsepipe; **uvučeno** ~ recessed hawsepipe
sidrenjak (debelo sidreno uže) hawser
sidrenje anchoring, berthing (vezivanje u luci)
sidrenje broda anchoring the ship
sidrište (vez u luci) berth
sidriti anchor, berth (vezati se u luci)
sidro anchor; **admiralsko** ~ admirality anchor; **Danforthovo** ~ Danforth anchor; **dubinsko** ~ deep sea anchor; **gljivasto** ~ mushroom anchor; **krmeno** (strujno) ~ stern (stream) anchor; **lagano** ~ light anchor, lightweight anchor; **obično** ~ commom anchor; **patentno** ~ patent rudder; **pramčano** ~ bower anchor; **rezervno** ~ spare anchor; **strujno** ~ stream anchor
sidro bez prečke (sidro bez klade) stockless anchor

sidro koje dobro priliježe uz oplatu broda snug stowing anchor
sidro na pramcu bower anchor
sidro s prečkom (sidro s kladom) stocked anchor, stock anchor
sidro za čamac grapnel
sidro za duboko more deep sea anchor
Siemens-Martinova peć open-hearth furnace
signal signal; **svjetlosni** ~ light signal
signal za maglu fog signal
signalizirati signal
signalni (signalna, signalno) signal + imenica, signalling + imenica
signalni jarbol signal mast
signalni uređaj (signalno sredstvo) signalling device
signalna zastavica flag signal
sigurnosni (sigurnosna, sigurnosno) safety + imenica
sigurnosni injekcijski akumulator (kod reaktora) safety injection accumulator
sigurnosni (zaštitni) **termostat** safety thermostat
sigurnosni ventil safety valve; **dvostruki** ~ duplex safety valve
sigurnosni ventil pregrijača pare superheater safety valve
sigurnosni ventil tanka tank safety valve
sigurnosni zahvatač pripone preventer safety catch
sigurnost safety; **faktor sigurnosti** factor of safety
sila force; **centrifugalna** ~ centrifugal force; **Coulombova** ~ Coulomb force; **elektromotorna** ~ electromotive force (emf); **fluktuirajuća** ~ fluctuating force; **hidrodinamička** ~ hydrodynamic force; **hidrostatička** ~ hydrostatic force; **hidrostatička uzgonska** ~ (sila uzgona) buoyancy force, buoyant force, the force of buoyancy; **inercijska** ~ inertia force; **inercijske sile zbog ljuljanja** roll inertia forces, inertia rolling forces, inertia forces due to rolling; **inercijske sile zbog poniranja** heave inertia forces, inertia heaving forces, inertia forces due to heaving; **inercijske sile zbog posrtanja** pitch inertia forces, inertia pitching forces, inertia forces due to pitching; **konstantna** ~ constant force; **nagibna** ~ (kod broda) heeling force; **nepromjenljiva** ~ unvarying force; **neuravnotežene sile** unbalanced forces; **nuklearna** ~ nuclear force; **otporne sile** resisting forces; **pojedinačna** ~ single force; **povratna** ~ (kod broda) restoring force; **površinske sile** surface forces; **prekretna** ~ upsetting force; **prigušna** ~ (sila prigušenja) damping force; **promjenljiva** ~ variable force, varying force
sila dinamičkog (aerodinamičkog/hidrodinamičkog) **uzgona** lift force
sila izmjene exchange force

sila ljuljanja rolling force; **horizontalna komponenta sile zbog ljuljanja** horizontal rolling force; **vertikalna komponenta sile zbog ljuljanja** vertical rolling force
sila poniranja heaving force
sila posrtanja pitching force
sila (koja djeluje) **prema dolje** downward force
sila (koja djeluje) **prema gore** upward force
sila prigušenja (prigušna sila) damping force
sila se stvara the force is generated
sila teže (gravitacije) gravity, gravitional force, the force of gravity
sila tromosti (sile inercije) inertia force
sile u ležajevima bearing forces
sila u ležajevima (brodskog vijka) **zbog** (nepravilnog) **sustrujanja** wake bearing force
sile zbog neispravne izvedbe error forces
sila (zbog) **težine** force of weight
sila zbog udaranja pramca o valove slamming force
sila uzgona (hidrostatička uzgonska sila) buoyancy force, buoyant force, force of buoyancy
sila vjetra wind force
silazna cijev downcomer
silicij (Si) silicon
silicijem smireni čelik silicon-killed steel
silikat silicate
simetrala centreline, centerline (US); **izvan simetrale** off the centerline
simetrala broda ship's centerline (centreline), fore and aft line
simetralni (simetralna, simetralno) centerline + imenica, centreline + imenica
simetralni (centralni) **nosač dna** bottom centerline girder; **interkostalni** (umetnuti) ~ intercostal bottom centerline girder
simetralna ravnina (ravnina simetrije) (centralna/središnja ravnina) centreline plane, centerline plane, plane of symmetry; **vertikalna** ~ vertical centreline (centerline) plane, vertical fore-and-aft plane
simetralna ravnina broda ship's centerline plane
simetričan (simetrični, simetrična, simetrično) symmetrical
simetrično naplavljivanje symmetrical flooding
simetričan (jednolik) **raspored temperature** symmetrical temperature
simetričnost symmetry
simetričnost rasporeda temperature temperature symmetry
simetrija symmetry; **ravnina simetrije** plane of symmetry
simpleks kormilo simplex rudder
Simpsonovi faktori Simpson's multipliers

Simpsonovi koeficijenti Simpson's multipliers
Simpsonoto prvo pravilo Simpson's First Rule
singularitet (matematički pojam) singularity
sinhro dizalo synchrolift elevator, synchrolift gang-powered elevator
sinhron(i) (sinkron) (sinhrona, sinhrono) synchronous
sinhroni generator synchronous generator
sinhrono ljuljanje synchronous rolling
sinhroni (električni) **motor** synchronous motor; **pomoćni** ~ auxiliary synchronous motor
sinhrono posrtanje synchronous pitching
sinhronizacija (sinhroniziranje) synchronization
sinhronizam synchronism; **brod se ljulja u sinhronizmu s valom** the ship rolls in synchronism with a wave; **učinak sinhronizma** effect of synchronism; **valovi i brod su u sinhronizmu** the waves and ship are in synchronism
sinhronizatorski uređaj synchronizing device
sinhroniziran (i) (sinhronizirana, sinhronizirano) synchronized
sinhronizirati synchronize
sintetički (sintetski) (sintetička, sintetičko) synthetic
sintetičko uže synthetic line
sinus sine
sinusni (sinusna, sinusno) sinuous
sinusna krivulja (sinusoida) sine curve
sinusni val sine wave
sinusoidalni val sinusoidal wave
sirov(i) (sirova, sirovo) crude
sirova (neprerađena) **nafta** crude oil, crude petroleum
sirovo željezo pig iron
sirovina raw material
sisaljka suction pump; **primarna** ~ primary (suction) pump; **vakuumska** ~ vacuum pump
sistem (sustav) system; **balastni cjevovodni** ~ ballast piping system; **balastni pumpni** ~ ballast pumping system; **binarni** ~ binary system; **cjevovodni** ~ piping system; **dvokalni** (zračni) ~ dual (air) duct system; **elektroenergetski** ~ electric power system; **hermetički zatvoreni rashladni** ~ sealed refrigeration system; **kaljužni pumpni** ~ bilge pumping system; **kanalni** ~ (za zrak) (air) ductwork system, (air) ductwork **klimatizacijski** ~ air conditioning system; **klimatizacijski** ~ **s dogrijavanjem** reheat air conditioning system; **kontejnerski** ~ container system; **kontrolni** (regulacijski, upravljački) ~ control system; **koordinatni** ~ co-ordinate system; **navigacijski** ~ navigation system; **protupožarni** ~ fire protection sy-

stem; **protupožarni** ~ **za gašenje požara pjenom** foam extinguishing system; **pumpni** ~ pumping system; **pumpni** ~ **za pitku vodu** fresh water pumping system; **rashladni** ~ cooling system; refrigeration system; **transportni** ~ transportation system; **ventilacioni** (ventilacijski) ~ ventilation system; **ventilni** ~ valving system; **vodorashladni** ~ water cooling system; **zračnorashladni** ~ air cooling system
sistem automatske regulacije automatic control feedback system
sistem cjevovoda piping system
sistem dogrijavanja zone zone reheat system
sistem dovoda zraka air supply system
sistem električne struje electric current system; **istosmjerni** ~ direct current system; **izmjenični** ~ alternating current system; **trofazni** ~ three phase current system
sistem gradnje (broda) building system, system of building; **kombinirani** ~ combination system of building; **poprečni** ~ transverse system of building; **uzdužni** ~ longitudinal system of building
sistem grijanja (zagrijavanja) heating system
sistem otplinjavanja vent system, venting system
sistem povlačenja zraka zbog indukcije induction system
sistem posušivanja (sistem ispumpavanja nafte iz tanka do kraja) stripping system
sistem prijenosnih uređaja za gašenje požara portable fire extinguisher system
sistem pumpi pumping system
sistem raspršivanja vode water-spray system, water-spraying system
sistem teretnog cjevovoda piped tanker cargo system, piped cargo oil system
sistem uređaja za gašenje požara fire extinguisher system, extinguishing system
sistem valova zbog ramena na krmenim vodnim linijama aft shoulder wave system, aft shoulder system
sistem valova zbog ramena na pramčanim vodnim linijama fore shoulder wave system, fore shoulder system
sistem ventilacije ventilation system, ventilating system, system of ventilation
sistem za distribuciju (razvod) **zraka** air-distribution system; **visokotlačni** ~ high-pressure air-distribution system
sistem za dizanje hoisting system
sistem za kočenje braking system
sistem za rashlađivanje vode water-chilling system
sistem zračnih kanala air duct system, air ducting system
sistem zupčanika gearing system, gearing
sitasti pročistač (sito) strainer
siz (na brodu) gangway

sjecište point of intersection, intersection
sjeći cut, intersect
sjedinjeni komadni teret unitized items
sjedinjeno pakiranje unitization
sjedinjeno slaganje unitized package
sjedinjeno slaganje tereta unitizing
sjedište seating
sjedište igličastog ventila needle valve seating, float needle seating (u rasplinjaču)
skalarna veličina scalar quantity
skalop scallop
skandij (Sc) scandium
skela scaffolding, staging
skica outline design, sketch design
skidljiv(i) (skidljiva, skidljivo) demountable, detachable
skinuti kormilo (s broda) unship the rudder
sklad (podudaranje) accordance; **u skladu sa** in accordance with (e. g. in accordance with the regulations — u skladu s propisima)
skladišne zaštite trenice dunnage
skladištar storekeeper
skladište hold (za teret na brodu), stockyard (u brodogradilištu); **teretno** ~ (na brodu) cargo hold
skladište na obali warehouse
skladište rasutog tereta (na brodu) hold for bulk cargo
skladište za čelik (u brodogradilištu) steel stockyard
skladište za rudu/žitarice (na brodu) ore/bulk hold
skladište za sjedinjavanje tereta (na obali) consolidation shed
skladište za suhi teret (na brodu) dry cargo hold
skladište za teret (na brodu) hold, cargo hold; **hlađeno** ~ refrigerated cargo hold
skliz slip; **kut skliza** slip angle
sklon prone (e. g. thicker steels are more prone to brittle failure at a given temperature — deblji čelici skloniji su krhkom lomu kod dane temperature)
sklopiv(i) (sklopiva, sklopivo) collapsible
sklopiv kontejner collapsible container
sklopka (električna) switch; **uljna** ~ oil switch
skok (uzvoj palube) sheer; **srednji** ~ average sheer; **teoretski** ~ molded sheer line
skok na krmi sheer aft
skok na pramcu sheer forward
skretati divert
skretni kolotur lead block
skretni kolotur brka slewing guy lead block
skretni kolotur teretnice cargo runner derrick heel lead block
skretna ploča (stijena) (za paru u kotlu) steam baffle plate, baffle wall, baffle
skrok strut; **osovinski skrokovi** shaft struts
skrokovi brodskog vijka propeller struts

skrokovi osovine shaft struts
skup svih čamaca za spasavanje lifeboatage
skupljač kondenzata condensate trap
skupno sredstvo za spasavanje collective life-saving device
slab (za materijal) weak
slabiti (prigušiti) (npr. za zvuk, šum) attenuate
slabljenje (prigušenje) (npr. zvuka, šuma) attenuation
slaganje (npr. kod proračuna) vidi **podudaranje**
slaganje (npr. tereta) stacking, stowage
slaganje kontejnera u dva ili tri reda u visinu stacking containers two and three high
slaganje splavi za spasavanje life raft stowage
slagati se (npr. kod proračuna) vidi **podudarati se**
slagati (teret) **u kontejnere** containerize
slavina tap
sličnost similitude; **opći zakon mehaničke sličnosti** the general law of mechanical similitude
slijepa prirubnica blind; **cijevna** ~ line blind
slijevanje (za metal) fusion
slijevati se (za metal) fuse
slika (raspodjela) **strujanja** flow pattern
slitina vidi **legura**
slivnica limber hole
slobodan (slobodni, slobodna, slobodno) free
slobodno ljuljanje free rolling
slobodno osciliranje free oscillation(s)
slobodne (prirodne) **vibracije** free (natural) vibration(s)
sloj layer; **granični** ~ boundary layer
slojasta kavitacija sheet cavitation
slomiti se break (broke, broken)
složena jezgra compound nucleus
slučaj case; **kao što je to** ~ **kod** as in the case of
smanjenje decrease, reduction
smanjenje ljuljanja reduction of roll, decrement of roll
smanjenje (gubitak) **metacentarske visine** GM (metacentric height) loss
smanjenje metacentarske visine prema širini GM loss/beam
smanjiti decrease, reduce, diminish
smanjiti na minimum minimize
smanjiti vjerojatnost pogreške na minimum minimize the likelihood of error
smični (smična, smično) shearing, shear + imenica
smična deformacija poprečnog presjeka zbog ljuljanja broda racking; **naprezanja zbog smičnih deformacija poprečnog presjeka zbog ljuljanja broda** racking stresses
smično naprezanje shearing stress, shear stress

smična sila shear force, shearing force
smik shear; **uzdužni** ~ longitudinal shear
smik je jednak nuli (nema smika) zero shear
smik u tekućini (unutarnje trenje u tekućini) fluid shear
smiriti čelik (potpuno dezoksidirati čelik) kill
smisao (kod sile) sense (of the force)
smjer direction
smjer napredovanja broda heading
smjer napredovanja broda koso na valove oblique wave heading(s), oblique heading
smjer napredovanja vala wave direction
smjer vjetra otklonjen od krme the wind off the stern
smjer vjetra otklonjen od pramca the wind off the bow
smjesa mixture; **eksplozivna** ~ explosive mixture
smjestiti place, locate
smjestiti se (na kobilične potklade) land; **brod se smjestio na kobilične potklade** the ship has landed on the keel blocks
smještaj brodskog vijka propeller arrangement
smješten(i) (smještena, smješteno) located, placed
smočnica pantry
smola resin; **epoksidna** ~ epoxy resin
smolasta masa (bitumenska smjesa) bituminous plastic
smotak roll
smrznuti teret frozen cargo (cca -10^0 C)
snaga power; **efektivna konjska** ~ effective horsepower (ehp, EHP, P_E); **električna** ~ electric power, electrical power; **indicirana konjska** ~ indicated horsepower (ihp, IHP, P_I); **izlazna** ~ output power; **kočena konjska** ~ brake horsepower (bhp, BHP, P_B); **konjska** ~ horsepower, horse power; **ljudska** ~ manpower; **mehanička** ~ mechanical power; **nuklearna** ~ nuclear power; **osovinska** (konjska) ~ (snaga na osovini) shaft horsepower (shp, SHP, P_S); **porivna** (konjska) ~ (snaga poriva) thrust horsepower; **predana** ~ delivered power; **predana** (konjska) ~ **brodskom vijku** delivered horsepower (dhp); **razvijena** ~ developed power; **specifična** ~ specific power; **teglena** (konjska) ~ tow-rope horsepower
snaga na izlazu output power, power output
snaga na osovini shaft horsepower
snaga poriva thrust horsepower
snaga pri preopterećenju overload rating
snaga se postiže (snaga je postignuta) the power is realized
snaga tegljenja tow-rope horsepower
snaga u kontinuiranom pogonu continuous service rating (CSR); **maksimalna** ~ maximum continuous (service) rating (MCR, m .c. r.)

snast jarbola mast rig, mast rigging
snažan (npr. stroj) (snažna, snažno) powerful
snimka record
snimka odziva broda ship response record
snop beam; **elektronski** ~ electron beam
snop cijev nest of tubes, bank
snop gorivih elemenata (u reaktorskoj tehnici) fuel element cluster
snopovi kotlovskih (isparnih) **cijevi** boiler tube banks, banks of boiler generating tubes
soha davit; **gravitaciona** (gravitacijska) ~ gravity davit; **krmena** ~ after davit; **mehanička** ~ mechanical davit; **nagibna** ~ luffing davit; **okretna** ~ rotary davit; **radijalna** ~ radial davit; **sidrena** ~ anchor davit
soha s krakom u obliku polumjeseca crescent davit
soha s ravnim krakom straight boom davit
soha s vretenastim uređajem davit with spindle gear
soha za čamce boat davit, davit
soha za čamac za spasavanje lifeboat davit
soha za sidro anchor davit
sondna cijev (sonda) sounding tube, sounding pipe
spajanje connection; **ukršteno** ~ cross-connection; **ukršteno** ~ **bočnih tankova** cross-connection of wing tanks; **vijčano** ~ bolting
spajanje vijcima bolting
specifičan (specifični, specifična, specifično) specific
specifična snaga specific power
specifična težina specific gravity, specific weight
specifična toplina specific heat
specifična toplina pri konstantnom volumenu specific heat at constant volume (C_V)
specifična toplina pri konstantnom tlaku specific heat at constant pressure (C_P)
specifikacija specification
specijalan (specijalni, specijalna, specijalno) special
specijalna oprema special equipment
specijalni teret special cargo
specijalna zjevača s valjcima special roller chock
sped (sabljasti) **tip kormila** spade type of rudder
spektar spectrum (pl. spectra); **apsorpcijski** ~ absorption spectrum; **atomski** ~ atomic spectrum; **fisioni** ~ fission spectrum; **frekvencijski** ~ frequency spectrum; **usmjereni** ~ directional spectrum
spektar energije energy spectrum
spektar odziva response spectrum
spektar valova sea spectrum
spektrometar spectrometer
spektrometar beta-zraka beta-ray spectrometer

spektrometar gama-zraka gamma-ray spectrometer
spirala spiral
spiralan (spiralni, spiralna, spiralno) spiral
spiralno kućište (kod pumpe) volute casing
splav za spasavanje life raft; **kruta** ~ rigid life raft
splav za spasavnje napuhavanjem inflatable life raft
splav za spasavanje s automatskim napuhavanjem automatically inflatable life raft
splav za spasavanje s uređajem za spuštanje life raft with lowering arrangement
spoj connection, joint, fastening; **cijevni** ~ pipe joint; **cijevni** ~ **s kolčakom** sleeve pipe joint; **cijevni** ~ **s narezom** screwed-pipe joint; **ekspanzioni** ~ (kod dugih kućica odnosno nadgrađa) expansion joint; **ekspanzioni** ~ (cijevni kompenzator) expansion joint; **muf-** ~ muff joint, sleeve pipe joint; **obrubni spojevi pregrađa** boundary connections of bulkheads; **preklopni** ~ lap joint, lapped joint; **preklopni zavareni** ~ lapped-welded joint; **prirubni** (prirubnički) ~ flange joint, flanged connection; **sučeoni** (stični) ~ butt joint; **sučeoni zavareni** ~ butt-welded joint; **vijčani** ~ screwed joint, screw fastening; **vijčani cijevni** ~ screwed-pipe joint; **zakovični** ~ riveted joint; **zalemljeni** ~ soldered joint; **zavareni** ~ welded joint; **zavareni cijevni** ~ welded pipe joint
spoj cijevi pipe joint, pipe connection; **zavareni** ~ welded pipe joint
spoj cijevi s kolčakom (muf-spoj) sleeve pipe joint
spoj cijevi s prirubnicom flange pipe joint
spoj pramčane statve s kobilicom forefoot
spoj s prirubnicom flange joint
spojen(i) (spojena, spojeno) connected, joined, fastened, coupled; **izravno** (direktno) ~ direct connected, direct coupled; **paralelno** ~ (u strujni krug) parallel connected, connected in parallel; **serijski** ~ (spojen u seriju u strujnom krugu) series connected, connected in series; **ukršteno** ~ cross-connected; **ukršteno** ~ **bočni tankovi** cross-connected wing tanks
spojiti connect, join, fasten, couple; **ukršteno** ~ cross-connect
spojiti vijkom bolt
spojka (spojnica) coupling; **cijevna** ~ sleeve coupling; **elastična** ~ flexible coupling; **izvrstiva** ~ (rastavna ~ kvačilo) clutch; **kruta** ~ rigid coupling; **muf-spojnica** ~ muff coupling; **prirubna** ~ flange coupling; **redukcijska spojnica** (redukcijski kolčak) reducing coupling
spojka koljenaste osovine crankshaft coupling

spojka kormila rudder coupling
spomenuti mention; **treba također** ∼ mention also should be made
spontana fisija spontaneous fission
sponja beam; **konzolna** ∼ cantilever beam; **okvirna** ∼ web beam; **palubna** ∼ deck beam; **pokretna** (skidljiva) ∼ portable beam; **polusponja** half beam; **poprečna palubna** ∼ transverse deck beam
sponja grotla hatchway beam; **klizna** ∼ sliding hatch beam; **pokretna** (skidljiva) ∼ portable hatch beam
sponja palube deck beam
sponja palube čvrstoće strength deck beam
sponja u skladištu hold beam
sponja za dahtanje panting beam
spor(i) (spora, sporo) slow
spori neutron slow neutron
sporohodni slow running + imenica, low-speed + imenica
sporohodni dizel-motor low-speed diesel engine
sprava (uređaj, aparat) **za gašenje požara** (ekstinkter) fire extinguisher; **prenosna** ∼ portable (fire) extinguisher; **ručna** ∼ hand fire extinguisher
sprava (aparat) **za gašenje požara suhom kemikalijom** dry chemical extinguisher
sprava za gašenje požara vodom water extinguisher
spreg sila couple; **napadni** ∼ forcing couple; **reakcioni** ∼ resisting couple
sprega coupling
spregnut(i) (spregnuta, spregnuto) coupled
spregnuta jednadžba coupled equation
spregnute vibracije coupled vibration(s)
spregnuti couple
spregnutost coupling; **križna** ∼ cross coupling; **učinak križne spregnutosti** cross coupling effect
sprema (na brodu) store
spremište store space
spremnik za kompenzaciju tlaka (kompenzator tlaka, volumena) (u reaktoru) pressuriser relief tank
sprežna cijev stay bolt tube
sprežnjak staybolt; **nabušeni** ∼ drilled staybolt
spring (koso uže za vez broda koje sprečava uzdužni pomak broda) spring line, spring
spustiti čamac za spasavanje to launch the lifeboat
spustiti sidro to lower the anchor
sraz vidi **sudar**
srebro (Ag) silver
sredina broda (srednji dio broda, u sredini broda) amidship
središnji vidi **centralni**
središnjica profila (npr. turbinske lopatice) camber line
središte (vidi **centar**) centre, center (US); **ekscentrični položaj središta** off-centre off-center (US)
središte (mase) centroid
središte ljuljanja (polovica otklona pri ljuljanju) center of roll
središte sile uzgona (centar sile uzgona) center (centre) of buoyancy
srednji (srednja, srednje) intermediate; median, middle (mid) + imenica, medium + imenica
srednji (srednja, srednje) (prosječni, prosječna, prosječno) mean, average
srednji dio broda midship
srednji gaz mean draft
srednja linija median line
srednje (prosječno) **naprezanje** average stress
srednje obodno sustrujanje average circumferential wake
srednji tlak (pritisak) average pressure
srednji voj middle strake
srednja vrijednost mean value, mean
srednje vrijednosti iz the mean values of..., the mean of the values of....
srednja vrijednost kvadrata mean square value
srednjohodni dizel motor medium-speed diesel engine
srednjotlačna parna turbina intermediate pressure (IP) steam turbine
srednjotlačna plinska turbina intermediate pressure (IP) gas turbine
srednjougljični brodski čelik medium carbon ship steel
sredstvo medium, means; **protupožarno** ∼ extinguishing medium, fire fighting medium, extinguishant; **rashladno** ∼ cooling medium, coolant, refrigerating medium, refrigerant
sredstvo za gašenje požara extinguishing medium, extinguishant, fire fighting medium
sredstvo za hlađenje coolant, cooling medium, refrigerating medium, refrigerant
sredstvo za spasavanje life saving device, life saving appliance, life saving apparatus; **individualno** ∼ individual life saving appliance; **kolektivno** (skupno) ∼ collective life saving device
sredstvo za zagrijavanje heating medium
srh burr
srpasti oblik krila (brodskog vijka) skewed blade outlines
sršnica covering-board
stabilan (stabilni, stabilna, stabilno) stable
stabilna ravnoteža stable equilibrium
stabilitet (stabilnost) stability; **dinamički** ∼ dynamic stability, dynamical stability; **gravitacijski** (gravitacioni) (stabilna ravnoteža uslijed djelovanja sila težina) ∼ gravitational stability; **negativni** ∼ negative stability; **nezadovoljavajući** ∼ unsatisfactory stability; **optimalni** ∼ optimum stability; **početni** ∼ initial stability; **procijenjeni** ∼ (prema prototipu) estimated stability; **poprečni** ∼ transverse sta-

bility, anthwartship stability; **pozitivni** ~ positive stability; **statički** ~ statical stability; **uzdužni** ~ longitudinal stability
stabilitet je zadovoljavajući the stability is satisfactory
stabilitet kod reakcije podloge stability when grounded
stabilitet naplavljenog broda stability flooded
stabilitet nasukanog broda stability when grounded
stabilitet neoštećenog broda intact stability
stabilitet oštećenog broda damage stability
stabilitet u naplavljenom stanju stability in flooded condition
stabilizacija stabilization
stabilizacija broda ship stabilization
stabilizacija ljuljanja roll stabilization
stabilizacijski (stabilizacijska, stabilizacijsko) stability + imenica
stabilizacijski stupovi stability columns
stabilizator stabilizer; **žiroskopski** ~ gyroscopic stabilizer
stabilizatorski tankovi stabilizer tanks, anti-rolling tanks
stabilizatorski tankovi s poprečnim kanalima (flum tankovi) flume stabilizer tanks
stacionaran (nepokretan, nepomičan) (stacionarni, stacionarna, stacionarno) stationary
staklen(i) (staklena, stakleno) glass + imenica
stakleni izolator glass insulator
staklo glass; **vodokazno** ~ water gauge (gage) glass, gauge (gage) glass
stalak stand; **manevarski** ~ manoeuring stand
stalni (stalna, stalno) steady, constant, permanent
stalni (konstantni) **poprečni nagib** (broda) steady heel
stalni progib permanent deflection
standard standard
standardni (standardna, standardno) standard + imenica
standardni teretni uređaj standard cargo gear
stanica station; **transformatorska** ~ transformer sub-station, sub-station; **ventilna** ~ manifold, valve box
stanje condition; **uspostaviti** ~ to set up a condition
stap piston
stap izjednačenja (stap za rasterećenje) dummy piston
stap (klip) **na pumpi** plunger
stapaj stroke
stapajica piston rod
stapni (povratni) (stapna, stapno) reciprocating, piston + imenica
stapno (povratno) **gibanje** reciprocating motion
stapno (povratno) **se gibati** reciprocate

stapni prsten piston ring
stapna pumpa piston pump, reciprocating pump
stapni stroj reciprocating engine; **parni** ~ reciprocating steam engine
starosna teorija (u reaktorskoj tehnici) age theory
starter (upućivač, pokretač) starter
statički (statička, statičko) static, statical
statički kut poprečnog nagiba (broda) static angle of heel
statičko opterećenje static load, static loading
statički poprečni nagib (broda) static heel
statička ravnoteža static equilibrium, static balance, standing balance (za stroj)
statička sila static force
statički stabilitet statical stability
statički tlak (pritisak) static pressure
statičko trenje static friction
statika statics
statistika statistics; **Bose-Einsteinova** ~ Bose-Einstein statistics; **Fermi-Diracova** ~ Fermi-Dirac statistics
stator stator
statorska lopatica fixed blade
statva post; **krmena** ~ stern post; **pramčana** ~ stem; **propelerna** ~ propeller post
statva brodskog vijka propeller post
statva kormila rudder post
statvena cijev sterntube
staviti u djelovanje to bring into action, to put into action
staviti u pogon (uputiti) start, activitate, to put into operation
staviti u (određeni) **položaj** position
stavka (u proračunu) item
stavljanje u pogon (npr. strojeve) start-up
staza trackway
staza kotačića roller race
stegnuti (pritegnuti) tighten (e. g. to tighten the nut — stegnuti maticu)
stegnuti s prolaznim vijkom koji ima maticu through-bolt
stehiometrijski omjer stochiometric ratio
stepenast(i) (stepeničast) (stepenasta, stepenasto) stepped
stepenasta (stepeničasta) **linija** stepped line
stepenasto nadgrađe set-in superstructure
stepenasto oblikovati step
stepeničasta pregrada (stepenasto oblikovana pregrada) stepped bulkhead
stepenasta remenica cone pulley
stepenasto smanjenje (neke konstrukcije) step-back
stepenasto smanjiti (neku konstrukciju) to step back
stepenica (stepenasto oblikovan dio) step
stepenice za pristup kabinama (s palube) companionways
Stephensonov razvodnik Stephenson link valve gear

stezanje (za materijal) shrinkage, contraction
stezanje (materijala) **pri zavarivanju** welding shrinkage
stezati se (za materijal) shrink, contract
stični spoj vidi **sučeoni spoj**
stijena (ploča) wall, plate, sheet; **cijevna** ~ tube sheet; **prednja cijevna** ~ (kotla) front tube sheet; **skretna** ~ (za paru u kotlu) baffle, baffle wall, steam baffle plate
stijena (pregrada) (u nadgrađu) bulkhead; **bočna** ~ side bulkhead
stik butt
stlačiva tekućina compressible fluid
stlačivač (uređaj za proizvodnju tlaka) pressuriser
stlačivati pressurize
stojeći ventil side valve
stolarski rad joiner work
stolarska radionica joiners' shop
stojni val standing wave
stoper (otponac) (pri porinuću) trigger; **hidraulički** ~ hydraulic trigger; **jama u navozu za** ~ trigger pit; **mehanički** ~ mechanical trigger
stoper (otponac) **pri porinuću** launching trigger
stoper kormilarskog uređaja steering gear stopper
stožac cone
stožast(i) (stožasta, stožasto) conical
stožni zupčanici (konični zupčanici, stožnici) bevel gears
stožni (konični) **zupčanici sa zakrivljenim zubima** spiral bevel gears
stožni (konični) **zupčanici s ravnim zubima** straight bevel gears
straža watch (na brodu); **obalna** ~ coast guard
stražnji (stražnja, stražnje) aft, after, rear
stražnji brid aerodinamičkog profila tail of an airfoil
stražnja cijevna komora (cijevni razdjeljivač, sakupljač) rear header
stražnji dio broda afterbody
stražnji kolizijski prostor afterpeak
stražnji perpendikular (krmena okomica) aft perpendicular
stražnja ramena after shoulders
strm(i) (strma, strmo) steep
strmi val steep wave
strmina (strmost) **vala** wave steepness
stroj engine (pogonski), machine (radni, alatni); **automatski** ~ **s plamenicama** automatic flame cutting machine; **brodski** ~ marine engine; **glavni** ~ main engine; **kompaundirani** ~ compound engine; **kompjuterizirani** ~ computer-aided machine; **kormilarski** ~ steering engine; **parni** ~ steam engine; **parni stapni** ~ reciprocating steam engine; **plinski** ~ gas engine; **pogonski** ~ driving engine; **pomoćni** ~ auxiliary engine; **pre-kretni** ~ reversing engine; **rashladni** ~ refrigerating machine; **rezni** ~ cutting machine; **stapni** ~ reciprocating engine; **toplinski** ~ heat engine; **troekspanzioni parni stapni** ~ triple expansion steam engine; **turbinski** ~ turbine engine; **višeekspanzioni parni stapni** ~ multiple expansion steam engine; **zakovični** ~ riveting machine
stroj dvostruke ekspanzije (kompaundirani stroj) compound engine
stroj za dinamičko balansiranje (uravnotoživanje) dynamic balancing machine
stroj za pokretanje (okretanje) **glavnog stroja** jacking engine
stroj za prešanje (preša, tijesak) press; **hidraulički** ~ hydraulic press
stroj za probijanje (probijač(ica)) punching machine
stroj za rezanje cutting machine
stroj za rezanje (unutrašnjih) **navoja** tapping machine
stroj za rezanje (vanjskih) **navoja** screw cutting machine
stroj za savijanje u hladnom stanju cold bending machine
stroj za zavarivanje welding machine; **automatski** ~ automatic welding machine
strojevi machinery, machines, engines; **glavni** ~ main machinery, main engines; **glavni porivni** (propulzivni) ~ main propelling machinery, main propelling engines; **palubni** ~ deck machinery; **pogonski** ~ driving machinery, driving engines; **pomoćni** ~ auxiliary machinery, auxiliary engines; **porivni** (propulzivni) ~ propelling machinery, propelling engines; **rotacijski** ~ rotating machinery; **turbinski** ~ **s reduktorom** geared turbine machinery
strojevi za vez i sidrenje mooring machinery
strojar (na brodu) engineer; **glavni** ~ chief engineer; **mlađi** ~ junior engineer
strojar palube deck engineer
strojar rashladnog postrojenja refrigerating engineer
strojar za održavanje machinist
strojar za pumpe pumpman
strojarnica machinery space, engine room, machinery room
strojarski (strojarska, strojarsko) mechanical, engineering + imenica, engine + imenica, machinery + imenica
strojarski dnevnik (na brodu) engine log book
strojarski inženjer mechanical engineer
strojarski odjel (u brodogradilištu) engineering department
strojarski odjel (na fakultetu) mechanical engineering department
strojarsko odjeljenje (na brodu) (strojarnica) machinery compartment
strojarstvo mechanical engineering

strojni (strojna, strojno) machine + imenica, machinery + imenica, engine + imenica
strojni alat machine tool
strojni dio machine member, machine part
strojna obrada (strojno obrađivanje) machining
strojno obraditi machine
strojna oprema (oprema strojeva) machinery equipment
strojno ulje engine oil
stroncij (Sr) strontium
stropni (stropna, stropno) overhead + imenica, overhead-mounted + imenica
stropna dizalica overhead crane
stropni (stropno montiran) **zonski dogrijač** (dogrijač zone) overhead-mounted zone reheater
struganje žičanom četkom (žičanje) wire brushing
struja current, stream; **anodna** ~ anode current; **električna** ~ electric current; **istosmjerna** ~ (električna) direct current (DC, dc); **katodna** ~ cathode current; **izmjenična** ~ (električna) alternating current (AC, ac); **trofazna** ~ three phase current
struja plina gas stream
struja zraka air stream
strujanje flow, stream; **bezvrtložno** ~ (rotor brzine jednak je nuli) irrotational flow, irrotational motion; **cirkulacijsko** ~ circulation flow; **jednoliko** ~ uniform flow, uniform stream; **laminarno** ~ laminar flow; **napadno** ~ incident flow; **neporemećeno** ~ free stream; **potencijalno** ~ potential flow; **slika** (raspodjela) **strujanja** flow pattern; **strujničasto** ~ streamline flow; **turbulentno** ~ turbulent flow; **virovito** ~ eddying motion; **viskozno** ~ (strujanje uz pojavu smičnih naprezanja) shear flow; **vrtložno** ~ (rotor brzine je različit od nule) vortex flow, rotational flow, rotational motion
strujanje (pare, plinova) flow
strujanje u graničnom sloju boundary layer flow
strujanje vrtloga vortex flow
strujni (strujna, strujno) stream+imenica
strujni (povezano s električnom strujom) current + imenica
strujni (strujničast) streamlined, streamline + imenica
strujni krug circuit; **električni** ~ electric circuit, electrical circuit; **elektronički** ~ electronic circuit; **otvoreni** ~ open circuit; **paralelni** ~ parallel circuit; **serijski** ~ series circuit; **serijsko paralelni** ~ series-parallel circuit
strujni prekidač circuit breaker; **električni** ~ electric circuit breaker
strujni presjek streamlined section
strujno sidro stream anchor

strujno zasićenje (elektrotehnički pojam) current saturation
strujnica streamline
strujničasto (aerodinamičko) **oblikovanje** streamlining
strujničasto strujanje streamline flow
struk užeta strand
struk ventila valve tappet, valve stem
struktura structure; **atomska** ~ atomic structure; **brodska** ~ ship structure
struktura broda ship structure
struktura nadgradnje erection structure
strukturni (strukturna, strukturno) structural
strukturni element structural member
strukturna konfiguracija structural configuration
stup column, pillar, post, pole; **stabilizacioni stupovi** stability columns; **teretni** ~ Samson post
stup kormilarskog kola steering column, steering stand
stup samarice derrick post, Samson post
stup sa instrumentima recording console
stup za tegljenje towing post, towing pole
stup za vez (vezivanje) **broda na gatu** dolphin
stupac vode water column, water head, head of water
stupanj (mjera za kut) degree
stupanj (npr. kod turbine, kompresora) stage
stupanj iskoristivosti efficiency
stupanj iskoristivosti osovinskog voda shaft transmission efficiency
stupanj propulzivne iskoristivosti propulsive efficiency
stupanj zauzimanja prostora (prostorni kapacitet) (prostornost) capacity rating
stupnjevan(i) (stupnjevana, stupnjevano) staged
stupnjevani kompresor staged compressor
stupnjevani sistem rashlađivanja staged refrigeration
stupnjevano zagrijavnje napojne vode staged feedwater heating
stupnjevanje (npr. turbine) multistaging
stupnjevati (npr. turbinu) multistage
stvaranje (generiranje) **valova** wave generation generation of waves
stvaranje (generiranje) **valnog sistema** the generation of the wave system
stvarati se (nastati) generate; **moment se stvara** the moment is generated; **sila se stvara** the force is generated
stvarni (stvarna, stvarno) actual, real
stvarni omjer skliza real slip ratio
stvarna poluga momenta stabiliteta actual righting arm
sučeoni spoj (stični spoj) butt joint

sučeoni zavareni spoj butt-welded joint
sudar (sraz) collision; **elastični** ~ elastic collision; **neelastični** ~ inelastic collision; **slabi** ~ low-energy collision; **snažni** (jaki) ~ high-energy collision
sudareni brodovi colliding vessels
suh(i) (suha, suho) dry
suhi dok dry dock, graving dock
suha para dry steam
suhi tank dry tank
suhi teret dry cargo
suhi termometar dry bulb thermometer
suhi zrak dry air
suma (zbroj) sum; **algebarska** ~ algebraic sum
suma (sumiranje) summation
sumirati (zbrajati) **vektorski** vector (e. g. all three forces are vectored together — sve tri sile sumiraju se vektorski)
sumpor (S) sulphur
sunčani kompas sun compass
superponiran(i) (superponirana, superponirano) superimposed
superponirati superimpose
superpozicija superposition; **princip** (načelo) **superpozicije** the principle of superposition; **teorija superpozicije** the theory of superposition
supstitucija substitution
supstituirati substitute
suptrohoida subtrochoid
susretanje encounter
susretanje valova wave encounter; **frekvencija susretanja valova** wave encounter frequency; **period susretanja valova** wave encounter period

sustrujanje wake; **efektivno** ~ effective wake; **jednoliko** ~ uniform wake; **nepravilno** ~ irregular wake; **nominalno** ~ nominal wake; **obodno** ~ circumferential wake; **potencijalno** ~ potencial wake; **pozitivno** ~ positive wake; **promjenljivo** ~ variable wake; **srednjeobodno** ~ average circumferential wake
sustrujanje prema naprijed forward wake
sustrujanje prema natrag sternward wake
sustrujanje trenja frictional wake
sustrujanje valova wave wake
sušilo (sredstvo za sušenje) desiccant; **kruto granulirano** ~ solid granular desiccant; **tekuće** ~ liquid desiccant
suženje trupa u poprečnom presjeku tumble-home
svesti na minimum to reduce to the minimum, minimize
svesti na nulu to reduce to zero
svjećica (u benzinskom motoru) spark plug, sparking plug
svjetlosni (radijacijski) **detektor** (požara) radiation detector
svjetlosni signal light signal
svojstvo (materijala) property (of the material)
svornjak bolt
svornjak kormila (štenac, osnac kormila) rudder pintle
svornjak na peti samarice derrick heel pin, boom heel pin
svrdlo drill (strojno), auger (ručno), gimlet (ručno)
svrstati classify, class

Š

šablona pattern, template
šamotno ziđe ložišta firebox brickwork
šarka hinge
šav seam; **zavareni** ∼ welded seam
šestar pair of compasses
šesterokrilni brodski vijak six-bladed propeller
šiljak krivulje cusp
šiljak na instrumentu za ucrtavanje (izvlačenje) **linija** tracing point of the instrument
šipka rod, bar; **kotvena** ∼ (kotva u kotlu) stayrod
šipka (žica) **za zavarivanje** welding rod
širenje expansion
širina width, breadth (za brod); **teoretska** ∼ (broda) breadth molded, molded breadth, midship breadth
širina grotla hatch width
širina na glavnom rebru do vanjskog brida rebra (teoretska širina) breadth molded, molded breadth, midship breadth
širina preko svega (kod broda) breadth extreme, beam
širina profila propelernog krila span
širiti se expand
širnica diagonal

širnica uzvoja (širnica približno okomita na uzvoj broda u nacrtu rebara) bilge diagonal
širok(i) (široka, široko) wide, broad (za brod)
škopac shackle
škotski brodski kotao Scotch marine boiler
škotski kotao Scotch boiler
šlep vidi **teglenica**
šperploča plywood
šrafirana (posjenčana) **površina** (na dijagramu) shaded area (on the diagram)
štap (u nuklearnoj tehnici); **apsorpcijski** ∼ absorbing rod; **gorivi** ∼ fuel rod; **upravljački** ∼ control rod
štenac pintle
štit shield; **biološki** ∼ biological shield; **toplinski** (termički) ∼ (u reaktorskoj tehnici) thermal shield
štitni prsten za otklon vode (kod pumpe) water deflector
šum noise
šupalj (šuplji, šuplja, šuplje) hollow
šuplja četvrtasta upora hollow square pillar
šuperenje (kalafatiranje) caulking
šuperiti (kalafatirati) caulk
šupljina hollow, hole; **kavitaciona** ∼ cavity

T

T-bulb profil Tee bulb bar
T-priključak (T cijevni fitting) pipe tee
T-profil Tee bar
T ravnalo T square
tabela (tablica) table
tabela (tablica) otčitavanja (vodnih linija, profila itd.) table of offsets
tabela (tablica) **podataka** datasheet
tabelarni (tablični) (tabelarna, tabelarno) tabular, tabulated
tabelarni obrazac tabular form
tabelarni prikaz tabulation
tabelarni prikaz stavaka tabulation of items
tabelarni prikaz vrijednosti tabulation of the values
tabelirati (staviti u tabelu) tabulate
tablične vrijednosti (vrijednosti u tabeli) tabulated values
tahometar (instrument za mjerenje broja okreta osovine) tachometer
takt (stapaj) stroke; **ekspanzioni** ∼ expansion stroke; **eksplozioni** ∼ (takt eksplozije) firing stroke, power stroke; **ispušni** ∼ exhaust stroke; **jalovi** ∼ idle stroke; **kompresioni** ∼ compression stroke; **radni** ∼ working stroke, power stroke; **usisni** ∼ suction stroke, intake stroke
talij (Tl) thallium
talište melting point
taliti se melt
talog slop, residue
taložni tank (za gorivo) settling tank, settler; **desni** ∼ starboard settling tank; **lijevi** ∼ port settling tank
taložni tank (za tekući teret) slop tank
taložnica ložišta fireroom bilge, fire room bilge
taložnik mulja mud drum
taljevina melt
tanak (tanki, tanka, tanko) thin
tangencijalan (tangencijalni, tangencijalna, tangencijalno) tangential
tangencijalno (prilog) tangentially
tangencijalna akcelaracija tangential acceleration; **maksimalna** ∼ maximum tangential acceleration

tangencijalna komponenta inercijske sile tangential inertia force; **rezultirajuća** ∼ resulting tangential inertia force
tangencijalno naprezanje tangential stress
tangencijalna sila tangential force
tangenta tangent, tangent line; **linija se crta kao tangenta na...** the line is drawn tangent to
tank tank; **aktivni** ∼ **protiv ljuljanja** active antirolling tank; **balastni** ∼ ballast tank; **benzinski** ∼ petrol tank, gasoline tank; **bočni** ∼ side tank, wing tank; **bočni balastni** ∼ side ballast tank; **centralni** ∼ centre tank, center tank; **donji bočni** ∼ lower wing tank; **duboki** ∼ deep tank; **ekspanzioni** ∼ **za slatku vodu** fresh water expansion tank; **filtracioni** ∼ filter tank; **flum tankovi** (stabilizacioni tankovi s poprečnim kanalima) flume stabilizer tanks; **gornji** (potpalubni) **bočni** ∼ upper wing tank; **kaljužni** ∼ bilge tank; **krajnji balastni** ∼ end ballast tank; **pasivni** ∼ **protiv ljuljanja** passive antirolling tank; **probušen** ∼ **prodorom mora** breached tank; **stabilizacioni tankovi** stabilizer tanks, anti-rolling tanks; **suhi** ∼ dry tank; **taložni** ∼ settling tank (za gorivo), slop tank (za tekući teret); **uljni** ∼ oil tank; **uzvojni** ∼ bilge tank; **vodni** ∼ (tank za vodu) water tank
tank (rezervoar) **destilirane vode** distilled water tank
tank dvodna (tank u dvodnu) double bottom tank
tank protiv ljuljanja (tank za stabilizaciju) (stabilizacioni, stabilizatorski tank) anti-rolling tank; **aktivni** ∼ active antirolling tank; **pasivni** ∼ passive antirolling tank
tank sa cijelom stijenom (u koji nije prodrlo more/voda) nonbreached tank
tank sa slomljenom stijenom u koji je prodrlo more/voda breached tank
tank u piku peak tank
tank za gorivo fuel tank
tank za loživo ulje fuel oil tank, fuel oil storage tank
tank za naftu kao teret (tank za teret) cargo tank

tank za napojnu (pojnu) vodu (tank napojne vode) feed water tank, feed tank
tank za odvajanje (nečistoća/vode od ulja) settling tank
tank za rezervnu napojnu (pojnu) vodu reserve feed tank
tank za teglenje modela towing tank
tank za ulje oil tank
tank za uskladištenje (vode, ulja itd.) storage tank
tank za vodeni balast water ballast tank
tank za vodu water tank
tanker tanker
tanker za naftu oil tanker, oil carrier
tanker za naftne derivate products tanker, products carrier
tanker za sirovu naftu crude oil tanker, crude oil carrier
tanker za tekući naftni plin LPG (liquid petroleum gas) carrier
tanker za ukapljeni plin liquified gas carrier
tankovi za stabilizaciju antirolling tanks, stabilizer tanks
tantal (Ta) tantalum
tapetarija upholstery
tarni (frikcioni) (tarna, tarno) frictional, friction + imenica
tarna kočnica friction brake
tava pan; **uljna** ~ oil pan
teći (za medij) flow
tegalj (uže za teglenje) towrope, towline, tow hawser
teglući uređaj towing gear; **radijalni** ~ radial towing gear
teglena (konjska) **snaga** tow-rope horsepower
teglenica barge, lighter; **riječna** ~ inland barge; **uronjiva** ~ submersible barge
teglenica s uređajem za podizanje jack-up barge
tegliti tow
tegljač (remorker) tug, tugboat, towboat
tegljenje towing
tehnicij (Tc) technitium
tehnički (tehnička, tehničko) technical, engineering + imenica
tehničko crtanje technical drawing
tehnička dokumentacija technical documentation
tehnička mehanika engineering mechanics
tehničke mogućnosti (tehnički uređaji) facilities
tehničke mogućnosti dokovanja docking facilities
tehničke mogućnosti korištenja dizalica crane facilities
tehničke mogućnosti u luci (obale, vezovi u luci, kanali) port facilities (piers, berths, channels)
tehnički podaci technical data
tehnička termodinamika engineering thermodynamics

tehnički uređaji (mogućnosti) **u kontejnerskoj luci** terminal container facilities
tehnički uređaji u zatvorenim skladištima warehousing facilities
tehnologija technology
tehnološki (tehnološka, tehnološko) technological
tehnološka dokumentacija technological documentation
tekstura texture
tekući (tekuća, tekuće) liquid + imenica
tekuće gorivo liquid fuel
tekuće mazivo liquid lubricant
tekuća pjena (za gašenje požara) liquid foam
tekuće sušilo liquid desiccant
tekući teret liquid cargo
tekuća vrpca conveyer
tekućina liquid (tekuće stanje, vrsta agregatnog stanja), fluid (vidi **fluid**); **idealna** (neviskozna) ~ nonviscous fluid; **nestlačiva** ~ incompressible fluid; **radna** ~ operating fluid, working fluid; **realna** (viskozna) ~ viscous fluid; **smik u tekućini** fluid shear; **stlačiva** ~ compressible fluid; **viskozna** ~ viscous fluid
tekućina za prijenos topline heat transfer fluid
telefonski aparat telephone appliance, telephone
telefonski uređaj telephone installation; **brodski** ~ ship's telephone (installation); **radio-** ~ radiotelephone installation
telegrafski uređaj telegraph installation
telekomanda (daljinsko upravljanje) remote control
telemotor telemotor
telurij (Te) tellurium
temelj foundation
temelji foundations; **brodski** ~ shipboard foundations; **armirani** ~ reinforced foundations
temelji kotla boiler bearers
temelji parnog kondenzatora steam condenser foundations
temelji požarne štrcaljke fire monitor foundations
temelji porivnih (propulzivnih) **strojeva** propelling machinery foundations
temelji protupožarnog topa fire monitor foundations
temelji sidrenog vitla windlass foundations
temeljiti se base; **proračuni se temelje** (osnivaju) **na** ... the calculations are based on (upon) ...
temeljni (temeljna, temeljno) fundamental, basic, base + imenica
temeljna ploča bedplate
temeljni premaz base coat
temperatura temperature); **apsolutna** ~ absolute temperature; -**asimetričan** (nejednolik, nesimetričan) **raspored tempe-**

rature asymmetric temperature; **maksimalna** ~ maximum temperature; **maksimalna** ~ **plina** (Tmax) maximum gas temperature (Tmax); **radna** ~ operating temperature, working temperature; **simetričan** (jednolik) **raspored temperature** symmetric temperature; **simetričnost rasporeda temperature** temperature symmetry; **totalna** (ukupna) ~ total temperature

temperatura pri isključenju zagrijavanja shutdown temperature

temperatura suhog termometra dry-bulb temperature

temperatura vlažnog termometra wet bulb temperature

temperaturni (temperaturna, temperaturno) temperrature + imenica

temperaturni gradijent temperature gradient

temperaturno (toplinsko) **otporni materijal** heat resisting material

temperaturni raspon temperature range

tenda (pokrov od jedrenog platna, krov od jedrenine) awning

teorem theorem; **Bernoullijev** ~ Bernoulli's theorem

teoretski (teoretska, teoretsko) theoretical, moulded (molded) (US) + imenica (kod broda)

teoretska forma molded form

teoretski gaz molded draft (US), molded draught

teoretski koeficijent (punoće) **istisnine** molded block coefficient

teoretska oplakana površina uronjenog dijela trupa molded wetted surface

teoretska osnovica (osnovka) molded baseline

teoretska površina (površina određena vanjskim licem rebara) molded surface

teoretski razmaci nepropusnih pregrada (duljina za nepropusnu podjelu broda) subdivision length

teoretski razmaci nepropusnih pregrada s obzirom na stabilitet broda pri naplavi floodable length for stability flooded

teoretski razmak nepropusnih pregrada (naplavljiva duljina broda između nepropusnih pregrada) floodable length

teoretsko rebro station, station section

teoretski skok palube molded sheer line

teoretska širina (širina na glavnom rebru do vanjskog brida rebra) breadth molded, molded breadth, midship breadth

teoretska visina (visina broda na glavnom rebru mjerena od gornjeg brida kobilice) molded depth (D)

teorija theory; **difuzijska** ~ diffusion theory; **dvogrupna** ~ (u reaktorskoj tehnici) two group theory; **grupna** ~ group theory; **osnovna** ~ basic theory; **pročišćena** ~ refined theory; **starosna** ~ age theory; **transportna** ~ transport theory; **višegrupna** ~ multigroup theory

teorija grede beam theory; **jednostavna** ~ simple beam theory

teorija valova wave theory, the theory of waves; **trohoidna** ~ trochoidal theory of waves

teorija vrtloga vortex theory

ter (ostatak prerade ugljena) coal tar fuel (C. T. F.)

terbij (Tb) terbium

teren site, ground

teren s kontejnerskim uređajima container facility site

teret cargo, load, freight; **hlađeni** ~ (približno 7^0 do 12^0 C) refrigerated cargo, reefer cargo; **komadni** ~ break-bulk; **kruti** ~ dense cargo; **opći** ~ general cargo; **paletizirani** (jedinični) ~ palletized cargo; **rashlađeni** ~ (približno $—5^0$ do $+5^0$ C) chilled cargo; **rasuti** ~ bulk cargo, bulk goods, bulk freight; **smrznuti** ~ (približno $—10^0$ C) frozen cargo; **specijalni** ~ special cargo; **suhi** ~ dry cargo; **tekući** ~ liquid cargo

teretni (teretna, teretno) cargo + imenica, load + imenica

teretni brod cargo ship, cargo vessel, freighter

teretni brod za opći (generalni) **teret** general cargo ship

teretni cjevovod cargo piping

teretni cjevovodni sistem cargo piping system

teretno grotlo cargo hold

teretna linija load line

teretni otvor na boku cargo port

teretna paluba cargo deck

teretno-putnički brod cargo-passenger ship

teretno skladište cargo hold, hold

teretni stup samson post

teretni uređaj cargo gear; **laki** ~ light cargo gear; **standardni** ~ standard cargo gear; **teški** ~ (za teške terete) heavy cargo gear

teretni uređaj brodske dizalice ship's crane cargo gear

teretni uređaj za lake terete light cargo gear

teretni uređaj za teške terete heavy cargo gear

teretna vodna linija load waterline; **ljetna** ~ summer load waterline; **zimska** ~ winter load waterline

teretna vodna linija za nepropusnu podjelu broda subdivision load line; **najdublja** ~ the deepest subdivision load line

teretno vitlo cargo winch

teretnica cargo runner

teretnica izvan broda outboard cargo runner

teretnica u brodu inboard cargo runner
termalizacija thermalization
termalni (termalna, termalno) usporedi sa **toplinski** thermal
termalna difuzija thermal diffusion
termalni neutron thermal neutron
termalni reaktor thermal reactor
termalni udarni presjek thermal cross-section
termički (termička, termičko) thermal
termički štit thermal shield
termo par (termo element) thermocouple
termodinamika thermodynamics; **tehnička** ~ engineering thermodynamics
termometar thermometer; **suhi** ~ dry bulb thermometer
termometar na ploči panel mounted thermometer
termonuklearan (termonuklearni, termonuklearna, termonuklearno) thermonuclear
termonuklearna energija thermonuclear energy
termonuklearna reakcija thermonuclear reaction
termosifon thermosifon
termostat thermostat; **glavni** ~ master thermostat; **sobni** ~ room thermostat; **zaštitni** ~ safety thermostat
termostatski (termostatska, termostatsko) thermostatic, thermostatical
termostatski odvajač kondenzata thermostatic trap
termostatska regulacija thermostatic control
teški (teška, teško) heavy
teška samarica (samarica za teški teret) heavy derrick, heavy lift derrick boom, heavy lift boom
teški teretni uređaj (uređaj za teške terete) heavy cargo gear
teško ulje heavy oil
teška voda heavy water
teškovodni reaktor heavy-water reactor (HWR)
teškovodni reaktor s direktnom proizvodnjom pare steam-generating heavy water reactor (SGHWR)
tetiva (aerodinamičkog profila) chord
tetiva (duljina profila propelernog krila) chord; **duljina tetive** chord length
tetraklorid tetrachloride
težina weight (općenito i za brod); **atomska** ~ atomic weight; **ekscentrični položaj težine** (kod broda) off-center weight; **ekscentrično smještena** (pomaknuta) ~ (kod broda) offside weight; **molekularna** ~ molecular weight; **nominalna** ~ (kod broda) nominal weight; **prekomjerna** ~ overweight; **procijenjena** ~ (prema prototipu) estimated weight; **specifična** ~ specific weight, specific gravity (kod broda); **ukupna** ~ total weight
težina čelika steel weight
težina opreme outfit weight
težina po jedinici volumena weight per unit of volume
težina praznog (opremljenog) **broda** light-ship weight, light weight (of the ship)
težina praznog broda sa strojevima spremnim za pogon light weight (wet) of the ship
težina strojeva machinery weight
težina strojeva spremnih za pogon machinery weight (wet)
težina veća od dopuštene overweight
težine (na brodu) weights
težišnica (os koja prolazi kroz težište) centroidal axis
težište centroid, center of mass
težište istisnine (center) centre of buoyancy; **ekscentrični položaj težišta istisnine** off-center location of the center of buoyancy
težište posrtanja center of pitching
težište sistema center (centre) of gravity; **ekscentrični položaj težišta sistema** off-center CG (center of gravity), off-center location of the center of gravity; **pomaknuto** ~ displaced center of gravity; **virtualno** ~ virtual center of gravity
težište sistema pomaknuto od simetrale broda (težište sistema izvan simetrale broda) offcenter CG (center of gravity)
težište vodne linije (center) centre of floatation
težište vodnih linija center (centre) of waterplane area
Thomasova kruška Thomas converter
Thomsonovo raspršenje Thomson scattering
titan (Ti) titanium
tjesnac sound
tlačenje compression
tlačiti compress, pressurize
tlačni (tlačna, tlačno) compressive, forced
tlačno naprezanje compressive stress
tlačno opterećenje compressive load
tlačna posuda reaktora reactor pressure vessel
tlačni pročistač (sitasti) discharge strainer; **dvostruki** ~ duplex discharge strainers
tlačna pumpa force pump
tlačni ventilator forced draft blower
tlak (pritisak) pressure; **atmosferski** ~ atmospheric pressure; **dinamički** ~ dynamic pressure; **hidrodinamički** ~ hydrodynamic pressure; **hidrostatički** ~ hydrostatic pressure; **ispušni** ~ exhaust pressure; **konstantni** ~ constant pressure; **konstantni** ~ **vode** constant water pressure, steady water pressure; **kotlovski** ~

boiler pressure; **proračunski** ~ design pressure; **srednji** (prosječni) ~ average pressure; **statički** ~ static pressure; **vodni** ~ water pressure; **vršni** (tjemeni) ~ peak pressure; **zračni** ~ air pressure
tlak (pritisak) **na kraju** (završetku) **saonika** way-end pressure
tlak para (vodenih ili drugih medija) vapour pressure
tlak pare (vodene) steam presssure
tlak (pritisak) **plina** gas pressure
tlak (pritisak) **stupca vode** pressure head
tlak u mlazu (u brazdi iza vijka) pressure in the race
tlak (pritisak) **u valu** wave pressure
tlak (pritisak) **ulja** oil pressure
tlak (pritisak) **zbog udaranja pramca o valove** slamming pressure
tlak (pritisak) **vjetra** wind pressure
tlak (pritisak) **vode** water pressure; **konstantni** ~ steady water pressure, constant water pressure
tlak zasićenja saturation pressure
tlak (pritisak) **zraka** air pressure
tlocrt top view, plan (view)
Tmax (maksimalna temperatura plina) Tmax, maximum gas temperature
točak za okretanje turning wheel
točka point; **okretna** ~ (točka koju promatrač na brodu zamišlja kod okreta broda; udaljena je od pramca za 1/3 do 1/6 dužine pramac—centar gravitacije) pivot point; **proračunska** ~ design point
točka (npr. ugovora, tehničkog opisa) item
točka-crta-linija dash-and-dot line
točka odvajanja (strujanja) separation point
točka različita od proračunske (na krivulji radnih karakteristika) off-design point
točka rosišta vidi **rosište**
točkasti izvor (zračenja) point source
točkasta linija dotted line
točnost exactness, accuracy; **matematička** ~ mathematical exactness
točnost izvedbe accuracy (e. g. propeller accuracy — točnost izvedbe brodskog vijka)
točnost računanja accuracy of the calculation
tok flow; **magnetski** ~ magnetic flux, flux, **poprečni** ~ cross-flow; **protutok** contraflow
tolerancija (dozvoljeno odstupanje) tolerance
tolerancija (rezerva) margin
tolerancija (rezerva) **položaja težišta sistema** center (centre) of gravity margin
tolerancija uspona (koraka) (brodskog) **vijka** pitch tolerance; **srednja** ~ mean pitch tolerance

tona (tonaža) ton, tonnage; **brodska tona** = = **registarska tona** (metrička) metric register(ed) ton(nage) (rt, RT, reg. tn) = = 2,832 m^3; **deplasmanska tona** displacement ton(nage) (disp. tn) = tona istisnine = net tonnage (nt tn) = 35 ft^3 = = 0,991 089 m^3; **long ton** (UK) (lg. t) = = gross ton (gr. t) = shipping ton (sh(g) t) = **tona nosivosti** = (dead weight ton (DW(T)) = 2 240 lb = 1 016,05 kg; **shipping tonnage** (US) (shp (g)) = measurement ton(nage) (meas. tn) = freight ton(age) (frt. tn) = 40 ft^3 = 1,132 67 m^3; **short ton** (US) (sh. t) = net ton (nt. t) = = 2 000 lb = 907,183 kg
tonuti sink (sank, sunk)
top gun
top za pjenu (za gašenje požara) foam monitor
topiti se melt
topivi čep fusible plug
topla obrada (obrada u toplom stanju) hot working, hot work
toplina heat; **atomska** ~ atomic heat; **specifična** ~ specific heat; **specifična** ~ **pri konstantnom tlaku** specific heat at constant pressure (C_V)
toplina se vodi (the) heat is conducted
toplina trenja frictional heat
toplinski (toplinska, toplinsko) thermal, heat + imenica, heating + imenica
toplinska deformacija thermal deformation, thermal strain
toplinski detektor (požara) (koji se aktivira zbog povišenih temperatura) heat detector, thermal detecor
toplinska ekspanzija thermal expansion
toplinska izolacija heat insulation, thermal insulation
toplinsko naprezanje thermal stress
toplinski neobradiva aluminijska legura non-heat-treatable aluminium (aluminum) (US) alloy
toplinska obrada heat treatment
toplinski obraditi heat-treat
toplinski obradiv (toplinski obradiva, toplinski obradivo) heat-treatable
toplinski obradiva aluminijska legura heat-treatable aluminium (aluminum) alloy
toplinski obrađen (toplinski obrađena, toplinski obrađeno) heat-treated
toplinsko opterećenje thermal load, heating load
toplinski otplinjač deaerating heater
toplinsko (temperaturno) **otporni čelik** heat resistance steel, heat resisting steel
toplinski pad heat drop
toplinsko rastezanje thermal expansion
toplinski stroj heat engine
toplinski (termički) **štit** (u reaktorskoj tehnici) thermal shield

toplinski udar thermal shock
toplinski vodič heat conductor
toplinska vodljivost heat conductivity
toplinsko vođenje heat conduction
toplovodni (toplovodna, toplovodno) hot water + imenica
toplovodni dogrijač hot water reheater
topovnjača gunboat
topovska bronca gunmetal
topovska instalacija gun installations
topovska paljba gun blast
topovska vatra gunfire
toranj tower, turret (na ratnom brodu)
torij (Th) thorium
torijski reaktor thorium reactor
torpedirati torpedo
torpedni čamac torpedoboat
torpedo torpedo
torzijski (torzioni) (torzijska, torzijsko) torsional
torzijsko (torziono) (prilog) torsionally
torzijska čvrstoća (čvrstoća pri uvijanju) torsional strength
torzijska (torziona) **krutost** torsional rigidity
torzijsko (torziono) **naprezanje** (naprezanje zbog uvijanja) torsional stress, torsion
torzijske (torzione) **vibracije** torsional vibration
torziometar torsionmeter
totalni (totalna, totalno) (vidi **ukupni**) total
totalna temperatura total temperature
totalna visina stupca pritiska total head pressure, total head
tovar freight
tračnica track
trajekt vidi **prijevoznica**
traka (vrpca) strap, band, strip, tape (magnetofonska, u električnom računalu); **magnetska** ~ magnetic tape; **papirnata** ~ paper tape; **probušena** ~ punched tape
traka za učvršćivanje kolijevke (na navozu) band
transformator (električni) transformer
transformatorska stanica (trafostanica) transformer sub-station, sub-station
transformirati transform (e. g. the electric current is transformed — električna struje transformirana)
translacija (translacijsko, translatorno gibanje) translation, the motion of translation; **krivocrtna** (krivolinijska) ~ curvilinear translation; **pravocrtna** (pravolinijska) ~ rectilinear translation
translacijski (translacijska, translacijsko) translational
translacijska (translatorna) **brzina** translational velocity
transporter transporter, conveyer; **gravitacijski** (gravitacioni) **kotrljajući** ~ gravity roller conveyer; **zračni** ~ air conveyer

transporter s valjcima roller transporter
transportni (transportna, transportno) transport + imenica, transportation + imenica
transportni sistem transportation system; **integrirani** ~ integrated total transportation system
transportna sredstva (vlak, kamion, brod, avion) carriers (train, truck, ship, plane)
transportna teorija (u nuklearnoj fizici) transport theory
transportni udarni presjek transport cross-section (u nuklearnoj fizici)
tranzijentne vibracije transient vibration
tranzistor transistor (skraćenica od transfer resistor)
tranzomska ploča transom
trapezoid trapezoid
trapezoidan (trapezoidni, trapezoidna, trapezoidno) trapezoidal
trapezoidno pravilo trapezoidal rule
trasiranje (iscrtavanje) **linija** (na podu crtare) laying down the lines, laying off the lines
trasirati trace
trasirnica (crtara) mould loft, mold loft
trenica plank; **palubne trenice** deck planking
trenutan (trenutni, trenutna, trenutno) instantaneous
trenutni neutron (emitiran prije fisije) prompt neutron
trenje friction; **bez trenja** frictionless; **klizno** ~ sliding friction; **statičko** ~ static friction; **valjno** (kotrljajuće) ~ rolling friction
trenje na (vanjskoj) **oplati** (broda) skin friction
trenje zbog turbulentnog strujanja (trenje zbog turbulencije strujanja) turbulent friction
treperenje (vibriranje, vibracije) **kormila** rudder flutter
tretirati (obraditi) (npr. u članku, raspravi) deal with (dealt with, dealt with)
tretirati na isti način kao deal with the same as
trgovački brod merchant ship
trgovačka mornarica merchant navy
trgovina trade, commerce
trigonometrija trigonometry
trigonometrijski (trigonometrijska, trigonometrijsko) trigonometric
trim (uzdužni nagib broda, razlika između pramčanog i krmenog gaza) trim; **imati** ~ to trim; **krmeni** (stražnji) ~ (trim na krmi) trim by the stern, trim aft; **moment trima** trimming moment; **optimalni** ~ optimum trim; **početni** ~ initial trim; **pokus trima** trim dive; **pramčani** (prednji) ~ (trim na pramcu) trim by

the bow, trim forward; **promjena u trimu** change in trim
trimovan(i) (trimovana, trimovano) trimmed (e. g. the ship is trimmed — brod je trimovan, brod ima uzdužni nagib)
trimovana vodna linija (kosa vodna linija) trimmed waterline; **nagib kose vodne linije** the slope of the trimmed waterline
trimovati trim
trofazni (trofazna, trofazno) three-phase + imenica
trofazni generator izmjenične struje three-phase alternator (alternating current generator)
trofazna struja three-phase current
trohoida trochoid; **parametarska jednadžba trohoide** the parametric equation of the trochoid; **površinska** ~ surface trochoid
trohoidni (trohoidna, trohoidno) trochoidal
trohoidna teorija valova trochoidal theory of waves
trohoidni val trochoidal wave
trokrilni brodski vijak three-bladed propeller
trokut triangle; **istokračan** ~ isosceles triangle; **istostraničan** ~ equilateral triangle; **pravokutni** ~ right-angle triangle; **raznostraničan** ~ irregular triangle
trokutast(i) (trokutasta, trokutasto) triangular, triangle + imenica
trokutasta ploča triangle plate, delta plate, monkey face
tromost (kod stanja mirovanja) (usporedi s **inercija**) inertia
troosni (troosna, troosno) triaxial
troosno naprezanje triaxial stress
troska slag; **rastaljena** ~ molten slag
trostepen(i) (trostepena, trostepeno) tripple-stage + imenica
trostepeno filtriranje zraka tripple-stage air filtration
trošiti (potrošiti) consume, expend (e. g. the energy is expended in overcoming the resistance — energija se troši u savladavanju otpora)
trošiti se (habati se) wear (wore, worn)
troškovi costs; **instalacioni** ~ installation costs; **investicioni** ~ investment costs; **pogonski** ~ operating costs, costs of operation; **proizvodni** ~ production costs, manufacturing costs
troškovi materijala material costs
troškovi održavanja maintenance costs, upkeep costs
troškovi popravaka repair costs, costs of repairs
troškovi zamjene replacement costs, costs of replacement
trup hull; **brodski** ~ ship hull, ship's hull; **plovaći** ~ floating hull

trup kao nosač (trup kao greda) hull girder
trup kao nosač (greda) **bez nadgrađa** main hull girder
trup s plovcima hull with outriggers
Tuckerov valomjer Tucker wave recorder
tulij (Tm) thulium
tumačiti interpret; **krivo** ~ misinterpret
tunel tunnel; **aerodinamički** ~ wind tunnel; **osovinski** ~ shaft tunnel, shaft alley; **vodonepropusni** ~ watertight tunnel
tunel osovinskog voda shaft tunnel, shaft alley
tunelska kobilica duct keel
tupi kut obtuse angle
turbina turbine; **akciona** ~ impulse turbine; **avionska plinska** ~ aircraft (aero) gas turbine; **brodska parna** ~ marine steam turbine; **brodska plinska** ~ marine gas turbine; **brodska plinska** ~ **za teške uvjete rada** heavy duty marine gas turbine; **direktno prekretna plinska** ~ direct reversing gas turbine; **dvoosovinska plinska** ~ twin-shaft (two shaft) gas turbine; **hidraulička** ~ hydraulic turbine; **marinizirana avionska plinska** ~ marinized aircraft (aero) gas turbine; **marinizirana plinska** ~ marinized gas turbine; **niskotlačna parna** ~ low pressure (LP) steam turbine; **niskotlačna plinska** ~ low-pressure (LP) gas turbine; **parna** ~ steam turbine; **plinska** ~ gas turbine; **pogonska plinska** ~ power gas turbine; **pomoćna** ~ auxiliary turbine; **porivna** ~ propulsion turbine; **prekretna** ~ reversing turbine; **prekretna plinska** ~ reversing gas turbine; **reakciona** ~ reaction turbine; **srednjotlačna parna** ~ intermediate pressure (IP) steam turbine; **srednjotlačna plinska** ~ intermediate pressure (IP) gas turbine; **visokotlačna parna** ~ high pressure (HP) steam turbine; **visokotlačna plinska** ~ high pressure (HP) gas turbine; **višeosovinska plinska** ~ multi-shaft gas turbine; **vodna** ~ water turbine
turbina s prekretom (turbina za vožnju krmom) reversing turbine
turbina s reduktorom geared-turbine
turbinski (turbinska, turbinsko) turbine + imenica
turbinska lopatica turbine blade
turbinske lopatice turbine blading, turbine blades
turbinski pogon turbine drive
turbinsko porivno postrojenje turbine propulsion plant
turbinska pumpa (turbopumpa) turbine pump; **centrifugalna** ~ centrifugal turbine pump; **vertikalna** ~ vertical turbine pump
turbinski stroj turbine engine

turbinski strojevi s reduktorom geared-turbine machinery
turboalternator (turbina s generatorom izmjenične struje) turboalternator (turbine and the alternating current generator)
turboelektrični pogon turbo-electric drive
turbogenerator turbine generator, turbogenerator
turbopuhalo turbo-blower, turbocharger
turbopumpa turbine pump; **centrifugalna ~** centrifugal turbine pump
turbulencija (turbulentnost) turbulence
turbulentan (turbulentni, turbulentna, turbulentno) turbulent
turbulentan prijenos topline turbulent heat transfer
turbulentno strujanje turbulent flow
tvorba para (u atomskoj fizici) pair production
tvornica factory, mill, works
tvornica aluminija aluminium plant, aluminum plant
tvornica aviona aircraft works
tvornica cementa cement mill
tvrd(i) (tvrda, tvrdo) hard
tvrdi čelik hard steel
tvrdo lemljenje brazing, hard soldering
tvrdoća hardness

U

U-profil channel bar
ubaciti (medij) **pod pritiskom** (tlakom) force
ubrizgač injector unit, injector; **automatski** ~ automatic injector
ubrizgač goriva fuel injector
ubrizgati (ubrizgavati, uštrcati) inject
ubrizgavanje (uštrcavanje) injection
ubrzan(i) (ubrzana, ubrzano) accelerating (koji se ubrzava), accelerated (koji je ubrzan)
ubrzano gibanje accelerating motion
ubrzanje vidi **akceleracija**
ubrzati vidi **akcelerirati**
ucrtati (u dijagram, koordinatni sustav) plot
učinak effect
učinak (motora) performance; **krivulja učinka** (motora) performance curve
učinak križne spregnutosti cross-coupling effect
učiniti bezdimenzionalnim nondimensionalize
udaljen(i) (udaljena, udaljeno) distant; **jednako** ~ equally distant, equidistant
udaljenost distance; **vezna** ~ bond length; **znatna** ~ appreciable distance
udaljenost težišta sistema od osnovice the height of the center of gravity above the molded baseline (KG)
udar shock, impact; **toplinski** ~ thermal shock
udar pramca o val slam
udar valova wave impact
udar vode/mora impact of water
udaranje broda o valove (pri poniranju) pounding
udaranje izbačene forme pramca o valove bow-flare slamming
udaranje pramca o valove slamming
udarno opterećenje shock loading, impact
udarni presjek (u nuklearnoj fizici) cross-section; **apsorpcijski** ~ absorption cross-section; **geometrijski** ~ geometrical cross-section; **ionizacijski** ~ ionization cross-section; **neutronski** ~ neutron absorption cross-section; **termalni** ~ thermal cross-section; **transportni** ~ transport cross-section; **ukupni** ~ total cross-section
udarni presjek raspršenja (u nuklearnoj fizici) scattering cross-section
udarna sila impact force
udovoljiti zahtjevima to meet the requirements, to satisfy the requirements
udubina lug
udubina (udubljeni prostor) recess
udubiti (zdjelasto oblikovati) dish
udubljen recessed (e. g. the bulkhead is recessed — pregrada je udubljena, pregrada ima reces)
udubljena pregrada recessed bulkhead
udubljenje (zdjelasto oblikovanje) dish
udvojen(i) (udvojena, udvojeno) (biti u paru) paired
udvojeni (zajednički) **rad samarica** union purchase rig
udvojene samarice tween derricks, paired booms (US)
ugađanje (podešavanje na frekvenciju) tuning; **faktor ugađanja** tuning factor
ugao corner
ugao grotla hatchway corner, hatch corner
uglovnica (L-profil) angle bar, angle
uglovnica palubne proveze deck stringer angle
ugljični dioksid carbon dioxide
ugljik (C) carbon
ugljikov ciklus carbon cycle
ugljikovo datiranje (starost) carbon dating
ugođen(i) (ugođena, ugođeno) (podešen na frekvenciju) tuned
ugođen na određeni frekvencijski pojas tuned to a particular frequency
ugrađen(i) (ugrađena, ugrađeno) built-in, fitted
ugrađeni uređaj (instalacija) fixture
ugrađena užnica built-in sheave
ugušenje požara fire extinction, extinction of the fire
ukalupljen(i) (ukalupljena, ukalupljeno) moulded, molded (US)
uklinjenje keying
uklopna/rasklopna električna oprema switching equipment
ukotvljenje bracing; **gornje** ~ top bracing, topbracing

uključiti (sadržavati) involve (e. g. the method involves finding the value for... — metoda uključuje traženje vrijednosti za...)
ukrcaj (ukrcavanje, utovar) loading
ukrcati (utovariti) load
ukrcati se (na brod/čamac) (za putnike) embark
ukrcavanje (putnika) embarkation
ukrepa stiffener; **bočna** ~ side stiffener; **bočna ~ tunela** tunnel side stiffener; **horizontalna** ~ horizontal stiffener; **okvirna** ~ web stiffener; **vertikalna** ~ vertical stiffener
ukrepa aluminijskog panela aluminum panel stiffener
ukrepa čeličnog panela steel panel stiffener
ukrepa poklopca cover stiffener
ukrepa pokrova dvodna tank-top stiffener
ukrepa pregrade bulkhead stiffener
ukrepa s dva raspona two-span stiffener
ukrepa s jednim rasponom single-span stiffener
ukrepa s koljenima bracketed stiffener
ukrepa s podrezanim krajevima sniped-end stiffener
ukrepa tunela tunnel stiffener; **bočna** ~ tunnel side stiffener
ukrepa uzdužne pregrade the stiffener on longitudinal bulkhead; **uzdužna** ~ longitudinal stiffener on longitudinal bulkhead
ukrštene linije intersected lines
ukršteno spajanje cross connection
ukršteno spajanje bočnih tankova cross connection of wing tanks
ukršteno spojen(i) (ukršteno spojena, ukršteno spojeno) cross-connected
ukršteno spojeni bočni tankovi cross-connected wing tanks
ukršteno spojiti cross-connect
ukrućen(i) (ukrućena, ukrućeno) stiffened
ukrućenje (ukrućivanje) stiffening; **sistem ukrućenja** stiffening system
ukrućenost (ukrućenost, krutost) **trupa** hull stiffness
ukrutiti stiffen
ukupni (ukupna, ukupno) (vidi **totalni**) total
ukupni broj tankova tankage
ukupna duljina užeta (dio užeta na koji djeluje sila podizanja) fall
ukupni moment total moment
ukupni moment savijanja total bending moment
ukupni otpor total resistance
ukupna težina total weight
ukupni udarni presjek (u nuklearnoj fizici) total cross-section
ulaz inlet (za medij), intake (za medij), input, entrance, admission (e. g. the admission of the petrol air mixture — ulaz smjese benzina i zraka)
ulaz rashladne vode cooling water inlet

ulaz u prostor kaštela entrance to forecastle
ulaz u rotor (pumpe) impeller eye
ulaz vanjskog zraka outside-air intake
ulaz zraka air inlet
ulazna cijevna komora (cijevni razdjeljivač, sakupljač) **pregrijača pare** superheater inlet header
ulazni brid (kormila, vijčanog krila, strujnog oblika) leading edge
ulazni (prednji) brid (aerodinamičkog) **profila** nose (of an airfoil section)
ulazni kut mlaza plina gas inlet angle
ulazni otvor (kanal) inlet port, intake port
ultračvrsti čelik ultra high strength steel
ultrazvučni (ultrazvučna, ultrazvučno) ultrasonic
ulje oil; **biljno** ~ mineral oil; **cilindarsko** ~ cylinder oil; **cilindarsko** ~ **motora s unutrašnjim izgaranjem** internal combustion cylinder oil; **cilindarsko** ~ **za parni stroj** steam cylinder oil; **cilindarsko** ~ **zračnog kompresora** air compressor cylinder oil; **dizelsko** ~ diesel oil; **kompaundirano** ~ compounded oil; **loživo** ~ fuel oil; **mineralno** ~ mineral oil; **rashladno** ~ cooling oil; **rezidualno** ~ residual oil; **strojno** ~ engine oil; **teško** ~ heavy oil; **turbinsko** ~ turbo-oil
ulje parafinske baze paraffin base oil
ulje u karteru motora oil sump
ulje za podmazivanje lubricating oil
ulje za rashladne strojeve ice machine cylinder oil
uljni (uljna, uljno) oil + imenica
uljni plamenik (uljni gorionik) oil burner
uljni separator oil separator
uljna sklopka oil switch
uljni tank oil tank
uljna tava oil pan
uljnonepropusnost oiltightness, oil-tightness
uljnonepropustan (uljnonepropusni, uljnonepropusna, uljnonepropusno) oiltight
uljnonepropusno grotlo oiltight hatchway
uljnonepropusno odjeljenje oiltight compartment
uljnonepropusna pregrada oiltight bulkhead
uljnonepropusna rebrenica oiltight floor
uljnopropusnost non-oil tightness
uljnopropustan (uljnopropusni, uljnopropusna, uljnopropusno) non oiltight
uljnopropusna pregrada non-oiltight bulkhead
uljnopropusna rebrenica non-oiltight floor
umanjeno mjerilo reduced scale
umanjenje (smanjenje) decrement
umetak insert; **rashladni** ~ cooling insert
umetanje insertion, interposition
umetnuta ploča (lim) insert plate
umiriti se (gibati se sa sve manjim otklonima) settle (e. g. if no other forces are

acting the ship will settle until the force of buoyancy equals the weight — ako ne djeluju neke druge sile, brod će se umiriti kad sila uzgona bude jednaka težini)
umjetni (umjetna, umjetno) artificial
umjetna radioaktivnost artificial radioactivity
umjetna ventilacija artificial ventilation
umor (materijala) vidi **zamor**
unajmitelj broda charterer
unajmiti (brod) charter
unesen(i) (unijet) (unesena, uneseno), entered; **otčitavanja s instrumenta unesena** (unijeta) **su u tabelarni prikaz** the instrument readings are entered in the tabulation
unositi (nanositi) **vrijednosti u dijagram** plot
unošenje (nanašanje) **vrijednosti u dijagram** plotting
unutrašnji (unutrašnja. unutrašnje) internal, inner
unutrašnje opločenje broda s dvostrukom oplatom inner skin of a double skin ship
unutrašnje opločenje dvodna inner bottom plating, tank top, innerbottom shell
unutrašnja pretvorba internal conversion
unutrašnja sila internal force
unutrašnji uzgon internal buoyancy (Arhimedov)
unutrašnjost interior
upaliti (npr. smjesu benzina i zraka) ignite
upet(i) (upeta, upeto) restrained, constrained, fixed; **kruto** ~ rigidly constrained; **potpuno** ~ completely restrained
upeti restrain, constrain, fix
upetost restraint. fixity; **elastična** ~ elastic restraint; **djelomična panela** partial panel restraint
upetost na krajevima (grede) end fixity, end restraint
upetost rubova edge restraint
upetost sa zakretanjem rubova rotational edge restraint
upliv vidi **utjecaj**
upora support, pillar, stanchion, shore; **cjevasta** ~ tubular pillar; **četvrtasta** ~ square pillar; **kosa** ~ (za podupiranje broda) spur shore; **šuplja četvrtasta** ~ hollow square pillar
upore (skup upora) shoring
uporedo (bok uz bok broda) abreast
upravljački (upravljačka, upravljačko) control + imenica
upravljački mehanizam control mechanism
upravljački sistem (regulacijski sistem) **control system; automatski** ~ automatic control system
upravljački štap control rod
upravljački uređaji controls
upravljanje control; **automatsko** ~ automatic control; **daljinsko** ~ remote control

upravljanje broda ship control; **automatsko** ~ automatic ship control
upravljanje kormilom rudder control
upravljanje reaktivnošću (u nuklearnoj tehnici) reactivity control
upravljati control
upravljiv(i) (upravljiva, upravljivo) (koji se dade upravljati) controllable, operable
upravljivost (za brod) maneuverability
upućivanje (pokretanje, stavljanje u pogon) (uređaja, stroja) starting, start-up
upuštanje rebara iznad vodne linije tumble-home
upušten klin sunk key
upute instructions
uputiti (pokrenuti, staviti u pogon) start, actuate (aktivirati)
uputni ventil (ventil za upućivanje, pokretanje) starting valve
uran (U) uranium; **obogaćeni** ~ enriched uranium; **prirodni** ~ natural uranium
uranski reaktor uranium reactor
uranjanje (uronuće) (usporedi sa **uron**) submergence
uravnotežen(i) (uravnotežena, uravnoteženo) balanced
uravnotežene sile balanced forces
uređaj device, fitting, fixture, gear, apparatus, unit, equipment, arrangement; **alarmni** ~ alarm equipment; **brodski radio-** ~ ship's radio equipment, ship's wireless equipment; **kaljužni pumpni** ~ bilge pumping arrangement; **klima** ~ air conditioning unit, air conditioning installation; **navigacijski** ~ navigation installation; **laki teretni** ~ (uređaj za lake terete) light cargo gear; **pokazivački** ~ indicator apparatus; **pomoćni uređaji** auxiliary fittings, auxiliary units, auxiliaries, accessories; **prigušni** ~ damping device; **protupožarni** ~ fire extinguishing installation; **protupožarni** ~ **za uzbunu** fire alarm installation; **pumpni** ~ pumping arrangement; **radarski** ~ radar installation; **radio-** ~ radio equipment; **radiotelefonski** ~ radiotelephone installation; **rasklopni** ~ switching equipment, switchboard fixture; **rasvjetni** ~ lighting installation; **regulacijski** (regulacioni) ~ regulator installation, governor installation; **sidreni** ~ anchoring system, anchoring arrangement; **signalni** ~ signalling device; **sinhronizatorski** ~ synchronizing device; **standardni teretni** ~ standard cargo gear; **teglaći** ~ towing gear; **telefonski** ~ telephone installation; **telegrafski** ~ telegraph installation; **teretni** ~ cargo gear; **teški teretni** ~ (uređaj za teške terete) heavy cargo gear; **teretni** ~ **brodske dizalice** ship's crane cargo gear; **upravljački uređaji** controls

uređaj za automatsko kormilarenje auto pilot
uređaj za destilaciju vode distilling unit
uređaj za dizanje lifting device
uređaj za dizanje teških tereta heavy lift cargo gear
uređaj za fekalije (izmetine) fecal installation
uređaj (aparat) za gašenje požara (ekstinkter) fire extinguisher, extinguisher; prenosivi ∼ portable (fire) extinguisher; ručni ∼ hand fire extinguisher
uređaj (instalacija) za gašenje požara fire extinguishing installation
uređaj (instalacija) za gašenje požara inertnim plinom fire gas extinguishing installation
uređaj (instalacija) za gašenje požara kemikalijama chemical fire extinguishing installation
uređaj (instalacija) za gašenje požara parom steam fire extinguishing installation
uređaj (instalacija) za gašenje požara pjenom foam fire extinguishing installation
uređaj (instalacija) za gašenje požara sa CO_2 CO_2 (carbon dioxide) fire extinguishing installation
uređaj (aparat) za gašenje požara suhom kemikalijom dry chemical extinguisher
uređaj (aparat) za gašenje požara vodom water extinguisher
uređaj (instalacija) za gašenje požara vodom (morem) water fire extinguishing installation
uređaj za guranje push towing gear
uređaji (instalacije) za izbacivanje projektila missile-launcher installations
uređaji za izjednačavanje (npr. nagiba broda) equalizing arrangements
uređaj (jedinica) za kondicioniranje zraka air treatment unit
uređaj (instalacija) za naplavljivanje flooding installation
uređaj za odvlaživanje (zraka) dehumidifier unit, dehumidification unit
uređaj za okretanje turning gear
uređaji za oslobađanje broda (kod porinuća) releasing arrangements
uređaj za oslobađanje čamaca za spasavanje releasing gear for lifeboats
uređaj za otkrivanje detection device
uređaj (instalacija) za pranje palube deck washing installation
uređaji za pridržavanje (broda pri porinuću) holding arrangements
uređaj za prigušenje damping device
uređaj (instalacija) za prikupljanje podataka data compilation installation
uređaj za proizvodnju pjene (za gašenje požara) foam maker, foam generator
uređaj za rukovanje čamcima za spasavanje lifeboat handling gear, boat handling gear

uređaj za rukovanje sidrom anchor handling gear, anchor handling arrangement
uređaj (oprema) za rukovanje teretom cargo handling equipment
uređaj za sidrenje anchor gear
uređaj za slaganje kontejnera stacker
uređaji za smanjenje brzine broda pri porinuću (zaustavljači) checking arrangements
uređaji (oprema) za spasavanje lifesaving equipment
uređaj za spasavanje lifesaving appliance
uređaj za spuštanje čamaca boat launching devices, launching devices
uređaj za spuštanje splavi u vodu liferaft launching device
uređaj za tegljenje towing arrangement
uređaji za ukršteno naplavljivanje cross-flooding fittings
uređaj (oprema, instalacija) za uzbunu alarm installation
uređaji za uzdužno porinuće end-launching arrangements
uređaj za vez mooring fitting, mooring arrangement
uređaj za zaustavljanje stopping device
uređaj za zaustavljanje i zakretanje broda kod otplova slewing arrangement
uređaj (instalacija) žirokompasa (kompasa na principu zvrka) gyro compass installation
uređajni sistem za otkrivanje požara fire detection system
urez cut
uron immersion, sinkage; paralelni ∼ parallel sinkage
uron brodskog vijka propeller immersion
uron krme squat, stern sinkage
uron (uranjanje) pramca bow submergence
uroniti immerse, sink, submerge
uronuće (uranjanje) submergence
uronjavanje submerging; naglo ∼ (npr. podmornice) expedite submerging (e. g. of the submarine)
uronjen(i) (uronjena, uronjeno) submerged, immersed
uronjena podmornica submerged submarine
uronjiv(i) (uronjiva, uronjivo) submersible
uronjiva teglenica submersible barge
usadni vijak (narez s obje strane) stud; hidraulički pritegnut ∼ hydraulic tightened stud
usidren(i) (usidrena, usidreno) anchored, moored
usidrena plutača za vez mooring buoy
usidriti (se) moor, berth (na sidrište), anchor
usis suction
usis kondenzatne pumpe condensate pump suction

usis loživog ulja fuel oil suction
usisati suck
usisavanje suction
usisni (usisna, usisno) suction + imenica
usisna košara suction strum
usisna kutija suction box
usisni pročistač (sitasti) suction strainer; **dvostruki** ~ duplex suction strainers
usisna pumpa suction pump
usisna sapnica suction nozzle
usisni takt intake stroke, suction stroke
usisni ventil suction valve
usisni ventilator induced draft blower
usisni vod suction line
usisni vod zraka air inlet manifold
uskladištenje storage, stowing
uskladištenje kontejnera u ćelije na brodu ship stowing containers in cells
uskladištenje u zatvoreno skladište warehousing
uskladištiti store, stow
uskladištiti u zatvoreno skladište warehouse
uskladiti match (e. g. the turbine speed does not match the propeller speed — brzina turbine nije usklađena s brzinom brodskog vijka)
usklađenost s pravilima conformity with the rules, compliance with the rules
usklađivanje match
usklađivaje (broja okreta) **plinske turbine i brodskog vijka** gas turbine/propeller match
uslijed (zbog) due to
usmjeren(i) (usmjerena, usmjereno) directional, directed
usmjereni spektar directional spectrum
usmjerivačka (skretna) **lopatica** (kompresora) inlet guide vane
usmjerna lopatica (u koljenu zračnog kanala) splitter (in the duct elbow)
uspon (korak) (brodskog vijka) pitch; **efektivni** ~ effective pitch; **konstantni** ~ constant pitch; **kut uspona** pitch angle; **ploha uspona** pitch face; **promjenljivi** ~ variable pitch
uspon lica (vijka) face pitch (P)
usporavajuća duljina (u nuklearnoj tehnici) slowing-down length
usporavajuća površina slowing-down area
usporeno gibanje decelarating motion
uspostaviti stanje to set up a condition
uspravan (uspravni, uspravna, uspravno) upright
uspravni položaj broda the upright position of the ship
uspraviti brod to right the ship
ustaljenje (gibanja sa sve manjim otklonima) settling
ustanoviti kriterij to establish the criterion
ušteda saving
ušteda na potrošnji goriva saving in fuel consumption

uštrcati (ubrizgati) inject
uštrcavanje (ubrizgavanje) injection
uštrcna sapnica jet, nozzle
uticanje (npr. vode) inflow (e. g. of water)
utilizator (kotao na ispušne plinove) exhaust gas fired boiler
utjecaj effect, influence
utjecaj finije linije (vitkosti) **uzvoja** effect of fining the bilges
utjecaj mjerila scale effect
utjecaj prigušenja damping effect
utjecaj prijelaza (odnos iskoristivosti rada vijka iza broda i u slobodnoj vožnji) relative rotative efficiency (of the propeller)
utjecaj slobodne površine (tekućine) free-surface effect (of the liquid)
utjecaj zaklanjanja (od vjetra) shielding effect
utjecaj žarenja pri zavarivanju annealing effect of (in) welding
utonuće (vidi **uron, uronuće**) sinkage
utonuti (vidi **uroniti**) sink
utor groove
utor za klin keyway
utor prstena (klipa) ring groove
utovar (ukrcaj) loading
utovar/istovar kontejnera container on/off operation
utovariti (ukrcati) load
utvrditi (ustanoviti) establish, settle (e. g. the operating conditions settle which type of bow and stern are to be used — radni uvjeti utvrđuju koji tip pramca i krme valja upotrijebiti), predicate (e. g. the buoyancy curve in waves is predicated on the following assumptions — krivulja uzgona na valovima utvrđuje se na slijedećim pretpostavkama), assess (e. g. asses the value of something — utvrditi vrijednost nečega)
utvrditi (postaviti) **granicu** to set a limit
utvrđivanje (postavljanje) **granica** the setting of limits
uvijanje twisting
uvijati twist
uvjet condition; **predviđeni radni uvjeti** anticipated operating conditions; **radni uvjeti** operating conditions, working conditions
uvjeti mora sea conditions
uvjeti morskog dna bottom conditions
uvjeti vjetra wind conditions
uvlačiti (usisati zrak) draw
uvrstiti insert
uvrstiti (matematičku vrijednost) substitute
uvrstiti član (u matematici) insert the term
uvučeno sidreno ždrijelo recessed hawsepipe

uzastopan (uzastopni, uzastopna, uzastopno) successive
uzastopne točke successive points
uzbuda excitation; **kumulativna** ~ cumulative excitation; **samouzbuda** self-excitation
uzbuditi excite
uzbudni (uzbudna, uzbudno) exciting; **samouzbudni** self-excited
uzbudna sila exciting force
uzbudne sile brodskog vijka propeller exciting forces
uzbuđen(i) (uzbuđena, uzbuđeno) excited
uzbuđeni atom excited atom
uzbuđena jezgra excited nucleus
uzbuđivač exciter
uzburkano more (nemirno more) rough sea
uzdignut(i) (uzdignuta, uzdignuto) raised
uzdignuti dio palube (na krmi) raised quarter deck
uzdužan (uzdužni, uzdužna, uzdužno) longitudinal, fore and aft (izraz se koristi za smjer u vezi s brodom)
uzdužno (prilog) longitudinally, lengthwise (kod broda), fore and aft (kod broda)
uzdužni bočni potpalubni nosač deck side girder
uzdužni centralni potpalubni nosač deck centreline (centerline) girder
uzdužna čvrstoća longitudinal strength
uzdužni (konstrukcijski) **element** longitudinal (structural) element
uzdužna korugirana pregrada corrugated longitudinal bulkhead
uzdužna linija longitudinal line
uzdužni metacentar longitudinal metacenter
uzdužna metacentarska visina longitudinal metacentric height
uzdužni moment inercije (tromosti) longitudinal moment of inertia
uzdužni moment savijanja longitudinal bending moment
uzdužni moment savijanja u vertikalnoj ravnini vertical longitudinal bending moment
uzdužni nagib (broda) longitudinal inclination, trim
uzdužno orebren longitudinally framed
uzdužno orebrenje longitudinal framing
uzdužno porinuće end launching
uzdužna pražnica grotla longitudinal hatchway coaming
uzdužna pregrada longitudinal bulkhead
uzdužni presjek longitudinal section
uzdužna ravnina longitudinal plane, fore--and-aft plane (kod broda)
uzdužna simetralna pregrada (uzdužna centralna pregrada) centreline (centerline) bulkhead
uzdužni sistem gradnje (broda) longitudinal system of building
uzdužni smik longitudinal shear
uzdužni stabilitet longitudinal stability
uzdužna ukrepa uzdužne pregrade longitudinal stiffener on longitudinal bulkhead
uzdužnica (vertikala) (kod brodskih linija) buttock line, buttock
uzdužnjak longitudinal
uzdužnjak boka broda side longitudinal
uzdužnjak dna bottom longitudinal
uzdužnjak palube deck longitudinal
uzdužnjak potpalubnog bočnog tanka longitudinal of upper wing tank
uzdužnjak pokrova dvodna inner bottom longitudinal
uzdužnjak uzvoja bilge longitudinal
uzdužnjak uzvojnog tanka longitudinal of bilge tank
uzemljenje (za električni strujni krug) grounded circuit
uzeti nešto u obzir to take into consideration, to make allowance for
uzeti srednju vrijednost average (e. g. these derivations show that wave energy is half kinetic and half potential when averaged over a wave length — ove derivacije pokazuju da je energija vala pola kinetička, a pola potencijalna, uzme li se srednja vrijednost po dužini vala)
uzgon buoyancy (Arhimedov); **dinamički** (aerodinamički/hidrodinamički) ~ lift; **negativni** ~ negative buoyancy; **neutralni** ~ neutral buoyancy; **pozitivni** ~ positive buoyancy; **unutrašnji** ~ internal buoyancy
uzgon neoštećenog broda intact buoyancy
uzgon nepropusnog volumena watertight buoyancy (W. T. B.)
uzgon u valu (uzgon vala) wave buoyancy
uzlazna cijev riser
uzorak pattern
uzubljeni zupčanici meshed gears
uzvoj (broda) bilge
uzvoj palube (skok) sheer
uzvojno koljeno (na brodu) bilge knee
uzvojni tank (tank na uzvoju) bilge tank
uzvojni voj (limova) bilge strake
užad (užeta) lines, chordage; **povlak užadi** line pull
užad za povlačenje (lanaca, blokova itd.) **za smanjenje brzine otplova** drag lines
užad za pridržavanje užadi za povlačenje tricing lines
uže rope, line, chord; **bočno** ~ (sprečava odmicanje broda od obale) breast line; **čelično** ~ steel wire rope, wire rope; **koso** ~ za vez broda (sprečava uzdužni pomak broda) spring line; **krmeno** stern line; **pramčano** ~ bow line; **pritezno** ~ warping line; **privezno** ~ (uže za vez) mooring line; **sintetičko** ~ syn-

thetic line; **ukupna duljina užeta** (dio užeta na koji djeluje sila podizanja) fall; **vlaknasto** ~ fibre (fiber) (US) rope
uže klobučnice span rope
uže od manile manila line, manila rope
uže podizača (kod samarice) tricing pendant
uže stalne duljine na brku samarice slewing guy pendant
uže za čvrsto stezanje (pritezanje) frapping line
uže za log log line
uže za pritezanje broda (pritezno uže) warping line, warp
uže za spasavanje life line
uže za tegljenje towrope, towline, towing hawser
uže za vez (uže za privezivanje broda, privezno uže) mooring line; **čelično** ~ wire rope mooring line
užnica sheave; **ugrađena** ~ built-insheave

V

vagati weigh, scale
vakuum vacuum
vakuumska sisaljka vacuum pump
val wave; **divergentni** ~ divergent wave; **harmonijski** ~ harmonic wave; **jednostavni gravitacioni** ~ simple gravity wave; **kosi** ~ oblique wave; **nepravilni** ~ irregular wave; **oštri** ~ sharp wave; **poprečni** ~ transverse wave; **površinski** ~ surface wave; **pravilni** ~ regular wave; **ravni** ~ flat wave; **sinusni** ~ sine wave; **sinusoidalni** ~ sinusoidal wave; **stojni** ~ standing wave; **strmi** ~ steep wave; **trohoidni** ~ trochoidal wave
valovi waves, seas; **dugobregoviti** ~ long-crested seas; **dugobregoviti nepravilni** ~ long-crested irregular seas; **kosi** ~ (valovi koso na brod) oblique seas; **kratkobregoviti** ~ short-crested seas; **kratka bregovitost olujnih valova** short-crestedness of storm seas; **nepravilni** ~ irregular seas; **nepravilni** ~ **u bok** irregular beam seas; **nepravilni** ~ **u pramac** irregular head seas; **nepravilni olujni** ~ irregular storm seas; **niz valova** the train of waves; **oceanski** ~ ocean waves; **pravilni** ~ regular seas, regular waves; **pravilni** ~ **u pramac** regular head seas; **progresivni** ~ progressive seas
valovi koso na brod oblique seas
valovi koso u krmu (oko 45°) quartering seas
valovi koso u pramac oblique bow seas, bow seas
valovi nestaju the waves die out
valovi u bok (more u bok) beam seas
valovi u krmu (more u krmu) following seas
valovi u pramac head seas; **nepravilni** ~ irregular head seas; **pravilni** ~ regular head seas
valni (valna, valno) wave + imenica
valna amplituda wave amplitude
valni brijeg wave crest
valni broj wave number
valni dol wave hollow, wave trough
valna duljina wavelength; **Comptonova** ~ Compton wavelength; **de Broglieva** ~ de Broglie wavelength
valna elevacija (uzvišenje) wave elevation
valni oblik wave form
valni poremećaj wave disturbance
valna površina wave surface
valni profil wave profile
valni sistem wave system; **nestajanje valnog sistema** the decay of the wave system; **održavanje valnog sistema** the maintenance of the wave system; **stvaranje valnog sistema** the generation of the wave system
valni sistem prednjih ramena (sistem valova uslijed ramena na pramčanim vodnim linijama) fore shoulder (wave) system
valni sistem stražnjih ramena (sistem valova uslijed ramena na krmenim vodnim linijama) aft shoulder (wave) system
valna visina wave height; **značajna** ~ significant wave height
valobran breakwater
valomjer wave recorder; **brodski** ~ shipborne wave recorder; **Tuckerov** ~ Tucker wave recorder
valjak cylinder, roller; **eliptični** ~ elliptical cylinder; **kružni** ~ circular cylinder
valjak vodilice teretnice cargo runner guide roller
valjci za savijanje bending rolls
valjani (valjana, valjano) rolled
valjani čelik rolled steel
valjani profil rolled shape
valjanje (tehnološki postupak) rolling
valjanje broda vidi **ljuljanje**
valjaonica rolling mill
valjati (tehnološki postupak) roll
valjati se (za brod) vidi **ljuljati se**
valjkast(i) (cilindričast, cilindrični) (valjkasta, valjkasto) cylindrical
valjni (kotrljajući) (valjna, valjno) rolling
valjno (kotrljajuće) **trenje** rolling friction
vanadij (V) vanadium
vanjski (vanjska, vanjsko) external, outside
vanjski (izvan broda) overboard, outboard
vanjski hladnjak pregrijača (pare) external desuperheater
vanjska oplata outside plating, shell plating, shell, skin

vanjska oplata dna bottom plating, bottom shell
vanjska oplata dvodna outerbottom plating
vanjska oplata (kod drvenih brodova) outside planking
vanjska površina drvene oplate outer surface of planking
vanjska sila external force
vanjska stijena palubne kućice deckhouse side; **oplčenje vanjske stijene palubne kućice** deckhouse side plating
vanjska strana broda outboard side of the ship
vanjska vrata na izloženoj palubi, nadgrađima itd. weathertight door
vanjsko zračenje external radiation
var vidi **zavar**
varijabla variable
vat (električna mjera) Watt
vatra fire; **topovska** ~ gunfire
vatrocijevni (plamenocijevni) **kotao** fire-tube boiler, fire-tube boiler
vatrootporan (vatrootporni, vatrootporna, vatrootporno) fireproof, non-inflammable
vatrootporni čamac za spasavanje non-inflammable lifeboat
vatrootporni (vatrostalni) **materijal** refractory (material)
vatrootporna (šamotna) **opeka** firebrick, high temperature firebrick, refractory brick
vektor vector
vektor je čvrsto vezan za the vector is geared to
vektorski (vektorska, vektorsko) vectorial
vektorski (prilog) vectorially
vektorski prirast vectorial increment
vektorska veličina vector quantity
veličina size, quantity; **kritična** ~ (dimenzija) critical size; **približna** ~ approximate size; **skalarna** ~ scalar quantity; **vektorska** ~ vector quantity
veličina kanala (npr. za zrak) duct size
veličina (sile) magnitude
velika hvataljka (pesnica na ojnici) big end (on the connecting rod)
ventil valve; **atmosferski** ~ atmosphere valve; **brzozatvarajući** ~ quick closing valve; **dovodni** ~ supply valve, delivery valve; **dovodni** ~ **za pjenastu mješavinu** (za gašenje požara) foam solution delivery valve; **dvostruki sigurnosni** ~ duplex safety valve; **glavni** ~ **za isključivanje** master shutoff valve; **glavni ispusni** (ispušni) ~ main discharge valve; **glavni parni zaporni** ~ main steam stop valve; **glavni zaporni** ~ main stop valve; **igličasti** ~ needle valve; **indikatorski** ~ indicator valve; **ispusni** ~ discharge valve; **ispusni** ~ **tanka** tank drain valve; **ispusni** ~ (za paru) (steam) blowoff valve; **ispusni** ~ **za zrak** air exhaust valve, air discharging valve; **ispušni** ~ exhaust valve; **izlazni** ~ outlet valve; **jednosmjerni** ~ one-way valve; **kutni** ~ angle valve; **leptirasti** ~ butterfly valve; **mjerni** ~ metering valve; **mjerni** ~ **za CO_2** CO_2 metering valve; **napojni zaporno-nepovratni** ~ (kombinirani napojni ventil) feed stop and check valve; **nepovratni** ~ non return valve, non return check valve, check valve; **obični redukcioni** (redukcijski) ~ normal reducing valve; **odušni** ~ relief valve; **parni regulacioni** (regulacijski) ~ steam governor valve; **parni zaporni** ~ steam stop valve; **podvodni** ~ underwater valve; **pomoćni** ~ auxiliary valve; **pomoćni** ~ **za zasićenu paru** saturated auxiliary stop (valve); **pomoćni parni zaporni** ~ auxiliary steam stop valve; **pomoćni zaporni** ~ auxiliary stop valve; **pretlačni** (prekotlačni) ~ **za gorivo** (loživo ulje) fuel oil back pressure valve; **prekretni** (preklopni) ~ change over valve; **prestrujni** ~ relief valve; **prigušni** ~ **za regulaciju pare** steam throttling valve, throttle valve; **prolazni** ~ transfer valve; **ravni** ~ globe valve; **recirkulacioni** (recirkulacijski) ~ recirculation valve; **redukcioni** (redukcijski) ~ (pressure) reducing valve, reduction valve; **regulacioni** (regulacijski) ~ regulating valve; **ručni** ~ hand valve; **sigurnosni** ~ safety valve; **sigurnosni** ~ **pregrijača pare** superheater safety valve; **sigurnosni** ~ **tanka** tank safety valve; **stojeći** ~ side valve; **uputni** ~ (ventil za pokretanje) starting valve; **usisni** ~ suction valve; **viseći** ~ overhead valve; **zaporni** ~ stop valve; **zračni** ~ air valve; **značnoprotočni** (cirkulacioni, cirkulacijski) ~ air circulation valve
ventil gorionika (plamenika) burner valve
ventil indikatora indicator valve
ventil na tanku tank valve
ventil na vanjskoj oplati skin valve
ventil s kuglicom ballcheck valve
ventil za dovod (zraka) (air) supply valve
ventil za gorivo fuel valve
ventil za ispiranje flushing valve
ventil za odmuljivanje (kotla) bottom blow valve, bottom blowoff valve
ventil za otpjenjivanje (kotla) surface blow valve, surface blowoff valve
ventil za povrat goriva (optočni ventil za gorivo) fuel recirculating valve
ventil za pištaljku whistle valve
ventil za regulaciju napajanja feedwater regulator valve
ventil za regulaciju tlaka pressure control valve
ventil za skretanje zraka diverting air valve
ventil za ubrizgavanje goriva fuel injection valve
ventil za upućivanje (pokretanje) starting valve

ventil za zrak air valve
ventilacija ventilation; **mehanička** ~ mechanical ventilation; **prirodna** ~ natural ventilation; **umjetna** ~ artificial ventilation
ventilacija pod pritiskom (tlakom) forced ventilation
ventilacija tereta cargo ventilation
ventilacija teretnog skladišta cargo hold ventilation
ventilacijski (ventilacioni) (ventilacijska, ventilacijsko) ventilating, ventilation + imenica
ventilacijsko (ventilaciono) **postrojenje** ventilating plant
ventilacijsko (ventilaciono) **puhalo** ventilating blower
ventilacijski (ventilacioni) **sistem** ventilation system, ventilating system; **brodski** ~ ship's ventilating system, ship ventilation system
ventilator ventilator, blower, fan; **dvobrzinski** ~ two-speed fan; **električni** ~ electric ventilator, electrically driven fan; **krilo ventilatora** fan blade; **motor ventilatora** fan motor; **tlačni** ~ forced draft blower; **usisni** ~ induced draft blower; **visokotlačni centrifugalni** ~ high-pressure centrifugal fan
ventilator za cirkulaciju (strujanje) **zraka u skladištima** cargo hold air circulation fan
ventilator za dovod regeneriranog zraka regenerating air supply fan
ventilator za dovod suhog zraka dry-air supply fan
ventilator za ovlaženi zrak wet-air fan
ventilator za suhi zrak dry-air fan
ventiliran(i) (ventilirana, ventilirano) ventilated
ventilirani kontejner ventilated container
ventilirati ventilate
ventilni (ventilna, ventilno) valve + imenica, valving + imenica
ventilno kućište valve housing
ventilni mehanizam valve mechanism
ventilni sistem valving system
ventilna stanica manifold, valve box
ventilno vreteno valve spindle
Venturijeva cijev Venturi tube
vertikala vertical
vertikalan (vertikalni, vertikalna, vertikalno) vertical
vertikalno koljeno sponje vertical beam knee
vertikalna komponenta inercijske sile zbog posrtanja vertical inertia pitching force
vertikalna komponenta sile zbog ljuljanja vertical rolling force
vertikalna linija vertical line
vertikalna okvirna ukrepa uzdužne pregrade vertical web stiffener of longitudinal bulkhead

vertikalno opločje okvira vertical web plate (plating)
vertikalna (ravna) **pramčana statva** vertical stem
vertikalna pumpa vertical pump
vertikalna ravnina vertical plane
vertikalna sila vertical force
vertikalno sidreno vitlo (sidreno vitlo s vertikalnom osovinom) vertical (shaft) windlass, anchor capstan
vertikalna simetralna ravnina vertical centreline (centerline) plane, vertical fore-and-aft plane (kod broda)
vertikalno slagati (npr. kontejnere) (staviti jedan na drugi) stack
vertikalna turbinska pumpa vertical turbine pump
vertikalna ukrepa vertical stiffener
vertikalne vibracije vertical vibration(s)
vertikalno vitlo capstan
vertikalnost boka wallsidedness
veslo oar; **viljuška za** ~ oar lock
veslo za kormilarenje steering oar
vez u luci berth
vez za ukrcaj (utovar) loading berth
veza bond; **atomska** ~ atomic bond; **kemijska** ~ chemical bond
vezivanje (sidrenje) mooring
vezivanje (sidrenje) **broda na dubokom moru** deep sea mooring
vezivanje (sidrenje) **broda za dok** mooring to a dock
vezivanje (sidrenje) **broda za gat** (obalu, molo) mooring to a pier
vezivanje (sidrenje) **broda za plutaču** mooring to a buoy
vezna energija binding energy, bond energy
vezna energija elektrona electron binding energy
vezni kut bond angle
vezna ploča tie plate
vezna udaljenost bond length
vibracije vibration(s); **bez vibracija** vibrationless; **horizontalne** ~ horizontal vibration; **neprigušene** ~ undamped vibration; **nespregnute** ~ uncoupled vibration; **poprečne** ~ transverse vibration; **prisilne** ~ forced vibration; **rezonantne** ~ resonant vibration; **samouzbudne** ~ self-excited vibration; **samouzbudne** ~ **kormila** self-excited rudder vibration; **slobodne** (prirodne) ~ free (natural) vibration; **spregnute** ~ coupled vibration; **torzijske** ~ torsional vibration; **tranzijentne** ~ transient vibration; **vertikalne** ~ vertical vibration
vibracije broda ship vibration(s)
vibracije brodskih temelja shipboard foundation vibration(s)
vibracije kormila rudder vibration(s); **samouzbudne** ~ self-excited rudder vibration(s)

vibracije pobuđene brodskim vijkom propeller-excited vibration(s)
vibracije su pobuđene the vibration is excited
vibracije temelja foundation vibration(s)
vibracije trupa hull vibration(s)
vibracije zbog udara pramca o valove slam vibration(s)
vibracijski (vibracioni) (vibracijska, vibracijsko) vibratory, vibration + imenica
vibracijsko gibanje vibratory motion
vibracijski neutralizator bez prigušenja undamped vibration neutralizer
vibracijski pretvarač vibration transducer (uređaj za pretvaranje vibracija u električni impuls, signal)
vibriranje vibration
vibrirati vibrate
vibrograf vibrograph
vidnik (nadsvjetlo) skylight
vidnik strojarnice engine room skylight
vijak screw, bolt; **glavati** ~ cap screw; **pričvrsni** ~ holding-down bolt; **prolazni** ~ **s maticom** through bolt; **usadni** ~ (narez s obje strane) stud
vijčani (vijčana, vijčano) screwed, bolted, screw + imenica
vijčani cijevni spoj screwed-pipe joint
vijčana istisninska pumpa screw displacement pump
vijčana konstrukcija bolted structure
vijčani propeler screw propeller
vijčana pumpa screw pump
vijčano spajanje bolting
vijčani spoj screwed joint, screw fastening
vijek (trajanja) life; **prosječni** ~ average life, mean life
vijek (trajanja) **brojača** counter life
vijek trajanja do zamora (broj ciklusa koji izdrži materijal prije prve pukotine kod ispitivanja zamora materijala) fatigue life
vijenac (kod pumpe) shroud
viljuška za veslo oar lock, oarlock
viljuškar fork lift truck, fork truck
viljuškar s bočnim zahvatom side fork lift truck
viljuškar s čeonim zahvatom front fork lift truck
vir eddy
virovito strujanje eddying motion
vrtložno strujanje (rotor brzine različit je od nule) rotational flow, rotational motion
virtualan (virtualni, virtualna, virtualno) (stvarno postojeći, a ne vidi se) virtual
virtualna masa virtual mass, added mass, hydrodynamic mass
virtualna metacentarska visina virtual metacentric height
virtualno povišenje težišta sistema virtual rise of the center of gravity
virtualno težište sistema virtual center (centre) of gravity

visak plumb bob
viseći bokobran hanging fender
viseća krma overhanging stern
viseći ventil overhead valve
visina height, depth (broda); **teoretska** ~ (visina broda na glavnom rebru mjerena od gornjeg brida kobilice) molded depth (D); **valna** ~ wave height
visina kosine dna mjerena na boku broda (kosina dna, koso dno) rise of floor, rise of bottom, deadrise
visina nadvođa freeboard depth
visina praga sill height
visina pramčanog dijela kobilice iznad saonika elevation of keel
visina praznog dijela tanka ullage
visina stupca (vode/mora/nafte/žive) head; **hidrostatički tlak** (pritisak) **stupca** (vode/mora) hydrostatic head; **pritisak visine stupca** pressure head
visina stupca pritiska head pressure; **totalna** ~ total head pressure, total head
viskozan (viskozni, viskozna, viskozno) viscous
viskozni otpor viscous drag
viskozna (realna) **tekućina** viscous fluid
viskoznost (viskozitet) viscosity; **dinamička** ~ dynamic viscosity; **kinematička** ~ kinematic viscosity
visok(i) (visoka, visoko) high, deep (za brod)
visoko koljeno (na brodu) deep bracket
visoki (teški) **nosač** (na brodu) deep girder
visoko okvirno rebro deep web frame
visoka peć blast furnace
visoko poprečno okvirno rebro deep transverse web frame
visoka poprečna pregrada (stijena) (u nadgrađu) deep transverse bulkhead
visokofluksni reaktor high-flux reactor
visokonaponski (visokonaponska, visokonaponsko) high-voltage + imenica, high-tension + imenica
visokonaponski kabel (kabel visokog napona) high-voltage cable, high-tension cable
visokotemperaturni reaktor high-temperature reactor
visokotlačan (visokotlačni, visokotlačna, visokotlačno) high-pressure + imenica, forced-draft + imenica (npr. za zrak)
visokotlačni centrifugalni ventilator high pressure centrifugal fan
visokotlačni cjevovod high pressure pipework
visokotlačni kotao sa savijenim cijevima high pressure, bent tube boiler
visokotlačni mlaz vode high pressure water stream
visokotlačna para high-pressure steam
visokotlačna parna turbina high-pressure (HP) steam turbine
visokotlačna plinska turbina high pressure (HP) gas turbine
visokotlačno puhalo forced draft blower

visokotlačni sistem za distribuciju (razvod) **zraka** high pressure, air-distribution system
visokotlačni zračni kanal high pressure air duct
visokotlačni zagrijač napojne vode high pressure feedwater heater
višegrupna teorija (u nuklearnoj fizici) multigroup theory
višekratnik multiple; **najniži zajednički** ~ least common multiple
višekrilni (višekrilna, višekrilno) multiblade + imenica
višekrilna zaklopka multiblade damper
višeosovinski (višeosovinska, višeosovinsko) multi-shaft + imenica
višeosovinska plinska turbina multi-shaft gas turbine
višepriključna cijev manifold
viševijčani brod (brod s više vijaka) multi-screw ship
vitlo winch; **automatsko pritezno** ~ automatic-tensioned warping winch; **električno** ~ electric winch; **hidrauličko** ~ hydraulic winch; **mehaničko** ~ (na mehanički pogon) powered winch; **palubno** ~ deck winch; **parno** ~ steam winch; **parno sidreno** ~ steam windlass, steam powered windlass, steam powered anchor windlass; **pritezno** ~ (za privlačenje broda) warping winch; **privezno** ~ (vitlo za vez) mooring winch; **ručno** ~ hand winch, manual winch; **sidreno** ~ anchor windlass, windlass; **teretno** ~ cargo winch; **vertikalno** ~ capstan; **vertikalno sidreno** ~ (sidreno vitlo s vertikalnom osovinom) vertical shaft windlass, vertical windlass, anchor capstan
vitlo bez pogona unpowered winch
vitlo klobučnice span winch (vitlo s vlastitim pogonom), topping winch (vitlo bez vlastitog pogona; upotrebljava se za podešavanje visine nagiba samarice kad nije pod opterećenjem)
vitlo na mehanički pogon (mehaničko vitlo) powered winch
vitlo na palubi (palubno vitlo) deck winch
vitlo s lančanicom (vitlo s lančanim koturom) chain gear winch
vitlo za čamac boat winch
vitlo za čamac za spasavanje lifeboat winch
vitlo za privlačenje (pritezanje) **broda** (pritezno vitlo) warping winch
vitlo za teglenje towing winch, towing machine
vitlo za vezivanje (za vez) (privezno vitlo) mooring winch
vitopera opća zavojna ploha warped helicoidal surface
vitoperenje (deformacija u tri smjera) warping
vizualan (vizualni, vizualna, vizualno) visual

vizualna alarmna najava visual alarm indication
vizualni pokazivač dima visual smoke indicator
vjetar wind; **bočni** ~ beam wind; **brzina vjetra** wind velocity, wind speed; **opterećenje od vjetra** wind load; **otpor vjetra** wind resistance; **prema vjetru** windward; **relativni** ~ **je u bok** the relative wind is on the beam; **sila vjetra** wind force; **smjer vjetra** wind direction; **smjer vjetra otklonjen od krme** the wind off the stern; **smjer vjetra otklonjen od pramca** the wind off the bow; **tlak** (pritisak) **vjetra** wind pressure
vjetar je gotovo u krmu the wind is nearly astern
vjetar je gotovo u pramac the wind is nearly head on
vjetar sasvim u pramac the wind dead ahead
vjetar u pramac head wind, ahead wind
vjetrolovka cowl
vjetrometina (privjetrina) windward side,
vlačni (vlačna, vlačno) tensile
vlačna čvrstoća (čvrstoća kod vlaka) tensile strength; **konvencionalno uzeta maksimalna** ~ ultimate tensile strength, ultimate strength
vlačno naprezanje tensile stress
vlaga moisture, humidity
vlak (u mehanici) tension
vlaknasto uže fibre (fiber) (US) rope
vlakno fibre, fiber (US)
vlažan (vlažni, vlažna, vlažno) moist, humid, damp, wet
vlažna para wet steam
vlažni zrak wet air
vlažnost moisture, humidity (postotak vlage); **relativna** ~ relative humidity; **apsolutna** ~ absolute humidity
vod (usporedi sa **cjevovod i cijev**) line, pipe conduit, duct (kanal, tunel), trunk (kanal od metalnih ploča); **dovodni** (opskrbni) ~ (dovod) delivery line; **glavni** ~ main line, main; **mimovod** (obilazni cjevovod) by-pass line, by-pass; **napojni** ~ feed line; **osovinski** ~ line shaft; **osovinski** ~ (osovinski sistem) shafting; **plinovod** gas conduit; **rashladni** ~ cooling pipe; **usisni** ~ suction line; **zračni** ~ air line
vod (kabel) **visokog napona** (visokonaponski kabel) high-voltage cable, high-tension cable
vod za ispušne plinove exhaust gases conduit
voda water; **kaljužna** ~ bilge water; **kotlovska napojna** ~ boiler feedwater; **mirna** ~ stil water; **morska** ~ (more) seawater; **ne pitka** ~ (tehnička voda) nonpotable water; **obična** ~ (normalna) (za razliku od teške vode) light water;

pitka ~ potable water; **pripremljena** ~ (dodatna voda za kotao) make-up water; **rashladna** ~ (voda za hlađenje) cooling water; **rashlađena** ~ chilled water, **teška** ~ heavy water
voda za bušenje drilling water
voden(i) (vodena, vodeno) water + imenica
vodeni balast water ballast
vodena para steam, water vapour, water vapor (US)
vodeni plašt water jacket
vodič conductor; **električni** ~ electrical conductor; **toplinski** ~ heat conductor
vodik (H) hydrogen
vodikova (hidrogenska) **bomba** hydrogen bomb
vodilica guide
vodilica kotačića roller guide
vodilica križne glave cross-head guide(s)
vodilica vretena spindle guide
voditi električnu struju to conduct electrical current
vodljivost conductivity; **električna** ~ electric conductivity; **toplinska** ~ heat conductivity
vodni (vodna, vodno) water + imenica
vodni bubanj water drum
vodna komora water box
vodna linija waterline; **horizontalna** ~ horizontal waterline; **konstruktivna** ~ designer's waterline; **laka** ~ light waterline; **ljetna** ~ summer waterline; **ljetna teretna** ~ summer load waterline; **nagnuta** ~ inclined waterline; **plovna** ~ waterborne waterline; **ravnotežna** ~ equilibrium waterline; **teretna** ~ load waterline; **teretna** ~ **za nepropusnu podjelu broda** subdivision load line; **trimovana** ~ (kosa vodna linija) trimmed waterline; **zimska teretna** ~ winter load waterline
vodna linija naplavljenog broda flooded waterline
vodna linija statičkog položaja ravnoteže static waterline
vodno-parni bubanj water and steam drum
vodni reaktor s izgorivim otrovima burnable poison water reactor (BPWR)
vodni tank (tank za vodu) water tank
vodni tlak (pritisak) water pressure
vodna (hidraulička) **turbina** water (hydraulic) turbine
vodocijevni ekran u kotlu (ekranska cijev) waterwall tube
vodocijevni kotao watertube boiler, water-tube boiler; **ravnocijevni** ~ **s poprečnim bubnjem** straight tube, cross drum watertube boiler
vodocirkulaciona pumpa (rashladna pumpa) water circulating pump
vodokaz water gauge, water gage

vodokazno staklo water gage glass, gage glass
vodoključajući reaktor boiling water reactor (BWR)
vodom hlađen(i) (hlađena, hlađeno) water--cooled + imenica
vodom hlađen benzinski motor water-cooled petrol engine (gasoline engine)(US)
vodonepropustan (vodonepropusni, vodonepropusna, vodonepropusno) watertight
vodonepropusni bočni nosač watertight side girder
vodonepropusna envelopa broda watertight envelope of the ship
vodonepropusno kormilo watertight rudder
vodonepropusno odjeljenje watertight compartment
vodonepropusna paluba watertight deck
vodonepropusna pregrada watertight bulkhead
vodonepropusna rebrenica watertight plate floor, watertight floor
vodonepropusni tunel watertight tunnel
vodonepropusna vrata watertight door
vodonepropusnost watertightness
vodopropustan (vodopropusni, vodopropusna, vodopropusno) non-watertight
vodopropusna pregrada non-watertight bulkhead
vodopropusna rebrenica non-watertight plate floor, non-watertight floor
vodopropusnost non-watertightness
vodorashladni (vodorashladna, vodorashladno) water cooling + imenica
vodorashladni sistem water cooling system
vodoravan vidi horizontalan
vodotlačna jezgra water pressurised core
vodotlačni reaktor pressurised water reactor (PWR)
vodovodna instalacija (za pitku vodu) water supply installation
vodovodna instalacija pod tlakom (pritiskom) (za pitku vodu) pressure water supply installation
vodovodna priključnica (hidrant) hydrant
vođa čamaca coxwain
vođa palube boatswain
vođenje conduction; **električno** ~ electrical conduction; **prijenos topline vođenjem** heat transfer by conduction; **toplinsko** ~ heat conduction
vođenje (provođenje) **topline** heat conduction
voj (limova) strake; **dokobilični** ~ garboard strake; **srednji** ~ middle strake; **uzvojni** ~ bilge strake; **završni** ~ sheer strake
volfram (W) tungsten
volt (jedinica za napon) volt
volumen volume; **bruto** ~ gross volume
volumen istisnine displacement volume; **cijeli** ~ entire displacement volume

volumenski (volumni, volumetrički) (volumenska, volumensko) volume + imenica, displacement + imenica, volumetric
volumenski koeficijent (stupanj vitkosti istisnine) volumetric coefficient
volumenska naplavljivost volume permeability
volumenski proračun volumetric calculations
volumni (trostruki) **integral** volume intergral
voluta (krivulja) volute
voluta (oblik rotorskih lopatica) centrifugalne pumpe) volute
vorteks vortex
vosak wax
voštano platno oilskin
vozarina za teret freight
voziti pokusnu plovidbu to run the trials
vozna staza dizalice crane track
vrata door; **bočna** ~ side door, side port; **vanjska** ~ **na izloženoj palubi, nadgrađima itd.** weathertight door; **vodonepropusna** ~ watertight door
vrata (dok-navoza, suhog doka) gate
vrata ložišta fire door
vrata plamenice furnace door
vrata za čišćenje (na kotlu) cleaning door
vrata za pristup access door
vratilo vidi **osovina**
vratiti brod u uspravan položaj to restore the ship to the upright position
vrelište boiling point
vremenski raspored poslova schedule
vreteno spindle; **ventilno** ~ valve spindle
vreteno ventila valve spindle
vrh top, peak
vrh krila (brodskog vijka) blade tip (of a propeller)
vrh stapa piston crown
vrh (stošca) apex
vrijediti hold, hold good, hold true; **relacija vrijedi** — the relationship holds
vrijedno je napomenuti (vrijedno je spomena) it is worthy of note
vrijednost value; **asimptotska** ~ asymptotic value; **maksimalna** ~ maximum value, maximum; **minimalna** ~ minimum value, minimum; **odrediti** ~ to determine the value, to asses the value; **odrediti približnu** ~ to approximate; **optimalna** ~ optimum value, optimum; **približna** ~ approximate value, approximation; **recipročna** ~ reciprocal value, reciprocal; **srednja** ~ mean value; **srednja** ~ **kvadrata** mean square value; **srednje vrijednosti iz...** the mean values of..., the mean of the values of...
(ova) vrijednost odgovara this value corresponds to
vrijednost se približava the value is close to
vrijednost se smanjuje (svodi) **na nulu** the value is reduced to zero
vrijednosti ulaze (npr. u 1. kolonu dijagrama) the values are entered (e. g. in the first column of the diagram)
vrijeme time; **korektura mrtvog vremena** dead-time correction; **mrtvo** ~ (u nuklearnoj tehnici) dead time; **u novije** ~ (posljednjih godina) lately, recently, in recent years, of recent years
vrijeme deionizacije de-ionization time
vrijeme udvostručenja doubling time
vrpca (traka) tape, band, strip; **magnetska** ~ magnetic tape; **papirnata** ~ paper tape; **probušena** ~ punched tape
vrpčasti transporter transveyor
vrsta (npr. čelika) grade
vrsta grijanja type of heating
vrsta propelera propeller type
vršiti djelovanje (za silu) to exert the effect
vršiti pritisak to exert the pressure
vršiti proračun to perform the calculations of
vršni (vršna, vršno) peak + imenica, maximum
vršni (vršna vrijednost) **tlak** (pritisak) peak pressure
vrtlog whirl, eddy, vortex (pl. vortices) (e. g. vortex flow — strujanje vrtloga)
vrtloženje eddying motion
vrtložan (vrtložni, vrtložna, vrtložno) eddying, eddy + imenica, vortex + imenica
vrtložna cijev (vrtložna nit) vortex tube
vrtložni otpor eddy drag
vrtložno strujanje (rotor brzine različit od nule) rotational flow, rotational motion
vrtnja (rotacija) rotation; **brzina vrtnje** rotational velocity
vrtnja vijka propeller rotation
vrtuljak swivel
vući haul

X

x (nepoznanica) x
x⁻¹ (x na minus prvu) x to the power of minus 1
x² (x na kvadrat, x na drugu) x squared
x³ (x na treću) x cubed
x⁴ (x na četvrtu) x to the fourth, x to the power of 4

$\sqrt{x}$ (drugi korijen iz x) the second root of x, the square root of x, root of x
$\sqrt[3]{x}$ (treći korijen iz x) the cube root of x, the third root of x
X-zraka (rendgenska zraka) X-ray; **karakteristične X-zrake** characteristic X-rays

Z

za razliku od as contrasted to, as opposed to, in contrast to, by way of contrast, in distinction to
zabat coping
zabrtviti pack
začepiti plug, choke
začepljen(i) (začepljena, začepljeno) plugged, choked
zadovoljiti jednadžbu to satisfy the equation
zagaznice draft scales
zagažaj immersion; **jedinični** ~ (za engleske jedinice) tons per inch immersion
zagrijač heater; **električni** ~ electric heater; **međuzagrijač** reheater; **parni** ~ steam heater; **parni kanalni** ~ steam duct heater
zagrijač goriva fuel oil heater, oil heater
zagrijač napojne vode feedwater heater; **visokotlačni** ~ high pressure feedwater heater
zagrijan(i) (zagrijana, zagrijano) heated
zagrijanje heating; **međuzagrijanje** reheating
zagrijati heat; **međuzagrijati** reheat; **ponovo** ~ reheat
zagrijavanje heating; **prezagrijavanje** (prejako zagrijavanje) overheating
zagrijavanje napojne vode feedwater heating; **regenerativno** ~ regenerative feedwater heating; **stupnjevano** ~ staged feedwater heating
zagrijavanje rebrastim elementima finned-element heating
zagrijavati heat
zagrijavati kotao to fire up the boiler
zahtijevan(i) (zahtijevana, zahtijevano) required
zahtijevana metacentarska visina required metacentric height
zahtijevati require, call for (e. g. this method calls for correction in the calculation — ova metoda zahtijeva ispravak (korekciju) u računanju)
zahtjev requirement; **biti u skladu sa zahtjevima** to comply with the requirements; **udovoljiti zahtjevima** to meet the requirements, to satisfy the requirements

zahvat (u nuklearnoj fizici) capture; **elektronski** ~ electron capture; **K-** ~ K-capture; **L-** ~- L-capture; **neutronski radioaktivni** ~ neutron radiation capture; **rezonantni** ~ resonance capture
zahvatač patent clip; **kontejnerski viseći** ~ (koji može biti i balansijer i podesiv) crane container spreader, container lift spreader, spreader
zahvatiti gripe (kod dizalice)
zahvatnik tereta cargo holding device
zakašnjela kritičnost delayed criticality
zakašnjeli neutroni delayed neutrons
zakivanje riveting
zakivati rivet
zaklopka damper; **električno pokretana** ~ electrically actuated damper; **kanalna** ~ (npr. za zrak) duct damper; **pneumatski pokretana** ~ pneumatically actuated damper; **prigušna** ~ (prigušni ventil) throttle valve; **višekrilna** ~ multiblade damper
zaklopka u (zračnom) **kanalu** (air) duct damper
zaklopka za cirkulaciju (protok) **zraka** air circulation damper
zaklopka za recirkulacijski (recirkulacioni. optočni) **zrak** recirculating air damper
zaklopka za regulaciju volumena zraka air volume control damper
zaključak conclusion; **doći do zaključka** to arrive at the conclusion
zakon law; **Braggov** ~ Bragg law; **Coulombov** ~ Coulomb's law; **Fickov** ~ Fick's law; **u skladu sa zakonom** in accordance with the law
zakon održanja energije principle (law) of the conservation of energy
zakon (grupnog) **pomicanja** (pomjeranja) displacement law
zakon raspada decay law
zakovica rivet
zakovični (zakovična, zakovično) riveted + imenica, riveting + imenica
zakovična konstrukcija riveted structure
zakovični spoj riveted joint; **jednoredni zakovični preklopni spoj** single-riveted lap joint; **jednoredni zakovični sučeoni spoj s jednom vezicom** single-riveted butt joint with single strap

zakovični stroj riveting machine
zakretanje twist; **os zakretanja** the axis of twist
zakretna cijev torque tube
zakretni moment (moment) torque
zakretni moment na kormilu rudder torque (Qr)
zakretni moment pri pokretanju starting torque
zakretna sila twisting force
zakrilca na stabilizatoru tail flaps
zakriviti curve
zakrivljen(i) (zakrivljena, zakrivljeno) curved
zakrivljena linija curved line
zakrivljeni usmjerivač (u koljenu kanala) curved turning vane (in the duct elbow)
zakrivljenost curvature; **dvostruka** ∼ double curvature; **jednostruka** ∼ single curvature
zakrivljenost lopatice (npr. kod plinske turbine) camber
zakrivljenost uzvoja turn of the bilge
zalemiti (lemiti) solder
zalemljen(i) (zalemljena, zalemljeno) soldered
zalemljen spoj soldered joint
zalijevanje palube (zalijevanje mora preko palube) deck wetness, the wetness of the deck, shipping of water, shipping water
zalivena paluba wet deck
zaliveni prednji dio palube wet foredeck
zamijeniti mjesta dviju veličina (u istom matematičkom izrazu) interchange
zamijeniti (istrošeni dio novim) (obnoviti) replace
zamjena (istrošenih dijelova novim) (obnova) replacement; **troškovi zamjene** costs of replacements
zamor (materijala) fatigue; **granica zamora** fatigue limit; **ispitivanje zamora** fatigue test; **opterećenja koja uzrokuju** ∼ fatigue loadings; **vijek trajanja do zamora** (broj ciklusa koji izdrži materijal prije prve pukotine kod ispitivanja zamora materijala) fatigue life
zamorna čvrstoća fatigue strength
zanemariti (neku vrijednost u proračunu) disregard, neglect
zanemariv(i) (zanemariva, zanemarivo) (u matematici) negligible
zanemariva pogreška (u računanju) negligible error
zanositi (kod broda) sway
zanošenje (kod broda) sway, swaying; **gibanje zanošenja** swaying motion
zanošenje prema zavjetrini leeway; **kut zanošenja prema zavjetrini** leeway angle
zaobljen(i) (zaobljena, zaobljeno) rounded
zaobljena pramčana statva rounded stem
zaobljenost rounding (e. g. rounding of the bulb — zaobljenost bulba)
zaostajanje lag

zaostajanje (skju) (pomak presjeka profila (propelernog) krila duž usponske uzvojnice) skew, skewback; **kut zaostajanja** skew angle
zaostajanje (kod broda) surge, surging
zaostajanje u fazi (fazni pomak) phase lag
zaostajati lag
zaostajati (kod broda) surge
zaostali moment savijanja (zbog zaostalih naprezanja u materijalu za vrijeme gradnje) built-in bending moment
zaošijanje (rotacijska komponenta oko vertikalne osi Z) yawing, yaw; **gibanje zaošijanja** yawing motion; **nagib zbog zaošijanja** yaw-heel; **pomak pri zaošijanju** yaw
zaošijati yaw
zapadno (prema zapadu) westerly
zapadni vjetar westerly
zapaljiv(i) (zapaljiva, zapaljivo) inflammable
zapor (stoper) stopper
zapor za lanac (zaporni uređaj sidrenog lanca) chain stopper
zaporni (zaporna, zaporno) stop + imenica, block + imenica
zaporni ventil stop valve, stop, block valve; **glavni** ∼ main stop valve; **glavni parni** ∼ main stop steam valve; **parni** ∼ steam stop valve; **pomoćni** ∼ auxiliary stop valve; **pomoćni parni** ∼ auxiliary steam stop valve
zapovijedati order
zapovjednik broda ship master, skipper
zaputka (uzda) (uže koje nateže (nešto) prema krmi) preventer
zarez na epruveti (za ispitivanje žilavosti) notch
zaribati se stick
zaribavanje sticking
zaroniti vidi **uroniti**
zaronjen vidi **uronjen**
zaronjena pumpa u tanku deep-well pump
zasićen(i) (zasićena, zasićeno) saturated
zasićena para saturated steam
zasićenje saturation; **anodno** ∼ anode saturation; **strujno** ∼ current saturation
zastavica (zastava) flag; **signalna** ∼ flag signal
zasun gate valve, sluice valve, slide valve
zasun (na kotlu) damper
zaštićeno kućište protected casing
zaštita protection, shielding; **biološka** ∼ biological shielding; **protupožarna** ∼ fire protection
zaštita od obraštanja anti fouling protection
zaštita od požara (protupožarna zaštita) fire protection
zaštititi protect, safeguard, shield
zaštitni (zaštitna, zaštitno) protective, protecting, protection + imenica, safety + imenica

zaštitna oprema safety equipment, protecting equipment
zaštitna oprema od zračenja (radijacije) radiation safety equipment
zaštitna paluba protective deck
zaštitna prirubnica safety flange
zaštitni termostat safety thermostat
zaštitnik (kod spuštanja čamca) skate, boat skate
zaštitnik požara flame arrester
zatega drag, trim aft, trim by the stern; **konstruktivna** (projektirana) ~ designed drag
zatežan brod (krmeni gaz veći od pramčanog) trimmed by the stern
zatvoren(i) (zatvorena, zatvoreno) closed, enclosed
zatvoreni ciklus closed cycle
zatvoreni kontrolni sistem (regulacioni sistem s povratnom vezom) feedback control system
zatvoreni kružni proces closed cycle
zatvoreno kućište stroja protected engine casing
zatvoreno nadgrađe enclosed superstructure
zatvorena palubna kućica enclosed deckhouse
zatvoreno skladište (na obali) warehouse
zatvorena zjevača closed chock
zaustavljači (uređaji za smanjenje brzine porinjavanja broda) checking arrangements; **lančani** ~ (kod porinuća broda) chain drags
zavar (var) weld; **korijen zavara** the toe of the weld
zavaren(i) (zavarena, zavareno) welded
zavareni cijevni spoj welded pipe joint
zavarena konstrukcija welded structure
zavareni spoj welded joint; **sučeoni** ~ butt--welded joint; **preklopni** ~ lapped welded joint
zavareni šav welded seam
zavariti weld
zavarivanje welding; **autogeno** (plinsko) ~ gas welding; **elektrolučno** ~ electric arc welding; **elektrootporno** ~ (zavarivanje električnim otporom) electric resistance welding; **indukciono** ~ induction welding; **ručno** ~ hand welding, manual welding
zavarivanje taljenjem fusion welding
zavješeno kormilo underhung rudder
zavješeno sped-kormilo underhung (spade) rudder, spade rudder
zavjetrina leeward side, lee-side, lee; **kut zanošenja prema zavjetrini** leeway angle; **u zavjetrini** (okrenut od vjetra) leeward; **zanošenje prema zavjetrini** leeway
zavojni (zavojna, zavojno) helical
zavojnica (geometrijski pojam) helix (pl. helices)
zavojnica (električna) coil, winding; **indukciona** ~ induction coil, spark coil (bobina)

završetak vidi **kraj**
završiti complete, end, finish
završiti konstrukciju complete the structure
završna ploča dvodna (rubni lim dvodna) margin plate
završni proizvod (finalni proizvod) finished product, final product
završni voj sheer strake
zazor (kod ventila) clearance
zbrajanje addition
zbrajanje vektora vector composition
zbrajati (zbrojiti) add
zbrajati (sumirati) **vektorski** ~ vector (e. g. all three forces are vectored together — sve tri sile sumiraju se vektorski)
zdenac well; **kaljužni** ~ bilge well; **mlaki** ~ (rezervoar kondenzatora) hot well
zdenac (dio izložene palube) well
zdjelasti oblik udubljenja dish; **plastična deformacija zdjelastog oblika** plastic dish; **deformiranje zdjelastog oblika** ~ dishing
zdjelasto oblikovati (udubiti) dish
zgib knuckle
zid (plamenog) **mosta** (u kotlu) bridge wall
ziđe brickwork; **šamotno** ~ ložišta firebox brickwork
zimska teretna vodna linija winter load waterline
zipka cradle
zjevača chock; **otvorena** ~ open chock; **pritezna** ~ (za privlačenje broda) warping chock; **privezna** ~ (za vez) mooring chock; **zatvorena** ~ closed chock
zjevača s valjcima roller chock; **otvorena** ~ roller open chock; **specijalna** ~ special roller chock
zjevača za vez s tri valjka three-roller mooring chock
zlato (Au) gold
zmijolike cijevi izmjenjivača topline heat exchanger coils
značajan (značajni, značajna, značajno) appreciable, significant, marked
značajna promjena u marked change in
značajna (znatna) **razlika** appreciable difference (e. g. appreciable difference in values — značajna razlika u vrijednostima)
značajna (znatna) **udaljenost** appreciable distance
značajna valna visina significant wave height
značajka (broj) number; **bezdimenzionalna** ~ dimensionless number; **Machova** ~ (Machova) mach number; **Reynoldsova** ~ Reynold's number; **Nusseltova** ~ Nusselt number; **Prandtlova** ~ Prandtl number
znamenka digit
znanstveni rad research work, research, research paper, paper (u pismenom obliku)

znanstveni radnik (znanstvenik) research worker, researcher
znatan (znatni, znatna, znatno) considerable
zona zone; **primarna** ~ primary zone
zonski dogrijač zone reheater; **stropni** ~ (stropno montiran) overhead-mounted zone reheater
zračenje radiation; **alfa** ~ alpha radiation; **anihilacijsko** ~ annihilation radiation; **Čerenkovljevo** ~ Cherenkov radiation; **elektromagnetsko** ~ electromagnetic radiation; **gama** ~ gamma radiation; **izotropno** (izotropsko) ~ isotropic radiation; **kočno** ~ bremsstrahlung; **prijenos topline zračenjem** heat transfer by radiation; **vanjsko** ~ external radiation
zračni (zračna, zračno) air + imenica
zračna cijev air pipe
zračni cjevovod (zračni kanali) air ducting, air ductwork, air ducts
zračni difuzor air diffuser
zračna doza (u nuklearnoj tehnici) air dose
zračni ejektor air ejector
zračni filtar air filter
zračni hladnjak air cooler
zračno hlađenje air-cooling
zračni kanal air duct, air conduit; **četvrtasti** ~ rectangular air duct; **glavni** ~ main air duct; **glavni dovodni** ~ main supply air duct; **horizontalni** ~ horizontal air duct; **okrugli** ~ round air duct, circular air duct; **ovalni** ~ oval air duct; **vertikalni ugrađeni** (skriveni) ~ vertical concealed duct; **visokotlačni** ~ high pressure air duct
zračna kočnica air brake
zračna komora air chamber
zračni kompresor air compressor
zračni krug air circuit
zračni monitor (uređaj za mjerenje zračenja u nuklearnoj tehnici) air monitor
zračno nepropustan airtight
zračna pumpa air pump
zračni rukav (na brodu) windsail
zračni tlak (pritisak) air pressure
zračni transporter air conveyer
zračni ventil air valve
zračni vod (usporedi sa **zračni kanal**) air line, air conduit
zračnik air course, airport
zračnorashladni sistem air cooling system
zračnost clearance; **aksijalna** ~ axial clearance
zračnost brodskog vijka (prostor između trupa i vijka) propeller clearance
zračnost ležaja bearing clearance

zrak air; **inducirani** (uvedeni) ~ induced air; **koprimirani** (stlačeni) ~ compressed air; **odvlaženi** ~ dehumidified air; **optočni** ~ recirculated air; **povratni** ~ return air; **primarni** ~ primary air; **suhi** ~ dry air; **vlažni** ~ wet air
zrak za propuhivanje (ispiranje) (plinova u dizel-motoru) scavenging air, scavenge air
zrakom hlađen benzinski motor air-cooled petrol engine (gasoline engine)
zraka ray
zrake rays; **alfa** ~ alpha rays; **Becquerelove** ~ Becquerel rays; **beta** ~ beta rays; **katodne** ~ cathode rays; **kozmičke** ~ cosmic rays; **rendgenske** ~ (X-zrake) X-rays; **pozitivne** ~ positive rays
zrcalna (odrezana, tranzomska) **krma** transom stern
zrno (žitarica) grain
zub zupčanika gear tooth
zupčani mjenjač (prijenosnik) gearbox
zupčanik gear; **mali kotač zupčanika** pinion; **veliki kotač zupčanika** wheel
zupčanici gears; **cilindrični** ~ (čelnici, čeoni zupčanici) spur gears; **cilindrični** ~ **s kosim zubima** (s paralelnim osovinama) helical gears; **cilindrični** ~ **s ravnim zubima** spur gears; **cilindrični** ~ **sa zavojnim zubima** (s ukrštenim osovinama) spiral gears; **dvostruko redukcijski** (redukcioni) ~ double reduction gears; **konični** ~ (stožnici, stožni zupčanici) bevel gears; **konični** ~ **s kosim zubima** oblique bevel gears; **konični** ~ **s ravnim zubima** straight bevel gears; **konični** ~ **sa zakrivljenim zubima** spiral bevel gears; **niz zupčanika** gear train; **redukcijski** (redukcioni) ~ reduction gears; **sistem zupčanika** gearing system, gearing; **uzubljeni** ~ (zupčanici u zahvatu) meshed gears
zupčanici u zahvatu (uzubljeni zupčanici) meshed gears
zupčast(i) (zupčasta, zupčasto) gear + imenica
zupčasta pumpa gear pump
zvjezdica (vrsta znaka, npr. u knjizi) asteriks
zvono bell; **alarmno** ~ alarm bell
zvono za uzbunu alarm bell
zvučan (zvučni, zvučna, zvučno) audible
zvučna alarmna najava audible alarm indication
zvuk sound

Ž

žarenje (tehnološki postupak) annealing
žarište focus (pl. foci)
žariti anneal
ždrijelo sidra (ždrijelo za sidreni lanac) hawsepipe
željezan (željezni, željezna, željezno) ferrous, iron + imenica
željezna legura (slitina) ferrous alloy
željezna ruda iron ore
željezara iron works
željezo (Fe) iron; **lijevano** ∼ cast iron; **nodularno lijevano** ∼ nodular cast iron; **sirovo** ∼ pig iron
ženski navoj (narez) female thread
žestok(i) (žestoka, žestoko) severe
žestoko ljuljanje (broda) severe rolling (of the ship)
žestoko (veliko) **more** severe sea
žica wire; **aluminijska** ∼ aluminium wire, aluminum wire; **bakrena** ∼ copper wire; **čelična** ∼ steel wire; **električna** ∼ electric wire
žilav(i) (žilava, žilavo) tough
žilavi lom ductile fracture
žilavost (za materijal) toughness
žilavost materijala pri ispitivanju žilavosti (s epruvetom sa zarezom) notch toughness
žiroskop gyroscope
žiroskopski (žiroskopska, žiroskopsko) gyroscopic
žiroskopski kompas gyroscopic compass
žiroskopski moment (spreg sila) gyroscopic couple
žiroskopska reakcija gyroscopic reaction, gyro reaction
žiroskopski stabilizator gyroscopic stabilizer
žitarica grain
živa (Hg) mercury
žlijeb groove

Izdavačko poduzeće
ŠKOLSKA KNJIGA
Zagreb, Masarykova 28

Za izdavača
ANTUN ZIBAR

Grafički urednik
ŽELJKO IVANČIĆ

Lektorica za hrvatski jezik
ĐURĐA ŽIVKOVIĆ

Korektorica
MIRA KOŠUTIĆ

Naklada 2500 primjeraka

Tiskanje dovršeno u siječnju 1991.

Tisak: GTP »Gembarovski«, Nova Gradiška